Urlaubsglück

IN DEUTSCHLAND

Das ultimative Handbuch
für den Urlaub vor der Haustür

20 Der Hammersee ist eines von vielen Zielen für Radfahrer im Oberpfälzer Seenland

25 Dem Verlauf der einstigen Berliner Mauer spürt man auf dem Mauerweg nach

224 Im schaukelnden Schwebezelt wird man sanft in den Schlaf gewiegt

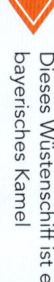

INHALT

Alles, was Räder hat   8

Mal richtig abschalten   36

Wohin die Füße tragen   54

Wasser, so weit das Auge reicht   80

Raus in die Natur   108

Das große Schlemmen   136

Ganz besondere Anlässe   162

Schlafe lieber ungewöhnlich   184

Stadterlebnisse   204

Neues entdecken   228

Ausflüge in die Vergangenheit   260

Ab in die Tiefe   282

Die Welt von oben sehen   298

Mit allen Sinnen   318

Für alle, die Adrenalin lieben   332

Register & Impressum   346

140

Dieses Wüstenschiff ist ein bayerisches Kamel

	Baden-Württemberg	Bayern	Berlin
Alles, was Räder hat	01, 15, 17, 19, 22, 32	01, 02,04, 08, 10, 11, 12, 14, 20, 34	25
Mal richtig abschalten	45, 49, 50, 51, 55	36, 39, 40, 42, 43, 44, 54,	53
Wohin die Füße tragen	75, 76, 79	58, 59, 60, 62, 68, 69, 70	
Wasser, so weit das Auge reicht	98, 104, 114, 118, 128	93, 97, 103, 106, 109, 113, 117, 121, 123, 130	124
Raus in die Natur	131, 138, 142	132, 134, 137, 140, 143, 144, 146	
Das große Schlemmen	164, 176, 180	161, 163, 166, 168, 169, 171, 173, 175, 189, 192	
Ganz besondere Anlässe	201, 203, 220	194, 196, 199, 210, 212, 215, 218	
Schlafe lieber ungewöhnlich	230, 242	222, 224, 225, 230, 244	230
Stadterlebnisse	246, 252, 255, 265, 267	245, 247, 263, 266	268
Neues entdecken	272, 280, 284, 286, 294, 297, 301	269, 271, 274, 276, 279, 282, 285, 287, 289, 292, 295, 298, 300, 304, 305, 308, 309	
Ausflüge in die Vergangenheit	315, 318, 319, 321, 322, 324, 326, 328	311, 312, 313, 314	331
Ab in die Tiefe	339, 340	334, 338, 342, 345, 350	343
Die Welt von oben sehen	354, 357, 361, 374	352, 353, 355,356 359, 363, 365, 368, 373	366
Mit allen Sinnen	379	377, 381, 388	
Für alle, die Adrenalin lieben	393, 394, 396, 398, 399	390, 391, 393, 404	

Brandenburg	Bremen	Hamburg	Hessen	Mecklenburg-Vorpommern
29, 33			04	24
			47	41
84			60, 73, 81	85
119		116	94	95, 101, 112, 120, 126
157				133, 135, 145, 148, 149, 151, 153, 154, 156, 159
178, 185	183			165, 181
198, 214, 216		207	200, 202	209, 211, 217, 219
230, 231	230	228, 230	230, 241	229, 230
		259	249, 251	260, 262, 264
299, 302			293	281, 303
			323	332
369			362	364, 367
387		380		
402		406	395	

	Nieder-sachsen	Nordrhein-Westfalen	Rheinland-Pfalz
Alles, was Räder hat	03, 16, 26, 28	05, 06, 07, 09	23
Mal richtig abschalten	37		52
Wohin die Füße tragen	63, 64, 83, 92	61, 67, 71, 82, 90, 91	72, 80
Wasser, so weit das Auge reicht	99, 105, 107, 111	96, 102	127
Raus in die Natur	136, 139	150	
Das große Schlemmen	162, 170, 182	187, 188, 190	
Ganz besondere Anlässe		197, 205	221
Schlafe lieber ungewöhnlich	230, 232, 236, 239, 240, 243	227, 230	230, 238
Stadterlebnisse		258	
Neues entdecken	288, 306, 307	277, 283	290, 291
Ausflüge in die Vergangenheit	316	330, 333	329
Ab in die Tiefe	347	351	336
Die Welt von oben sehen	370		371
Mit allen Sinnen	375		384
Für alle, die Adrenalin lieben	405	400, 403	

Saarland	Sachsen	Sachsen-Anhalt	Schleswig-Holstein	Thüringen
35	21, 30, 31	13, 18	27	04
	57	46	38, 56	48
77, 78	88	64, 65, 66	86	60, 74, 89
100	115, 122	108	125, 129	110
141, 147	160	155	152, 158	
	179	172, 184, 191, 193	174, 177	167, 186
	204, 206, 208		195, 213	198
226, 230	223, 230, 237	230	230, 233, 234, 235	230
256	257, 261	248, 250, 253		254
270	275, 296	278, 310	273	
325, 327		317		320
344, 349	346, 348	337		335, 341
372		358		360
376, 385	386	378, 382, 383	389	
401				397

Fortbewegung ist nicht nur auf Fahrrädern ein
Vergnügen. Warum nicht einmal auf einer Draisine
strampeln oder eine Museumsbahn genießen.

Rechts: Pferdewagentour über das Wattenmeer

Seit 1888 verkehrt die Borkumer Kleinbahn zwischen Hafen und dem Hauptort der Insel

vor, »Rüpel« aus dem Rennen zu nehmen. Dass man gut trainiert sein sollte, versteht sich ja eh von selbst.

↗ *»24h Race München«,*
   Sog Events, Hartstr. 21, Alling,
   www.sog-events.de

03

BORKUMER KLEINBAHN

BORKUM, NIEDERSACHSEN

Borkum, die mit 36 km² größte und westlichste der Ostfriesischen Inseln, liegt mit gut einer Stunde Katamaranfahrzeit ab Emden am weitesten vom Festland entfernt, ist aber am leichtesten erreichbar. Unabhängig von Ebbe und Flut pendeln die Fähren zwischen Emden und der Insel sowie vom näher gelegenen niederländischen Eemshaven. Kaum am Fährhafen gelandet, steigt man in die nostalgische Inselbahn um und legt die 7,5 km lange Fahrt durch Wiesen und Dünen zum Bahnhof im Westland zurück. Dank der 1888 in Betrieb gegangenen Schmalspurbahn, der ältesten Inselbahn Deutschlands, entwickelte sich Borkum zu einem bedeutenden Seebad. Noch heute ist die sog. Kleinbahn ein wichtiges Verkehrsmittel auf der Insel, rund 1 Mio. Passagiere im Jahr nutzen sie. An manchen Tagen verkehrt noch die beliebte Dampflok mit Nostalgiewagen.

↗ *Borkumer Kleinbahn,*
   www.borkumer-kleinbahn.de

04

RADFAHREN IM HERZEN DEUTSCHLANDS

RHÖN, BAYERN, HESSEN, THÜRINGEN

Aktivurlaub in der Natur und am besten vor der Haustür – das lässt sich einrichten! Wer den Main-Radweg schon kennt, kann von ihm aus mitten ins hügelige Herz Deutschlands, in die Rhön, abbiegen. In Gemünden führt die erste Etappe des vom ADFC als Qualitätsradroute ausgezeichneten Radfernweges »Vom Main zur Rhön« am lauschigen Flussufer der Fränkischen Saale in 30 km bis nach Hammelburg. Weitere 233 km kann man ihm über das Hohe Moor zurück zum Main folgen und dabei in fünf Kurstädtchen Wellness-Stopps einlegen. In Hammelburg, am südlichen Ende der bayerischen Rhön, startet der 180 km lange »Rhönradweg«, der die Rhön

DO-IT-YOURSELF-TIPP

FAHRRAD FITMACHEN

Wer länger nicht unterwegs war, muss sein Fahrrad vor der ersten großen Tour durchchecken (lassen)! Zunächst sollten Sie das Fahrrad reinigen. Prüfen Sie danach, ob alle sicherheitsrelevanten Komponenten voll funktionstüchtig sind.

1) Stellen Sie das Fahrrad »auf den Kopf« – so kommen Sie gut an alle Teile heran und können insbesondere Kette, Kettenblatt und Ritzel von Staub und Schmutz befreien.

2) Überprüfen Sie, ob die Reifen bzw. Mäntel noch genügend Profil haben. Sind die Reifen abgefahren, sollten sie durch neue ersetzt werden.

3) Die Bremsen müssen beim Betätigen der Bremshebel schnell und gleichmäßig ansprechen, damit Sie sofort zum Stehen kommen. Sind Bremsbeläge und Bremszüge noch intakt? Tauschen Sie diese ggf. gegen Neuteile aus.

4) Überprüfen Sie abschließend auch Vorder- und Rücklicht auf ihre Funktionsfähigkeit.

Nun steht der ersten großen Fahrt nichts mehr im Weg.

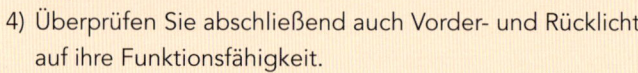

komplett durchquert und über Hessen bis nach Thüringen führt. Dabei gilt das Motto: »Schönheit macht an Landesgrenzen keinen Halt.« Die Route verläuft landschaftlich gleichermaßen reizvoll und in den vielen Flusstälern zumeist flach. Im Mittelgebirge geht es natürlich auch einmal hinauf.

↗ *Radfernweg »Vom Main zur Rhön«, 263 km, Start und Ziel Gemünden am Main; Radfernweg »Rhönradweg«, 180 km von Hammelburg nach Bad Salzungen, www.rhoen.de*

100-SCHLÖSSER-ROUTE

MÜNSTERLAND, NORDRHEIN-WESTFALEN

Die schönsten Schlösser im Münsterland per Fahrrad entdecken! Die Route verbindet die Wohnsitze gekrönter Häupter miteinander, sogar sie selbst wird mitunter als eine Königin bezeichnet. Jetzt ist sie offiziell in den Adelsstand erhoben worden: Die 100-Schlösser-Route verdiente sich vom Allgemeinen Deutschen Fahrrad-Club (ADFC) die Auszeichnung zur Qualitätsradroute mit vier von fünf Sternen. Getestet wurde in den Kategorien Befahrbarkeit, Wegweisung, Routenführung und Sicherheit. Auf einer Länge von über 960 km sorgt die Route dafür, dass man Burgen, Schlösser und Adelssitze leichter und schneller findet – und dabei die schönsten Ecken des Münsterlandes nicht verpasst. Hilfreich für die Orientierung ist ein kostenloser Flyer mit Überblickskarte, den es bei den Tourismusverbänden gibt. An der Straße weisen einheitliche grüne Schlösserpiktogramme den Weg. Die Beschilderung ist zwar gut, auf eine Radwanderkarte verzichten sollte man allerdings nicht.

Vier Touren folgen den vier Himmelsrichtungen. Der Nordkurs ist der anspruchsvollste mit hügeliger Streckenführung im Tecklenburger Land und etwas stärkeren Steigungen bei Bad Bentheim. Auf 305 km liegen allein neun absolut sehenswerte Schlösser: Schloss Münster, Erbdrostenhof Münster, Schloss Iburg, Kloster Bentlage, Burg Bentheim, Haus Welbergen, Schloss Steinfurt, Burg Hülshoff, Haus Rüschhoff. Der Südkurs beinhaltet ebenfalls die Schlösser in Münster, wendet sich dann aber Schloss Westerwinkel, Schloss Nordkirchen und Burg Vischering zu. Der Westkurs führt über eine Strecke von relativ flachen 310 km zu Schloss Lembeck, zu Schloss Raesfeld, zur Wasserburg Anholt, zu Burg Gemen und Schloss Ahaus. Der Ostkurs birgt nur bei Oelde-Stromberg eine Steigung. Es werden Haus Vornholz und das Renaissanceschloss Hovestadt bei Lippetal angefahren, auf dem Weg liegt die Reiterstadt Warendorf. Bei manchen

Dank der Skulptur Projekte wird Münster zu einem Open-Air-Museum für moderne Kunst

Schlössern ist lediglich eine Besichtigung der Außenanlagen möglich, bei einigen braucht es zudem eine Voranmeldung. Manches Mal darf man nur von der Straße aus einen Blick auf das Anwesen werfen.

↗ *Ein grünes Schloss-Piktogramm steht für die 100-Schlösser-Route durchs Münsterland. Einstieg überall möglich. Pfeilwegweiser (rotes Fahrrad auf weißem Grund) geben die Nah- und Fernziele an, www.100schloesserroute.de, www.muensterland.com*

SALZTANGENTE
GRONAU, NORDRHEIN-WESTFALEN

Eine 85 km lange Radtour rund um die Frage: Wie kam das Salz nach Münster? Die Salztangente ist ein Radweg, der den Spuren des Salzes zwischen Gronau und Borken folgt. Der Künstler Franz John entwickelte die Route, die gleichzeitig ein Kunstwerk ist und die Geschichte des Salzes im Münsterland erforscht. An acht Stationen hat der Künstler graue und blaue Stäbe in die Landschaft gesetzt. Sie

weisen auf unterirdische Salzlagerstätten hin, die vor 200 Mio. Jahren entstanden sind. Franz John hat auch eine Radwanderkarte herausgegeben.

↗ *Salztangente, zwischen Gronau und Bocholt, www.salztangente.de*

SKULPTUREN ENTDECKEN
MÜNSTER, NORDRHEIN-WESTFALEN

Kunst lässt sich auch vom Fahrradsattel aus erleben. Seit 1977 verwandelt sich Münster alle zehn Jahre in ein Freilichtmuseum für zeitgenössische Kunst. Hundert Tage lang nutzen international renommierte Künstler Plätze und Straßen, Gebäude und Gewässer als Ausstellungsraum für ihre Werke. Die »Skulptur-Projekte« ziehen mehr als eine halbe Million Besucher an. Die Werke werden speziell für die Stadt gestaltet, manche bleiben, neue kommen hinzu.

Günstiger Startpunkt für eine Radtour durch das Open-Air-Museum Münster ist das Lackmuseum. Gegenüber bewegt sich ein Edelstahl-Windspiel auf der Wiese der Engelenschanze: die »Rotierenden Quadrate« von George Rickey. Weiter Richtung Innenstadt leuchten am Harsewinkelplatz Thomas Schüttes knatschige Riesenkirschen auf einer Säule. Im Rathausinnenhof stehen zwei rostrote Stahlbänke: Eduardo Chillidas »Toleranz durch Dialog«. In die drei Wiedertäufer-Käfige am Lambertiturm hat Lothar Baumgarten jeweils eine Glühbirne gehängt: Bei Dämmerung leuchten die »Drei Irrlichter«. An der Kirche vorbei geht es bergab zum Stadttheater. Sonntags kann man einen Schlenker zur Promenade und Rebecca Horns Lichtinstallation im Zwinger machen. Über die Promenade gelangt man zu Bruce Naumans umgekehrter Pyramide an der Wilhelm-Klemm-Straße. Ludger Gerdes »Schiff für Münster« findet sich nur wenig weiter auf dem Kinderbach (zwischen Horstmarer Landweg und Mendelstraße); dort der Beschilderung zum Freilichtmuseum folgen, wo Guillaume Bijl einen Kirchturm aus dem Boden wachsen lässt. Am Aasee beeindrucken Donald Judds Betonringe, der poetische Sendemast von Ilya Kabakov und der Pier von Jorge Pardo. Zur Stadt gewandt, stechen Claes Oldenburgs Betonkugeln »Giant Pool Balls« von 1977 ins Auge. Sie sind mittlerweile zu einem Wahrzeichen der Stadt geworden. Auf dem Rückweg zum Lackmuseum sollte man über den Marienplatz fahren: Auf der Verkehrsinsel südlich der St.-Ludgeri-Kirche ragen die »100 Arme der Guan-yin« von Huang Yong Ping in den Himmel.

↗ *Skulptur Projekte Münster, www.skulptur-projekte.de*

DINKELSBÜHL MIT ZWEI PS

DINKELSBÜHL, BAYERN

Mit dem Planwagen und zu Fuß durch eine romantische Bilderbuchstadt: Mit seinen Giebeln und Winkeln, der intakten Stadtmauer und vier Eingangstoren ist Dinkelsbühl nicht nur der Inbegriff der deutschen Romantik, sondern auch der angehaltenen Zeit: Alle Ladenschilder sind in Frakturschrift gesetzt. Die mittelalterliche Kulisse hatte am Ende des 19. Jh. junge Maler angezogen, die sich ihre Motive im Freien suchten und im Malerheim

Weißes Ross wohnten, wo bis heute Kunstkurse angeboten werden. Einige Ansichten von Dinkelsbühl sind im Alten Rathaus ausgestellt. Hier, am Stadtmodell, mit dessen Hilfe man die Dimensionen Dinkelsbühls toll erfassen kann, beginnt idealerweise auch der Stadtrundgang. Für alle, die nicht nur zu Fuß durch die romantischen Gassen gehen wollen, ist der Planwagen das passende Fortbewegungsmittel. Gezogen von zwei Pferden ist das Tempo gerade recht.

↗ *Planwagentouren, Touristik Service, Altrathausplatz 14, Dinkelsbühl, www.tourismus-dinkelsbuehl.de*

Vom Planwagen aus lässt sich die Dinkelsbühler Altstadt mit Genuss erleben

IM VOGELPARADIES

**ZWILLBROCK,
NORDRHEIN-WESTFALEN**

Die Attraktion im Zwillbrocker Venn ist rosa. In der Moor-, Heide- und Feuchtwiesenlandschaft an der niederländisch-deutschen Grenze liegt das nördlichste Brutgebiet frei lebender Flamingos in Europa. Neben den rosa Vögeln wird das Venn im Frühling von einer anderen Spezies ordentlich aufgemischt: den Lachmöwen. Zur Brutzeit von April bis Juni hört man das Geschrei der 10 000 Möwen auf dem Lachmöwensee kilometerweit. Beobachten kann man die Tiere von Aussichtskanzeln aus, ein Fernglas sollte dabei nicht fehlen. Wer direkt ins Venn möchte, sollte an der Barockkirche parken und sich von der Biologischen Station Zwillbrock, die den Besucher mit interessanten Informationen über das Venn versorgt, in die Natur begeben.

Lohnenswerter Abstecher: Über die Flamingo-Route (grün und blau ausgeschildert) lernt man das Reich der Vögel am besten kennen. Der Radweg verbindet das niederländische Eibergen mit Vreden über eine Strecke von 49 oder 39 km. Gen Norden von Zwillbrock Richtung Driland wurde die Route bis auf 300 km erweitert. Über 100 Informationstafeln stehen an der Strecke und weisen auf Besonderheiten in Natur, Geologie, Kultur und Geschichte hin. Neben der Radroute gibt es auch sieben markierte Rundwanderungen durch Moor und Heide. Die Routen führen über kleine Pfade und sind zwischen 1,5 und 8 km lang. Sie liegen alle direkt an dem Radwegenetz der Flamingoroute. Einen Abstecher wert ist auf jeden Fall die Schäferei Moorhof der Biologischen Station Zwillbrock in Ahaus-Graes. Hier, am Rande des Schutzgebietes Amtsvenn/Hündfelder Moor, grasen die Moorschnucken, eine Herde von bis zu 500 Mutterschafen. Wer will, kann für eines der vom Aussterben bedrohten Tiere eine Patenschaft übernehmen. Hierfür wird dann eine Patenschaftsurkunde ausgestellt. Für Kinder ist die Schäferei besonders zur Lammzeit aufregend. Dann werden auch vermehrt Hofführungen angeboten.

↗ *Biologische Station Zwillbrock e.V., Zwillbrock 10, www.bszwillbrock.de*

AQUA-FITNESS

BAD GÖGGING, BAYERN

Radsport einmal anders, nämlich unter Wasser in römischem Thermen-Ambiente, und Wellness mit antiker Tradition: Das ist das Erfolgsrezept von Bad Gögging, dessen römische Vergangenheit auch in der Limes-Therme Eingang gefunden hat – dank etruskischer Skulpturen, der römischen Sauna und Schwitzbädern nach antikem Vorbild. Ins Schwitzen kommt man aber auch im Wasser: beim ganz und gar unrömischen »Aquacycling«. Auf speziellen Fahrradergometern strampelt man im 1,35 m tiefen Thermalwasser vor sich hin. Und kombiniert dabei Schwimmen und Radfahren aufs Beste. Radeln mit Hydro-Bikes massiert die Muskulatur, steigert das Herz-Kreislauf-System und dynamisiert den Fettstoffwechsel. Zwar wird dabei dreimal so viel Kraft benötigt wie an Land, doch davon merkt der Aquacycler dank des natürlichen Auftriebs im Wasser nichts.

↗ *Limes-Therme, Am Brunnenforum 1, Bad Gögging, www.limes-therme.de*

ACTION AUF RÄDERN
BISCHOFSMAIS, BAYERN

Mit nicht weniger als 15 MTB-Abfahrten punktet Europas ältester Bikepark Geisskopf. »Mr. Bike« – diesen Beinamen hätte Diddie Schneider verdient. Denn seit mehr als 25 Jahren plant er Bike-Anlagen, Trails und Event-Parcours. Am 1097 m hohen Geisskopf hat er sich jedoch selbst übertroffen. Der dortige Bikepark mit seinen 15 professionell angelegten Strecken, die Namen tragen wie »Evil Eye 2.0 Evolution « oder »X Ride«, ist nicht nur der älteste Bikepark Europas, sondern nach wie vor einer der beliebtesten in der Szene. Da kommen Profis genauso auf Touren wie Einsteiger und sogar

DO-IT-YOURSELF-TIPP

DAS FAHRRAD PIMPEN

Ihr Fahrrad hat seine besten Tage schon länger hinter sich? Lackieren Sie Rahmen und Gabel neu! Für ein optimales Ergebnis sollten alle Metallteile abgeschliffen und grundiert werden, bevor der neue Lack aufgetragen und versiegelt wird. Wer den Aufwand scheut, kann sein Fahrrad mit Zubehör pimpen: Reifen gibt es in allen Farben des Regenbogens – steigen Sie um auf Blau, Rot oder Grün. Weitere nützliche Accessoires sind ein Smartphone-Halter, eine fröhlich bedruckte Fahrradglocke und ein (selbstgenähter) Sattelüberzug. Gute Fahrt!

Kinder, die auf einem separaten Parcours bei der Talstation üben können. Wer sicherer im Sattel unterwegs ist, fährt mit der Sesselbahn zur Mittel- oder Bergstation und rast dort mit dem Mountainbike die beschilderten Trails hinab. Doch es gibt noch andere Wege ins Tal: per Sommerrodelbahn oder zu Fuß auf den Wanderwegen, im Winter mit Ski oder Snowboard. Die können sich Interessierte vor Ort leihen – wie im Sommer die Bikes und Zubehör. Und da Diddie Schneider Vollblut-Profi ist, gehören auch Werkstattservice und Bikeschule zum Angebot.

Der Staffelsee bei Murnau inspirierte auch die Künstlergruppe »Der Blaue Reiter«

↗ *MTB Zone – Bikepark Geisskopf, Unterbreitenau 1, Bischofsmais, www.mtbzone-bikepark.com*

AUF DEN SPUREN DES »BLAUEN REITERS«

MURNAU, BAYERN

Mit dem Rad durchs Murnauer Moos, das einst Künstler inspirierte. Vorbei geht es am »Blauen See« von Gabriele Münter, am »Sommerabend in Murnau« von Alexej von Jawlensky, an den »Gänsen in Seehausen« und den »Häusern am See«, beides ebenfalls von Gabriele Münter, und das Ganze nicht im Museum, sondern per Rad in freier Natur. Dank der Radwanderkarte »Auf den Spuren des Blauen Reiters« weiß man, wo man halten muss und wie der Blickwinkel einst war, der die Künstlergruppe »Der blaue Reiter« zu den Bildern in farbenfrohen Pinselstrichen inspirierte. So macht Kunstgeschichte Spaß. Wer trotzdem nicht auf Originale verzichten will, der hat in Murnau gleich in zwei Museen die Möglichkeit, eine Auswahl zu bewundern: im Schlossmuseum und im Gabriele-Münter-Haus. Wer auf den Radl-Geschmack gekommen ist, der kann auch eine Radtour nach Benediktbeuern bzw. in Richtung Riegsee unternehmen. Am Ende lohnt immer ein Besuch im Biergarten Ähndl in Murnau, schon allein wegen des fantastischen Blicks über das Murnauer Moos.

↗ *Auf den Spuren des Blauen Reiters, Murnau–Grafenaschau–Rieden– Murnau (24 km), www.murnau.de*

WAGEMUTIGES AM BROCKEN

OBERHARZ, SACHSEN-ANHALT

Auf Segways himmelwärts und zu Fuß die Staumauer hinunter. »Grenzerfahrung« heißt das Programm am Brocken, das sich an Abenteuersüchtige

ZU-HAUSE-TIPP

AUF EHEMALIGEN BAHNTRASSEN

Nahezu überall in Deutschland entstanden auf den Trassen stillgelegter Eisenbahnstrecken gut ausgebaute Radwege, die mitten durch die Natur führen. Oft wurden alte Tunnel und Brücken in die Wegführung integriert, sodass sich auch größere Höhenunterschiede bei bahntypischen Steigungen von wenigen Prozent leicht bewältigen lassen. In Deutschland gibt es mehr als 750 Bahntrassen-Radwege. Vorgestellt werden sie auf www.bahntrassenradeln.de.

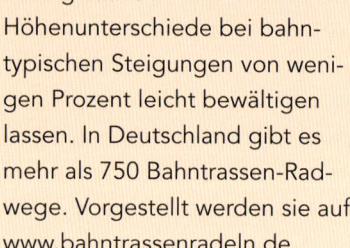

richtet: mit Segways, diesen Fahrzeugen, die auf Körpersteuerung reagieren und erstaunliche Geschwindigkeiten erreichen können. Durch Wernigerode flitzen, auf den Brocken hoch hasten, das bieten die Erfinder von »Harzadrenalin« jenen an, denen Wandern und Bummeln zu langweilig ist. Die Staumauer der Talsperre in Wendefurth dient ihnen zum Laufen und zwar abwärts, 43 m hinunter bis an den Fuß der Mauer. Mit Helm und Gurt und somit an der Leine beginnt das Abenteuer beim Wallrunning mit dem Blick von der Mauerkrone nach unten … Die Luft über der Talsperre hat die Programmmacher auch zur Megazipline inspiriert, einer Doppelseilrutsche, auf der Mutige über einen Kilometer das 120 m unter ihnen liegende Talsperrenbecken überfliegen.

↗ *Harzadrenalin, Stadt Oberharz am Brocken OT Elbingerode und OT Wendefurth, www.harzdrenalin.de*

ALLER ANFANG IST SCHWER

LENGGRIES, BAYERN

Mountainbiken will gelernt sein. Dabei muss man keine dieser verrückten Sprungschanzen hinabspringen, man braucht auch keinen Fullface-Helm und keine Vollprotektoren. Zuerst geht

Wer sich an einen 5-m-Drop wagt, sollte schon ein geübter Mountainbiker sein

es nur darum, überhaupt ein Gefühl für sein Bike, die Balance und vor allem den Untergrund zu bekommen. Thomas Senftinger zeigt in Lenggries, wie das geht: im Stehen, beim Bremsen und auf einem Schwebebalken. Erst dann geht's ins Gelände. Mitzubringen sind ein Mountainbike mit guten Bremsen, Pedale je nach Gusto, Helm, Handschuhe und die Bereitschaft, über den eigenen Schatten zu springen. Kommt die Gruppe gut voran, gibt es innerhalb der 3 Std. auch eine Liftfahrt mit dem ersten Downhill.

↗ *Bikepark Lenggries, Thomas Senftinger, Gilgenhöfe, Lenggries, www.bikepark-lenggries.com*

15

RADTOUR ZUM KANDEL
FREIBURG, BADEN-WÜRTTEMBERG

Landpartie mit Spitzkehren: was leicht beginnt, hat später alpines Format. Eine Radtour von Freiburg zum Kandel verläuft bis Waldkirch flach. Via Gundelfingen und Heuweiler, am Ausgang des Glottertals die B 294 unterquert, rechts in Denzlingens Elzstraße, geht es an deren Ende über die Elz nach Buchholz. Hier in die Alte Dorfstraße, links in die Fohrenbühlstraße zu den Weinbergen jenseits der Elztalbahn. Rechts nach Waldkirch baut sich der Kandel (1241 m) nun mächtig vor

Auf der Radtour zum Kandel liegt St. Peter mit seiner Benediktinerabtei

einem auf. Nach der Elztalbrücke links in die Merklinstraße, in die Schlettstattallee und die Engelstraße zu Waldkirchs schmuckem Markplatz – Zeit für ein Radler. Zwar gibt es im Schwarzwald manch schweren Anstieg, doch die Kandelstraße wird – kein Witz – mit der L'Alpe d'Huez, dem berüchtigten Bergziel der Tour de France verglichen. Das Profil des Alpenklassikers ist kaum fieser als der Anstieg von Waldkirch auf den Kandel (12,2 km, 7,7 % im Schnitt, Rekord: 34 Min.). Acht Spitzkehren zählt die Strecke, oben belohnt eine tolle Aussicht. Nach so viel Höhe folgt eine steile Abfahrt: Wer nicht mehr bergauf will, wählt das Glottertal hinunter und via Heuweiler zurück wie gehabt.//PP

↗ *Radtour Kandel: Freiburg–Waldkirch–Kandel–St. Peter–Freiburg, ca. 55 km, ca. 940 Höhenmeter*

16

MONSTERROLLER ODER HILLRACER?
HAHNENKLEE, NIEDERSACHSEN

Mit Monsterroller und Hillracer tollkühn bergauf und bergab. Gibt es das Fahrrad noch? Hier nicht, die Experten der waghalsigen Touren am Berg sprechen von Monsterroller und Hillracer und lassen damit schon ahnen, dass es am Bocksberg um mehr als Mountainbikes geht. Sie wappnen sich für ihre Touren mit Helm, Ellenbogen- und Schienbeinschützern, hüllen sich in Battle-Jackets und stürzen sich ins Abenteuer, das Singletrail heißt. Man kann es immer wieder probieren, Transportgondeln der Seilbahn bringen auch Fahrzeuge auf den Berg, und dann geht es erneut bergab …

↗ *Erlebnis BocksBerg, An den Teichwiesen, Hahnenklee, www.erlebnisbocksberg.de*

17

INLINESKATEN DURCHS ALL
FREIBURG, BADEN-WÜRTTEMBERG

Auf rollenden Kufen an der Dreisam durchs All, 4,5 Mrd. km in 15 Minuten, 17-mal schneller als Licht: mit Inlineskates in Freiburg ein Klacks. Der Planetenweg (Himmelskörpermodelle in maßstabgetreuem Abstand) beginnt an der Fabrikstraße mit Neptun. Vorbei an Uranus (Berthold-Gymnasium) und Saturn (östlich des Sandfangwegs) macht das SC Stadion Jupiter zum Fußballgott. Mars, Erde, Venus, Merkur liegen am Strandbad (z.Zt. wegen Beschädigung nicht zu sehen), und an der Ebneter Brücke strahlt die Sonne. Das Südufer der Dreisam weiter, nun quasi in einem anderen System, öffnet sich die Landschaft. Nach 2 km verlässt man die Dreisam, unterquert die B 31 und fährt auf einem Radweg an der L 121 nach Kirchzarten. Retour auf der schön gelegenen Nebenstraße. Am Engenberg kehrt der kosmische Ausflug in unser Sonnensystem zurück.

↗ *Freiburger Planetenweg, Freiburg,*
www.freiburger-planetenweg.de

ZUM BROCKEN AUF SCHMALSPUR

WERNIGERODE, SACHSEN-ANHALT

Laut und schnaubend immer bergauf durch den Harz. Heiser wie durchdringend pfeift die Brockenbahn am Westerntor. Sie schnauft noch einmal eine ordentliche Portion Dampf in die Luft und rollt. Und klettert, von 238 m in Wernigerode auf 311 m bei der Steinernen Renne, und dann kommen die Bögen, 72 sind es, längere und kurze, die schmalen gerade 60 m im Radius, höchste Anstrengung für Lokführer und Heizer. 540 m hoch liegt der Bahnhof Drei Annen Hohne, kein Ort ist zu sehen, dann schnauft das Bähnchen weiter, nimmt Steigungen von 1 : 25. Schierke, 685 m. Wanderer stei-

ZU-HAUSE-TIPP

TOUR DE FRANCE IM WOHNZIMMER

Auch in der kalten Jahreszeit müssen Sie auf Sport und »Unterwegssein« nicht verzichten. Holen Sie sich per YouTube die letzte Tour de France auf den Bildschirm und radeln Sie mit – auf Ihrem Hometrainer. Messen Sie sich im Warmen mit den Radprofis bei der Bergetappe oder beim Zeitfahren. Sie können sich auch einen Rollentrainer zulegen. Auf diesem sind Sie mit Ihrem eigenen Fahrrad unterwegs. Da bei manchen Rollentrainern das Hinterrad fest eingespannt wird, muss man beim Fahrradhändler vorab klären, ob der Rahmen diese Belastung aushält.

gen zu, für das letzte Stück hinauf zum Brockenbahnhof, 1125 m hoch. Etwa einenhalb Stunden dauert die Fahrt auf schmaler Spur.

↗ *Brockenbahn, Wernigerode, Bahnhof Westerntor, Harzer Schmalspurbahnen, Friedrichstr. 151, www.hsb-wr.de*

19
SCHWARZES GOLD AUS DEM HOCHMOOR

BAD WURZACH, BADEN-WÜRTTEMBERG

Nördlich des Kurstädtchens Bad Wurzach erstreckt sich das Wurzacher Ried, die größte intakte Hochmoorfläche Mitteleuropas. Dank seiner herausragenden ökologischen Bedeutung wurde das Naturschutzgebiet vom Europarat mit dem Europadiplom ausgezeichnet. 700 Pflanzen- und mehr als 1500 Tierarten leben in diesem Biotop – es gibt also viel zu entdecken. Egal ob Sie eine Wanderung oder eine Radtour auf einem der ausgeschilderten Wege durch das Ried machen, Ihr Ausflug wird immer auch zu einem Trip durch die Kultur- und Sozialgeschichte der Region, in der das Torfstechen mehr als 200 Jahre lang einen wichtigen Wirtschaftsfaktor darstellte. Heute bilden der Torf – auch »schwarzes Gold« genannt – und das 34 °C

warme Thermalwasser die wesentlichen Bestandteile des Moorheilbads Bad Wurzach. Im Naturschutzzentrum beim Kurhaus kann man sich über das Hochmoor informieren und sein Spezialwissen bei geführten ornithologischen und botanischen Exkursionen im Ried vertiefen. Für Radfahrer und Wanderer steht im 1700 ha umfassenden Ried ein rund 200 km langes Rad- und Wanderwegnetz zur Verfügung. Wem solche Aktivitäten zu schweißtreibend sind, der kann bei den Wochenendführungen mit dem historischen Torfbähnle zu ausgesuchten Stellen im Moor fahren, wo einst der Torf gestochen und verarbeitet wurde. 2009 wurde im Zeiler Torfwerk das sehenswerte Torfmuseum eröffnet. Auch der 1,5 km lange Torflehrpfad ist sowohl für große als auch für kleine Entdecker ein interessantes Erlebnis.

↗ *Naturschutzzentrum Wurzacher Ried, Rosengarten 1, Bad Wurzach, www.wurzacher-ried.de*

20
PACK DIE BADEHOSE EIN

OBERPFÄLZER SEENLAND, BAYERN

Wo früher Züge entlangrauschten, pendeln heute auf rund 60 km E-Bikes. Der Südosten des Schwandorfer Landkreises hat eine wunderbare Me-

Der Hammersee ist eines von vielen Zielen für Radfahrer im Oberpfälzer Seenland

tamorphose hinter sich: Dort, wo noch vor rund zwei Jahrzehnten Braunkohle abgebaut wurde, tummeln sich in den mittlerweile entstandenen und insgesamt mehr als 800 ha großen Gewässern Wassernixen und Froschmänner. Steinberger See, Murner See, Brückelsee, Hammersee und Eixendorfer See – so heißen die neuen Freizeitoasen. Hinzu gesellt sich die immer größer werdende Neigungsgruppe der Radler, die auf verschiedenen Routen das Oberpfälzer Seenland umrunden und durchkreuzen. Zwar sind sie nicht so schnell unterwegs wie die Rennpiloten auf der nahen Kartbahn in Wackersdorf, doch haben auch Radfahrer inzwischen (elektro-)motorisierte Unterstützung: Bei den Verleihstationen

zwischen Schwandorf und Oberviechtach sind E-Bikes stark vertreten – mit einem flächendeckenden Netz aus Verleih- und Akkuwechselstationen.

Eine ebenso schöne wie einfache Radfahrrunde führt von Wölsendorf bei Schwarzach, wo man E-Bikes leihen kann, nach Neunburg vorm Wald und südlich der Seen wieder zurück. Das Besondere: Fast die Hälfte der 60 km langen Strecke führt entlang ehemaliger Bahntrassen, die einst Wölsendorf mit Zangenstein und Neunburg vorm Wald mit Bodenwöhr verbanden. Auch wenn die Strecke nicht extra ausgeschildert ist, nutzt sie stets ausgewiesene Radwege und garantiert so kaum Verkehr, dafür jede Menge Einkehrmöglichkeiten. Sehr schön: Zwischen Neunburg vorm Wald und Bodenwöhr werden die Ausflügler durch ein verwinkeltes Landschaftsidyll geführt, bevor sie in der Weite der Bodenwöhrer Senke ankommen und von den ersten Seen empfangen werden. Dort warten dann auch all jene Aktivitäten am und im Wasser, für die man dank der freundlichen Motorunterstützung der E-Bikes in der Regel noch genügend Energie aufbringt.

↗ *Radtour durch das Oberpfälzer Seenland, Start und Ziel in Wölsendorf, www.oberpfaelzer-seenland.de*

UNTERWGS AUF SCHIENEN

LENGENFELD, SACHSEN

Die »Kanonenbahn« war Ende des 19. Jh. ein militärisches Schienengroßprojekt des Zweiten Kaiserreichs, das, die großen Ballungsräume meidend, von Berlin bis ins lothringische Metz führte. Als Teilstrecke davon blieben einige Gleiskilometer des einstigen Abschnitts zwischen Dingelstädt und Eschwege übrig – keineswegs mehr martialisch genutzt, sondern längst stillgelegt, inmitten einer lauschigen und ganz und gar friedlichen Landschaft. Vom thüringischen Ort Lengenfeld unterm Stein bietet sich die

eingleisige Strecke für beschauliche Draisinentouren an. Radfahren auf Schienen ist so ziemlich das Gegenteil von Mountainbiken im Wald oder Kilometerbolzen auf Landstraßen. Gemächlich geht es dahin und sollte es eine der zehn Draisinen (4- und 7-Sitzer, jeweils mit zwei Pedalplätzen) eiliger haben als die vordere, muss bis zur nächsten Haltestelle (alle 2 km) gewartet werden. Zwei Routen sind befahrbar, auf der kürzeren nach Geismar sind hin und zurück 7 km zu bewältigen. Die längere Strecke (mit Rückweg 20,5 km) führt durch vier Tunnels und über Viadukte und hohe Dämme mit Aussicht auf die reizvolle Landschaft des Eichsfelds. Auf demselben Weg geht es leicht bergab zurück (107 Höhenmeter) .

↗ *Draisinentour auf der »Kanonenbahn«, Bahnhof Lengenfeld/Stein, www.erlebnisdraisine. de*

VON ZWEI FLÜSSEN UMARMT

AALEN, BADEN-WÜRTTEMBERG

Sie wollen Natur, Kultur und gute Küche genießen – auch auf einer Radtour? Dann ist der Kocher-Jagst-Radweg genau das Richtige! Auf einer Streckenlänge von über 330 km entführt der Radweg Sie in abwechslungsreiche Landschaften zwischen Ostalb und Neckar. Bestimmt wird die Route von den Zwillingsflüssen Kocher und Jagst, die wenige Kilometer voneinander entfernt bei Aalen entspringen und fast nebeneinander bei Bad Friedrichshall in den Neckar münden. Wer nicht die gesamte Runde mit dem Rad bestreiten möchte, sucht sich ein Teilstück aus der Route oder eine kürzere Rundfahrt heraus. Dank Verbindungswegen zwischen den Flüssen ist das ohne Weiteres möglich. Bei der Streckenführung handelt es sich meist um asphaltierte Radwege mit geringen bis mittleren Steigungen. Vorbei geht es

an Schlössern und Burgen, durch saftige Wiesengründe und schattige Wälder, Weinbaugebiete und historische Altstädte. Zwischenaufenthalte bieten sich immer wieder an: In Aalen gibt es interessante Sehenswürdigkeiten rund um den Limes, in Crailsheim lockt das Stadtmuseum im Spital, in Schwäbisch Hall wartet hochkarätiger Kunstgenuss im Museum Würth, und in Künzelsau empfiehlt sich ein Besuch im Jeans-Museum. Der steile Abstecher nach Langenburg wird belohnt mit dem wunderbaren Blick auf das Jagsttal. Kulinarisch hat die Region um Kocher und Jagst ebenfalls viel zu bieten: Das

ZU-HAUSE-TIPP

EIN TANDEM MIETEN

»So ein Tandem ist ein Riesenhit, ich ruh mich hinten aus und die Alte tritt«, sang Peter Petrel etwas uncharmant in seinem Schlager »Ich fahr so gerne Rad«. Dabei ist Tandemfahren vor allem eines: Teamarbeit. Mieten Sie für sich und Ihren Partner (oder ihr Kind) ein Tandem. Klären Sie, wer vorne sitzen und Steuermann sein darf, und wer hinten sitzen und Heizer sein soll. Natürlich können Sie auf halber Strecke auch die Plätze tauschen. Der Steuermann gibt die Richtung vor und sollte seinen Heizer stets über Kurven und Bremsvorgänge informieren, damit dieser sich auf die Fahrsituation einstellen und z. B. mit dem Steuermann in die Kurve gehen kann. Schon nach kurzer Zeit werden Sie feststellen, dass Sie mit dem »doppelt motorisierten« Tandem flotter und agiler unterwegs sind als mit einem herkömmlichen Fahrrad. Natürlich nur, solange sich der Heizer während der Fahrt nicht ausruht …

Schwäbisch-Hällische Landschwein und das Boeuf de Hohenlohe bürgen für hohe Qualität – und entlang der Strecke laden zahlreiche Restaurants der Sterne-Köche ein. Deren regionale Küche genießt bereits internationalen Ruf.

↗ *Kocher-Jagst-Radweg, zwischen Aalen und Bad Friedrichshall, www.kocher-jagst.de*

23
DURCHS BIOSPHÄRENRESERVAT BLIESGAU

BLIESGAU, RHEINLAND-PFALZ

Eine Traumstrecke für Radfahrer und Skater: Auf der Trasse der ehemaligen Bliestal-Eisenbahnstrecke kann man bis nach Frankreich radeln. Ab Zweibrücken führt die Südpfalz-Tour nach Bierbach über den Glan-Blies-Radweg nach Lautzkirchen, wo der eigentliche Bliestal-Freizeitweg beginnt. Nun befindet man sich auf dem Bahndamm – eine wunderschöne Auen- und Wiesenlandschaft liegt zu Füßen. Die Weiher und Feuchtgebiete im Biosphärenreservat Bliesgau bieten vielen bedrohten Tier- und Pflanzenarten ein Refugium. Der geteerte Weg eignet sich auch bestens für Spaziergänge und zum Inlineskaten. In Blieskastel sollte man eine Pause einlegen, um die herrlichen Barockfassaden der Häuser

und Kirchen nicht zu verpassen. An der deutsch-französischen Grenze endet die Radtour. Hier bewahrt der Europäische Kulturpark Bliesbruck-Reinheim Funde aus dem Grab einer keltischen Fürstin, eine römische Villa und Thermen. Rekonstruktionen eines keltischen Dorfs oder römischer Handwerksbetriebe zeigen, wie die Bewohner vor 2000 Jahren lebten.

↗ *Radtour: Zweibrücken–Blieskastel–Gersheim–Reinheim, 20 km, www.blieskastel.de (> kultur-tourismus > radfahren-und-wandern)*

24
IM ZWEITAKT RUND UM RÜGEN

BERGEN, MECKLENBURG-VORPOMMERN

Einmal die Insel Rügen in einer legendären »Rennpappe«, wie der Volksmund den Trabant einst liebevoll taufte, zu erleben ist (N)Ostalgie-Spaß pur. Der Trabant ist Kult. Wer noch nicht den typischen Zweitaktklang sowie den unverwechselbaren Geruch des Benzin-Öl-Gemischs genossen hat, sollte sich das nicht entgehen lassen. Nach einer kurzen Einweisung in die Geheimnisse der Viergang-Handschaltung durch den Vermieter steht der Tour durch Rügens abwechslungsreiche Landschaft nichts mehr im Wege.

Dem Verlauf der einstigen Berliner Mauer spürt man auf dem Mauerweg nach

↗ *Trabitouren, Trabant-Verleih*
Dombrowski, Ramitz 8 a, Bergen,
www.auto-dombrowski.de

25

AUF MAUERSPUREN

BERLIN

Es gibt noch Postkarten, auf denen man sehen kann, wie die Mauer in Berlin das Brandenburger Tor umrundet. Wer auf dem Mauer-Radweg unterwegs ist, hat hier den letzten Kilometer erreicht und rollt über die Ebertstraße, die es zur Zeit des Mauerfalls noch nicht gab, auf den Potsdamer Platz zu. Wo aus einer Hasenwiese

ein neues Quartier wuchs und die Architektur des beginnenden Jahrtausends prophezeit wurde, fragen nicht nur Touristen, ob hier nun Osten oder Westen sei. Hier ist jede Antwort richtig, und hier beginnt und endet ein 160 km langer Weg um das ehemalige West-Berlin. Nur die innerstädtische Grenze ist auf gut 40 km durch eine Doppelreihe Kopfsteinpflastersteine im Straßenasphalt mit der Inschrift »Berliner Mauer 1961–1989« markiert.

In 14 Abschnitte eingeteilt, je 7–21 km lang, führt der Mauerweg als abwechslungsreiche wie geschichtsträchtige Route an bekannten Plätzen vorbei, deren Namen für wichtige historische Ereignisse stehen: Checkpoint Charlie, Bernauer Straße, Invalidenfriedhof, aber auch »Parlament der Bäume gegen Krieg und Gewalt« von Ben Wargin, schon kurz nach dem Mauerfall geschaffen und dann als Kunstwerk in die Bundesbauten im Spreebogen integriert. »Die Mauer muss weg« hieß die Parole nach der Grenzöffnung, Berlin wollte sie nicht mehr sehen, und so verschwand sie Stück für Stück. Die Oberflächen wurden von Mauerspechten abgepickt, verschenkt und verscherbelt, bis ehemalige Grenzstreifen bebaut wurden oder sich von allein begrünten, bis selbst alteingesessene Berliner nicht mehr wussten, wo sie verlief.

2001 lud Michael Cramer zu Mauerstreifzügen per Rad ein, das Echo war enorm, und das hatte Folgen. Zum 40. Jahrestag des Mauerbaus beschloss der Berliner Senat, alle noch vorhandenen Mauerreste unter Denkmalschutz zu stellen, den Verlauf der Mauer zu kennzeichnen und die Route fahrradfreundlich zu gestalten. Längst führt sie durch die schönsten Grüngebiete der Stadt, an den letzten DDR-Wachtürmen und Mauerresten vorbei, an Osman Kalins exterritorialem türkischen Garten am Bethaniendamm und an Fluchttunneln. Die Wegweiser, rechteckig in Grau und Weiß, zeigen ein Stück Mauer und einen Wachturm dahinter.

↗ *www.berlin.de/mauer/mauerweg*

ZU-HAUSE-TIPP

EINRADFAHREN LERNEN

Zum Einradfahren brauchen Sie viel Übung, einen guten Gleichgewichtssinn, reichlich Geduld – und ein Einrad, dass zu Ihrer Schrittlänge passt. Für Erwachsene ist meist ein 24-Zoll-Rad geeignet, für Kinder ab zehn Jahren ein 20-Zoll-Rad. Anfänger sollten zudem nur mit Helm, Handschuhen sowie Ellenbogen- und Knieschonern starten. Dann steht den ersten (Zenti-)Metern auf dem Einrad nichts mehr im Weg: Suchen Sie sich einen geeigneten Übungsplatz, beispielsweise eine Wohnstraße oder einen Sportplatz. An einer Wand oder einem Metallzaun können Sie sich beim Aufsteigen mit einer Hand abstützen. Steigen Sie immer über das nach hinten zeigende Pedal auf, dann schwingt der Sattel nahezu automatisch mit Ihnen über das Zentrum des Reifens. Durch leichten Druck auf die Pedale werden Sie schnell Ihr Gleichgewicht finden und losrollen.

Mit der Pferdekutsche gelangt man trockenen Fußes über das Wattenmeer

26 ÜBER'S WATT NACH NEUWERK

CUXHAVEN, NIEDERSACHSEN

Wattenmeer live – eindrucksvoller als auf einer Tour zur Insel Neuwerk kann man das UNESCO-Welterbe Wattenmeer kaum erleben. Wer den ca. 11-km-Fußmarsch von Cuxhaven scheut, der kann das Watt per Pferdekutsche überqueren – ein besonderes Erlebnis! Solche Wattwagentouren werden im Cuxhavener Ortsteil Sahlenburg angeboten. Bequem in einer Kutsche fährt man in ca. 90 Min. über den Meersboden zur Insel Neuwerk, unterwegs erzählt der Kutscher Interessantes über Ebbe und Flut und die besondere Flora und Fauna des Wattenmeers. In der Ferne ziehen Schiffe vorbei, und mit jedem »Schmatz« nähert man sich dem wuchtigen Neuwerker Leuchtturm.

↗ *www.wattwagenfahrten.de*

27 DREI RÄDER UND EIN SEGEL

ST.-PETER-ORDING, SCHLESWIG-HOLSTEIN

So herrlich weißen Sandstrand wie in St. Peter-Ording findet man sonst nur auf den Inseln der Nordsee: 12 km lang und bis zu 2 km breit. Das hat Vor- und Nachteile, denn bis zum Wasser muss man weit gehen. Die fast unendlich erscheinenden Sandbänke bieten aber hervorragende Bedingungen für ein Erlebnis der besonderen Art: Strandsegeln … Mit einem Wagen auf drei Rädern, geräuschlos angetrieben von einem Segel lässt sich die einmalige Natur und die besondere Atmosphäre der Nordseeküste erleben, vorausgesetzt der Wind spielt mit. Schon vor knapp 100 Jahren konnte man die dreirädrigen Fahrzeuge am Strand von St. Peter-Ording beobachten. Wer jetzt selbst einmal in einem Strandsegler sitzen möchte, für den werden ganzjährig Kurse angeboten.

↗ *Strandsegeln,*
www.st-peter-ording.de

MIT PFERD UND WAGEN

SPIEKEROOG, NIEDERSACHSEN

Spiekeroog ist klein. Nach kurzem Fußweg von der Fähre ist man im Inseldorf und wenig später am Strand. Es gibt weder einen Flugplatz noch Autos, Fahrräder sind zwar nicht ausdrücklich untersagt, aber den Einheimischen vorbehalten. Pferdewagen oder Handkarren besorgen zumeist den Transport. Die alte Inselkirche und einige Bauernhäuser sind mehrere Jahrhunderte alt. So ist es nicht ver-wunderlich, dass hier noch eine historische Museums-Pferdebahn existiert – sicher der ungewöhnlichste und beschaulichste Weg, die Insel zu entdecken. Vom Bahnhof der urigen Bahn am westlichen Ortsrand rollt das rossbespannte Schienenfahrzeug bis fünfmal pro Stunde zum früheren Herrenbad am Westend und zurück. Bis 1949 fuhr die letzte deutsche Pferdebahn zwischen Schiffsanleger und Dorf, dann übernahmen Dieselzüge die Strecke. Seit 1981 ist die umweltfreundliche Variante wieder in Betrieb.

↗ *Pferdebahn, www.spiekeroog.de*

Eines der wenigen Verkehrsmittel auf Spiekeroog ist die Museums-Pferdebahn

FAHRRADKONZERT
POTSDAM, BRANDENBURG

Radfahren im Welterbe und an ca. 20 Stationen Konzerte, Lesungen, Installationen, Führungen und Besichtigungen erleben: Seit einigen Jahren ist das Fahrradkonzert der Publikumsrenner der Musikfestspiele Potsdam Sanssouci. Sie knüpfen alljährlich im Juni an die Vorliebe der Hohenzollern für Musik, Tanz und Schauspiel an und bringen Konzerte und Musiktheater mit Architektur und Innenausstattung der Schlossräume in schönsten Einklang. Top-Interpreten, mitreißende Open-Air-Konzerte und höfische Feste tragen zum Erfolg des Festivals bei.

↗ *Fahrradkonzert,*
www.musikfestspielepotsdam.de

HOCH AUF DEM GELBEN WAGEN
SACHSEN

Als August der Starke Sachsen vermessen ließ, wurden in allen Städten Postmeilensäulen mit den Entfernungen zu den wichtigsten Zielen errichtet. Vielerorts sind diese Säulen wieder aufgestellt worden, und auch historische Postkutschen fahren wieder. Die beliebtesten Touren führen durch die Sächsische Schweiz, durch den Tharandter Wald oder von Altenberg nach Frauenstein im Osterzgebirge. In Meißen, Görlitz und Moritzburg werden Stadtrundfahrten mit der Kutsche angeboten, Dresden lässt sich mit einem Pferdeomnibus erkunden. Wem das nicht reicht, der bucht eine mehrtägige Reise mit einer historischen Postkutsche und fühlt sich um 150 Jahre zurückversetzt.

↗ *Anbieter: www.poststrassen-erleben.*
de, www.kutschfahrten-im-erzgebir-
ge.de, www.kutschfahrten-dresden.
de, www.kutsche-kremser-co.de

DRESDEN ROLLT NACHTS
DRESDEN, SACHSEN

Skater können auf bis zu 20 km langen Routen die Dresdner Innenstadt durchrollen. Seit 1998 ist das Nachtskaten eine etablierte Sportveranstaltung – für manche ist es auch »die verrückteste Stadtrundfahrt«. Dank verschiedener Strecken kommt keine Langeweile auf. Begleitet vom Sicherungs- und Musikwagen sind tausende von Inlineskatern ca. 2 Std. unterwegs.

↗ *Nachtskaten Dresden, Halfpipe an*
der Lingnerallee, Fr 21 Uhr,
www.nachtskatendresden.de

SAUSCHWÄNZLE-BAHN

**DONAUESCHINGEN,
BADEN-WÜRTTEMBERG**

Südlich von Donaueschingen versteckt sich zwischen Wäldern und Feldern das Städtchen Blumberg, das seine Bekanntheit vor allem einer von 1887 bis 1890 erbauten Museumsbahn verdankt. Die Gleise der Sauschwänzlebahn ziehen sich unweit von der Schweizer Grenze zwischen Blumberg-Zollhaus und Weizen 25 km weit durch eine reizvolle Gegend. Die Bahnstrecke ist tatsächlich mit einem geringelten Sauschwanz vergleichbar. Sie verläuft über Viadukte und durch Tunnel, darunter der 1700 m lange

Der Bahnhof Fützen ist eine der Stationen der Sauschwänzlebahn im Schwarzwald

Stockhalde Kreisverkehrstunnel, der im Berg zur Höhengewinnung einen 360-Grad-Zirkel beschreibt. Ganz ohne Drehwurm eröffnen sich Blicke in die Wutachflühen, in den Schwarzwald und bei gutem Wetter sogar bis in die Alpen.

↗ *Sauschwänzlebahn, Blumberg,
www.sauschwaenzlebahn.de*

MIT MUSKELKRAFT DURCH DIE UCKERMARK

TEMPLIN, BRANDENBURG

Einst fuhren die Draisinen in der Uckermark als Gleisinspektionsfahrzeuge, heute kann man zwischen Fürstenberg, Hohenlychen und Templin zum Vergnügen strampeln und unterwegs aus einem mit regionalen Köstlichkeiten gut gefüllten Körbchen naschen. Es gibt Überhol- und Haltepunkte für Pausen, Besichtigungen oder ein Bad im See. Einzige Vorgabe sind Zeitfenster, innerhalb derer alle Schienenfahrzeuge in dieselbe Richtung fahren. Die Picknickkörbe gibt es wahlweise für Süßschnäbel mit frisch gebackenem Kuchen, Gelee und Obst oder als salzige Variante mit Pesto, Würsten, Schinken und Gemüse. Wer flexibler sein möchte, holt seinen Picknickkorb in Lichtenhain ab. Im Gutshaus der Familie von Arnim – ja, die mit den berühmten Romantik-Dichtern Bettina und Achim – betreibt Daisy Gräfin von Arnim Mosterei und Apfel-Café und verarbeitet vorzugsweise alte Sorten von Streuobstwiesen und Apfelalleen zu Essig, Chutneys, Tee und anderen Köstlichkeiten.

↗ *Fahrraddraisine Templin–Fürstenberg, Zehdenicker Str. 30, Templin, www.erlebnisbahn.de*

TECHNISCHE PIONIERLEISTUNG
BRANNENBURG, BAYERN

Den Ausflug auf den Wendelstein (1838 m) mit seinem markanten Sendemast darf man auf keinen Fall versäumen: Zum einen wegen der aufregenden Fahrt mit der 1912 eröffneten, denkmalgeschützten Zahnradbahn von Brannenburg im Inntal, zum anderen wegen der phänomenalen Aussicht von Inn über Chiemsee, Watzmann, Großglockner bis zur Zugspitze. Während der 25-minütigen Fahrt fährt der 48-Tonnen-schwere Zug über acht Galerien, sieben Tunnel und zwölf Brücken und bewältigt bis zum Bergbahnhof 1270 Höhenmeter. Die Strecke beträgt 7,6 km, davon 6,5 km mit der Zahnstange, die maximale Steigung hat 23,7 Prozent. Nicht nur bei Eisenbahnfans, sondern auch

bei Wanderern und Kindern steht die älteste aktive Zahnradbahn Bayerns hoch im Kurs.

↗ *Zahnradbahn Wendelstein, www.wendelsteinbahn.de*

SCHNUPPERTOUR MIT DEM RENNRAD
NOHFELDEN, SAARLAND

Auch sportliche Radfahrer suchen neue Herausforderungen. Warum nicht einmal mit schmalen Reifen unterwegs sein, z.B. im Sankt Wendeler-Land im Saarland, einer hügeligen, radtouristisch gut erschlossenen Region. Die kürzeste Rennrad-Tour dort, gerade mal 38,2 km lang, startet an der Tourist-Info am Bostalsee. Die Route führt durch Bosen über Eiweiler und Mettnich auf einem fünf Kilometer langen steilen Anstieg hoch auf den Peterberg. Von dort geht es hinunter nach Schwarzenbach und über Eisen, Achtelsbach, Meckenbach und Sötern nach ca. 2 Std. wieder zurück an den Ausgangspunkt am Bostalsee. Insgesamt sind immerhin 634 m Anstiege zu erklimmen, Abkühlung verspricht dann ein Sprung in den See.

↗ *Tourist-Information Sankt Wendeler Land, Am Seehafen 1, Nohfelden, www.bostalsee.de*

Es geht nichts über eine kleine Auszeit.
Tanken Sie neue Energie bei einer Moorzeremonie,
beim Meditieren oder im Kreidebad.

Rechts: Natur, Sonne, Ruhe – hier passt alles

Mal richtig abschalten

36

BADEURLAUB IN DER SÜDSEETHERME

BAD WÖRISHOFEN, BAYERN

Wo gibt's denn so was? Ob im grauen November, im verschneiten Februar oder im heißen August – in Bad Wörishofen kann man das ganze Jahr über unter Palmen im 34 °C warmen Wasser baden. Während es draußen schneit, liegt man hier am feinen Sandstrand oder schwitzt in einem der Dampfbäder des Saunaparadieses. Genießer schätzen zudem die zahlreichen Wellnessangebote, darunter Massagen,

ZU-HAUSE-TIPP

KRÄUTERBAD

Ein frisch zubereitetes Kräuterbad ist äußerst wohltuend. Kräuter haben unterschiedliche Wirkungen: Kamille beruhigt und löst Krämpfe, Lavendel entspannt, Melisse und Rosmarin wirken belebend. Einfach eine Handvoll ins Badewasser geben und mit allen Sinnen genießen.

Farb- und Aromatherapie oder Hot Stones. Unter den heilkräftigen Wasserbädern hat man die Qual der Wahl: Jod-Selen-Wasser in der golden leuchtenden »Onyxgrotte«, Heilwasser im »Schwefeltopf« oder Kalziumwasser im »Blütenkelch«. Im Solebecken kann man »schweben« wie im Toten Meer. Hinzu kommen 50 Sprudelliegen und zahlreiche Massagedüsen sowie der Strömungskanal direkt im Thermensee. Kurz gesagt: Diese riesige, über 7000 m² große Therme bietet gestressten Besuchern die ideale Kombination aus exotischem Urlaubs-paradies und therapeutischem Heilbad. Das gesamte Angebot auszuprobieren ist an einem Tag gar nicht möglich – es reicht problemlos für einen längeren Wellnessurlaub. Auch wer es sportlicher mag oder mit der Familie kommt, ist hier gut aufgehoben: Im angegliederten Sportbad »blueFun« mit 25-m-Sportbecken für Schwimmer (28 °C), diversen Kinderrutschen, einem 140 m langen Wildwassercanyon und dem Babypool mit vielen kindgerechten Attraktionen können sich große und kleine Sportler richtig austoben. Selbstverständlich gibt es auch eine Kneippanlage in der Therme – Wörishofen ist schließlich als Wirkungsort von Sebastian Kneipp (1821 bis 1897) bekannt geworden.

↗ *Therme Bad Wörishofen, Thermenallee 1, Bad Wörishofen, www.therme-badwoerishofen.de*

Auf Borkum findet jeder ein herrliches Plätzchen, um den Sonnenuntergang zu beobachten

ENTSPANNUNG IM OZEANDAMPFER
BORKUM, NIEDERSACHSEN

Die Insel Borkum entwickelte sich um 1850 zum Seebad und ist heute anerkanntes Heilbad, das sich durch ein sehr pollenarmes, jodhaltiges Hochseeklima auszeichnet. Südlich der Flaniermeile Bismarckstraße besitzt das Kurviertel als modernes Highlight die wie ein riesiger Dampfer gestaltete, 8000 ha große Wasser- und Wellnesserlebnislandschaft Gezeitenland. Hier gibt es alles, was Groß und Klein zum Kur- oder Badeurlaub brauchen: Riesenrutsche und Massagebank, Rasul-

bad und Meersalzgrotte, Thalassotherapie und Meereskosmetik, ja sogar Indoorsurfen mit einem speziellen Bodyboard auf der Welle

↗ *Gezeitenland, Borkum,*
   www.borkum.de/gezeitenland

HAUS DER STILLE
ROSEBURG, SCHLESWIG-HOLSTEIN

Einmal der Alltagshektik entfliehen, innehalten und sich auf sich selbst besinnen: Wer das im Auge hat, findet entsprechende Angebote im Haus der

Stille, einem der ältesten buddhistischen Meditationszentren in Deutschland. Es liegt rund 50 km östlich von Hamburg, am Rande des Dorfes Roseburg. Auch wenn die ruhige Umgebung mit ihren Seen und Wäldern zum Spazierengehen und die Bibliothek des Hauses zum Lesen verleiten, steht hier die Beschäftigung mit sich selbst im Vordergrund. Beinahe ganz-

jährig finden Seminare statt, von Yoga, Vipassana, Atemübungen und Tai Chi bis hin zum Zen. Besonderen Wert wird auf Meditation gelegt.

↗ *Haus der Stille e.V., Mühlenweg 20, Roseburg, www.hausderstille.org*

39 HOHE BADEKULTUR IM KÖNIGSWINKEL
SCHWANGAU, BAYERN

Ob man vom Freibad aus den herrlichen Blick auf Schloss Neuschwanstein genießt, im Ludwig-Sole-Becken mit Strömungskanal und Unterwassermassage liegt, im Sole-Außenbecken mit einem Salzgehalt wie im Toten Meer schwebt oder sich in der Meditationsgrotte von glitzernden Edelsteinen und Kristallen, Amethysten, Rosenquarzen und Achaten verzaubern lässt – der Aufenthalt in der »Königlichen Kristalltherme« tut Leib und Seele gut. Fortsetzen kann man die Ganzkörperentspannung im Schwanen-Sanarium mit Farblichttherapie. Beliebt ist auch der osmanische Hamam, wo man im orientalischen Ambiente auf dem Marmorschwitzstein eine Ganzkörperrubbelmassage erhält.

↗ *Kristalltherme Schwangau, Am Ehberg 16, Schwangau, www.kristalltherme-schwangau.de*

ZU-HAUSE-TIPP

DIGITAL DETOX

Nur schnell ein Foto in die Familiengruppe posten und schauen, was es bei Instagram Neues gibt? Smartphone, Tablet und Co. sind in im Alltag dauerpräsent – dabei merken wir oft nicht, wie sehr uns das stresst. Wie wäre es mit einem Selbstversuch? Verbringen Sie ein, zwei Tage offline und kommen Sie so richtig runter.

Kleiner Tipp: Womöglich fällt es Ihnen leichter, wenn Sie in Ihrem WhatsApp-Status angeben, an welchen Tagen Sie nicht erreichbar sind.

In der Bad Füssinger Therme Eins findet jeder das passende Sauna-Erlebnis

ROTTALER HEXENSAUNA

BAD FÜSSING, BAYERN

Im niederbayerischen Bäderdreieck sind mehrere Thermenhochburgen zu Hause, besuchermäßig steht Bad Füssing ganz oben. Wer aber denkt, in Europas größtem Heilbad drehe sich alles nur ums Heilwasser, irrt. Auch das Angebot an Saunen und Dampfbädern ist immens. So locken im Saunahof der Therme Eins, einem ehemaligen Vierseithof, moderne Schwitzstuben wie Kartoffel-, Kräuter- oder Heustadelsauna. Mit wohligen 80 °C wartet die Hexensauna auf. Heiß ist auch das Ambiente: Da hängen an den Wänden schaurige Hexenbilder und an der Decke zwei Besenreiterinnen. Deren

Fluggeräte dienen bei den Spezialaufgüssen à la »Kräuterhexe« als Ventilator – höllisch heiß wird es trotzdem.

↗ *Therme Eins, Kurallee 1, Bad Füssing, www.thermeeins.de*

EINTAUCHEN INS KREIDEBAD

RÜGEN, MECKLENBURG-VORPOMMERN

Rügens Kreide begeistert nicht nur am Königsstuhl, sie hat auch als Heilmittel eine lange Tradition. Kreideanwendungen fördern das allgemeine Wohlbefinden, machen eine wunderbar zarte Haut und helfen u. a. bei Erkrankungen der Atemwege (Bronchitis, Asthma), der Haut (Neurodermitis, Ekzeme) und des Bewegungsapparates (Wirbelsäulen- und Gelenkbeschwerden) und können das Immunsystem stärken. In Sassnitz eröffnete 1824 Deutschlands erstes Kreideheilbad. Ob klassisch oder modern im Rasulbad, als Soft-Pack-Anwendung oder mit Fruchttrester, mit Stutenmilch oder duftenden Ölen: Ein Bad mit Rügener Heilkreide entspannt wunderbar. Zu Hause erhält man original Rügener Heilkreide über die Apotheke.

↗ *Verein Rügener Heilkreide e. V., www.heilkreide.de*

IN SICH GEHEN

ALTOMÜNSTER, BAYERN

Lassen Sie den meditativen Wanderweg von Erdweg nach Altomünster auf sich wirken. »Die Komponisten sollten nur Musik schreiben, in der man wohnen kann«, sagte einst der französische Komponist Darius Milhaud. Was dieser Spruch mit dem Dachauer Land zu tun hat? Er steht auf einer der Tafeln, auf dem InSichGehen-Wanderweg zwischen Kloster Petersberg in Erdweg und Kloster Altomünster. Was der Komponist wohl damit gemeint hat? Wie sich Musik anfühlt, in der man wohnen kann? Diesen und ähnlichen Fragen kann man im weiteren Verlauf auf den Grund gehen, während man bei gutem Wetter an der ein oder anderen Stelle einen Blick auf die Alpenkette erhascht. Der Weg führt von der S-Bahn-Station Erdweg zur S-Bahn-

ZU-HAUSE-TIPP

WELLNESS-TAG

Wellness und Entspannung lassen sich wunderbar zu Hause erleben. So gelingt der Spa Day besonders gut:

1) Suchen Sie sich schon vorher Rezepte für leichte, gesunde Gerichte aus und kaufen Sie alle Zutaten dafür ein.
2) Eine Runde Yoga nach dem Aufstehen oder ein Morgenspaziergang bringen Energie und machen den Kopf frei.
3) Nehmen Sie ein ausgiebiges Bad. Dabei zu lesen oder entspannende Musik zu hören, tut Körper und Geist gut.
4) Gönnen Sie sich ein Peeling. Einfach etwas Meersalz mit Olivenöl mischen – Ihre Haut wird es lieben. Für das Gesicht besser Zucker statt Meersalz verwenden.
5) Auszeit für die Haare: 1–2 Eier, 1 TL Honig und 2 EL Olivenöl verrühren, im Haar verteilen und unter einem Handtuch 45 Min. einwirken lassen. Danach mit Shampoo auswaschen.
6) Nehmen Sie sich Zeit für Maniküre und Pediküre. Hornhaut entfernt man am besten direkt nach dem Baden.
7) Das letzte bisschen Stress verschwindet, wenn Sie sich abends in eine Wolldecke einkuscheln, ein gutes Buch zur Hand nehmen und für einige Stunden in eine andere Welt abtauchen – der perfekte Ausklang für Ihren Spa Day.

Station Altomünster, ist durch eine grüne Windrose gekennzeichnet und kann natürlich auch per Rad erwandert werden. Am intensivsten wird man ihn aber allein und zu Fuß erleben: Barfußpfade sorgen für ein alternatives Geherlebnis, Guckrohre für den anderen Blick auf die Dinge und ein großes Klangspiel für ein besinnliches Hörerlebnis. In Altomünster geht es dann noch in den finsteren Gang unter dem Kloster. Der Weg ist das ganze Jahr begehbar. Lassen Sie durchaus auch im Winter die Ruhe einer verschneiten Landschaft auf sich wirken und im Herbst das Geheimnisvolle eines verregneten Nebeltags.

↗ *Wanderweg InSichGehen, 10 km zwischen Erdweg und Altomünster, www.altomuenster.de*

MOORZEREMONIE IN DER THERME

BAD AIBLING. BAYERN

Moorerlebnis für schlechtes Wetter und die Gesundheit in Bad Aibling: Erst ist es ganz batzig, rollt sich in kleinen Dreckwürmchen über die Haut, mit der Zeit wird es flüssiger, lässt sich leichter verteilen und massiert sanft die Haut. Moos oder Filz werden die Moore in Oberbayern auch genannt. Donaumoos, Rothfilz bei Weilheim,

Murnauer Moos, Loisach-Kochelsee-Moor, Breiten Moos, Fußbergmoos, Haarmoos, Aiblinger Moor usw. – hier gibt es besonders viele Moore, das hat noch mit der letzten Eiszeit zu tun, denn viele sind verlandete Seen. In Bad Aibling kann der Besucher das Moor ganz gemütlich auch bei schlechtem und kaltem Wetter erleben: in der Therme bei einer Moorzeremonie im Dampfbad. Dort bekommt jeder eine Handvoll des erdigen und stickstoffreichen Bodens, reibt sich von oben bis unten damit ein und lässt es 15 Min. im Dampfbad einwirken. Das Besondere daran ist die Huminsäure in Form von Ton, Sand, Asche und Erde, die Wärme speichert, entzündungshemmende, schmerzlindernde sowie Muskel aktivierende Eigenschaften besitzt und deswegen gegen Rheuma, Arthrose, Ischias, Gicht, Durchblutungsstörungen und Bandscheibenschäden hilft. Für jeden Gesunden ist es, kommt er über den ersten Eindruck von Dreck hinweg, einfach nur wohltuend und hat einen Peeling-Effekt. Das Ergebnis: wunderschön weiche Haut. Eine Moorpackung hilft bei rheumatische Beschwerden sowie Verspannungen. An der Moorinsel kann man außerdem ins Moor treten und erfahren, wie sich das barfuß anfühlt.

↗ *Therme Bad Aibling, Lindenstr. 32, Bad Aibling, www.therme-bad-aibling.de*

MEDITATION IM ZEN-KLOSTER

ERLBACH, BAYERN

Abseits des Alltags kommt man in Eisenbuch zur Ruhe: Nicht weit von einem der katholischen Mittelpunkte Oberbayerns, dem Wallfahrtsort Altötting mit dem nahe gelegenen Geburtsort des ehemaligen Papstes Benedikt XVI., Marktl, findet sich ein religiöses Zentrum ganz anderer Art: das Zen-Kloster Daihizan Fumonji in Eisenbuch. Dort treffen sich regelmäßig Anfänger und Fortgeschrittene und üben sich im Meditieren. Sie sitzen mit Blick in Richtung Wand gerade auf der vordersten Ecke des Zafu,

eines traditionellen Sitzkissens zur Meditation, die Beine über Kreuz, die Augen gesenkt, nicht geschlossen. Im Raum ist absolute Ruhe, nur das Atmen ist zu hören, in der Luft der Geruch von Räucherstäbchen. Nicht denken, auf die Atmung konzentrieren, abschalten, ganz im Jetzt sein. Dann ein Gong: die halbe Stunde Sitzmeditation ist vorbei, jetzt folgt eine Viertelstunde Meditation im Gehen, dann nochmal Sitzmeditation. Wer es geschafft hat, nur ein paar Minuten nicht zu denken, war höchstwahrscheinlich kein Anfänger. Wer nicht, der hat im Zen-Zentrum noch viele Möglichkeiten, diese Fähigkeit zu üben: es gibt ganze Meditationstage, ein Zen-Kennenlernwochenende, ein Kloster zum

Anfänger meditieren im Schneidersitz, Fortgeschrittene beherrschen schon den Lotussitz

Kennenlernen und eine Zen-Klausur. Das Kloster ist offen für alle, versteht sich als Ort der Schulung für heilsames Leben und steht unter der Leitung von Fumon S. Nakagawa Roshi, Myochi R. Wecker und der Klostergemeinschaft. Wer länger bleibt, kann im Kloster essen und übernachten.

↗ *Zen-Zentrum Eisenbuch, Eisenbuch 7, Erlbach, www.eisenbuch.de*

45

RÖMISCHE BADEKULTUR

BADENWEILER, BADEN-WÜRTTEMBERG

Wer sich für den Lifestyle der Römer interessiert, kennt vielleicht die bestens erhaltene römische Badruine (1./2. Jh.) im badischen Städtchen Badenweiler. Im 18. Jh. freigelegt, wird die imposante Anlage inzwischen von einem Glasdach geschützt, unter dem die alten Thermalbecken, Schwitzräume und Umkleiden gut erkennbar sind. Die Abteilung für Frauen war hier, recht unüblich, nicht kleiner als die der Männer, was an der Patronin des Bades, der »Schwarzwaldgöttin« Diana Abnoba (eine Verschmelzung der römischen Jagdgöttin Diana mit der keltischen Göttin Abnoba), gelegen haben mag. Sicher sorgt sie auch dafür, dass nebenan in der Cassiopeia

ZU-HAUSE-TIPP

MEDITATION

In der Ruhe liegt die Kraft – Meditation hilft, die Gedanken zu beruhigen und achtsam durch den Tag zu gehen. Man muss keinen Kurs machen, um das Meditieren zu lernen. Nur etwas Zeit und Geduld sind gefragt. Zehn bis zwanzig Minuten pro Tag genügen: Einfach eine aufrechte, bequeme Sitzhaltung finden, die Augen schließen, Gedanken kommen und gehen lassen und sich auf den Atem konzentrieren.

Therme das Wasser nicht kalt wird. Römische Badekultur erleben im Römisch-Irischen Bad, in wohlig warmen Thermalbecken drinnen und draußen seine Glieder ausstrecken und das heilsame Wasser genießen oder in einer der Saunen entspannen, das steht auch heutzutage hoch im Kurs.

↗ *Cassiopeia Therme, Ernst-Eisenlohr-Str. 1, Badenweiler, www.badenweiler.de*

HARZER KLOSTER-WANDERWEG
NIEDERSACHSEN, SACHSEN-ANHALT

Ruhe und Entspannung auf naturbelassenen Wegen zwischen Goslar und Quedlinburg, das verspricht der Harzer Klosterwanderweg. Auf der 95 km langen Route pilgert man von Kloster zu Kloster, insgesamt 12 an der Zahl. Markierungen mit rotem Kreuz in rotem Kreis auf weißem Grund weisen die Richtung, Engelsbänke mit Segensworten inspirieren den Geist. Die nicht zu verfehlenden Doppeltürme der Neuwerkkirche in Goslar sind Ausgangspunkt des Pilgerpfads. Kloster Grauhof weiter Richtung Osten bewahrt eine der schönsten und größten Barockorgeln Norddeutschlands. Zur Einkehr mit Klostergeist verleitet Kloster Wöltingerode. Auf 1050 Jahre Vergangenheit blickt Kloster Drübeck bei Ilsenburg zurück. Weitere Stationen sind Blankenburg, Thale und Gernrode. Am Marienkloster in Quedlinburg endet die letzte Etappe.

↗ *www.harzer-klosterwanderweg.de*

ZU-HAUSE-TIPP

ONLINE-YOGA

OMMM! Yoga macht nicht nur beweglich, sondern hilft auch beim Abschalten. Wer kein Studio in der Nähe hat oder erst mal schauen will, ob Yoga das Richtige ist,

hat auf YouTube die Qual der Wahl. Videos für Anfänger bis Profis in unterschiedlichen Längen bieten zum Beispiel die zertifizierte Yoga-Lehrerin Mady Morrison (auf Deutsch) oder die US-Amerikanerin Adriene Mishler auf ihrem weltweit beliebten Channel »Yoga with Adriene« (nur auf Englisch).

FEINER RUHEPOL
HOLZHAUSEN, HESSEN

»Der tiefe Frieden der Landschaft umfängt den Menschen und lässt in seiner Seele Saiten erklingen, die sonst von dem Hasten der Welt übertönt werden« – so wird die Ringgau beschrieben, die in tiefes Grün getauchte Hügellandschaft im Herzen Deutschlands. In diesem idyllischen Winkel »versteckt« sich das Hotel Hohenhaus, im 16. Jh als Rittergut errichtet, heute

Brunneninhalation gehört zu den Anwendungen im Gradierwerk Bad Salzungen

GANZ SCHÖN SALZIG

BAD SALZUNGEN, THÜRINGEN

Urlaub für die Atemwege verheißt der Besuch einer Gegend mit salzhaltiger Luft. Je höher der Salzgehalt, desto mehr erholen sich Nasenhöhle und Bronchialsystem von den Strapazen eines trocken klimatisierten Alltags. Die Nordsee ist dafür eine gute Adresse, aber auch im Landesinneren gibt es, v. a., wenn sie ein Gradierwerk haben, Kurorte, die die Lungen erfreuen. In einem Gradierwerk wird Salz gewonnen. Dabei träufelt Sole (eine Salz-Wasser-Mischung) über Reisigbündel aus Strauchhölzern (Weiß- und Schwarzdorn eignen sich am besten), die in einer großen, im Freien stehenden Wand aufgeschichtet sind. Dieses Verfahren wird heute nicht mehr zur Salzgewinnung, sondern nur noch für heilklimatische Zwecke genutzt. Die Luft um die Gradierwerke herum ist äußerst gesund. Salz bindet frei schwebende Partikel, was vor allem Allergiker zu schätzen wissen. Aber auch gegen Asthma und andere Bronchialkrankheiten ist die salzhaltige Luft ein bewährtes Mittel, sie lässt die Schleimhäute abschwellen und reinigt die Atemwege von Bakterien. Selbst wer keine Beschwerden in Bronchien und Lunge hat, atmet nach einem ausgiebigen Aufenthalt im Gradierwerk freier durch. Gradierwerke sind zwar in

eines der nobelsten deutschen Landhotels. Seit 1990 ist es Mitglied im renommierten Hotelverbund Relais & Châteaux. Klar, dass da auch an die Küche besondere Erwartungen gestellt werden dürfen, deren kreative Leistungen erhielten bereits Auszeichnungen vom »Feinschmecker«. Viele Aktivitäten bietet das Hotel an, stets mit einem genießerischen Element. Bei Wanderungen – von einem Förster begleitet – darf der Picknickkorb nicht fehlen, wie bei Kutschfahrten durch die nordhessische Hügellandschaft die Flasche Champagner. Bei Weinproben geht es um ausgewählte Raritäten, Kochkurse enden mit einem gemeinsames Essen. Lesungen, Konzerte und der legendäre Weihnachtsmarkt sind besondere Erlebnisse.

↗ *Hotel Hohenhaus, Holzhausen, www.hohenhaus.de*

Deutschland nicht selten. Doch nirgendwo ist der Salzgehalt der Solequelle so hoch wie in Bad Salzungen (bis zu 27 %). Das kann nicht mal die Nordsee bieten, allenfalls das Tote Meer.

↗ *Solewelt, Am Flößrasen 1,*
   Bad Salzungen, www.solewelt.de

ALTES BAD IN NEUEM GLANZ
ESSLINGEN, BADEN-WÜRTTEMBERG

Im Jahr 1907 stiftete Kommerzienrat Oskar Merkel der Stadt Esslingen das nach ihm benannte Merkel'sche Bad. Es gehört zu den schönsten Jugendstilbädern in Deutschland. Nach einer umfassenden Renovierung erstrahlt es heute wieder in neuem Glanz. Jugendstilornamente, filigran gearbeitete Bleiglasfenster, Empore und Gewölbe erhielten ihr früheres Erscheinungsbild. Das Mineral-Thermalbad füllt sich aus eigener Quelle und wird von Kennern besonders geschätzt, denn das Wasser soll den Kreislauf stabilisieren, die Muskulatur entspannen und die Haut schön weich machen. Schwitzen lässt es sich ebenfalls gut im Jugendstilambiente: Ein Highlight im Dampfbad mit seinen Säulen, Kapitellen und Bögen ist die lichtdurchflutete Lounge. Vom zweigeschossigen Sauna-

und Wellnessbereich (fünf Saunen, Tepidarium, Laconium) aus gelangt man auf eine Dachterrasse mit herrlichem Blick über Esslingen.

↗ *Merkel's Bad, Mühlstr. 6,*
   Esslingen, www.merkelsches-bad.de

LUSTWANDELN IM FÜRSTLICHEN PARK
INZIGKOFEN, BADEN-WÜRTTEMBERG

Himmelsgarten und Teufelsbrücke, schroffe Steilhänge, abenteuerliche Treppen und Gehwege über Abgründe und Felsvorsprünge, dazu die ruhige Donau und eine Brücke, die der Teufel gebaut haben soll – wer nach Inzigkofen kommt, muss sich auf einiges gefasst machen. Dieser Ort voller Überraschungen liegt zwischen Sigmaringen und Beuron im Naturpark Obere Donau und an bekannten Ferienstraßen, Rad- und Wanderwegen. Zum Beispiel an der Oberschwäbischen Barockstraße, die hier vor allem wegen des ehemaligen Augustinerinnenklosters (die heutige Anlage entstand 1659–1663) durchführt. Sehenswert sind neben den Klostergebäuden, der Kirche und dem Klostermuseum in erster Linie die »Fürstlichen Anlagen«. Fürstin Amalie von Hohenzollern-Sigmaringen kümmerte sich bis zu ihrem Tod 1841 einerseits um die

Durch den Fürstlichen Park in Inzigkofen führt ein romantischer Weg zu Felsen und Grotten

Bedürftigen im Ort, andererseits aber auch um die Natur entlang der Donau und deren Gestaltung, weshalb ein 29 m hoher Felsen am Fluss nach ihr benannt ist. Beim Bau der 1843 zunächst aus Holz, später aus Beton gefertigten Teufelsbrücke hatte – daher rührt der Name – der Sage nach der Beelzebub seine Hand im Spiel. Seit 2019 verbindet eine neue Hängebrücke über die Donau beide Teile des Parks. Der Rundweg ist zwar nur drei Kilometer lang, verleitet aber zu stundenlangem Lustwandeln.

↗ *Kloster Inzigkofen, Fürstlicher Park, Schlossbühlweg, Inzigkofen, www.inzigkofen.de*

51

BALSAM FÜR KÖRPER UND GEIST

BAD BUCHAU, BADEN-WÜRTTEMBERG

Sprudelnde Quellen, heilendes Moor: Die Bad Buchauer können sich das ganze Jahr über 47 °C freuen – natürlich nicht in der Luft, sondern aus dem Boden, der in der Bade- und Saunalandschaft Adelindis Therme heilendes Thermalwasser freigibt. Mit »Kelten-, Erd- und Finnischer Sauna« und anderen, beheiztem Außensteg und exotischen Aufgüssen macht die Wohlfühloase vor allem bei schlechtem Wetter jede Menge Spaß. Ein

Therapiebecken, ein Whirlpool und ein Entspannungsbecken, zwei dampfende Außenbecken und ein Sportbecken sorgen auf einer Wasserfläche von über 1100 m² beim Schwimmen für Abwechslung. Neben den Wirkungen des Thermalwassers, das aus 800 m Tiefe hervorsprudelt, fördern Wellnessanwendungen das Wohlbefinden der Badegäste. Durch die Kombination des »Gesundheitsbades Buchau« mit dem Kurzentrum sowie mit der Schloss- und Federseeklinik gehört auch die Heilwirkung des Federseemoors zum Angebot.

↗ *Adelindis Therme,*
   Teuchelweg 2, Bad Buchau,
   www.adelindistherme.de

WASSER UND WEIN

**BAD NEUENAHR,
RHEINLAND-PFALZ**

Warum in die Ferne schweifen …? Eine Aroma-Massage mit Ahr-Rotwein oder der »Waldfee«, einer Massagelotion aus Honigwaben, Zedern und echtem Eifel-Wacholder, tut unheimlich gut und lockert die Muskeln. Heimische Früchte entwickeln ihre Entspannungskräfte in einem Quitten-Holunder-Sahne-Bad. Ein einzigartiges Wohlfühlangebot für Körper, Geist und Seele bietet auf 20 000 m² das Ahr-Resort, das aus dem historischen Thermal-Badehaus und den modernen Ahr-Thermen nebenan besteht.

Anstatt im historischen Badehaus in Bad Neuenahr badet man heute in den Ahr-Thermen

In letzterem sprudelt kristallklares heilsames Mineralwasser aus den Massagedüsen. Das kohlensäurereiche Wasser prickelt sanft auf der Haut. Aus 359 m Tiefe steigt es mit einer konstanten Temperatur von 36 °C empor, im Pool kommt es mit kuschelwarmen 31 °C an. Wärme und die gelösten Mineralien lockern das Bindegewebe, verstärken die Durchblutung und regen den Stoffwechsel an. Auch im Winter kann man im warmen Thermalwasser des Außenbeckens baden. In der Saunalandschaft werden täglich Event-Aufgüsse angeboten, bei denen z. B. Eis oder Honig zum Einreiben gereicht werden.

↗ *Ahr-Thermen, Kurgartenstr. 1, Bad Neuenahr, www.ahr-thermen.de*

HAMAM NUR FÜR FRAUEN

BERLIN

Reinigung und Pflege von Körper und Seele, Entspannung und Unterhaltung in angenehm warmer Atmosphäre, das sind die wichtigsten Elemente der uralten Hamamkultur. In Berlin hat man eigens für Frauen ein Türkisches Bad im Frauenzentrum Schokofabrik K4 eröffnet. Es bietet neben dem traditionellen Ganzkörperpeeling (Kese und Sabunlama) auch Massagen, kosmeti-

ZU-HAUSE-TIPP

BRIEFE SCHREIBEN

WhatsApp, Sprachnachrichten, E-Mails – wann haben Sie zuletzt einen echten Brief geschrieben? Vermutlich ist das eine Weile her. Dabei ist das Briefeschreiben ein fast meditativer Vorgang: Wir nehmen uns Zeit, überlegen genau, was wir aufschreiben wollen, glänzen mit unserer schönsten Handschrift und verzieren den Brief vielleicht noch. Außerdem bereiten wir dem Adressaten eine Riesenfreude, wenn er zwischen Werbung und Rechnungen mal wieder einen persönlichen Brief aus dem Briefkasten fischt.

sche Anwendungen, eine Sauna, eine Infrarot-Wärmekabine, orientalische Erfrischungen und Tee aus dem Samovar an. In Ruheräumen oder im begrünten Innenhof kann man sich anschließend erholen.

↗ *Hamam Berlin, Mariannenstr. 6, Berlin, www.hamamberlin.de*

54 ENTSPANNEN IM JUGENDSTILDENKMAL

MÜNCHEN, BAYERN

An der Kaimauer über dem Isarstrand in München steht Deutschlands vielleicht schönstes Badehaus. Das Müller'sche Volksbad bietet Badekultur vom Feinsten, ob im römisch-irischen Schwitzbad oder in den beiden Jugendstil-Schwimmhallen mit Stuckdecken und bronzenen Wasserspeiern. Münchens erstes öffentliches Hallenbad, ein Geschenk des Ingenieurs Karl Müller, öffnete 1901 seine Pforten, seitdem wird hier stilvoll entspannt.

↗ *Müller'sches Volksbad,*
Rosenheimer Str. 1, München,
www.swm.de

55 KLANG- ODER HEUBAD?

BAD HERRENALB,
BADEN-WÜRTTEMBERG

Bad Herrenalb liegt im Mittelpunkt von sieben Tälern und erfreut sich bereits seit gut 150 Jahren als Heilbad größter Beliebtheit. Grund dafür könnten die besonderen Angebote der Siebentäler Therme sein. So verwöhnt hier das Klangbad mit akustischem Bade- und Entspannungserlebnis. Haben Sie schon mal ein Heudampfbad ausprobiert? Dabei wird in der Kraxenstube naturbelassenes, pollenfreies Heu mit aufsteigendem Wasserdampf durchwärmt. Man spürt, wie sich Verspannungen vor allem im Hals-Nacken-Schulter-Bereich lockern oder

ZU-HAUSE-TIPP

VOLL ENERGIE OHNE STROM

Eine Woche ohne Strom leben – das ist eine echte Herausforderung. Man wird ja gewissermaßen ins Mittelalter zurückversetzt. Herd, Kühlschrank, warmes Wasser, Lampen, Fernseher, Telefon und sonstige Elektrogeräte dürfen nicht benutzt werden. Das bringt nicht nur Unannehmlichkeiten mit sich, es erfordert auch ein hohes Maß an Selbstdisziplin, denn der Griff zum Schalter oder zur Steckdose ist Gewohnheit. Dafür spart man in zweierlei Hinsicht: Der Stromverbrauch sinkt, und man muss sich nicht extra eine Almhütte mieten, um ein einfaches Leben auszuprobieren. Wer sich auf dieses Abenteuer einlässt, darf mit einigen romantischen Stunden bei Kerzenschein rechnen.

sogar auflösen. Gegen den Stress des Alltags hilft vielleicht auch eine Shiatsu-Anwendung, eine aus Japan stammende Form der Körpertherapie. Da fühlt man sich am Schluss fast wie neu geboren.

↗ *Siebentäler Therme,*
  Schweizer Wiese 9, Bad Herrenalb,
  www.siebentaelertherme.de

Außen wie innen ist das Müller'sche Volksbad in München ein Jugendstiljuwel

STRANDSAUNA HÖRNUM

HÖRNUM, SCHLESWIG-HOLSTEIN

Auch das gibt es auf Sylt: eine Sauna mitten in den Dünen. Kein Wellnessstempel mit Show-Aufgüssen, sondern eine echte Traditionssauna. Sie besteht aus einer Finnischen und einer Bio-Sauna mit Farbspiel, einem Ruheraum, einer windgeschützten Sonnenterrasse und das wars. Der FKK-Strand ist nicht weit und damit die Nordsee als natürlichem Kaltwasserbecken. In ihrer Einfachheit ist die Sauna geradezu paradiesisch und lässt die Gäste wirklich abschalten, denn von Wellnessstress, weil in neun Minuten der nächste Aufguss in der Amazonas-Erlebnissauna stattfindet, keine Spur.

↗ *Strandsauna Hörnum,*
  Süderende 25, Hörnum,
  www.strandsauna-sylt.com

MIT LIQUID SOUND

BAD SCHANDAU, SACHSEN

Bad Schandau hat sich vom traditionellen Kurort zum Wellnesszentrum der Gegend entwickelt. In der Toskana Therme heißt das Konzept Baden in Licht und Musik. Das Bad wird zu einem mit Wasser gefüllten Konzertsaal gestaltet mit buntem Licht und Videoprojektionen. Liquid Sound ist das Zauberwort: Entspannen, schweben, abtauchen bei traumhaften Klängen und Filmen. Zu den Höhepunkten gehören Live-Konzerte, Liquid-Sound-Club-Abende und ein Festival der Wasserkunst.

↗ *Toskana Therme,*
  Rudolf-Sendig-Str. 8 a, Bad
  Schandau, www.toskanaworld.net

Wandern ist in, sei es durch Schluchten, Moore oder am
Strand entlang und übers Watt, zu Heidschnucken,
Kranichen oder auf den Spuren großer Künstler.

Rechts: Gleichgewichtstraining

Wohin die Füße tragen

SCHLUCHTEN-ROMANTIK

SONTHOFEN, BAYERN

Ob man an heißen Sommertagen die angenehme Kühle der Starzlachklamm genießt oder nach Regenschauern bewundert, mit welchem Druck das Wasser durch die enge Schlucht tost – es ist immer ein eindrucksvolles Erlebnis. Die Wanderung startet am Parkplatz im Sonthofener Ortsteil Winkel. Ein beschilderter Weg führt an der Starzlach entlang durch den Wald zum Klammwirt am Eingang der Schlucht.

Vorbei an mehreren Wasserfällen geht's durch die Klamm bergauf, schließlich zweigt nach rechts ein Weg ab, über den man rasch zum Parkplatz zurückkommt. Am oberen Ende der Schlucht führt eine Brücke auf die andere Seite, wo man durch ein lichtes Wäldchen zur Alpe Topfen hinaufsteigt. Links oberhalb der Alpe, beim Gasthof Alpenblick, zweigt ein Wanderweg ab, der nach Winkel hinabführt. Die Tour durch die Schlucht bis zum Gasthaus dauert etwa zwei Stunden.

↗ *www.starzlachklamm.de, www.sonthofen.de*

DIY-TIPP

SOCKEN STRICKEN

Klingt nach einer Beschäftigung für Großmütter – ist aber wieder in! Strickanleitungen gibt es zuhauf online und mit etwas Übung kann man beim nächsten Kaffeeklatsch stolz die neuesten Fußtrends vorführen. Neben Socken lassen sich auch Hausschuhe stricken – oder filzen.

VOM RÄUBERWALD ZUR ÖKO-OASE

HAFENLOHR, BAYERN

Das Archäologische Spessartprojekt hat ein dichtes Netz von »Europäischen Kulturwegen« angelegt, um die Besonderheiten der alten Kulturlandschaft wieder stärker ins Bewusstsein zu rücken, fernab des Klischees vom gefährlichen Räuberwald. Von der Mündung der Hafenlohr in den Main zu ihrer Quelle in Rothenbuch führt ein solcher, 25 km langer Kulturweg, der auch in einzelnen Abschnitten begangen werden kann. Tafeln informieren am Wegesrand über das idyllische Hafenlohrtal, in dem heute sogar Was-

Der Bohlenweg leitet auch bei Nebel sicher durch das Schwarze Moor

serbüffel grasen. Seltene Tier- und Pflanzenarten wie der Eisvogel oder das Knabenkraut haben hier einen geschützten Lebensraum gefunden. Der Wanderweg verläuft oberhalb des malerisch durchs Tal mäandrierenden Flüsschens. An einer Lichtung begegnen wir Kurt Tucholsky und Robert Gernhardt, die hier gerne wanderten und auch schrieben. An der Hafenlohr erinnern eine Informationstafel und die Gernhardtlinde samt Rastplatz an beide Dichter.

↗ *Europäischer Kulturweg »Natur und Literatur im Hafenlohrtal«, www. spessartprojekt.de/kulturwege*

60
AUF HOLZBOHLEN DURCHS MOOR

FLADUNGEN, DREILÄNDERECK BAYERN/THÜRINGEN/HESSEN

Im Dreiländereck Bayern, Thüringen und Hessen, auf knapp 800 m Höhe und 6 km von Fladungen entfernt, liegt das mit rund 70 ha größte Hochmoor im UNESCO-Biosphärenreservat Rhön: das Schwarze Moor. Es entstand vor gut 12 000 Jahren nach der letzten Eiszeit und steht seit 1939 unter Naturschutz. Heute laden ein 17 m hoher Aussichtsturm und ein 2,2 km langer Bohlenweg mit Moorlehrpfad dazu ein, die uralte Naturlandschaft nicht nur zu bestaunen, sondern besser kennenzulernen. Auf 23 Infotafeln wird auf die Entstehung des Moors, den Torfabbau und die vielen seltenen Tier- und Pflanzenarten eingegangen, die hier ihren Lebensraum gefunden haben: darunter das Birkhuhn, der rundblättrige Sonnentau. Das »Haus zum Schwarzen Moor« am Eingang bietet nicht nur Stärkung, sondern auch reichlich Informationen über die Hochrhön, all ihre Moore und ein ehemaliges Lager des Reichsarbeitsdiensts, an das auf dem Gelände noch ein steinerner Torbogen erinnert.

↗ *Infozentrum Haus am Schwarzen Moor, Schwarzes Moor 1, Fladungen, www.rhoen.de (> Erleben)*

61

ZU KRANICH, GANS UND EISVOGEL

MÜNSTER, NORDRHEIN-WESTFALEN

Wer in die Rieselfelder geht, braucht ein Fernglas. Sonst entgehen ihm Pfuhlschnepfe, Löffler und Bartmeise. Die leben hier im Europareservat für Wat- und Wasservögel, 6 km von Münsters Innenstadt entfernt, mit vielen anderen bedrohten Tierarten in einer naturnahen Landschaft. Die im Jahr 1901 ursprünglich zur Abwasserreinigung angelegten Rieselfelder sind heute ein Vogelschutz- und Naturerlebnisgebiet mit über 100 Teichen. Bis zu 150 Vogelarten lassen sich hier beobachten, Schwärme von Kranichen und Gänsen und auch der seltene Eis-

ZU-HAUSE-TIPP

DEM SONNENAUFGANG ENTGEGEN

Morgens aufstehen, wenn es draußen noch dunkel ist, und raus in die Natur – das sollte man auch mal zu Hause ausprobieren und nicht nur in entlegenen Weltgegenden. Vielleicht findet sich in der Nähe ja ein Berg oder Hügel, von dem aus der Sonnenaufgang zu sehen ist. Und wenn man doch eher einen Spaziergang statt einer Gipfelwanderung machen will, eignet sich vielleicht ein naher See oder weite Wiesen, auf denen das Wasser bzw. der Morgentau die ersten Sonnenstrahlen einfangen kann. Auf jeden Fall den Wetterbericht checken! Nicht, dass Wolken einen Strich durch die Rechnung machen.

Leckerer Steinpilz oder ungenießbarer Gallenröhrling? Der Pilzexperte weiß Rat

62

DIE HEIMISCHE PILZ-WELT KENNENLERNEN

MÜNCHEN, BAYERN

Es geht nicht nur um Speisepilze, deswegen gibt es auch das ganze Jahr über Pilzwanderungen in die Umgebung von München, denn an milden Tagen sind auch im Winter hier und da z.B. Samtfußrüblinge zu finden. Zwei bis vier Stunden ist man mit einem Experten des Pilzvereins unterwegs und lernt, dass es allein in Bayern 6000 verschiedene Arten gibt – kein Wunder, dass noch nie alle von nur einem Menschen gesehen wurden. Mitzubringen ist nur Interesse und ordentliches Schuhwerk. Wer noch kein Mitglied im Pilzverein ist, ist zum Schnuppern eingeladen, darf aber gerne spenden. Immer montags gibt es zudem die Möglichkeit, bei den Pilzberatungsstellen im Münchner Rathaus und in Pasing eine Beratung einzuholen. Dort begutachten Vereinsmitglieder die mitgebrachten Schwammerln und ziehen die Notbremse, falls sich Ungenießbares ins Sammelgut verirrt hat. Mitte September lädt der Verein dann zur großen Pilzausstellung im Botanischen Garten. Rund 20 Wanderungen und 50 weitere Veranstaltungen sowie Vorträge gibt es pro Jahr, alle Infos dazu finden sich online.

↗ *Verein für Pilzkunde, Implerstr. 7–9, München, www.pilze-muenchen.de*

vogel. Manche nordischen Watvögel rasten hier, fressen sich satt und ziehen dann nonstop von Münster weiter bis in den Senegal. Für den Besucher begehbar ist nur der südliche Teil der Rieselfelder. Fünf markierte Themenwege zwischen 2 und 8 km Länge führen durch die Natur: Stopps einlegen sollte man an den Beobachtungskanzeln: Fernglas raus, leise sein, Tiere beobachten! Am Informationszentrum »Rieselfeldhof« informiert eine ganzjährige Dauerausstellung über die Landschaftsgeschichte der Rieselfelder. Regelmäßig werden auch ornithologische Führungen angeboten.

↗ *Biologische Station »Rieselfelder Münster« e.V., Coermühle 181, Münster, info@rieselfelder-muenster. de, www.biostation-muenster.org*

Den verheißungsvollen Auftakt zum Harzer Försterstieg bildet die alte Kaiserstadt Goslar

63

URIGE WÄLDER UND STILLE STAUSEEN

GOSLAR, NIEDERSACHSEN

Kalte Birke. Schnapsplatz und Schnepfenplatz. Spinne, Schweinebraten, Hunderücken und Kuckholzklippe. Eines haben alle diese originellen Namen gemein: Sie sind Stationen auf dem Harzer Försterstieg, einer reizvollen Wanderstrecke, deren 60 km mit einem grünen Eichenblatt markiert sind. In Goslar beginnt sie, steigt allmählich an zur Granetalsperre, führt über die Innerstetalsperre und den Rennstieg zur Brombergshöhe (605 m), durch Wald und über Berg-

wiesen, und endet oberhalb der Sösetalsperre in Riefensbeek-Kamschlacken. Der Weg integriert den Innerste-Rennstieg, einen historischen Handelsweg. Nebenbei lernt der Wanderer auch das LÖWE-Programm (Langfristige Ökologische Wald-Entwicklung) kennen. Zahlreiche Aussichtspunkte säumen den Weg, der mehrere für den Harz charakteristische Elemente vereint: eine schroffe, aber abwechlungsreiche Landschaft, unterschiedliche Waldformen und Biotope, den historischen Bergbau, den Hochwasserschutz sowie eine nachhaltige Holznutzung.

↗ *www.försterstieg.de*

64

AUF DEM GOETHE-WEG ZUM BROCKEN

TORFHAUS,
NIEDERSACHSEN/SACHSEN-ANHALT

Eigentlich müsste man den Goetheweg im Winter gehen, möglichst bei tiefem Schnee, denn der Dichter brach am 10. Dezember 1777 zu seiner ersten Brockenbesteigung auf. Von Torfhaus aus scheint der Brocken bei guter Sicht einen kurzen Spaziergang entfernt zu sein, aber es sind nicht die 5,5 km Luftlinie zu überwinden, sondern ein rund 8 km langer Weg, der auf einer Höhe von 800 m bis 1141 m ansteigt. Nach einem Stück Weg an der B 4 Richtung Braunlage zweigt der Goetheweg links ab und biegt hinter den Häusern gleich rechts in den Fichtenwald. Bald ist das Torfhausmoor erreicht, eines der größten und ältesten Moore des Harzes. Im Sommer leitet ein Bohlenweg Wanderer durch das sumpfige Gelände. Der Goetheweg steigt nun an zum Quitschenberg, wo Borkenkäfer die Fichten zerstörten und so Platz schufen für neue, noch winzige Ebereschen. Brockenfeldmoor und Eckerquelle folgen, der Weg führt am Gleisbett der Brockenbahn entlang und durch das Goethemoor zur Brockenstraße. Der Wald endet in 1100 m Höhe, und der Wind pfeift Wanderern nun um die Ohren.

↗ *www.nationalpark-harz.de*

65

ÜBER KLIPPEN UND DURCH FELSSPALTEN

BLANKENBURG, SACHSEN-ANHALT

Damals, als Gott und Teufel die Erde unter sich aufteilten, wurde vereinbart, dass dem Teufel alles Land gehören sollte, das er in der Nacht bis zum ersten Hahnenschrei mit einer Mauer umbauen könnte. Eine Bauersfrau kam nachts mit einem Hahn auf dem Weg zum Markt vorbei und stolperte, der Hahn krähte, und wütend riss der Teufel sein Werk ein. Die Reste der Teufelsmauer stehen bis heute, beliebter Abenteuerspielplatz für große Kinder, mit Stufen und Geländern ausgestattet, dennoch ohne Zuhilfenahme der Hände nicht immer zu bewältigen – die tolle Aussicht lohnt aber jede Mühe. Startpunkt ist der Großvaterfelsen am Ortsrand von Blankenburg, Ziel das Hamburger Wappen bei Timmenrode. Der verschlungene Pfad führt über Klippen und durch schmale Spalten, vorbei an Felsen mit fantasievollen Namen. Für den Rückweg kann man einen Wanderweg wählen, der am Fuß des Klippenkammes hauptsächlich durch Wald führt. Der gesamte Teufelsmauer-Stieg ist 35 km lang und setzt sich von Timmenrode über Weddersleben und Warnstedt bis nach Ballenstedt fort, vorbei an weiteren markanten Felsformationen.

↗ *www.blankenburg.de*

66

DURCH DAS GRÜNE BODETAL

THALE, SACHSEN-ANHALT

Hinter der Seilbahn-Talstation in Thale, an der Hubertusbrücke, beginnt im Bodetal der vielleicht schönste Wanderweg im Harz, bis zum nächsten Ort, Treseburg, 11 km lang. Er ist der östlichste Abschnitt des Harzer Hexenstiegs. Ganz sanft steigt der Weg durch Buchenwald an, bis zum Katersteg, der ersten von vier Brücken auf der Strecke. An der zweiten, der Jungfernbrücke, zeigt eine Hochwasser-

DIY-TIPP

GIPSABDRÜCKE DER FÜSSE

Kinder wachsen viel zu schnell – Fußabdrücke halten das süße Babyalter für die Ewigkeit fest. Sie sind eine schöne Erinnerung und zugleich ein tolles Geschenk für Großeltern und Paten, das man ganz einfach zu Hause herstellen kann. Der Klassiker sind Gipsabdrücke, die sich mit Blättern, Muscheln und anderen Fundstücken aus der Natur dekorativ verzieren lassen.

marke den Wasserstand während eines Hochwassers 1925, als die Bode bis 4,5 m hoch schäumte und Brücke und Katersteg mit sich riss. Nun wird das Tal enger und verwandelt sich zur Klamm mit steil abfallenden Felswänden, auf Bohlen und Stegen erreicht man die Teufelsbrücke, wo der Fluss sich laut und weiß gischtend Bahn bricht: der Bodekessel mit trichterförmigen Strudeltöpfen. Der Lange Hals, ein Felsvorsprung, zwingt die Bode zum Umweg. Sie hat die engste Stelle passiert, plätschert nun munter weiter. Der Weg senkt sich und folgt dem Fluss in sachtem Auf und Ab. Das Tal wird breiter, das Gelände flach. Hinter dem Großen Haken biegt die Bode nach Süden und mit ihr der Weg, der fast bis zum Fluss hinuntergeführt hat. In der Talsohle liegt Treseburg.

↗ *www.bodetal.de*

67

NORDIC-WALKING-PARK HOHE MARK

REKEN, NORDRHEIN-WESTFALEN

Die Nordic Walker erobern das Münsterland – und finden hier tolle Strecken vor. Nordic Walking ist eine gelenkschonende, aber temporeiche Sportart, schnell zu lernen und doch anspruchsvoll. Generell ist jede Wanderstrecke für Nordic Walker geeignet. Es gibt im

Wie viele Schattierungen Grün haben kann, führt das Bodetal eindrucksvoll vor Augen

Münsterland aber auch drei spezielle Nordic-Walking-Parks. Einer liegt in Reken: 15 zum Teil vernetzte Touren auf 100 km. Reken ist auch Teil des zweiten Nordic-Walking-Projekts: Dülmen, Haltern am See, Heiden und Reken haben zusammen den Nordic-Walking-Park Hohe Mark geschaffen. Hier wurden 250 km für Nordic Walker erschlossen. In jedem Ort sind Rundstrecken von 3 bis 15 km Länge ausgeschildert – von einfach bis anspruchsvoll. Der Nordic Walking Park Tecklenburger Land legt noch mal eine Schippe drauf: Über 300 km und 33 Strecken mit Rundkursen für Anfänger wie Profis. Bei den schwierigsten Touren sind Höhenunterschiede von bis zu 288 m zu meistern.

↗ *www.reken.de, www.duelmen-marketing.de, www.heiden.de, www.haltern.de, www.hohe-mark-tourismus.de*

AUSFLUG IN DIE EISZEIT

RIEDHOLZ, BAYERN

Schluchten werden im Allgäu »Tobel« genannt, und einer der schönsten ist der Eistobel bei Riedholz, rund 7 km südlich von Isny. Im Winter ist die tiefe, dann nur für Bergsteiger begehbare Schlucht eine wahre Kunstgalerie bizarrer Gebilde und Skulpturen der vergänglichen eisblauen Art. In der eisfreien Zeit rauscht hier das Wasser der Oberen Argen zwischen hohen Felswänden aus Nagelfluhgestein hindurch, spritzt über Kaskaden, windet sich durch Engstellen und strömt durch Gletschertöpfe. Unterwegs sind seltene Tiere und Pflanzen zu entdecken. Eine etwa drei- bis vierstündige familienfreundliche Rundwanderung führt durch die Schlucht auf die Riedholzer Kugel (1069 m) mit schönem Blick auf die Allgäuer Alpen und den Bregenzer Wald. Ausgangspunkt ist der Parkplatz an der 54 m hohen und 204 m langen Argentobelbrücke. Über 4 km Länge verläuft der Weg schluchtaufwärts; er ist gut ausgebaut und teils mit Drahtseilen gesichert.

↗ *www.eistobel.de*

ZUM SENNER AUF DIE ALPE ORNACH
BOLSTERLANG, BAYERN

Wie schmeckt der Sennalpbergkäse, der bei Wettbewerben schon mehrfach Preise absahnte? Worin liegt das Geheimnis des mehrfach ausgezeichneten Milchprodukts? Wie viele Kühe muss ein Senn täglich melken? Wer solchen Fragen nachgehen will, kann sich – abgesehen von den Seilbahnkosten zur Mittelstation der Hörnerbahn – gratis mit einem Bolsterlanger Wanderführer auf den Weg zur Ornacher Alpe machen. Hier verarbeiten Steffi und Erwin Höchenberger im Sommer täglich rund 600 Liter Milch zu Berg-, Schnitt- und Kräuterkäse, Romadur, Butter und Joghurt. Selbstverständlich

»Schicke mir noch einige Würzburger, denn kein anderer Wein will mir schmecken«, schmachtete schon Goethe

darf man ihren leckeren Käse auch kosten, während man einen Blick in den Käsekeller wirft. Danach führt die Wanderung ins Bolgental zur Jungviehalpe Zunkleiten. Dort erfährt man, was »Galtvieh« ist und wie der Alltag eines Alphirten aussieht. Nach einer kurzen Rast mit Möglichkeit zur Brotzeit wandert man am Sonderdorfer Kreuz vorbei zurück zur Talstation der Hörnerbahn.

 *www.hoernerdoerfer.de/bolsterlang*

70

WÜRZBURGER WINZERTRADITION

WÜRZBURG, BAYERN

Der Würzburger Stein ist ein »Terroir in Vollendung«, schwärmt Martina Reiss. Sie ist eine der Führerinnen, die weininteressierte Gäste über den 4,5 km langen Stein-Wein-Pfad geleiten – dorthin, wo der berühmte Steinwein gedeiht. Die Lage erstreckt sich im steilen, sonnenverwöhnten Südhang muschelförmig nördlich von Würzburg auf den für das Maindreieck typischen Muschelkalkböden. Würzburg liegt einem zu Füßen, wenn man sich vom Weingut am Stein aus auf den Panoramaweg macht. Zum Ausblick auf die Stadt kredenzt dieser Wissenswertes über den Würzburger Wein. Egal, ob man die ebene, 1 km

lange Westroute bevorzugt oder die anspruchsvollere östliche Schleife über 3 km mit mehr Treppen und Höhenunterschieden wählt: Auf den Stelen und Schautafeln, im historischen Weinberg und im Rebsortengarten gibt es zu Natur pur fränkische Weingeschichte satt. In den kühlen Kellern der Traditionsweingüter Juliusspital, Staatlicher Hofkeller und Bürgerspital lässt sich das neu gewonnene Wissen in der Praxis erschmecken.

 *Stein-Wein-Pfad e.V., Klinikstr. 1, Würzburg, www.wuerzburger-stein weinpfad.de, www.hofkeller.de, www.buergerspital.de, www.julius spital.de*

71

FITNESS FÜR DIE FÜSSE

HAVIXBECK,
NORDRHEIN-WESTFALEN

Havixbeck hütet ein Wellness-Wunder. Es ist verblüffend einfach, effektiv und wird auch noch kostenlos angeboten: Schuhe aus, Socken aus und ab auf den Barfußgang. Das Stift Tilbeck, in dem Menschen mit Behinderungen sowie 20 Ordensschwestern leben, hat den Barfußgang vor knapp 20 Jahren eröffnet. Ein außergewöhnliches Naturerlebnis mitten in den Baumbergen. Ein 2,5 km langer Rundweg mit viel Freiheit für die Füße, bei dem sich der ganze Körper entspannt. Unbeschuht durch Matschbecken laufen, über weichen Waldboden, Heu, durchs Wassertretbecken, durch den Tilbecker Bach und über Kieselsteine: Das ist nicht nur ein fantastischer Spaß für Kinder und Erwachsene, sondern auch eine gesundheitsfördernde Fußreflexzonenmassage. Die Fußmuskulatur wird verbessert, das Immunsystem gestärkt. Auf halber Strecke lädt ein Pavillon zur Rast, Picknickplätze finden sich auf dem Weg reichlich.

↗ *Stift Tilbeck, Tilbeck 2, Havixbeck, www.stift-tilbeck.de, www.barfussgang.de*

PÄLZER KESCHDEWEG

HAUENSTEIN, RHEINLAND-PFALZ

Neben der Weinrebe brachten die Römer auch die Edelkastanie in die Region, wohl um ihre Legionen bei Laune zu halten. Die Pfälzer machten die Kastanien zu »Keschde« und kreierten kulinarische Köstlichkeiten aus der stacheligen Baumfrucht, beispielsweise Keschdesupp, Saumagen mit Keschde, Martinigans mit Keschdefüllung und Rumpsteak in Keschdekruschd, leckerer Keschdesandkuchen oder Keschdebrot. Im Frühsommer, wenn die Kastanien blühen, erfüllt ein herber Duft

DO-IT-YOURSELF-TIPP

BARFUSS-WEG IM GARTEN ANLEGEN

Einen Barfußpfad kann man auch einfach im eigenen Garten anlegen und das Sinneserlebnis zu sich nach Hause holen – dabei stimulieren wechselnde Naturmaterialien die Fußreflexzonen. Geeignet sind z. B. dickere Äste, Kies, auch Tannenzapfen, raue Baumrinde und Natursteine. Den Weg sollte man etwas höher anlegen, damit Regenwasser in die angrenzenden Beete abfließen kann, und mit Hölzern oder Steinen begrenzen – sonst verteilen sich die Materialien ganz schnell

wieder im Garten. Sogar ein Wasserbad kann eingebaut werden, wenn man einen alten Kübel oder eine Wanne in den Boden einlässt – nur aufpassen, dass man nicht ausrutscht und vielleicht mit ein paar Kieseln auslegen!

die Wälder der Haardt. An ihrem Rand führt ein landschaftlich reizvoller und abwechslungsreicher Wanderweg entlang: der Pälzer Keschdeweg. Er beginnt in Hauenstein, endet in Neustadt an der Weinstraße und ist das ganze Jahr über ein Erlebnis – nicht nur zur Kastanienblüte oder im Herbst, wenn die Wälder bunt und die Esskastanien reif sind. Von der insgesamt 50 km umfassenden Route kann man beliebige Teilstücke wählen, daneben gibt es auch Rundwegvarianten. Die gesamte Strecke ist mit Kastaniensymbolen beschildert. Wem nach einer Abkühlung ist, dem sei die historische Walddusche im Hainbachtal bei Gleisweiler empfohlen. Sie wurde im Jahr 1848 angelegt, ist von April bis Oktober in Betrieb und mit einer Wassertemperatur von 10 bis 12 °C nichts für Warmduscher!

↗ *www.keschdeweg.de*

Weich, hart, rund oder kantig? Ein Gang über den Barfußpfad trainiert die Sinne

73

KUNST AM WEGESRAND

KASSEL, HESSEN

Interessant und ungewöhnlich ist das Projekt Ars Natura, das Wandern mit Kunstbetrachtung verbindet. Die Skulpturen ausgewählter Künstler wirken dabei wie in die Landschaft gesetzte Akzente oder Kommentare. Der Ars-Natura-Weg »X 3« verläuft auf dem alten Fernwanderweg »Wildbahn«, Teilabschnitt 3 tangiert dabei die Kunst- und documenta-Stadt Kassel. Er beginnt in der Gemeinde Lohfelden und führt zunächst am Wahlebach, dann am rechten Fuldaufer entlang und endet im Vorort Wolfsanger. Bereits am Wahlebach finden sich erste Objekte: so »Wortfühlig« von Tatjana Kurnatowski (ca. 70 Kieselsteine, mit Gravuren eines Gedichts von Reiner Kunze) oder Wolfgang Folmers »Stammbilderfeld II« (liegende Baumstämme, deren Rinde geheimnisvolle Signaturen zeigt). Weiterhin zu sehen sind Meinrad Ladleifs Parkbank »Rokoko« im Gartenschaugelände oder, am Flussufer, Erich Zimmers einer Wasserbewegung gleichende Holzskulptur »Die Welle«.

↗ *www.ars-natura-stiftung.de*

ENDLICH GRENZENLOS

GEISA, THÜRINGEN

Der kleine Ort Geisa (heute 4750 Einwohner) war in der Zeit des Kalten Krieges die westlichste Stadt des Warschauer Paktes. In den Bedrohungsszenarien der NATO galt das Gebiet zwischen Herleshausen im Norden und dem bayrischen Bad Neustadt im Süden, die sogenannte Fulda Gap, als gefährlichste Schneise einer potenziellen Invasion des östlichen Truppenbündnisses. Und Geisa liegt genau in der Mitte dieses Territoriums. Die innerdeutsche Grenze kontrollierte auf hessischem Gebiet zunächst der Bundes-

grenzschutz. 1962 kam es zu einem Schusswechsel, dem ein DDR-Offizier erlag. Erhebliche Spannungen waren die Folge. 1965 richtete die US-Army hier den Stützpunkt »Point Alpha« ein, der 1991 aufgelöst wurde. Der ehemalige Beobachtungsposten ist heute als Gedenkstätte ein Grenzmuseum, in dem u. a. Teile des »Todesstreifens« zu besichtigen sind. Der 15 km lange Point-Alpha-Wanderweg beginnt in Geisa am Schloss und führt über die Hügel des Ulstertals zum Gelände des Grenzmuseums.

↗ *Gedenkstätte Point Alpha, Platz der Deutschen Einheit 1, Geisa, www.pointalpha.com, www.stadt-geisa.org*

Der Point-Alpha-Weg erinnert an die Zeiten des Kalten Krieges

75
WANDERN MIT SEILBAHN UND »ZACKE«
STUTTGART, BADEN-WÜRTTEMBERG

Da die Bewohner von Heslach den Spitznamen »Blaustrümpfler« tragen, heißt der Wanderweg rund um den besagten Stuttgarter Stadtteil »Blaustrümpflerweg«. Start und Ziel der Wanderung ist der Marienplatz. Die Rundwanderung ist u. a. deswegen so beliebt, weil sie die Benutzung zweier besonderer Verkehrsmittel erlaubt: Zum hochgelegenen Waldfriedhof fährt die Standseilbahn mit ihren Teakholzwagen aus dem Jahr 1929, und auf dem Rückweg besteigt man an der Haltestelle Haigst die Zahnradbahn, auch liebevoll »Zacke« genannt. Dazwischen geht es zu Fuß mal bergauf, mal bergab – das hat Stuttgart eben so an sich. Die meiste Zeit verläuft die Strecke allerdings bequem auf Halbhöhenlage und bietet immer wieder unerwartete Ausblicke auf die Stadt. Unterwegs passiert man zwei Friedhöfe mit geschichtsträchtigen Gräbern. Auf dem Waldfriedhof (Benckendorffstraße) liegen u. a. der Architekt Paul Bonatz, der ehemalige Bundespräsident Theodor Heuss sowie die Künstler Oskar Schlemmer und Willi Baumeister begraben. Dem Waldfriedhof gegenüber liegt der Dornhaldenfriedhof. Er wurde in den 1970er-Jahren bekannt als Grabstätte für die RAF-Terroristen Andreas Baader,

Gudrun Ensslin und Jan-Carl Raspe, die der damalige Oberbürgermeister Manfred Rommel 1977 trotz heftiger Proteste dort beerdigen ließ.

↗ *www.ssb-ag.de (> Erleben), www.orange-seiten.de (> Ausflüge und Touren)*

76
MÜHLEN AM RAUSCHENDEN BACH
LEINFELDEN-ECHTERDINGEN, BADEN-WÜRTTEMBERG

Sieben Mühlen gaben dem Siebenmühlental seinen Namen. In Wirklichkeit sind es jedoch elf Mühlen an der Zahl, die im rund 10 km langen Tal entlang des Reichenbachs zu erwandern sind. Zwischen Leinfelden-Musberg und Waldenbuch bietet das Siebenmühlental Erholung und Freizeitspaß für jeden Geschmack. Entweder geht es auf Schusters Rappen von einer Mühle zur nächsten oder auf dem Bundeswanderweg – einer ehemaligen Bahntrasse, die Mitte der 1950er-Jahre stillgelegt wurde – durch das Tal. Der asphaltierte Bundeswanderweg hat nur leichte Steigungen und ist von daher besonders für Radfahrer oder Inlineskater geeignet. Von den elf Mühlen im Tal ist heute nur noch die Eselsmühle in Betrieb. Das Museum in der Mäulesmühle führt aber vor, wie anno dazumal gearbeitet wurde. Herzstück des 1986/87 originalgetreu wieder aufgebauten Fachwerkgebäudes ist das unter Denkmalschutz stehende Mahlwerk von 1819. Jeden Sonntag wird für interessiertes Publikum der Riemen aufgelegt und das Mühlrad wieder in Bewegung gesetzt. Ein wahrhaft ohrenbetäubendes Spektakel!

↗ *www.leinfelden-echterdingen.de*

AUFSTIEG AUF DIE BERGEHALDE

ENSDORF, SAARLAND

Schon seit dem 18 Jh. wird dem Gestein der Gemeinde Ensdorf Kohle abgerungen. Somit ist es kein Wunder, dass das Wahrzeichen des Orts ein Relikt des Bergbaus ist: die Bergehalde der Grube Duhamel. Vom Boden aus misst sie stattliche 150 m in der Höhe und umfasst eine Fläche von ca. 50 ha. Für den Anstieg ist außer festem Schuhwerk ein Rucksack mit Proviant zu empfehlen. Denn Imbissbuden und Kioske sucht man am Wegrand zum Glück vergeblich. Beim Aufstieg auf den Gipfel muss immerhin eine Steigung von bis zu 30 Prozent überwunden werden. Oben angelangt, wird auf Bänken Rast gemacht, während der Blick über das Flusstal bis hin zur Residenzstadt Saarlouis schweifen kann.

Zum Wahrzeichen avanciert ist das 30 m hohe, begehbar Saarpolygon, das an den 2012 eingestellten Steinkohlebergbau erinnert. So wie das Saarland sich langsam wandelt, von der Stahlschmiede zur Tourismus- und Freizeitregion, so bewegt sich auch die Halde. Noch fahren von der Grube aus Kippwagen in die Höhe und verteilen das Gestein: Dem Zeitgeist trotzend, wächst der Berg jedes Jahr ein Stück gen Osten.

↗ *Bergehalde Ensdorf,
www.gemeinde-ensdorf. de*

ERLEBTE INDUSTRIEKULTUR

NEUNKIRCHEN, SAARLAND

In Neunkirchen stemmen sich die Schlote der Stumm'schen Eisenwerke dem Zeitgeist entgegen. Immerhin darf die Stadt auf stolze 500 Jahre Industriekultur zurückblicken. Kohle und Erz sind das Erbe, aus dem die Zukunft der Stadt gegossen wird. Bis Anfang der 1980er-Jahre wurde hier noch Stahl geschmolzen. Einen lebendigen Eindruck vom Treiben einer Industriestadt bietet der Hüttenweg: Beginnend bei den alten Meisterhäusern aus dem ausgehenden 19. Jh. führt der Rundgang durch sämtliche Stationen des Kohle- und Stahlzeitalters. Der

Von April bis zur Ernte im August ranken bei Tettnang Hopfenreben an Drähten gen Himmel

Aufstieg zum Hochofen ist einer der Höhepunkte des Parcours. Zu empfehlen ist eine organisierte Führung, bei der auch Laien behutsam mit den Elementen vertraut gemacht werden. Hierbei erfährt so manches Enkelkind mit Erstaunen, was sein Großvater als Stahlkocher damals alles »uff da Hitt« gemacht hat. Doch nicht nur Technisches gibt es auf dem Industrierundgang zu bestaunen. Die einstige Reithalle der Familie Stumm hat sich zum schmucken Kulturtempel gemausert, in dem sich Konzerte und Theateraufführungen abwechseln.

↗ *Tourist-Info Neunkirchen,*
www.neunkirchen.de

79
HOPFEN UND MALZ, GOTT ERHALT'S
TETTNANG, BADEN-WÜRTTEMBERG

Hopfen aus Tettnang ist in ganz Deutschland und auch in Übersee ein geschätzter Rohstoff. Für viele Brauereien ist er die erste Wahl, wenn es ums Brauen geht. Warum das so ist und welch wichtige Rolle der Hopfen für die Geschichte der Region in Bodenseenähe spielt, darüber informieren in Tettnang das Hopfenmuseum und der Hopfenpfad. Auf dem ca. 4 km langen Wanderweg, auf dem man auch das Fahrrad benutzen kann, geben Hinweistafeln Aufschluss über

Anbau und Besonderheiten der uralten Frucht. Schon wie der Hopfen kultiviert wird, ist eine Sehenswürdigkeit: An Drahtgerüsten wachsen die Triebe bis zu 7 m in die Höhe, bevor sie Anfang September geerntet werden. Im Hopfenmuseum stellen lebensgroße Puppen Szenen aus der Hopfenernte früherer Zeiten nach. Zur Ernte können Besucher hier das Pflücken und Trocknen der Dolden miterleben. Eine Dokumentation der Geschichte des Bieres, eine Bierflaschensammlung und ein Kinderprogramm runden das Angebot ab.

↗ *www.tettnanger-hopfenpfad.de, www.hopfengut.de*

reine Gehzeit sollte man einplanen. Wer es gemütlicher angehen will, kann Teilstrecken wählen; kostenlose Wanderkarten hält die Dahner Touristeninformation bereit. Wer die Route in ihrer ganzen Länge erwandert, wird begeistert sein von der Vielfalt der Buntsandsteinformationen. Höhlen, Bänke, Klüfte, Vorsprünge, Durchbrüche und Spalten sind nur einige der Verwitterungsformen, die der Pfälzerwald zu bieten hat. Die Dahner Hütte lädt zur gemütlichen Rast ein. Wer will, kann anschließend im Felsland-Badeparadies entspannen (www.felslandbadeparadies.de).

↗ *www.dahner-felsenland.net*

80
BIZARRE STEINGEBILDE
DAHN, RHEINLAND-PFALZ

Steinriesen, Höhlen und Felsentürme – hoch ragen sie über die Baumwipfel hinaus und von ihren Plateaus eröffnen sich herrliche Blicke über den Wasgau: Die Sandsteinriesen des Dahner Felsenlandes haben der Region ihren Namen gegeben. An 14 der markanten Felsentürme führt der Dahner Felsenpfad vorbei – ein gut 12 km langer, gut markierter Premiumwanderweg, der einige Kondition und Trittsicherheit er fordert. Fünf Stunden

81
FABELWESEN AN TREPPEN UND MAUERN
MARBURG, HESSEN

Auch wenn der Grimm-Dich-Pfad nur mit dem Originalbegriff spielt, kann man den Spaziergang auf den Spuren der Gebrüder Grimm durchaus als kleines Trimm-Dich-Programm bezeichnen. Der Schlossberg in Marburg ist steil, und schon Jacob Grimm (1785–1863) attestierte der Stadt: »Ich glaube, es sind mehr Treppen auf den Straßen, als in den Häusern.« Ein Spruch, der an eine dieser vielen Stiegen geschrieben und damit Teil des

Grimm-Dich-Pfades ist. Am Alten Botanischen Garten, wo in einem Teich der Butt aus »Der Fischer und syn Fru« schwimmt, beginnt der Weg, auf dem man bisweilen gut versteckte Figuren und Symbole aus Leben und Märchen der Gelehrten entdeckt. Auf 1,8 km windet er sich durch die Stadt, in die Jacob und Wilhelm Grimm (1786–1859) als Jura-Studenten kamen. Ihren Spuren folgend geht es durch die malerische Altstadt bis zum »Schloss auf dem Berge«, das »von der Abendsonne vergoldet wird«.

↗ *Marburg Tourismus, Erwin-Piscator-Haus, Biegenstr. 15, Marburg, www.marburg-tourismus.de*

FLAUSCH-ALARM
CASTROP-RAUXEL, NORDRHEIN-WESTFALEN

Jackomo und der Metti genannte Metternich gehen voraus. Gismo hält sich lieber zurück, und der wollige Miles ist immer neugierig und erinnert Daniel Hischke mit seiner überstehenden Oberlippe manchmal an Herrn Müller-Lüdenscheid von Loriot. Zusammen mit dem zimtbraunen Hurricane und den Alpaka-Jungs Nalu und Nelson spazieren die kuscheligen Vierbeiner vorzugsweise durch das Landschaftsschutzgebiet Wagenbruch, das direkt gegenüber ihrer Koppel beginnt.

Wer die Treppe zum Marburger Schloss hinaufsteigt, entdeckt Aschenputtels verlorenen Schuh

Jeden Sonntag ziehen die Alpakas mit Gästen los zur Wanderung. Etwa 6 km lang ist so eine Runde, bei der man nicht einfach nur spazieren geht. Man wird aufmerksam auf die vielen kleinen Dinge entlang des Weges. Und man wird ruhig, weil die sympathischen Tiere das Tempo vorgeben.

 Daniels kleine Farm, Bochumer Str. 234, Castrop-Rauxel, www.danielskleinefarm.de

83

DIE GESETZE VON EBBE UND FLUT

BALTRUM, NIEDERSACHSEN

Der 7 km lange Gezeitenpfad ist eine besonders schöne Möglichkeit, Baltrum ganz entspannt zu erkunden – erlebnisreich und informativ ist er obendrein. Es geht dabei einmal über die westliche Hälfte der Insel. Begleitet wird die Tour von 36 Tafeln, die über die Gezeiten, Sturmfluten, die Geschichte der Insel, Küsten- und Naturschutz und die Entwicklung des Tourismus informieren. An vier interaktiven Stationen gibt es außerdem Experimente zu den Besonderheiten des jeweiligen Standortes. So wird im Bereich der Dünen das Phänomen des Sandflugs und der Dünenbildung im Zusammenspiel von Wind und Sand veranschaulicht. Erste Station des Ge-

zeitenpfades sind die Wattflächen am Hafen. Von dort geht es über den westlichen Strandmauerbereich und dann quer über den Strand und die Insel. Zielpunkt ist das Nationalparkhaus – auch hier sind Ebbe und Flut ein Thema: An der Gezeitensäule kann man einmal selbst die Konstellation von Erde, Mond und Sonne bewegen.

 *www.baltrum.de, www.national parkhaus-wattenmeer.de/national park-haus-baltrum*

84

DURCH BERLINS OBSTKAMMER

WERDER (HAVEL), BRANDENBURG

Die Region rund um Werder ist eines der größten Obstanbaugebiete Deutschlands. Das milde Klima lässt hier Kirschen, Erdbeeren, Himbeeren, Äpfel, Birnen, Pflaumen und weitere Früchte prächtig gedeihen. Wer gut zu Fuß ist, kann den rund 15 km langen Panoramaweg Werderobst erwandern. Der Pfad entlang der Berghänge erschließt die ganze Vielfalt der Kultur- und Obstlandschaft. Ob Baumblüte oder erntereife dicht behangene Obstbäume – der Panoramaweg Werder Obst hat vom Frühjahr bis in den Herbst Saison. Unterwegs bieten kleine Manufakturen und Hofläden vielerlei Erzeugnisse rund um das Obst an:

Marmeladen, Chutneys, Essige, Liköre und natürlich die Obstweine, eine besondere Spezialität dieser Region.

↗ *www.havelland-tourismus.de*

AUF DER SUCHE NACH HÜHNERGÖTTERN

**DRANSKE/RÜGEN,
MECKLENBURG-VORPOMMERN**

Der Bug bei Dranske, Rügens größter Sandhaken, ist Teil des Nationalparks Vorpommersche Boddenlandschaft. Die Halbinsel war über 80 Jahre lang militärisches Sperrgebiet. Kiefern und Birken prägen das Bild, an der Seeseite gibt es fotogene Windflüchter. Sanddorndickichte, Wacholderbestände, urwüchsige Espen und vermoorte ehemalige Strandseen bilden Lebensräume für seltene Pflanzen und Tiere. Der Bug darf heute nur mit Führung betreten werden, in der Dämmerung ist er besonders interessant. Fledermäuse schwirren umher, Seeadler nutzen die abendliche Thermik – und auf dem Rückweg wandert man der untergehenden Sonne entgegen. Mit etwas Glück wird man bei den Wanderungen auf der Suche nach so besonderen Steinen wie Hühnergöttern und Donnerkeilen fündig.

↗ *Anmeldung: Fremdenverkehrsamt Dranske, Schulstr. 19, Dranske, www.gemeinde-dranske.de*

ZU-HAUSE-TIPP

WELLNESS FÜR ZU HAUSE

Die Sandalensaison ist bereits gestartet, aber es bleibt keine Zeit für einen Besuch im Kosmetiksalon? Kein Problem! Eine Pediküre und Fußpflege bekommt man auch einfach zu Hause hin. Am besten mit einem Fußbad in 37 °C warmem Wasser starten. Statt teurer Badezusätze kann man auch auf Hausmittel ausweichen – Milch und Wasser im Verhältnis 1 : 1 oder Wasser mit einem Teelöffel Honig eignen sich gut. Danach die Füße mit einem selbst hergestellten Peeling verwöhnen – z. B. aus Olivenöl und Zucker. Die Nägel schneiden, feilen, polieren, lackieren, ganz nach Geschmack, und wenn der Lack getrocknet ist, das Eincremen nicht vergessen!

UNTERWEGS MIT DEM WATTPOSTBOTEN

PELLWORM, SCHLESWIG HOLSTEIN

Der Pellwormer Halligpostbote Knud Knudsen ist geprüfter Wattführer. Zweimal pro Woche trägt er die Post durchs Watt nach Süderoog, dabei kann man ihn an manchen Tagen begleiten. Zweieinhalb Stunden vor Niedrigwasser geht es los, wenn das Wasser in den Prielen noch der Nordsee hinterhereilt. Eineinhalb Stunden dauert die einfache Strecke, nach einem einstündigen Aufenthalt wird die Hallig bei Niedrigwasser wieder verlassen. Der Weg führt durch Priele, Schlick, über Muschelfelder und Sandwatt. Licht und Wolken sorgen für unterschiedliche Stimmungen. Auf der Hallig servieren die Besitzer Holger und Nele Kaffee und Kuchen, wenn noch Zeit ist, zeigen sie ihre Tiere, allesamt aus aussterbenden alten Haustierrassen, und ihren Hof, die »Arche«. Dann heißt es zügig den Rückweg antreten, bevor das Wasser zurückkommt.

↗ *www.pellworm.de*

ZU-HAUSE-TIPP

EINEN TAG LANG NUR BARFUSS LAUFEN

Wer keinen Barfußpfad in der Nähe hat, der kann auch zu Hause einmal ganz bewusst auf Schuhe und Socken verzichten und mit nackten Füßen durch den Garten laufen, die Post aus dem Briefkasten vor dem Haus holen oder die kalten Fliesen im Keller spüren. Das sorgt nicht nur für ganz neue Eindrücke, sondern stärkt auch die Fußmuskulatur, Sehnen und Bänder sowie ganz allgemein die Fußgesundheit.

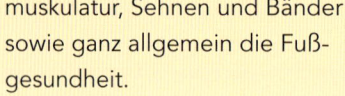

BAUSTELLE DER NATUR

DARSSER ORT, MECKLENBURG-VORPOMMERN

Nirgendwo lässt es sich besser als am Darßer Ort nachvollziehen, wie neues Land entsteht. Das Gebiet rund um die flache Landzunge gibt beeindruckende Einblicke in die Werkstatt der Natur. Was die Ostseewellen unten am Weststrand abtragen, legen sie oben am Darßer Ort wieder ab. So dehnt sich die Halbinsel stetig nach Norden aus.

Vom Leuchtturm, den man über 137 Stufen auch besteigen kann, führt ein Bohlenweg durch die Dünenlandschaft, vorbei an drei Strandseen. Im Spülsaum lassen sich Muscheln und Hühnergötter entdecken. Ausgucke eignen sich ideal zur Vogelbeobachtung, im September und Oktober ist die Brunft des Rotwildes ein beeindruckendes Naturschauspiel.

↗ *www.fischland-darss-zingst.de*

Bildwürdige Motive auf Schritt und Tritt liefert der Malerweg noch heute

88

AUF DEN SPUREN GROSSER KÜNSTLER

LIEBETHAL, SACHSEN

Der Malerweg im Elbsandsteingebirge verbindet Plätze, die berühmte Künstler wie Anton Graff, Ludwig Richter und allen voran natürlich Caspar David Friedrich zu ihren oft romantischen Motiven inspirierten. Auf ihrem historischen Verlauf vereint die Route Natur, Wandern und Kunst. Der heutige Malerweg ist, basierend auf historischen Reiseführern und Kunstwerken, mühselig rekonstruiert und neu ausgeschildert worden. Schautafeln vermitteln die kunsthistorische Bedeutung der Region. Sie zeigen geschichtlich bedeutsame Landschaftskunst am Ort ihrer Entstehung, und das auf insgesamt 112 km, beginnend in Liebethal und endend in Pirna. Besonders spannend ist es, der Atmosphäre von Caspar David Friedrichs Gemälden nachzuspüren, im kühlen Morgennebel oder im warmen Abendlicht.

↗ *www.saechsische-schweiz.de/ malerweg*

89

MIT GOETHE DURCH ILMENAU

ILMENAU, THÜRINGEN

Ilmenaus berühmtester Besucher war Johann Wolfgang von Goethe, der als sachsen-weimarischer Staatsbeamter hierhier entsandt wurde, um das Finanzwesen der Stadt zu prüfen und die Bergwerke wieder in Schwung zu bringen. Seinem Motto »Nur wo du zu Fuß warst, bist du auch wirklich gewesen«

gemäß wanderte er auch viel und schwärmte in Briefen von der wunderschönen Gegend. 1780 schrieb er an die Bretterwand der Jagdaufseherhütte auf dem Kickelhahn mit Bleistift eines seiner schönsten Gedichte: »Ueber allen Gipfeln / Ist Ruh' / In allen Wipfeln / Spürest Du / Kaum einen Hauch ...« Der 20 km lange Goethewanderweg beginnt am GoetheStadtMuseum im Amtshaus am Markt von Ilmenau und führt an zahlreichen schönen Aussichtspunkten vorbei nach Stützerbach. Neben der Jagdhütte ist auch der Schwalbenstein Station, wo Goethe 1779 an nur einem Tag den vierten Akt der Iphigenie schrieb.

↗ *www.ilmenau.de*

BESCHWINGT DURCHS MOOR
ROETGEN, NORDRHEIN-WESTFALEN

Zu den ungewöhnlichsten Wanderwegen in Nordrhein-Westfalen gehört die Struffeltroute durch das Hohe Venn. Sanft schwingende Holzbohlenwege führen durch eine urwüchsige Heide- und Moorlandschaft mit vielen seltenen Tieren und Pflanzen. Auf dem knapp 10 km langen Weg gibt es keine großen Höhenunterschiede, wer gemächlich wandert, ist drei Stunden unterwegs und erlebt dabei offene Heideflächen, dichte Wälder und den unbewaldeten Struffeltkopf. Auch im Winter, wenn weiße Nebel aus dem

In der Lüneburger Heide dienen Heidschnucken als tierische Landschaftspfleger

dunklen Moor aufsteigen, ist die Struffeltroute ein Erlebnis. Am Ende der Tour wartet ein besonderes Highlight: An der Dreilägerbachtalsperre in Roetgen bietet eine Aussichtsplattform fantastische Blicke über die Eifel.

↗ *www.eifelsteig.de/a-struffeltroute*

ZEITREISE MIT GRUSELFAKTOR

BEDBURG, NORDRHEIN-WESTFALEN

Der Werwolf-Wanderweg führt zu den Schauplätzen des Lebens von Peter Stubbe, der 1589 als Werwolf verurteilt und öffentlich hingerichtet wurde – die gruselige Geschichte ist historisch verbürgt. An insgesamt sieben Stationen – darunter Stubbes Geburtsort und seine Hinrichtungsstätte – berichten Infotafeln vom unglücklichen Schicksal des Mannes. Die 10 km lange Route ist als Rundweg ausgewiesen, kann aber auch in zwei 5 km langen Teilabschnitten begangen werden. Startpunkt ist entweder Schloss Bedburg oder das Agatha-Tor in Alt-Kaster, einem der schönsten mittelalterlichen Dörfer Nordrhein-Westfalens. Von hier aus folgt man dem Emblem des Wanderwegs: ein Wolf, der den Mond anheult.

↗ *www.bedburg.de*

ZU BESUCH BEI DEN HEIDSCHNUCKEN

FASSBERG, NIEDERSACHSEN

Sie haben hübsche schwarze Gesichter, je nach Jahreszeit braunes oder silbergraues, meist langes Fell und elegant nach hinten gebogene Hörner, sowohl die Böcke als auch die weiblichen Tiere. Außerdem sind Heidschnucken genügsam und dafür bekannt, dass sie als vierbeinige Rasenmäher die Lüneburger Heide erhalten. Was so ein Tier den ganzen Tag treibt, kann man als Gast auf dem Heidschnuckenhof von Ute und Carl W. Kuhlmann hautnah miterleben. Morgens ziehen die Schnucken hinaus in die 230 ha Heide, die zum Hof gehören, und kommen am Abend satt von den Kräutern, die ihr Fleisch besonders aromatisch machen, wieder zurück. Man kann eine der letzten Stammherden drei Stunden oder einen ganzen Tag begleiten – vorausgesetzt, die Aussicht auf einen 10-km-Spaziergang im Fresstempo eines Schafes schreckt einen nicht. Der Heideschäfer weiß viel Interessantes über die Heidschnuckenhaltung von damals und heute sowie ihre Bedeutung zu berichten. Anschließend wird man auf dem Hof mit regionalen Spezialitäten verwöhnt.

↗ *Heidschnuckenhof Niederohe, Niederohe 5, Faßberg, www. heidschnuckenhof-niederohe.de*

Tretboot fahren ist nichts Neues – bauen Sie
doch mal ein Floß, machen Sie Yoga auf der Ostsee
oder rudern Sie ein Drachenboot!

Rechts: Mit dem Kajak unterwegs auf der Peene

Wasser, so weit das Auge reicht

DURCH DIE HÖLLE
INS PARADIES

PFRONTEN, BAYERN

Es muss ja nicht gleich die höllische Wildbachtour »Ruta del Diablo« – Weg des Teufels – sein, wo man sich 45 m neben einem gischtenden Wasserfall ins »Teufelsloch« abseilt und dem »Fegefeuer« nur über einen Klettersteig entkommt. Doch wer diese »Hölle« hinter sich hat, ist gestählt für Herausforderungen wie die Canyoningtour über die Stuibenfälle. Beim Klassiker des Canyoning im Allgäu folgt man dem Lauf des Wassers mal schwimmend, mal rutschend, springt in tiefe Gumpen oder seilt sich über Felswände und Wasserfälle von bis zu 30 m Höhe ab. Wen dabei der Mut verlässt, der kann jederzeit auf einen Wanderweg ausweichen. Auch für Kinder gibt es eine Canyoningtour mit einer 12 m hohen Abseilstelle.

↗ *Canyonauten, www.canyonauten.de*

EINTAUCHEN INS
BUCHENMEER

WALDECK, HESSEN

Der Titel Nationalpark wird in Deutschland alles andere als inflationär vergeben, und zu den 16 Auserwählten gehört der Edersee, den große und urwüchsige Buchenwälder umge-

Der Edersee birgt so manche Überraschung, darunter ein hessisches Atlantis

ben. 30 Wanderwege und fünf Radrouten durchziehen den rund 57 km² großen Nationalpark Kellerwald-Edersee. Darf's ein bisschen mehr sein? Der Urwaldsteig führt auf 68 km über Stock und Stein rund um den Stausee. Besonders schön ist das 24 km lange Stück zwischen Hemfurth und Kirchlotheim am Nordufer. Der Edersee-Bahnradweg verläuft auf einer 27 km langen, stillgelegten Eisenbahntrasse. Schiffe der Personenschiffahrt Edersee fahren von der gewaltigen Talsperrmauer Richtung Westen durch den immer schmaler werdenden Fluss bis nach Herzhausen und zurück. Man darf auch Fahrräder mitnehmen und kann sich so eine reizvolle Kombi-Tour zusammenstellen.

↗ *www.edersee.de, www.edersee-urwaldsteig.de; Personenschifffahrt Edersee, www.personenschifffahrt-edersee.de*

ZU-HAUSE-TIPP

POOLPARTY

Der Klassiker, um zu Hause in Urlaubsstimmung zu kommen: ein Pool. Es muss ja nicht der große, beheizbare mit Glasdach sein. Schon ein altes Kinderplanschbecken sorgt für Abkühlung, wenn auch nur für die Füße und für die Kleinen. Doch auch etwas größere Pools zum Aufstellen, in denen man schwimmen kann, gibt es inzwischen günstig. Man sollte darauf achten, eine ebene Fläche im Garten zu haben, und auch die Reinigungs- und Betriebskosten einrechnen – dann kann der Spaß beginnen.

95

2 KM DURCH DIE OSTSEE PFLÜGEN

PREROW, MECKLENBURG-VORPOMMERN

Ganz gleich bei welchem Wetter – beim Prerower Ostseeschwimmen wird ein 2,1 km langer Dreieckskurs vom Bernsteigweg zur Seebrücke geschwommen, markiert mit großen Bojen. Kinder stürzen sich auf einem 200 m langen Kurs in die Wellen. Der Schwimmstil ist beliebig, jeder darf an diesem Wettkampf teilnehmen – ob in Badehose oder im Neoprenanzug, ob Mann oder Frau, alt oder jung. Die Schwimmer werden mit leuchtend gelben Badekappen und aufblasbaren Restube-Belts ausgestattet, DLRG-Rettungsschwimmer behalten das Geschehen im Auge. Am Ziel erwartet die Teilnehmer Livemusik, ein wärmendes Lagerfeuer und eine Gulaschkanone.

↗ *Sportstrand Prerow, www.sport strand-prerow.de/events, weitere Schwimmwettkämpfe im Freiwasser unter www.schwimmkalender.de*

RUDERN IM GLEICHTAKT
RHEINE, NORDRHEIN-WESTFALEN

Kapitän an Bord und dann alle Mann an die Ruder. Es ist über 12 m lang, kommt aus China und heißt Grisu – Feuer spuckt es aber nicht. Das knallbunte Drachenboot aus Rheine hat einen Drachenkopf am Bug und einen Drachenschwanz am Heck und schwimmt auf der Ems. Mit einem Steuermann am Bootsende und einem Trommler an Bord, der den Takt für die Paddelschläge der Mannschaft angibt, wird das Ungetüm gezähmt. Bis zu 20 Personen finden Platz. Vorkenntnisse für die Touren braucht man nicht, ein Experte weist in die Technik ein. Zudem ist die Ems ruhig und leicht zu befahren.

↗ *Verkehrsverein Rheine, Bahnhofstr. 14, Rheine, www.rheine-tourismus.de*

AUF DEM WASSER DURCHS WEINLAND
WÜRZBURG, BAYERN

Frankens Lebensader pulsiert: In kleinen und großen Mäandern schlängelt sich der Main gemächlich durch die malerische Landschaft. Als »Moine« bezeichneten ihn die Kimbern, was so viel bedeutet wie »gekrümmte Schlange«, und so windet sich der Fluss auch durch Täler und um sanfte Hügel. Eine Reise auf dem Wasserweg durch das Fränkische Weinland ist eine besonders reizvolle Art, die weinumrankte Region zu entdecken und den Blick entspannt schweifen zu lassen. Stündlich starten in Würzburg am Alten Kranen Schiffe zu kleinen oder größeren Kreuzfahrten. Vorbei an Rebhängen und dem Kloster Oberzell geht es mainabwärts nach Veitshöchheim mit dem neu renovierten Schloss und dem einem der schönsten Rokokogärten Europas. Der Passagier hat die Qual der Wahl zwischen Stunden-, Tages- und Mehrtagesausflügen. Abenteurer gehen auf Piratenfahrt, Romantiker bevorzugen die Reise in den Sonnenuntergang – abendliche Schleusung inklusive. Bootstouren auf dem Main starten auch in Wertheim, Miltenberg und Volkach.

↗ *www.vpsherbert.de, www.reedereihenneberger.info, www.mainschifffahrt.info,*

Seit einigen Jahren bringen Drachenboote einen Hauch von Exotik auf deutsche Gewässer

98

DER NATUR GANZ NAH

RIEGEL, BADEN-WÜRTTEMBERG

Den Merkspruch »Brigach und Breg bringen die Donau zuweg« machen schlappe 900 m möglich. So nah sind sich Breg- und Elzquelle, doch statt zum Schwarzen Meer will die Elz an die Nordsee. Dabei wählt sie ihre 90 km wie zufällig: Bei Schönwald entsprungen, stur nach Norden fließend, knickt sie im Prechtal plötzlich scharf gen Südwesten und verschönert mit der Wilden Gutach das Elztal bis Waldkirch. Nun wieder in nordwestlicher Richtung, vorbei an Emmendingen, erhält sie kurz vor Riegel am Kaiserstuhl Zulauf von der Dreisam. Ingenieur Johann Gottfried Tulla bündelte beide Flüsse im 19. Jh. zum Leopoldskanal stracks Richtung Rhein. Allerdings bündelte er nicht alles. Die Alte Elz blieb im angestammten Bett, wie geschaffen für 12 km mit dem Paddel. Ab dem Alten Wehr in Riegel bietet sich eine öko-kundig geführte Paddeltour im Kanu nach Rheinhausen in reizvoller Flusslandschaft an. Außer an Rheintalbahn und A 5 gibt die Natur den Lärmpegel vor: das

Die Niederlande? Könnte man denken, sind auch nicht weit. Es ist aber das Emsland

Rascheln der Uferweiden und des Schilfs, dazu Wasservögel wie Ente, Blässhuhn oder Schwan. Kurz hinter Kenzingen kurvt die Alte Elz durch die Gegend, als wäre sie noch im Schwarzwald. Ein seltsamer Fluss, doch irgendwie zauberhaft.

↗ *Wildsport Tours,*
   www.wildsport-tours.de

wird man auf dieser etwas anderen Rundfahrt durch Ostfrieslands kulturelle Metropole mit besonderen Perspektiven belohnt. Das »Venedig des Nordens« besitzt etliche Wasserwege: Der größte ist der Ems-Jade-Kanal zwischen Emden und Jadebusen bei Wilhelmshaven, der nur noch touristisch genutzt wird. Seine Kesselschleuse ist ein Höhepunkt auf einer Grachtenfahrt. Sternförmig kreuzen sich Kanal, Emder Stadtgraben sowie das Fehntjer Tief. Die Schleuse gleicht 2 m Differenz im Wasserspiegel aus. Neben diesem technischen Highlight begeistert vor allem das viele Grün. Es geht vorbei an überhängenden Weiden, gepflegten Gärten und Parks mit alten Baumbestand. Dazu gibt es Geschichten und Geschichte, bis sich das flache Boot wieder dem Hafen nähert.

↗ *Am Ratsdelft, Emden,*
   www.emden-touristik.de

99
EIN HAUCH VON HOLLAND
EMDEN, NIEDERSACHSEN

Achtung, Kopf einziehen! Wer die Seehafenstadt Emden von den Grachten aus erkundet, sollte sich nicht zu neugierig aus dem Sitz erheben. Dafür

100
SO EIN FLOSSBAU, DER IST LUSTIG …
SAARBRÜCKEN, SAARLAND

Wie kommt man über Fluss oder See, wenn man kein Boot hat und nicht schwimmen möchte? Die Teilnehmer des Floßbau-Events stehen vor einer großen Herausforderung: Sie sollen aus unterschiedlichen, vom Veranstalter zur Verfügung gestellten Materialien – Baumstämme, Bretter, Seile und Kunststofffässer – ein schwimm- und tragfähiges Wassergefährt konstruieren. Vorher gibt es eine kleine Einweisung in die Knotentechnik. Beim Floßbau sind weniger sportliche Höchstleistungen als Teamgeist und Kreativität gefragt. Unter der Regie fachkundiger Instrukteure werden Pläne geschmiedet, Hölzer gelegt und Fässer vertaut. Nach drei Stunden ist das Team fast am Ziel, das Gefährt zu Wasser gelassen und getauft. Bei mehreren Teams können die Flöße zu einem großen verbunden oder ein Wettrennen veranstaltet werden: Wer erreicht zuerst das Ziel, ohne dabei Schiffbruch zu erleiden?

↗ *Teamgeist, www.teamgeist.com,*
Angebote auch für andere Locations

SCHWIMMENDER KIOSK

WUSTROW, MECKLENBURG-VORPOMMERN

Auf der Rheinsberger Seenkette zwischen dem Kleinen Pälitzsee und den Diemitzer und Strasener Schleusen können Hausboot- oder Kanufahrer einen besonderen Service nutzen: Hier verkehrt in den Sommermonaten der einzige Wasserkiosk der Mecklenburgischen Seenplatte – Kioske am Ufer gibt es jede Menge. Das Angebot umfasst täglich frischen Räucherfisch wie Saibling und Forelle mit Spezialmarinaden, gekühlte Getränke, selbst geerntete Gurken und Tomaten sowie Brötchen, Speiseeis und Zigaretten. Außerdem gibt es hausgemachten Eierlikör mit einem »Autogramm« der

ZU-HAUSE-TIPP

VON DER QUELLE BIS ZUR MÜNDUNG

Etwa 15 000 Fließgewässer gibt es in Deutschland. Haben Sie schon einmal das Bächlein oder den Fluss vor Ihrer Haustür erkundet? Auf einer Tageswanderung oder -radtour von der Quelle bis zur Mündung lässt sich erleben, wie aus einem plätschernden Rinnsal ein stetiger Strom wird. Am einfachsten geht das in Nordrhein-Westfalen: Mitten in der Innenstadt von Paderborn entspringt die Pader, Deutschlands kürzester Fluss. Nach nur 4 km mündet er in die Lippe und passiert auf halber Strecke noch den künstlich angelegten Padersee. Entlang des Flusses verläuft ein Spazier- und Radwanderweg.

Hersteller auf dem Etikett. Jens Winkelmann steuert auf Anfrage auch Boote an, die in der Nähe sind.

↗ *Tel. 0170/500 26 29,*
www.kanustation-tietzowsee.de

TAUCHEN IM TEMPEL
IBBENBÜREN, NORDRHEIN-WESTFALEN

Die Faszination des NaturaGart-Parks in Ibbenbüren liegt unter der Wasseroberfläche verborgen: ein Riff samt Schiff, Höhlen, die sich über eine Länge von 300 m erstrecken, eine 20 m lange Tempelanlage mit Säulen, um die riesige Störe ihre Bahnen ziehen – die Unterwasserwelt im Naturerlebnispark Dörenthe ist ein kleines Disneyland für Taucher. Anfänger können hier Schnupperkurse buchen, es gibt auch Nachttauchgänge. Das Teichbauunternehmen hat eine über 40 000 km² große Seenlandschaft samt Park, Pavillons und Café angelegt, in der sich mittlerweile auch seltene Vögel heimisch fühlen. In den Gewässern tummeln sich Fische und Frösche, und auf der Wasseroberfläche blühen Seerosen in den schönsten Farben.

↗ *Riesenbecker Str. 63–65,*
Ibbenbüren, www.naturagart.de

ICH BIN DANN MAL SUPPEN
WELTENBURG, BAYERN

Stehpaddeln ist Trend – und im Donaudurchbruch wartet ein echtes Abenteuer. Die ersten Erfahrungen werden auf sicherem Terrain, sprich ruhigem Wasser, gesammelt. Da stehen die theoretische wie praktische Erklärung der Ausrüstung, Grundtechniken wie Paddelschläge auf stehendem Wasser und leichtem Fließgewässer im Vordergrund – mit einer kleinen Tour als Abschluss. Als Königsdisziplin gilt das Durchpaddeln des landschaftlich extrem reizvollen Donaudurchbruchs, einer der schönsten Flusslandschaften Europas. An 80 m hohen Felswänden vorbei geht es zum malerischen Kloster Weltenburg, in dessen Biergarten Gerstensaft aus der ältesten Klosterbrauerei der Welt ausgeschenkt wird. Diese Erfrischung haben sich die Tourteilnehmer redlich verdient, denn die Donau präsentiert sich in dem 5 km langen Durchbruchstal als flottes Fließgewässer mit gelegentlichen Wirbeln und mit einem vor allem in den Sommermonaten regen Ausflugsschiffsverkehr. Bei höherem Wasserstand ist dieser Abschnitt nur für erfahrene Sportler geeignet.

↗ *Erlebnismax, Riegelweg 4,*
Laaber OT Hinterzhof,
www.erlebnismax.de

ÜBER KARPFEN BRETTERN

FREIBURG IM BREISGAU, BADEN-WÜRTTEMBERG

Anders als der Name nahelegt, liegt der Tunisee nicht am Tuniberg. Für Gebirge wie Gewässer gilt: Beide sind klein, und doch ist der nur 9 ha große See kein schlechtes Ziel, (künftigen) Freunden des Wasserskifahrens ausgiebige Ritte auf planem Nass zu ermöglichen. Wellen schlagen, Fontänen sprießen lassen und nebenbei den unter der Seeoberfläche dümpelnden Schleien und Karpfen zu etwas Ab-

wechslung verhelfen – auf der Wasserskianlage des Sees lässt sich solchen Freuden frönen. Statt Motorbooten sorgt ein elektrobetriebener Schlepplift für den nötigen Antrieb. Auf dem gut 650 m langen Rundkurs können acht Personen gleichzeitig übers Wasser brettern. Das nötige Material wird gestellt, Anfänger erhalten eine Einführung, bevor sie von der Rampe starten. Ob auf zwei Skiern, Wake- oder Kneeboard: Die Anlage erlaubt Geschwindigkeiten von 25 bis 60 km/h.

↗ *Wakepark Tunisee, Seestr. 28,*
  Freiburg im Breisgau,
  www.wakepark-tunisee.de

Eine Riesenwelle zu machen gilt unter Wakeboardern durchaus als cool

Mit dem Floß entspannt übers Wasser schippern, das geht auf dem Altmain in Unterfranken

105

SPIELPLATZ KRAFT-WERKSWALZE

SCHULENBURG IM OBERHARZ, NIEDERSACHSEN

Wie mit Krakenarmen greift die Oker-talsperre in den Nordwesten des Ge-birges. Das Wasser der Oker bildet den mit einer Fläche von 2,3 km² zweit-größten Stausee im Harz. 1,5 Stunden schippert die »Aqua-Marin« bei der großen Okerseefahrt zwischen vier Anlegestellen, an schönen Aussichten und lauschigen Rastplätzen vorbei. Ba-den ist hier erlaubt, Segler, Kajakfahrer und Surfer haben reichlich Platz, und an der Oker unterhalb der Talsperre lernen Wildwasserfans bei rasanten Fahrten Hüftknick und Eskimorolle, wenn die Harzwasserwerke die Schleu-se öffnen und die verblockte Wald-schlucht überfluten. Wo das Wasser aus dem Turbinenhaus herausschießt, bildet sich die berühmt-berüchtigte Kraftwerkswalze.

↗ *Okersee Schifffahrt, www.okersee.de; Kanuten-Hotline der Harzwasser-werke: Tel. 05326/90 83 00*

DAHINFLIESSEN UND GENIESSEN

VOLKACH, BAYERN

»Leinen los – Floß ahoi«, ruft der Steuermann, und nahezu lautlos beginnt das Gefährt durch die romantische Flusslandlandschaft des Altmains bei Volkach zu gleiten. Bis in die 1950er-Jahre transportierten die Flößer aus dem Frankenwald mühsam ihre Stämme durch die Fluten mainabwärts. Doch heute ist Floßfahren kein harter Job mehr – Entspannung, Naturerlebnis und Genuss sind angesagt. Sobald das 20-Tonnen-Gefährt in der Nähe der Sandgrube im Volkacher Ortsteil Astheim auf den Fluten des Altmains Fahrt aufgenommen hat, lenken es vier Steuermänner auf dem Fluss in die richtigen Bahnen. Den Passagieren offenbart sich eine Land-schaft wie aus dem Bilderbuch. Neben Wissenswertem zur Kulturlandschaft kredenzt der Floßmeister kulinarische Köstlichkeiten der Region – und jenen, die nicht nur dem Zwitschern der Vögel lauschen möchten, auch fröhliche fränkische Musik.

↗ *www.flosserlebnis.de*

WASSERKUNST IM ALTEN GRUBENREVIER

CLAUSTHAL-ZELLERFELD, NIEDERSACHSEN

Es sieht aus wie Natur und ist doch ein ausgeklügeltes Stück Technik. Im Südosten von Clausthal-Zellerfeld liegt der schönste Teil des UNESCO-Welterbes Oberharzer Wasserwirtschaft:

ZU-HAUSE-TIPP

VON WASSERPISTOLEN & WASSERBOMBEN

Statt teuer zum Lasertag oder zum Paintball zu fahren, kann man eine Wasserpistolenschlacht oder ein Wasserbombenduell auch einfach zu Hause organisieren. Mit ein paar kreativen Ideen und Regeln wird der Garten oder Hof schnell zum Spielfeld und im Sommer kommt man obendrein in den Genuss einer willkommenen Abkühlung. Unbedingt vorher abklären sollte man allerdings, was nicht wasserfest ist und in welchen Nachbarsgarten man die Bomben lieber nicht fliegen lässt …

eine Kaskade von vier Teichen, in denen sich die Wolken spiegeln. Herr über die Teiche sind heute die Harzer Wasserwerke. Angelegt wurden sie vermutlich schon im späten Mittelalter von Zisterziensermönchen. In Sammelbecken fing man Regenwasser auf und leitete es über kilometerlange Grä-

ZU-HAUSE-TIPP

KNEIPPEN ZU HAUSE

Wassertreten regt den Kreislauf an, fördert die Durchblutung, hilft gegen Krampfadern, stärkt das Immunsystem und vieles mehr. Dazu müssen Sie nicht unbedingt eine Kneippanlage aufsuchen. Auch im eigenen Badezimmer, im Garten oder auf dem Balkon dient eine Wanne aus Blech oder Plastik als Kneippbecken. Füllen Sie kaltes Wasser mit max. 18 °C ein – es sollte bis zur Wade reichen – und starten Sie mit dem Wassertreten. Eine Minute reicht schon, anschließend die Füße durch Bewegung, zur Not mit Socken wieder aufwärmen. Kneippen Sie nicht vor oder nach einer Mahlzeit oder abends unmittelbar vor dem Schlafengehen.

ben zu Wasserrädern, die Arbeiter in den Schacht und Erze hinaus beförderten, oder zu Pumpen, die das Grundwasser aus dem Berg holten. Wohl um 140 Teiche waren es im 16. Jh. Heute sind noch 65 registriert – und sie werden zunehmend zur Touristenattraktion. Schilder mit einem Wasserrad und Richtungspfeil kennzeichnen 22 Wasserwanderwege, 450 m bis 12 km lang, in deren Verlauf es eine Fülle von Erläuterungen zum Bergbau gibt. Die Kaskade östlich von Clausthal-Zellerfeld wird auf 2,7 km Länge vom Wasserwanderweg Hirschler Teich/Pfauenteiche erschlossen.

↗ *www.harzwasserwerke.de, Führungen: Oberharzer Bergwerksmuseum, Bornhardtstr. 16, Clausthal-Zellerfeld, www.oberharzerbergwerksmuseum.de*

NERVENKITZEL AN DER STAUMAUER
ELBINGERODE, SACHSEN-ANHALT

Die 415 m lange und 106 m hohe Rappbodetalsperre ist die größte Talsperre in Deutschland. Sie dient einzig dem Hochwasserschutz und fasst als Abschluss des Bodetalsperrensystems 9,2 Mio. km^3. Überschwemmungen nach der Schneeschmelze oder heftigen Regenfällen müssen die Bewohner

Die Hängebrücke an der Rappbodetalsperre ist an windigen Tagen nichts für schwache Nerven

des Gebietes kaum noch fürchten. Man kann die Staumauer besichtigen, sogar von innen. Es gibt wöchentlich zwei Kontrollgänge und ein ausgeklügeltes Beobachtungssystem. Der geologische Informationspunkt auf dem über eine Treppe erreichbaren Freigelände unterhalb der Mauer zeigt die Bode-Quellflüsse und das Talsperrensystem. Über dem Rappbodetal spannt sich in 100 m Höhe die Titan-RT, eine der längsten Fußgängerhängebrücken der Welt – von hier ist per Gigaswing allein oder zu zweit im Tandem ein Bungeesprung in die Tiefe möglich. Beim Wallrunning schlüpft man in einen Spezialgurt und läuft an einem Seil befestigt 43 m die Staumauer hinunter (www.harzdrenalin.de).

↗ *Kontrolleingang der Talsperre:*
L 96, Elbingerode,
Infos: Harzer URANIA e.V.,
www.harzer-urania-wernigerode.de

JURAKALKFELSEN UND BURGRUINEN
DOOS BEI WAISCHENFELD, BAYERN

Eine herrliche Möglichkeit, die Fränkische Schweiz zu erkunden, ist eine Kanutour auf der Wiesent. Nur das Wasser plätschert, während man an bizarren Felsformationen vorbeipaddelt. Die Wiesent ist der einzige Fluss in der Fränkischen Schweiz, der per

Kanu oder Kajak auf einem 28 km langen Abschnitt befahren werden darf. Mehrere Verleiher haben sich auf diese Touren spezialisiert. Die Ausrüstung sowie der Rücktransport sind im Preis inbegriffen. Es gibt Kurzstrecken von 5 km und Tagestouren. Gestartet wird meist in Doos, mögliche Ziele sind Muggendorf, Streitberg oder Rothenbühl. Ein besonders wildwüchsiger Abschnitt erstreckt sich zwischen der Karsthöhlenruine Riesenburg und der Behringersmühle.

↗ *Anbieter: www.leinen-los.de, www.aktiv-reisen.com, www.kajak-mietservice.de, Paddelbootverleih, auch halbstündlich, auf einem strömungsarmen Teilstück der Wiesent bei der Stempfermühle*

FACHWERKIDYLL IM WERRATAL
THEMAR, THÜRINGEN

Das hübsche Städtchen Themar ist nicht nur ein guter Ausgangsort für Rad- und Paddeltouren im oberen Werratal. Auch etliche Wanderungen lassen sich von hier aus durch das historische Henneberger Land unternehmen. So führt der Burgensteig an mehreren stolzen Festungen am hohen Ufer der Werra entlang nach Kloster Veßra mit dem Henneburgischen Mu-

seum. Knapp 3 km südwestlich von Themar erhebt sich zerklüftet und felsig der Eingefallene Berg (492 m). Von einem herrlichen Laubwald umgeben, lässt er sich in zwei, drei Stunden leicht erwandern. Vom Bergkamm bieten sich herrliche Blicke ins Tal der Werra. In Trostadt kann die Ruine eines Klosters aus dem 12. Jh. besichtigt werden; die Forellen im angrenzenden Hotel Klostermühle sind köstlich. Zurück nach Themar geht es 5 km zu Fuß am Ufer der Werra. Im Ort selbst laden die Gassen mit rot bedachten Fachwerkhäusern zum Bummeln ein. Wer mit einer Kanutour auf der Werra liebäugelt: In Henfstädt (3 km von Themar) vermietet Kanureich Boote auch für Schnuppertouren.

↗ *www.verwaltungsgemeinschaft-feldstein.de; Kanuverleih: Kanureich, Mittlere Dorfstr. 3, Henfstädt, www.kanureich.de*

FLACHES LAND UND HOHER HIMMEL
LAUENBRÜCK, NIEDERSACHSEN

Zwischen Rotenburg (Wümme), Ritterhude und Bremen verästelt sich die Wümme in einen Nord-, Mittel- und Südarm, wodurch die Wümmewiesen – ein einzigartiges Binnendelta – entstanden sind. Bei einer Kanutour

durch diese einmalige Wasserlandschaft lassen sich seltene Tiere wie Eis-
vögel und Fischotter entdecken. An
den Rotenburger Wümmewiesen beginnt das Vergnügen, das je nach Lust
und Kondition zwischen einer und
vier Stunden dauert. Man folgt dem
Flusslauf und erkundet das flache
Land aus der Wasserperspektive. Klassische Strecken für eine Bootswande-
rung auf dem Fluss, der aus der Heide
kommt, sind die von Rotenburg nach
Untersted oder von der Scheeßeler
Mühle nach Rotenburg.

↗ *Wümme Kanuvermietung,
Schmiedeberg 37, Lauenbrück,
www.wuemmekanu.de*

YOGA AUF DEN WELLEN

**VITTE (INSEL HIDDENSEE),
MECKLENBURG-VORPOMMERN**

Ruhe auf der eigenen kleinen Insel
und das sanfte Schaukeln des Meeres
genießt man bei SUP-Yoga, bei dem
das Paddle-Board zur Yogamatte wird.
Durch die eher sanften Wellenbewe-
gungen der Ostsee werden bei den
Asanas Rumpf-, Rücken- und Becken-
bodenmuskulatur intensiv trainiert.
Das Üben auf dem Wasser fördert die
Konzentration und bringt Körper und
Geist besonders gut in Einklang, man
kommt in einen Flow mit seiner Um-

Die Herausforderung vieler Yoga-Posen potenziert sich auf dem SUP-Board

gebung. Damit sie nicht davontreiben, werden die Boards an einer sternförmigen, auf dem Meeresgrund verankerten Plattform befestigt. Bis zu acht Teilnehmer können hier andocken. Die Stunde beginnt im Vierfüßlerstand – mit möglichst vielen Kontaktpunkten ist es leichter, das Gleichgewicht zu halten. Die abschließende Entspannung wird vom Schaukeln der Wellen getragen.

↗ *Surf und Segel Hiddensee,*
   Nordende 163, Vitte,
   www.surfundsegelhiddensee.de

SCHLEIFEN PADDELN

GEMÜNDEN AM MAIN, BAYERN

Warum nicht mal auf der Saale in den Sonnenuntergang paddeln?

Nur wenige Städte liegen gleich an drei Flüssen, eine davon ist Gemünden im Spessart, wo die Sinn in die Fränkische Saale und diese wiederum in den Main mündet. Im Ortsteil Wernfeld gibt es sogar noch einen vierten Fluss: die Wern. Die Sinn steht unter Naturschutz und ist für die Schifffahrt gesperrt, doch auf der ruhig dahinfließenden Saale darf man sich, stets die Belange der Natur achtend, paddelnd durch die beschauliche Flusslandschaft fortbewegen: ob nur mal zum Schnuppern, während einer gemütlichen Dreistundentour, etwa von Gräfendorf

bis Gemünden, oder gleich für einen ausgedehnten Zweitagestripp mit Start in Westheim und Übernachtung auf dem Campingplatz in Hammelburg. Hier nutzt der Fluss große Schleifen bildend die ganze Breite des Saaletals. Natürlich kann man jederzeit von den Kanus zum Baden ins Wasser springen. Entlang der Strecke gibt es einige Wehre, die nicht befahrbar sind und umtragen werden müssen.

↗ *Bootsverleih Saaleinsel,*
   Duivenallee 7 (am Campingplatz
   Saaleinsel), Gemünden am Main,
   www.bootsverleih-saaleinsel.de

HART AM WIND

LAUPHEIM, BADEN-WÜRTTEMBERG

Zwei Baggerseen liegen zwischen Laupheim und Obersulmetingen direkt nebeneinander. Während der sogenannte Südsee den Belangen des Naturschutzes vorbehalten ist und den vielen Wasservögeln und Fischen gehört, tummeln sich nebenan vor allem Wassersportler. Der 330 000 m² große Risstal- oder Risskiessee hat weit über die Grenzen Laupheims hinaus einen Namen als Surf- und Segelrevier. Drei Surfclubs und ein Segelverein sind an seinem Ufer ansässig, und an Tagen mit idealen Bedingungen kann man auf dem Wasser bis zu 100 Surfer und Segler ausmachen. Auch Regatten werden regelmäßig ausgetragen, weil hier an vielen Tagen im Jahr der Wind kräftig aus Nordost oder Südwest bläst. Doch auch wer nur schwimmen und sich sonnen will, kommt auf seine Kosten. Auf Badegäste warten eine gepflegte Liegewiese und ein abgegrenzter Badebereich.

↗ *Zwischen Laupheim und Obersulmetingen, www.laupheim.de, www.scla.eu*

DO-IT-YOURSELF-TIPP

SCHIFFCHEN SCHWIMMEN LASSEN

Wer hat als Kind kein Papierschiffchen gebaut? Die Klassiker der Faltkunst kriegt fast jeder hin. Aber zu Wasser gelassen hat sie noch kaum jemand. Eine spannende (und je nach Gewässer wilde) Fahrt haben die Schiffchen vor sich, wenn man sie zum nächsten fließenden Gewässer mitnimmt und einmal schaut, wie weit sie schwimmen können. Wichtig: Vorher kennzeichnen, wem welches Schiff gehört, vielleicht sogar buntes Papier benutzen. Auch flache, leichte Holzstücke oder Rindenreste können in Schiffchen verwandelt werden und halten sich länger über Wasser als Gefährte aus Papier. Dafür beispielsweise mit einem Schaschlikspieß und einem Stoffstück ein Do-it-yourself-Segel entwerfen, kleine, in etwa gleich lange Stöckchen zusammenbinden, um ein Floß zu bauen, oder Weinkorken aneinanderkleben.

FREIZEITPARADIES TAGEBAUSEE

LEIPZIG, SACHSEN

Am auch »Costa Cospuda« oder »Cossi« genannten Cospudener See ist Leipzig italienischer als die italienische Riviera. Die Marina Pier 1 versammelt Boote aller Größen am Ostufer. Im Restaurant »Wasserwirtschaft« trifft sich die Szene, Besucher der Sauna im See (www.sauna-im-see.de) freuen sich sommers wie winters nach dem Schwitzen über eine Abkühlung im glasklaren Wasser. Sachsens längster Sandstrand am Nordufer ist an den Sommerwochenenden ähnlich voll wie die Strände von Rimini. Das Angebot an Wassersportmöglichkeiten reicht vom Tretbootfahren bis zum Kitesurfen; an Land kann man sich bei Beachsoccer oder Beachvolleyball vergnügen oder Snacks an den vier Strandhäusern der »Costa« genießen, in der Beach Lounge unterlegt mit Musik. Highlight ist das beliebte Drachenbootfestival Ende August, bei dem zwölf bis 16 Ruderer in 12 m langen, mit Drachenkopf geschmückten Booten zum Rennen antreten.

Der »Cossi« am südlichen Stadtrand von Leipzig verbreitet maritimes Lebensgefühl

↗ *Kiteschule Leipzig, www.kiteschule-leipzig.de; Wassersportschule Herold, www.bootsbau-herold.de; Linienschiff MS Cospuden, www.freizeit-abenteuer.com; RANAboot, www.ranaboot.de*

MIT RUTE UND ROLLE AM HAFEN

HAMBURG

Unter Petrijüngern gilt Hamburg als beste Streetfishing-Stadt Deutschlands. Die Elbmetropole hat eine abwechslungsreiche Wasserlandschaft, die in ihrer Vielfalt jedes Anglerherz höher schlagen lässt. Besonders schön sind Plätze an der Elbe. Kenner schwören auf Hafenbecken und Kanäle, wo zwischen Containerschiffen und der Elbphilharmonie je nach Tide Zander, Brasse oder Aal anbeißen. Die Alster und ihre Seitenarme sind Revier für

Karpfen, Barsch, Rotauge oder Hecht. In der Gewässerkarte für die Angelfischerei sind die freien Gewässer ausgewiesen; hier darf mit gültigem Jahresfischereischein geangelt werden. Mit einem Guide kommt man in Hamburg auch ohne ihn aus.

↗ *Angelsportverband Hamburg, Basedowstr. 12, Hamburg, www.asvhh.de, Angel-Guides, die auch Ausrüstung liefern: www.elbcoast-guiding.de, www.pro-guiding.de, www.zander angeln-hamburg.de*

VIRTUAL-REALITY-RUTSCHEN
ERDING, BAYERN

Wie ein Astronaut schwerelos durchs All schweben, einen tropischen Dschungel erkunden – in der Therme Erding entführen Virtual-Reality-Brillen in ganz neue Welten. Auf einem Schwimmreifen den 160 m langen Space Glider hinabgleitend, durchqueren Badegäste ferne Galaxien und müssen dabei Asteroiden und Raumschiffen ausweichen. Der VR-Content wird mithilfe von Sensoren dem Bewegungstempo angepasst – das verhindert Übelkeit. Klettverschlüsse und Gummibänder sorgen dafür, dass das Gerät die Sause auf jedem Kopf übersteht. Das Design der virtuellen Welt wirkt

wie ein Play-Station-Spiel, in dem man selbst der Protagonist ist. Im Auffangbecken der Rutsche landet man wieder in der Realität.

↗ *Therme Erding, Thermenallee 1, Erding, www.therme-erding.de*

STILLE WASSER GRÜNDEN TIEF
BLAUBEUREN, BADEN-WÜRTTEMBERG

Viele Sagen und Legenden ranken sich um den Blaubeurener Blautopf. Eduard Mörike griff eine in seiner »Historie von der schönen Lau« auf, an die eine Steinskulptur am Ufer erinnert. Die intensive grünblaue Farbe des Sees gab lange Zeit Rätsel auf: Täglich werde ein Fass voll Tinte hineingeschüttet, mutmaßte man früher. Heute weiß man, dass die Farbe durch die große Tiefe und die Klarheit des Wassers entsteht. Besonders groß ist der Blautopf nicht, in vier Minuten hat man ihn umrundet. In einer Tiefe von 21 m befindet sich der Einstieg in die Blautopfhöhle mit ihrem weitverzweigten Gangsystem. Im Sommer zieht es auch Kulturliebhaber an das berühmte Nass. Die Sommerbühne direkt am Blautopf garantiert mit einer bunten Mischung aus Theater, Comedy und Konzerten ein besonderes Open-Air-Erlebnis (www.sommerbuehneblautopf.de).

Funde aus den Höhlen der Umgebung sind im Urgeschichtlichen Museum ganz in der Nähe ausgestellt.

↗ *www.blautopf.de; Urgeschichtliches Museum, Karlstr. 21, Blaubeuren, www.urmu.de*

UNTERWEGS WIE HUCKLEBERRY FINN
POTSDAM, BRANDENBURG

Auf ihrem Weg von der Quelle nördlich von Berlin bis zur Mündung in die Elbe bei Havelberg legt die Havel 150 km zurück und bildet dabei große Seenketten und Flussschleifen. Kleine, verschlafene Ortschaften und weite Niederungen säumen die Ufer – für Angler und Wassersportler ein traumhaftes Revier. Und für Hausbootkapitäne: Die floßähnlichen, von einem führerscheinfreien Motor betriebenen Gefährte von Huckleberrys Tour können stunden- und tageweise gemietet werden. Sie haben Platz für acht Personen, die wetterfesten Hütten bieten Schlafplätze für bis zu drei Erwachsene. Die Minihausboote schippern mit einer maximalen Geschwindigkeit von 8 bis 10 km/h über die Havelseen – Entschleunigung pur!

↗ *Huckleberrys Tour, www.huckleberrys-tour.de*

AUF DEN GRUND DER OSTSEE
OSTSEEBAD ZINNOWITZ, MECKLENBURG VORPOMMERN

Das türkisfarbene Gebilde erinnert an die »Nautilus« in Verfilmungen von Jules Vernes »20 000 Meilen unter dem Meer«. Am Ende der Zinnowitzer Seebrücke sitzt die stählerne Gondel auf einem in den Sandboden der Ostsee gerammten Pfeiler. Nachdem der Gondelführer alias Kapitän Nemo den Elektromotor angeworfen hat, gleitet der maritime Aufzug rumpelnd in blaue Tiefen, wo furchterregende Seeungeheuer mit ihren Fangarmen … Nein, das wäre dann doch etwas zu viel versprochen. In 4 m Tiefe kommt die Gondel zum Stillstand, doch schon hier präsentiert sich die Ostseefauna bei guter Sicht in erstaunlicher Vielfalt. Grünblaues Licht erfüllt die Kabine. Quallen, Garnelen und winzige Planktonwesen schwimmen vorbei, Plattfische ziehen gemächlich über den Sandgrund. Der Gondelführer kommentiert, was zu sehen ist, und beantwortet Fragen. Ein 3-D-Film öffnet ein weiteres Fenster in die Unterwasserwelt.

↗ *Strandpromenade, Ostseebad Zinnowitz, www.tauchgondel.de, weitere Gondeln in Sellin auf Rügen, in Zingst auf der Halbinsel Fischland-Darß und im Ostseebad Grömitz*

Die Tauchgondel in Zinnowitz sieht aus wie von Kapitän Nemo konstruiert

MIT FLIEGEN FISCHEN

OBERAMMERGAU, BAYERN

Auch wenn die Wurftechnik nicht einfach ist – Fliegenfischen kann jeder. Schwierig ist nur die Auswahl der richtigen Geräte für die unterschiedlichen Gewässertypen. Denn: In einem glasklaren Gebirgsbach sehen die Fische gut und es ist wichtig, weit weg zu stehen und genau zu werfen; in einem großen Fluss wie der Loisach ist Präzision weniger bedeutend. Beson-

ders außerdem: Beim Fliegenfischen gibt es keine Widerhaken, die Fische bleiben unverletzt. In den zweitägigen Kursen bei Jean-Pierre Vollrath lernt man alles, auf das es ankommt: von der Theorie des Fliegenfischens über Material- und Insektenkunde zu Gewässerstruktur, Strategie und Taktik bis hin zur Wurfpraxis – letzteres natürlich draußen. Lizenz und Ausrüstung werden nicht benötigt – sie sind im Preis mit inbegriffen –, nur etwas Ausdauer: Fast jeder Anfänger wurstelt bei den ersten Würfen mindestens fünf Knoten in die Schnur. Aber der

REGEN RIECHEN

Gerade im Sommer, wenn es lange nicht geregnet hat, versprüht der endlich einsetzende Regen einen ganz besonderen Duft: Petrichor wird er genannt. Vor allem bei trockenem Boden lösen sich viele Kleinstteile, die sich vorher dort gesammelt haben – Pflanzenreste und die Verbindung Geosmin, die von Mikroben in der Erde produziert und freigesetzt wird. Die werden durch die Luft gewirbelt, sobald der Regen einsetzt. Fast ein bisschen wie ätherische Öle. Also Gummistiefel an und immer der Nase nach.

Spezialist verspricht: Mit etwas Übung kann wirklich jeder auf den Quadratmeter genau mit der 30 m langen Schnur werfen.

↗ *Fliegenfischerschule Oberbayern, Jean-Pierre Vollrath, Am Weinberg 1, Oberammergau, www.fliegenfischerschule-oberbayern.de*

122

JAMES WATT MEETS CANALETTO
DRESDEN, SACHSEN

Auf dem Seitenraddampfer »Diesbar«, einem von neun detailgetreu restaurierten Schiffen der 1836 begründeten Sächsischen Dampfschifffahrt, versieht die älteste noch im Einsatz befindliche Dampfmaschine der Welt aus dem Jahr 1841 regelmäßig ihren Dienst. Vom Dresdner Terrassenufer aus geht es nach Bad Schandau und Diesbar-Seußlitz. Die Canaletto-Fahrt zeigt Dresden aus der Perspektive, die der berühmte Vedutenmaler für sein Gemälde wählte. Die Werftfahrt gibt Einblicke in die Schiffszimmerei und die historische Slipanlage. Wie in New Orleans, nur schöner, sind die abendlichen Dixielandfahrten mit Live-Bands zum Mitswingen.

↗ *Sächsische Dampfschiffahrt, Georg-Treu-Platz 3, Dresden, www.saechsische-dampfschiffahrt.de*

123

EIN FLUSS NIMMT SICH ZEIT
EICHSTÄTT, BAYERN

Ganz leise gleitet das Boot durchs Wasser. Rechts und links streichen Äste und Blätter sanft über die Wasseroberfläche. Es herrscht Ruhe. Die Autos, Radfahrer, Wanderer – alle ganz weit weg, eine Etage höher auf den Wegen und Straßen. Tapfer hat sich die Altmühl hier einen Weg durch kargen Fels geschaffen, auf den grünen Wiesen danken ihr das mümmelnd ein paar weiße Schafe. Auf den rund 120 km zwischen Gunzenhausen und Dietfurt gibt es für Bootwanderer immer wieder Rast- und Campingplätze, zwei aufregende Bootrutschen und einige kleinere Wehre. Man fährt aber nicht nur durch Natur, sondern auch durch kleinere Städte, wie etwa das barocke Eichstätt. Die Bootverleiher vermieten nicht nur Kanus, sondern bieten auch Bring- und Abholservice, sodass sich ganz unterschiedliche

Strecken kombinieren lassen: vom Tagesausflug bis zur mehrtägigen Bootwanderung.

↗ *Kanuvermietung Glas, Industrie- str. 18a, Eichstätt, www.boote-glas. de, weitere Vermieter unter www. naturpark-altmuehltal.de*

124 SCHWIMMENDER POOL AUF DER SPREE
BERLIN

In der Tradition alter Flussschwimm- bäder wurde ein in Alt-Treptow vor Anker liegender Frachtkahn zur

Bei einer Tour mit dem Raddampfer »Diesbar« auf der Elbe kommt Mississippi-Feeling auf

schwimmenden Badeanstalt umgebaut. Wie eine riesige Wanne treibt er in der Spree. Die hölzernen Decks des Badeschiffs bieten einen einzigartigen Panoramablick auf den Fluss, die Oberbaumbrücke und den Fernsehturm. Im Strand-Areal aalen sich Berlins Schöne in der Sonne, spielen Beachvolleyball oder schlürfen mit den Füßen im Sand einen Cocktail. Zum Rahmenprogramm gehören Yoga- und Stand-up-Paddling-Kurse, in unregelmäßigen Abständen finden auch Beach-Partys und Musikevents statt. Im Restaurant »Freischwimmer« gleich nebenan kann der Badetag ganz entspannt ausklingen (www.freischwimmer-berlin.com).

↗ *Arena, Eichenstr. 4, Berlin,*
www.arena.berlin

125 AUF FANGFAHRT MIT DEM FISCHKUTTER

BURG AUF FEHMARN,
SCHLESWIG-HOLSTEIN

Im Winterhalbjahr geht der »Tümmler« auf Dorschfang. Aber nicht nur das: Käpt'n Gunnar nimmt auch am NABU-Projekt »Fishing for Litter« teil, bei dem im Meer treibender Plastikmüll als Beifang an Land gebracht und ordnungsgemäß entsorgt wird. Von April bis Oktober dürfen Gäste an

Bord, dann startet der Kutter zu Sundbrücken- und Piratenfahrten. Bei einstündigen Schaufischfahrten wird mit kleinen Schleppnetzen oder Reusen allerlei Meeresgetier an Deck befördert und vor den Passagieren ausgebreitet: Ein buntes Durcheinander von Krabben, Krebsen, Seenadeln, Graskarpfen und Schollen … Käpt'n Gunnar erklärt den Fang fachmännisch, bevor er ihn in der Ostsee zurückgibt. An Deck steht zudem ein Kindersteuerstand bereit, ein Videofilm gibt spannende Einblicke in den harten Arbeitsalltag der Fischer im Winter.

↗ *Hafen Burgstaaken,*
Fischereisteg, Burg auf Fehmarn,
www.gerthhansen.de

126 SEGELN WIE ZU HANSEZEITEN

WISMAR,
MECKLENBURG-VORPOMMERN

Bei der »Wissemara« handelt es sich um den Nachbau einer historischen Kogge, die in der Hansezeit Waren transportierte. Das gut erhaltene Wrack wurde 1997 vor Timmendorf auf der Insel Poel entdeckt. Wenn er nicht gerade für experimentelle archäologische Studien eingesetzt wird, darf man bei dreistündigen Törns an Bord des Traditionsseglers tüchtig mit anpacken, das Rahsegel hochholen und brassen – so lernt man die Wismarer Bucht bei Wind und Wellengang kennen. In kurzer Zeit wachsen Crew und Gäste zu einer eingeschworenen Gemeinschaft zusammen.

↗ *Alter Hafen 12, Wismar,*
www.poeler-kogge.de

ISLAND-FEELING IM RHEINTAL

ANDERNACH, RHEINLAND-PFALZ

Ein Geysir? Den würde man in Island erwarten oder vielleicht im Yosemite-Nationalpark. Aber im Rheintal? Nur wenige wissen, dass auch Deutschland vulkanische Phänomene zu bieten hat – so kann in der Eifel der größte Kaltwassergeysir der Welt bestaunt werden. Der Andernach-Geysir bricht in regelmäßig Abständen aus und erreicht eine Höhe von bis zu 60 m. Weil er auf einer Halbinsel in einem Vogelschutzgebiet liegt, ist er nur per Schiff erreichbar – so wird der Besucherstrom kanalisiert. Die kurze Überfahrt startet beim Besucherzentrum, das den Geysirausbruch multimedial erklärt, mit spannenden Experimentierstationen. Im Unterschied zu Heißwassergeysiren ist hier nicht Wasserdampf, sondern Kohlendioxid die Antriebskraft. Von vulkanischer Aktivität zeugt auch der nahe Laacher See, ein mit Wasser gefüllter Einbruchkrater. Auf den ersten Blick wirkt er wie ein ganz normaler See – würden am Ostufer nicht CO_2-Blasen die Wasseroberfläche zum Blubbern bringen.

↗ *Geysir-Zentrum, Konrad-*
Adenauer-Allee 40, Andernach,
www.geysir-andernach.de

DIY-TIPP

EINE FLASCHENPOST AUFGEBEN

Eigentlich eine spannende Sache: eine Flaschenpost basteln, sie im Meer oder in einem Fluss auf die Reise schicken und hoffen, dass sie gefunden wird. Eine leere Glasflasche mit Korken oder Schraubverschluss, ein Blatt Papier und ein Bleistift (Kugelschreiber bleicht schneller aus) sind schnell gefunden. Schreiben Sie einen netten Brief, Datum, Adresse und evtl. Briefmarken nicht vergessen, schieben Sie das zusammengerollte Papier in die Flasche und verschließen Sie sie gut. Dann ab die Post …

STOCHERN MIT DIPLOM

TÜBINGEN, BADEN-WÜRTTEMBERG

Was dem Venezianer seine Gondel, ist dem Tübinger sein Stocherkahn. Ganz in schwäbischer Manier sind die flachen Holzboote viel bescheidener, an Bequemlichkeit mangelt es dennoch nicht. Bis zu 16 Personen finden im Boot Platz, man sitzt sich gegenüber, ein hohes Holzbrett als Rückenlehne. Früher war das Stochern den Studentenverbindungen vorbehalten. Heute kann jeder, der möchte, in den Genuss einer Neckarfahrt kommen oder sogar selbst das Stochern lernen – erfolgreiche Versuche werden mit einem Diplom belohnt. Was leicht aussieht, ist jedoch eine Kunst: Der Stocherer steht im Heck und setzt das Boot mittels einer 7 m langen und bis zu 10 kg schweren Stange in Bewegung. Aber aufgepasst: Die Stange wird beim Eintauchen nass und somit auch der Stocherer … Und nur ja nie die Stange ins Wasser fallen lassen, dann muss man ihr hinterherspringen. Wer sich durch dieses Risiko nicht abschrecken lässt, kann zwei unterhaltsame Stunden vor einer der romantischsten Stadtkulissen in Deutschland erleben – inklusive Hölderlinturm, Burse und Stift.

Tübingens etwas behäbige Antwort auf Oxfords Punts sind die Stocherkähne

↗ *Buchung über Verkehrsverein*
Tübingen, An der Neckarbrücke 1,
www.tuebingen-info.de oder
www.stocherkahnfahrten.eu

129

DEUTSCHLANDS LÄNGSTER OSTSEEFJORD
KAPPELN, SCHLESWIG-HOLSTEIN

Die Schlei ein Fluss? Irrtum. Es handelt sich um einen Arm der Ostsee. Mit einer Länge von 42 km bietet der Fjord reichlich Platz für Seekajaktouren. Wegen seiner geringen Breite bleibt die abwechslungsreiche Landschaft der Region stets im Blick: sanfte Hügel, goldgelbe Korn- und Rapsfelder. Kleine Dörfer am Schleiufer bieten idyllische Übernachtungsmöglichkeiten und Gelegenheit zum Einkaufen. An der etwa 150 km langen Küstenlinie wechseln sich versteckte Buchten und Sandstränden mit Steilküstenabschnitten ab. Anfänger sollten sich zunächst besser auf die ruhigen Nebenläufe des Fjords beschränken. Für erste Seekajak-Versuche ist auch die Insel Poel in der Wismarer Bucht mit ihrem ruhigem Fahrwasser sehr gut geeignet.

↗ *Infos und Kanuverleih: www.ostsee*
fjordschlei.de; Anbieter von Touren:
Club Aktiv, www.club-aktiv.de,
Kajak und Meer, www.kajak-und-
meer.de

130

SCHWIMMENDER CHRISTKINDLMARKT
VILSHOFEN AN DER DONAU, BAYERN

Jesus' Eltern machen in Vilshofen eine gute Figur. Und eine große. Auf stolze 3,30 m bringt es Josef, und Maria fällt nur deshalb etwas kleiner aus, weil sie kniet. Das gesamte Ensemble wird zudem von Tieren, Hirten und einem meterlangen Holzstern ergänzt und kommt auf 20 m Breite – was den Vilshofenern einen Rekord beschert: Sie beheimaten die größte Brettkrippe der Welt. Doch nicht nur das macht den Vilshofener Christkindlmarkt zu einer besonderen Adresse. Seit 2002 findet der Markt nicht mehr rund um die Stadtpfarrkirche statt, sondern auf einem festlich geschmückten Donauschiff, das am Ufer vertäut liegt. An Bord klöppeln, schnitzen, weben, töpfern und nähen Kunsthandwerker um die Wette. Künstler und Stadtvordere lesen Literatur vor, es wird getanzt und musiziert. Und da der Platz auf dem Schiff begrenzt ist, wird an der Donaupromenade einfach weitergefeiert. Über allem liegt der Duft von Maroni, Mandeln und Nüssen. Und das Funkeln des großen Weihnachtsbaums, den rund 4000 Lichtern und 1500 Kugeln schmücken.

↗ *Donaupromenade, Vilshofen an der*
Donau, www.vilshofen.de

Die Stadt hinter sich lassen, tief durchatmen,
dem Rauschen eines Wasserfalls lauschen, Luchse
beobachten … so tankt man auf.

Rechts: Bäume leisten einen wichtigen Beitrag für saubere Luft

Raus
in die Natur

131
SCHWARZES GOLD AUS DEM HOCHMOOR

BAD WURZACH,
BADEN-WÜRTTEMBERG

Nördlich des Kurstädtchens Bad Wurzach erstreckt sich das Wurzacher Ried, die größte intakte Hochmoorfläche Mitteleuropas. Dank seiner herausragenden ökologischen Bedeutung wurde das Naturschutzgebiet vom Europarat mit dem Europadiplom ausgezeichnet. 700 Pflanzen- und mehr als 1500 Tierarten leben in diesem Biotop – es gibt also viel zu entdecken.

Ob Wanderung oder Radtour auf einem der Wege durch das Ried, ein Ausflug wird immer auch zu einem Trip durch die Kultur- und Sozialgeschichte der Region, in der das Torfstechen mehr als 200 Jahre lang einen wichtigen Wirtschaftsfaktor darstellte. Heute bilden der Torf – auch »schwarzes Gold« genannt – und das 34°C warme Thermalwasser die wesentlichen Bestandteile des Moorheilbads Bad Wurzach. Im Naturschutzzentrum beim Kurhaus kann man sich über das Hochmoor informieren und sein Spezialwissen bei geführten ornithologischen und botanischen Exkursionen im Ried vertiefen. Für Radfahrer und Wanderer steht im 1700 ha umfassenden Ried ein rund 200 km langes Rad- und Wanderwegnetz zur Verfügung. Wem solche Aktivitäten zu schweißtreibend sind, der kann bei den Wochenendführungen mit dem historischen Torfbähnle zu ausgesuchten Stellen im Moor fahren, wo einst der Torf gestochen und verarbeitet wurde. 2009 hat im Zeiler Torfwerk das Torfmuseum eröffnet. Hier startet auch der 1,5 km lange Torflehrpfad, der mit seinen zwölf Stationen für große und kleine Entdecker spannend ist.

↗ *Naturschutzzentrum Wurzacher Ried, Rosengarten 1, Bad Wurzach, www.wurzacher-ried.de; Oberschwäbisches Torfmuseum, Dr. Harry-Wiegand-Str. 4/1, Bad Wurzach, www.bad-wurzach.de*

132
EIN AUSFLUG IN DIE EISZEIT

MAIERHÖFEN-RIEDHOLZ, BAYERN

Schluchten werden im Allgäu »Tobel« genannt, und einer der schönsten ist der Eistobel bei Riedholz. Im Winter ist die tiefe, dann nur für Bergsteiger begehbare Schlucht eine wahre Kunstgalerie bizarrer Gebilde und Skulpturen der eisblauen Art. In der eisfreien Zeit rauscht hier das Wasser der Oberen Argen zwischen hohen Felswänden hindurch, spritzt über Kaskaden, windet sich durch Engstellen und strömt durch Gletschertöpfe.

Eine etwa drei- bis vierstündige familienfreundliche Rundwanderung

Bis aus Pflanzenresten Torf wird, vergehen viele Tausend Jahre

führt durch die Schlucht auf die Ried-holzer Kugel (1069 m) mit schönem Blick auf die Allgäuer Alpen und den Bregenzer Wald. Ausgangspunkt ist der Parkplatz an der 54 m hohen und 204 m langen Argentobelbrücke, wo man auch ein Modell der alten Brücke bewundern kann. Über 4 km Länge verläuft der Weg schluchtaufwärts; er ist gut ausgebaut und teils mit Draht-seilen gesichert. Über den Eistobelsteg gelangt man auf die andere Seite der Schlucht, wo der Aufstieg zur Riedhol-zer Kugel beginnt. Vom Aussichtsgip-fel geht man in westlicher Richtung auf einem markierten Pfad hinab nach Riedholz (730 m). Dort folgt man dem Schild »Eistobel« zurück zum Aus-gangspunkt.

↗ *Argentobelbrücke bei Maierhöfen-Riedholz, www.eistobel.de*

KRANICHRAST

KARGOW,
MECKLENBURG-VORPOMMERN

Spannende Einblicke in das Leben einer Fischadlerfamilie liefert das Na-tionalparkzentrum in Federow mittels Liveübertragung aus dem Adlerhorst. Der Saisonhöhepunkt für Ornitholo-gen und Naturfotografen ist der Spät-sommer und Herbst: Ab Ende August sammeln sich in der Müritzregion Zig-tausende Kraniche für ihren Flug gen

Süden. Am besten schließt man sich, ausgestattet mit Fernglas und dunkler, wetterfester Kleidung, einer geführten Wanderung des Nationalparkservices an. Man nähert sich in der Abenddämmerung den Schlafplätzen der majestätischen Zugvögel, die in kleinen und großen Gruppen heranfliegen und mit Flügelschwirren und lautem Trompeten die Luft erfüllen.

↗ *Nationalparkinformation Federow, Damerower Str. 6, Kargow OT Federow, www.nationalpark-service.de*

In der tiefsten Felsenschlucht Mitteleuropas ist es auch im Sommer angenehm kühl

DURCH DIE WILDE BREITACHKLAMM

OBERSTDORF, BAYERN

Fast rund ums Jahr zugänglich ist die Breitachklamm, die zu den schönsten Geotopen Bayerns zählt. Die enge, bis zu 65 m tiefe, von der Breitach durchströmte Schlucht erstreckt sich vom Oberstdorfer Ortsteil Tiefenbach bis Riezlern im österreichischen Kleinwalsertal. Im Eingangsgebäude bei Tiefenbach ist eine interaktive Ausstellung zur Geologie, Ökologie und Erschließung der Klamm zu sehen. Eine Wanderung durch die Schlucht ist zu jeder Jahreszeit empfehlenswert. Im Winter ist der Klammweg geräumt, und die Wasserfälle sind zu bizarren Eisskulp-

turen erstarrt. Bei Tauwetter im Frühjahr tost, schäumt und gurgelt die Breitach besonders wild – das ist ein unvergessliches Erlebnis. Gleißend präsentiert sich die Breitachklamm dagegen bei schönem Wetter, wenn die Sonnenstrahlen das Wasser aufblitzen lassen und die Brechung des Lichtes sogar hin und wieder einen Regenbogen entstehen lässt. Bereits 1922 zählte der Klammverein 100 000 Besucher, heute sind es jährlich 300 000. Viele Klammbesucher machen die eineinhalbstündige Rundwanderung vom Besucherzentrum am Eingang Tiefenbach bis zum oberen Ende der Schlucht. Über den Zwingsteg und die Dornachalpe gelangt man zurück zum Ausgangspunkt. Wege und Stege erschließen die Schlucht.

↗ *Eingang: Oberstdorf OT Tiefenbach, www.breitachklamm.com*

135

FELSEN WIE GEMALT

SASSNITZ,
MECKLENBURG-VORPOMMERN

Steil abfallende Kreidefelsen, blaugrünes Meer, darüber ein blauer Himmel mit Wolkentupfern – dieses Bild hat Rügens Image geprägt. Den Status eines Nationalparks erhielt ein rund 3000 ha große Gebiet in Rügens Osten 1990, Teile wurden schon Ende der 1920er und Mitte der 1930er-Jahre unter Naturschutz gestellt. Das jetzt doppelt so große Areal, das von Sassnitz fast bis Lohme reicht, bildet den kleinsten Nationalpark Deutschlands. Neben dem Kreidefelsen-Steilufer mit dem Königsstuhl (118 m) umfasst er mit der Stubnitz Rügens größtes Waldgebiet sowie Feuchtwiesen, aufgelassene Kreidebrüche, Moore, Kleingewässer und einen bis zu 500 m breiten Ostsee-Flachwasserstreifen. Zu den Raritäten der Flora zählen einige Orchideenarten wie der Rotbraune Frauenschuh und das Purpurknabenkraut.

Das eindringlichste Erlebnis der grandiosen Naturszenerie bietet sich durch mehrmaligen Perspektivenwechsel: An einigen Stellen der Küste im Nationalpark Jasmund kann man

DO-IT-YOURSELF-TIPP

EXOTIK IM WOHNZIMMER

Avocadokerne behalten statt wegwerfen und einen Avocadobaum züchten – das geht einfacher als gedacht: Einen Avocadokern waschen und etwas trocknen lassen. Danach drei Zahnstocher in den Kern stecken, sodass er auf ein Wasserglas aufgesetzt werden kann. Wichtig: die spitzere Seite des Kerns sollte dabei nach oben schauen, die flachere Seite im Wasser hängen. Das Glas mit dem Kern an einen warmen Ort stellen und ab und an das Wasser austauschen. Nach wenigen Wochen zeigen sich Wurzeln und dann auch der Keimling. Nun kann der Kern eingepflanzt werden – dabei darf der obere Teil des Kerns zu circa einem Drittel aus der Erde schauen. Die Bäumchen mögen es hell und wachsen schnell in die Höhe – für Früchte wird es bei den meisten wohl nicht reichen, aber mit seinen hellgrünen Blättern wird der kleine Avocadobaum bestimmt trotzdem zum Hingucker.

auf steilen Treppen aus Stangenholz zum Wasser hinuntersteigen. Dies sollte man nur bei guter körperlicher Verfassung tun. Dasselbe gilt für den sehr empfehlenswerten Fußweg von Sassnitz nach Lohme (ca. 15 km). Die Stubbenkammer mit dem Königsstuhl ist auch per Auto erreichbar: 3 km vor dem Königsstuhl stellt man es auf dem Großparkplatz ab, zum Königsstuhl kommt man dann zu Fuß oder per Pendelbus. Wer die Kreidefelsen in ihrer ganzen Pracht sehen will, sollte mit einem der Ausflugsschiffe vom Hafen Sassnitz zum Königsstuhl fahren – am besten an einem Sonnentag, denn dann sind die Felsen wirklich weiß, und am frühen Nachmittag, wenn sie direkt angestrahlt sind.

↗ *www.nationalpark-jasmund.de;*
  Seetouristik Brauns, Karlstr. 1,
  Sassnitz, www.ms-alexander.de

136

PINSELOHREN UND SCHARFE KRALLEN
BAD HARZBURG, NIEDERSACHSEN

18 Stufen führen hinauf bis zu der Plattform an der Rabenklippe, 3,50 m über dem Waldboden neben dem Wohnzimmer der Luchse. Eigentlich haben sie es nicht gern, wenn man ihnen zusieht wie in einem Zoo, aber die granitenen Rabenklippen mit Hängen,

Büschen, Bach und Bäumen, Fichtenaltholz und Schotter bieten genügend Verstecke. Im größeren Gehegeteil leben Paul – ein Kuder, wie die Kater heißen – und die Luchsinnen Alice und Ellen, im kleineren die handaufgezogene Pamina und Tamino aus Finnland, beide nicht ganz so menschenscheu wie bei Europas größter Katze üblich.

Luchse sind an sich alte Harz-Bewohner, waren jedoch vor 200 Jahren ausgerottet und werden seit dem Jahr 2000 in einem in Deutschland einmaligen Auswilderungsprogramm im Harz wieder angesiedelt. Dabei ist es wichtig, dass sie menschenscheu bleiben, und dass die Menschen keine Angst vor ihnen haben. Anfangs lebten im Harzer Auswilderungsgehege nachgezüchtete Tiere aus europäischen Wildparks. Sie hatten wenig Menschenkontakt, um ihr Fluchtverhalten nicht zu verlieren, waren ein bis drei Jahre alt, und nach sechs bis acht Wochen stand die Tür in die Freiheit offen. Marke im Ohr, Senderhalsband und Fotofallen ermöglichten, ihre Spuren zu verfolgen. Hauptsächlich Förster und Jäger finden Fährten im Schnee. Die sind schwer zu identifizieren, denn sie ähneln denen von Hunden. Im Sommer 2002 wurden die ersten wild geborenen Jungtiere beobachtet. Ende 2009 waren es schon 71, die sich auf die Suche nach einem eigenen Revier aufmachten. Unterwegs ernähren sich die Fleischfresser von Reh und

Keine Marmorkugel ist wie die andere, jede hat eine unvergleichliche Maserung

Rotwild, aber auch von Füchsen, Feldhasen oder Mäusen. Gerissene Schafe und Ziegen werden ersetzt. Wenn ein Luchs mehrere Tage zu einem versteckten, weil großen Beutetier zurückkehrt, trifft man ihn vielleicht im Wald. Aber das ist ein ganz seltenes Ereignis. Auch in der Paarungszeit von Februar bis April sind die an sich nachtaktiven großen Katzen oft nicht so vorsichtig. Der Harz ist klein und der Luchse Lebensraum damit begrenzt. Man weiß aus der Schweiz, aus Polen und dem bayrisch-böhmischen Grenzgebiet, dass Luchse dort Reviere von 44 bis 345 km^2 für sich beanspruchen. So werden sie wandern, in Thüringer Wald und Frankenwald, zum Solling und zum Elm.

↗ *Rabenklippen bei Bad Harzburg, www.nationalpark-harz.de (> Natur erleben > Luchsgehege)*

MARMORKUGELN MIT WASSERKRAFT
MARKTSCHELLENBERG, BAYERN

Am Eingang der Almbachklamm bei Marktschellenberg liegt eine ganz besondere Mühle: Sie fertigt kleinere und größere Marmorkugeln, nur mit Hilfe von fließendem Wasser. Ein ausgeklügeltes System aus Wasserrinnen treibt eine Buchenholzscheibe an, die sich über einem Sandstein dreht, und sorgt so dafür, dass zuvor würfelförmig zugehauene Untersberger Marmorbrocken zu Kugeln werden. Zwei bis acht Tage müssen die Brocken vor sich hin malen, bevor sie schön rund sind. Da bleibt mehr als Zeit genug, sich ausführlich in der Almbachklamm umzusehen und in dem Wirtshaus einzukehren, das zur Mühle gehört. Vor dem Verkauf schleift und poliert Besitzer Friedl Anfang seine Kunstwerke. Die Marmorkugelmühle ist die letzte in Deutschland und besteht seit 1683.

↗ *Touristinfo Marktschellenberg, Salzburger Str. 2, Marktschellenberg, www.marktschellenberg.de*

ZU-HAUSE-TIPP

CHEMIE IN DER KÜCHE

Die Natur steckt voller Wunder! Und unser Alltag sowieso: Schon allein in der Küche oder beim Putzen begegnen uns vielfältige chemische Reaktionen. Ganz einfach kann man sich gezielt Experimente nach Hause holen, denn es gibt viele Chemiebaukästen für alle Altersklassen. Durch sie kann man ganz neue (Natur-)Wunder entdecken oder aus Hausmitteln entstehen lassen. Und ganz nebenbei lernt man noch etwas, was man schon immer wissen wollte – zum Beispiel warum Backpulver schäumt, wenn es mit Essig in Berührung kommt.

WASSERFALL UND PHILOSOPHENWEG

TODTNAUBERG, BADEN-WÜRTTEMBERG

Gleich unterhalb des kleinen Ortes Todtnauberg fällt der Stübenbach über fünf Stufen 97 m ins Tal. Mit 60 m hält die letzte der Stufen nicht nur den Rekord im Schwarzwald, sondern ist sogar höher als die Niagara-Fälle, auch wenn die Wucht der Wassermassen nicht vergleichbar ist. Doch wenn man den Waldpfad vom Parkplatz vor dem Ort hinuntergeht, hört man schon das Tosen des Stübenbachs. Sichere Stege geleiten über die Kaskaden, so auch am Hauptfall, zu dessen Fuß ein Seitenweg hinabführt. Wieder hinauf, kommt man den Bach entlang an Deutschlands höchstgelegenem Freibad vorbei. 300 m weiter führt die Ennerbachstraße rechts aus dem Ort zur Fatima-Kapelle am Waldrand. Ab hier kann man das Tal auf dem Martin-Heidegger-Rundweg auch gegen den Uhrzeigersinn umgehen. Unterwegs erinnern

Mal harmlos plätschernd, mal gewaltig brausend fällt der Stübenbach ins Tal

vier Tafeln (eine fünfte ist südlich der Kapelle) an den Philosophen (1889 bis 1976), der seit 1922 in Todtnauberg eine schlichte Hütte hatte. 1933/34 Rektor der Freiburger Uni, war er wegen seiner Nähe zum NS-Regime nicht unumstritten. Dennoch gilt »Sein und Zeit« (1927) als ein Schlüsselwerk der Philosophie des 20. Jh. Die Tafel nahe der (privaten) Hütte, in der u. a. Paul Celan und Rudolf Augstein zu Gast waren, zeigt ein Heidegger-Gedicht.

↗ *Touristinfo Todtnauberg,*
  Kurhausstr. 19, Todtnauberg,
  www.todtnauberg.de (> Aktiv
  > Kultur und Tradition)

IM WELT-WALD

BAD GRUND, NIEDERSACHSEN

Der Weinblattahorn leuchtet feuerrot – das Arboretum, der Welt-Wald im Harz, lädt zu einem der schönsten Herbstspaziergänge ein. Jetzt sieht es ganz anders aus als im späten Frühjahr, da gehörte der Asiatische Blütenzauber zu den beliebtesten Wegen im Exotenwald. Aus Sibirien bis Südamerika stammen die rund 600 Baumarten und Gehölze. Sie sind auf etwa 12 km Weg nach Ländern sortiert, an den Mammutbaumweg oder den japanischen Blütenweg gepflanzt, an den

Appalachen- oder Himalayaweg. So weiß jeder gleich, woher die fremden Gewächse stammen.

↗ *Bad Grund; Zugänge P am Hübichenstein und am Campingplatz Hübichalm, www.badgrund.de (> Sehenswertes)*

KAMELREITEN IM MANGFALLTAL
GRUB/VALLEY, BAYERN

Dieses Wüstenschiff ist keine Fata Morgana, sondern ein echtes bayerisches Kamel

Ein herrliches Alpenpanorama, davor saftig grüne Wiesen mit glücklichen Kühen und alte Bauernhöfe mit viel Geranien. Und dann: eine Herde Kamele und zwei Dromedare. Vorneweg läuft Bianca Klages und führt die Tiere samt Reiter hinunter zur Mangfall. Die Gäste sitzen auf Western-Pferdesätteln zwischen den Höckern der Kamele oder auf extra importierten Dromedarsatteln hinter dem einzelnen Höcker. Zum Aufsteigen mussten sie eine Leiter benutzen, zum Absteigen befiehlt Konstantin Klages langsam aber bestimmt »runter«, und die großen Tiere gehen vor ihm in die Knie und winden dabei umständlich ihre langen Hälse, um das Gleichgewicht zu halten. Belohnt wird mit Karotte und Brot. Seit Konstantin Klages drei Jahre alt ist, hatte seine Familie Kamele. Als er älter wurde, wollte er Herdenführer in Afri-

ka werden, jetzt ist er es in seiner oberbayerischen Heimat. Die Tiere kommen aus der eigenen Herde oder sind vom Zirkus abgekauft, alle lehrt Konstantin mit seiner sanften Art stets ruhig zu bleiben – und zu kuscheln. Kaum betritt er die Weide oder den Stall, kommen Shahir, Lea und Karim langsam angetrottet und wollen sich Streicheleinheiten abholen. Rashid legt sanft den Kopf auf Konstantins Schulter und Milan gibt ihm fast einen Kuss auf den Mund. »Ich wurde auch schon wegen Tierquälerei angezeigt«, erzählt er, »die Leute dachten, die Kamele erfrieren hier. Dabei macht ihnen der Winter gar nichts aus. Sie fressen ganz normal Heu, Stroh und Gras und trinken jeden Tag. Zwar könnten sie mehrere Wochen ohne aushalten, aber sie müssen ja nicht.« Und wenn wir schon bei Klischees sind: Kamele speichern ihr Wasser übrigens nicht in den Höckern, die bestehen aus festem Fett, sondern im Gewebe. 1 ½ Std. dauert ein Ausritt durchs oberbayerische Alpenvorland. Wer mag, kann vorher beim Striegeln und Aufsatteln helfen. Und natürlich macht der Führer ganz viele Fotos von den Gästen auf den exotischen Tieren. Die Klages bieten auch Lama- und Eseltouren an.

↗ *Kamelgut Breitmoos,*
  Kamelhof 1, Grub/Valley,
  www.bayern-kamele.de

DER MIT DEM WOLF TANZT

MERZIG, SAARLAND

Bis ins 19. Jh. tanzte der Wolf noch durch den Merziger Forst. Dann verstummte rund um die bewaldeten Hügel der Stadt das letzte Geheul der Raubtiere. Wie bei kaum einem anderen Tier ist das Leben eines Wolfs von Mythen durchzogen. Die jagenden Völker in Asien und Amerika verehrten ihn, doch unter den sesshaften Mitteleuropäern galt er bald als blutrünstige Bestie. Heute ist der freiheitsliebende »canis lupus« – mittlerweile

ZU-HAUSE-TIPP

ZOOBESUCH IM GARTEN

Eisbären, Tiger und Co. machen natürlich ganz schön was her, aber die heimischen Tiere sind auch nicht ohne. Bienen, Vögel, Schmetterlinge statten im Garten oft einen Besuch ab, für Igel, Füchse und Eidechsen muss man schon etwas geduldiger sein. Wer kann am meisten Tierarten entdecken? Den Specht erkennt man vielleicht noch an seinem typischen Klopfen, den Eichelhäher an seinen strahlend blauen seitlichen Federpartien. Aber wer kennt den Zaunkönig oder den Gimpel? Am besten rüstet man sich mit einem einfachen Artenlexikon oder schaut die verbreiteten Arten im Internet nach. Und vielleicht haben Sie ja Glück und bekommen doch ein bisschen Zoo-Feeling (und Adrenalin) umsonst – denn kürzlich wurden sogar Wölfe in heimischen Gärten gesichtet!

zur Freude des Menschen – vor die Tore der Stadt zurückgekehrt. Im Wolfspark Werner Freund fühlen sich an die 20 Wölfe so richtig heimisch, unter ihnen seltene Arten wie der Amerikanische Grauwolf oder der Alaska-Tundrawolf, dessen Fell sich im Winter farblich an den Schnee anpasst. Doch das Besondere an diesem Tiergehege ist zweifelsohne die innige Beziehung zwischen Mensch und Vierbeiner. Die »Leitwölfe« Tatjana Schneider und Michael Schönberger kennen ihre Rudel bestens. Schon als Jugendlicher arbeitete Schönberger ehrenamtlich im Wolfspark, damals noch unter Gründer Werner Freund, zog Tiere eigenhändig mit der Milchflasche auf und begleitete sie bei den ersten Schritten in die (kontrollierte) Freiheit. In den großzügig angelegten Gehegen auf dem 8 ha großen Gelände finden die Tiere ideale Lebensbedingungen. An jedem ersten Sonntag im Monat gibt es eine kostenlose Führung durch den Park. Ein weiterer Höhepunkt ist die Fütterung des Wolfsrudels: Wenn sich die hungrigen Tiere um das Fressen scharen, wird schnell deutlich, wer das Sagen hat, denn dann zeigt sich, welche die Alpha-Tiere sind. Gemeinsam dem Wolf auf die Schliche kommen, ist ein Vergnügen für Erwachsene und Kinder gleichermaßen. Zweibeinige Besucher unterliegen keinen Einschränkungen, für Vierbeiner gilt jedoch: Wir müssen draußen bleiben.

Langsam kehren die Wölfe vor allem in die norddeutschen Wälder zurück

↗ *Wolfspark Werner Freund,*
Waldstraße 204, Merzig,
www.wolfspark-wernerfreund.de

WIE IM GRAND CANYON

**SIGMARINGEN,
BADEN-WÜRTTEMBERG**

Fast könnte man sich wie in den Rocky Mountains fühlen – wären die Steilhänge am Ufer der Donau nicht mit dichtem Grün bewachsen. Der Naturpark Obere Donau ist mit seinen bis zu 150 m hohen Steilwänden, den Flussbiegungen und schroffen Felslandschaften ein letztes Stück unberührter Natur.

Während hoch oben auf den Felsen unzählige Burgen, Schlösser und Ruinen von dem Reichtum vergangener Herrschaft zeugen, laden unten die Fluten zum Wassersport ein. So ist die Donau um Sigmaringen ein bei Kanufahrern äußerst beliebtes Gewässer. Ob gemütlicher Paddler oder Ausdauersportler – alle können sich auf eine erlebnisreiche Tour freuen. Von Hausen im Tal aus führt eine gut befahrbare Route auf knapp 20 Flusskilometern vorbei an der Ruine Dietfurt und an Schloss Gutenstein weiter bis in die schöne Donaustadt Sigmaringen. Von dort aus geht es problemlos mit öffentlichen Verkehrsmitteln wieder zurück

Raben, die Nüsse knacken, Kraken, die hochkomplexe Aufgaben lösen können und Waschbären, für die kein Schloss zu schwer zu knacken ist – im Tierreich finden sich beeindruckende kognitive Leistungen. Mit ein bisschen Geduld und Geschick – und ein paar Leckereien – können Sie auch Ihrem eigenen Haustier Tricks beibringen, die jeden von seiner Intelligenz überzeugen werden. Ob Mäuse, Vögel oder Hund: Je früher man mit den Tieren zu trainieren beginnt, desto größer der Erfolg.

zum Ausgangspunkt der Tour. Vorkenntnisse im Kanufahren sind nicht erforderlich, eine Voranmeldung bei den Anbietern der Wassersportmöglichkeiten ist jedoch dringend zu empfehlen, da die erlaubte Zahl der Boote auf der Donau begrenzt ist.

Natürlich sind die Felshänge des Naturparks auch ein Paradies für Kletterbegeisterte. Unter Rücksicht auf schützenswerte Pflanzen und Tiere gibt es eine Vielzahl an Möglichkeiten für anspruchsvolles Klettern. Einzementierte Haken an den Steilwänden

RAUS IN DIE NATUR 121

des gesamten Gebiets unterstreichen den alpinen Charakter der rauen Gegend – das Tragen eines Helms ist hier auch bei Hängen mit niedrigen Schwierigkeitsgraden ein Muss.

Der Donaubberglandweg, eine der ersten Routen in Baden-Württemberg, die eine Zertifizierung des deutschen Wanderverbandes erhalten haben, stellt an die Wanderer keine allzu großen körperlichen Ansprüche. Auf den Etappen des insgesamt 60 km langen Wegs können auch Familien mit Kindern problemlos wandern. Besonders sehenswert ist der Abschnitt um das Kloster Beuron herum. Das »Grand-Canyon-Feeling« ist hier mit Abstand am größten.

↗ *Naturpark Obere Donau zwischen Tuttlingen und Sigmaringen, www.naturpark-obere-donau.de; Auskünfte zum Klettern und Wandern: Haus der Natur, Wolterstraße 16, Beuron*

MUT ZUR WILDNIS
FURTH IM WALD, BAYERN

Uli Stöckerls im Lauf der Jahre auf 10 ha angewachsener Wildgarten mitsamt Insektenhaus, Biotop, Irrgarten, Moorwegen, Hängebrücke und Urzeithütte ist ideal für Familien. Schließlich

OBST AUS DEM EIGENEN GARTEN

Mit Zeit und Geduld kann man sich Obstbäumchen ziehen. Viel braucht man dafür nicht: Äpfelbäume zum Beispiel kann man einfach aus Kernen selbst züchten. Dabei ist es wichtig, die Kerne ein paar Wochen zwischen zwei Lagen feuchten Küchenpapiers in den Kühlschrank zu lege – so simuliert man den Winter. Erst dann beginnen sie zu keimen und können in einen Topf mit lockerer Erde gepflanzt werden. Wenn das Bäumchen irgendwann eine robuste Größe erreicht hat, kann man es an einen passenden Ort pflanzen. Das funktioniert übrigens auch mit anderen Obstsorten, z. B. mit Kirschen. Wenn man möchte, dass der Baum Früchte trägt, sollte man ihn in Form bringen und veredeln (lassen).

bietet das Freigelände lebendigen An-
schauungsunterricht. Das Highlight ist
die Unterwasserbeobachtungsstation,
in der Besucher Barschen, Hechten
und Rotaugen zusehen können. Besonders beliebt sind Führungen, bei
denen Pflanzen erklärt, heimische
Tiere gezeigt und – getreu Stöckerls
Motto »Mut zur Wildnis« – Ringel-
nattern angefasst werden können.

↗ *Wildgarten Furth,*
  Daberger Str. 33, Furth im Wald,
  www.wildgarten-furth.de

Flugvorführungen von Adlern und Falken
gehören zu den Höhepunkten in Tambach

HIER KREISEN DIE ADLER

WEITRAMSDORF–TAMBACH, BAYERN

In der Ferne heult ein Wolf, aus dem
Wald röhrt ein Hirsch. Majestätisch
zieht der König der Lüfte seine Kreise.
Auf ein Handzeichen von Achim
Schmidt stürzt er sich in rasantem
Flug auf den behandschuhten Arm des
Falkners herab – Besucher im Bayeri-
schen Jagdfalkenhof und im Wildpark
Schloss Tambach erleben die Greifvö-
gel hautnah. Im 50 ha großen Wild-
park leben viele weitere Tiere wie La-
mas, Luchse oder Wisente, man kann
den Park erkunden, auf Aussichtstür-
me klettern und an den Stationen des
Walderlebnispfades mehr über das
Ökosystem Wald erfahren.

↗ *Wildpark und Bayerischer*
  Jagdfalkenhof Schloss Tambach,
  Weitramsdorf-Tambach,
  www.wildpark-tambach.de

VON SCHLOSS ZU SCHLOSS RADELN

MECKLENBURGISCHE SCHWEIZ,
MECKLENBURG-VORPOMMERN

Nördlich der Mecklenburger Seenplatte erstreckt sich die Mecklenburgische
Schweiz, eine Landschaft, in deren
Zentrum sich Hügelketten von bis zu
100 m Höhe erheben. Es ist eine typische Kulturlandschaft mit landwirt-
schaftlichen Flächen, die durch Feld-

Einmal im Schloss wohnen? Auf Gut Ulrichshusen ist das möglich

gehölze, Hecken und uralte Bäume stark gegliedert ist. Knapp ein Fünftel ist von Wäldern bedeckt, rund 10 % sind Wasserflächen und Feuchtgebiete. Die mecklenburgische Schweiz ist bekannt für ihre zahlreichen Schlösser, Gutshäuser und Parkanlagen. 1997 wurde der Naturpark Mecklenburgische Schweiz und Kummerower See ins Leben gerufen, der sich auf einer Fläche von gut 60 000 ha zwischen den Städten Demmin, Malchin, Waren, Krakow, Teterow und Dargun erstreckt. Zahlreiche Rad- und Wanderwege sind markiert und führen zu reizvollen Flecken in der Natur und zu schönen Schlössern. Der Naturerlebnispfad am Kummerower See etwa eignet sich bestens zur Beobachtung von Wasservögeln. Aussichtstürme gestatten einen guten Überblick. Bei der Planung von Aktivitäten im Naturpark helfen vier Naturparkranger weiter.

↗ *Naturpark Mecklenburgische Schweiz, Wargentiner Str. 4, 17139 Basedow, www.naturpark-mecklenburgische-schweiz.de*

VOGELPARADIES AM ALTMÜHLSEE
GUNZENHAUSEN, BAYERN

Der Altmühlsee ist wie das gesamte Fränkische Seenland eine künstliche Seenlandschaft, doch hat man versucht, neue ökologische Reservate zu schaffen. Im nordwestlichen Teil des Altmühlsees erstreckt sich ein über 200 ha großes Naturschutzgebiet, zu dem die »Vogelinsel« und angrenzende Schilf- und Flachwasserzonen gehören. In dem vom Landesbund für Vogelschutz betreuten Biotop haben seltene Libellen und Vogelarten wie der Große Brachvogel und die Rohrdommel ihre Heimat gefunden. Insgesamt nutzen rund 220 verschiedene Vogelarten von Aaskrähe bis Zwergtaucher die Insel als Brut- und Rastplatz. Auf einem Lehrpfad mit einer hölzernen Aussichtsplattform lässt sich die Insel leicht erkunden. Fernglas nicht vergessen!

↗ *Vogelinsel am Altmühlsee, Muhr am See, www.das-altmuehltal.de (> Gunzenhausen > Altmühlsee mit Vogelinsel)*

WALDBEWOHNER FÜR EINEN TAG

NALBACH, SAARLAND

In Nalbach an der Prims entdecken Kinder spielerisch die Geheimnisse des Waldes. Ein 2,5 km langer Rundweg führt um den Berg Litermont, ohne wesentliche Steigungen ideal für Kinder ab vier Jahren. Groß und Klein stehen auf dem Parcours mit seinen 24 Stationen vor ungeahnten Herausforderungen: Wer kann am besten auf einem Waldxylofon mit den Bäumen kommunizieren oder dem rätselhaften »Summstein« einen Ton entlocken? Viele mögen das Alter eines Baums richtig schätzen, aber wie lässt sich dessen Höhe bestimmen? Schwindelfreie trauen sich auf der Balancierstange einen Wettkampf mit den Eichhörnchen zu. Richtig knifflig wird es bei der Tierolympiade: In der Disziplin Weitsprung beispielsweise heißt der ausgebuffte Gegner »Heuschrecke«.

DO-IT-YOURSELF-TIPP

VIEL NATUR IN EINER KUGEL

Selbstgefertigte Pflanzenbälle bringen frisches Grün ins Haus. In Japan sind die bepflanzten, mit Moos umhüllten Kugeln, die man vor dem Fenster aufhängen kann, als Kokedama bekannt. Sie benötigen Pflanzenerde, Lehmerde, Moos, Schnur und eine (kleine) Pflanze Ihrer Wahl. Auch Kinder können mitbasteln.

1) Einen Teil des Mooses zerkleinern und zu gleichen Teilen mit der Pflanzen- sowie der Lehmerde mischen und zu einer festen Masse verkneten.

2) Den Wurzelballen der Pflanze freilegen und behutsam in eine runde Form bringen. Nun die Erdmischung vorsichtig um die Wurzeln herum modellieren.

3) Den Pflanzenball von allen Seiten mit dem restlichen Moos bedecken.

4) Abschließend die Mooskugel, aus der oben die Pflanze herausschaut, so mit der Schnur umwickeln, dass ein stabiles Geflecht entsteht. Am verknoteten Schnurende kann die Mooskugel nun an Wand oder Decke aufgehängt werden. Damit sie nicht austrocknet, muss sie regelmäßig mit einer Sprühflasche befeuchtet werden.

Einen Eignungstest als Waldbewohner kann man am Klettermikado durchführen. Und spätestens beim Baumartenquiz geraten auch Neunmalkluge in tiefes Grübeln. Auf der Hälfte des Rundgangs ist Kreativität gefragt: Aus Naturmaterialien darf sich ein jeder sein Kunstwerk basteln – und es dem Wald als Geschenk überlassen. Für kleine Gruppen bietet sich das kurzweilige »Wald-Memory« an. Hier sind offene Augen und ein wacher Verstand gefragt. Bei der Suche nach dem passenden Tannenzapfen oder der Waldblume kann das neue Wissen angewendet werden. Saubere Ohren sind beim »Hör-Memory« von Vorteil: Nur wer mit geschlossenen Augen die Stimmen des Waldes erkennt, darf weitermachen. Schlussendlich lässt man die müden Füße von der Drachenschaukel baumeln und packt das Picknick aus. Besonders an heißen Sommertagen ist der Erlebnispfad ein ideales Ausflugsziel, denn er verläuft fast vollständig auf schattigen Wegen.

Wer noch Kraft in den Beinen hat, sollte einen Umweg auf den Litermontgipfel einplanen. Ausgangspunkt ist auch hier der Waldparkplatz. Auf die leichte Schulter sollte man den Gipfelpfad trotz der bescheidenen 425 Höhenmeter keinesfalls nehmen. Denn der 10 km lange Rundweg hat es in sich! Über verwegenes Terrain geht es durch Ritter Maldix' Jagdrevier. Bei der Durchquerung des Froschparadieses heißt es nicht nur für Prinzessinnen: Augen auf! Vielleicht warten verzauberte Edelmänner in trüben Tümpeln auf ihre Erlösung. Kurz vorm Ziel wird ein alpiner Felsvorsprung überwunden. Erst dann zeigt sich vom Fuß des Gipfelkreuzes das Saartal von seiner besten Seite. Für die »Gipfeltour« sind drei bis vier Stunden einzuplanen. Bei Nässe ist rutschsicheres Schuhwerk von Nöten. Mit Kindern empfiehlt sich die 2 km lange Kurzwanderung.

↗ *Etzelbachstr. (Waldparkplatz), Nalbach OT Wann, www.nalbach.de (> Tourismus > Erlebniswelt Litermont)*

STRANDBESUCH UND ROBBENWATCHING
BAABE, MECKLENBURG-VORPOMMERN

Das kleine Ostseebad Baabe besitzt mit seiner Strandstraße eine echte Renommiermeile, zwei Fahrbahnen breit und mit schmuck begrünter Mittelallee. Trotzdem ist der Ort aber ein dörflich-ruhiges Familienziel. Der lange, feinsandige Strand fällt flach ab – ideal auch für Kleinkinder – und liegt windgeschützt eingebettet zwischen Dünen und schattigem Küstenwald. Baabes Binnenseite liegt am Selliner See. Dieser hat allerdings auch Salz-wasser, denn er ist durch den schmalen Wasserarm Baaber Bek mit der tief eingeschnittenen Ostseebucht Having verbunden. Vom Dorf führt eine kleine Straße durch Uferwiesen zum Bollwerk (1 km), wo sich der Hafen befindet. Vom Baaber Bollwerk aus starten Exkursionen zu den Sandbänken im Greifswalder Bodden, wo sich Kegelrobben tummeln. Meeresbiologen informieren über die Tiere und beziehen wissbegierige Teilnehmer in ihre Forschung mit ein.

↗ *Baaber Bollwerk, Baabe, www. weisse-flotte.de (> Informationen > Fahrpreise > Robbenfahrten)*

149

BÄUME, SOWEIT DAS AUGE REICHT

RÜGEN, MECKLENBURG-VORPOMMERN

Zu den landschaftlichen Höhepunkten Rügens zählt die Alte Bäderstraße von Altefähr über Garz und Putbus nach Sellin. Grünen Gewölben gleich schließen sich von Mai bis weit in den Herbst die Kronen der mächtigen Kastanien, Eichen, Ulmen und Linden über der Straße zusammen und bieten ein grandioses Spiel von Licht und Schatten. Zum Schutz des historischen Baumbestandes wurde die Strecke

Die putzig wirkenden Kegelrobben sind an deutschen Küsten wieder weit verbreitet

1993 zum ersten Abschnitt der »Deutschen Alleenstraße« erklärt. Diese führt über gut 2500 km von Kap Arkona auf Rügen bis zum Bodensee.

↗ *www.alleenstrasse.com*

WILDPFERDE
DÜLMEN, NORDRHEIN-WESTFALEN

Es sind die letzten ihrer Art – zumindest in Europa. In einem etwa 400 ha großen Reservat in der Nähe der Stadt Dülmen lebt bis heute eine Herde von etwa 400 Wildpferden. Schon im Jahr 1316 war die Herde so groß, dass sie schriftlich erwähnt wurde. Doch wie im restlichen Europa wären die Tiere sicher auch hier verschwunden, hätte man nicht im Merfelder Bruch ein Reservat für die Tiere geschaffen. Hier können Pferdeliebhaber die Herden beobachten, auf eigene Faust oder bei einer naturkundlichen Führung. Am spannendsten ist jedoch ein Besuch am letzten Samstag im Mai. Dann werden die einjährigen Hengste aus der Herde gefangen und versteigert, um zu verhindern, dass sich die Jungtiere miteinander anlegen und eigene Herden bilden. Der Wildpferdefang findet in einer eigens für diesen Zweck gebauten Arena statt – eine großartige Show für alle, die Pferde mögen.

↗ *Merfelder Bruch, Dülmen, www.wildpferde.de*

ZU-HAUSE-TIPP

GEMEINSAME GARTENPROJEKTE

Ein paar Sommerblumen pflanzen, Tomaten ziehen oder ein Beet anlegen: Im Garten, auf dem Balkon und sogar auf der Fensterbank ist alles möglich, besonders viel Spaß macht es als gemeinsames Projekt für Groß und Klein. Den Schwierigkeitsgrad kann man ja beliebig wählen – Anfängern reicht vielleicht erst einmal die Kresseanzucht (geht ganzjährig sogar auf Taschentüchern), mit einem grünen Daumen und etwas Geschick kann man sich ans Anlegen eines Hochbeets wagen. Belohnt wird man spätestens, wenn die Ernte lockt oder die Blüten sich in der Sonne räkeln.

Knorrige, urwüchsige Eichen stehen im Wald der Insel Vilm

WO HONECKER EINST ZU HAUSE WAR

**PUTBUS,
MECKLENBURG-VORPOMMERN**

Südlich von Rügen liegt die kleine, aber umso schönere Insel Vilm. Zu ihr kann man vom Hafen Lauterbach auf Voranmeldung eine Exkursion unternehmen. Das knapp 100 ha große Eiland war zur Zeit der DDR-Regierung Privatinsel Erich Honeckers und seines Ministerrats. Heute ist Vilm der Sitz der Europäischen Naturschutzakademie und darf pro Tag nur von maximal 30 Personen besucht werden. Die Insel besteht aus zwei Hügeln, die durch eine sandige Nehrung verbunden sind. Der letzte große Holzein-

schlag erfolgte 1527; seitdem hat sich ein Urwald mit über 300 Pflanzenarten entwickelt. Besucher lernen die vielfältige Flora und Fauna kennen und erleben das Gefühl, einen mittelalterlichen Wald zu durchstreifen.

↗ *Reederei Lenz, Chausseestr. 5b,
Putbus OT Lauterbach, und
am Kiosk im Hafen Lauterbach,
www.vilmexkursion.de*

WATTWANDERN UND WATT-WISSEN

WATTENMEER, SCHLESWIG-HOLSTEIN

»Wo ist denn nun das Meer schon wieder hin?« Bei einem Urlaub an der Nordsee bleibt diese Frage nicht aus, und wer schon einmal, womöglich mit Kindern, ans Meer wollte und dann vor dem Watt stand, hat sich enttäuscht nach dem Wasser umgesehen. Dabei ist der graubraune Matsch eine tolle Sache: Man kann wunderbar barfuß darin herumlaufen und den Moder genießerisch durch die Zehen quellen lassen ... oder man kann die Sache wissbegieriger angehen. Denn über das Watt gibt es viel zu erfahren. Hier wohnen Wattwürmer, Muscheln und Schnecken, man kann Vögel wie Austernfischer oder Seeschwalben beobachten und Meeressäugetiere wie Schweinswale, Seehunde und Kegel-

Klar kann man auch solo durchs Watt
wandern – doch mit Guide sieht man mehr

robben. Sand, Dünen, Salzwiesen und
Priele charakterisieren die Landschaft
des 4367 m² großen Nationalparks
Schleswig-Holsteinisches Wattenmeer,
der sich zwischen der Mündung der
Elbe und der dänischen Grenze erstreckt. 1985 wurde er gegründet, seit
seiner Erweiterung im Jahr 1999 ist er
der größte deutsche Nationalpark.
Wattführer wissen viel über diesen
einzigartigen Lebensraum zu erzählen
und führen kundig und sicher über
den freigelegten Meeresboden. Wer
noch mehr wissen möchte, besucht
das Multimar-Wattforum in Tönning.
Wetten, dass beim nächsten Strand-
besuch niemand mehr fragt, wo das
Wasser geblieben ist?

↗ *www.nationalpark-wattenmeer.de/
sh; Wattführungen: www.buesum-
fuehrungen.de, watterleben.de;*

*Multimar-Wattforum Tönning,
Dithmarscher Str. 6a, Tönning,
www.multimar-wattforum.de*

BALOU & FRIENDS
STUER,
MECKLENBURG-VORPOMMERN

»Jeder Bär hat eine einzigartige Geschichte.« – keine gute, aber eine mit
Happy End. Denn Balou, Ben, Clara,
Dushi und zwölf weitere Braunbären
leben heute im Bärenwald, einem etwa
16 ha großen Gelände, mit Wald, Lich-
tungen, Wiesen und einem Bach. Der
ist besonders wichtig, denn: Bär Balou
gibt als Hobby »Baden« an, und damit
ist er nicht der einzige. Doch in ihrem
früherem Leben hatten die Bären es
nicht leicht, alle Tiere kommen aus
schlechter privater Haltung oder aus
Zirkusbetrieben. Seit 2006 kümmert
sich die Tierschutzorganisation »Vier
Pfoten« um die Bären und lässt die Besucher an deren Leben teilhaben: In
der Bärenakademie können Wissbegierige mehr über die Tiere erfahren,
Führungen vermitteln einen Blick hinter die Kulissen, und auf dem Natu-
rentdeckerpfad lässt sich so einiges erleben … kurz: einfach bärenstark, so
ein Ausflug in den Bärenwald.

↗ *Am Bärenwald 1, Stuer,
www.baerenwald-mueritz.de*

MÄCHTIGE URTIERE

JABEL, MECKLENBURG-VORPOMMERN

Nur zwölf waren es zu Beginn des 20. Jh., heute sind es immerhin etwa 5000. Die Rede ist vom Wisent, dem Europäischen Bison. Trotz dieser Zahl gilt das Wisent weiterhin als vom Aussterben bedrohte Art. Zu Beginn des Jahrhunderts lebten die bis zu einer Tonne schweren Tiere frei in Wäldern, heute werden sie in etwa 70 Wisentgehegen gehalten. Besonders gut beobachten kann man sie auf der Halbinsel Damerower Werder, die im Kölpinsee zwischen Waren und Malchow liegt. Hier leben seit 1957 Wisente, deren mächtige Gestalt die Besucher von Schauplattformen aus bewundern können – zweimal täglich versammeln sich alle zur Fütterung.

↗ *Wisentreservat, Zum Werder 5b, Jabel OT Damerow, www.wald-mv.de (> Forstämter > Forstamt Nossentiner Heide > Wisentreservat Damerow)*

… DA BLÜHT EIN LINDENBAUM

COLBITZ, SACHSEN-ANHALT

Der eine oder andere mag die Zeile oben aus dem Lied »Am Brunnen vor dem Tore« kennen ... aber wer weiß noch, wie ein Lindenbaum aussieht?

ZU-HAUSE-TIPP

STARGAZING

88 Sternbilder gibt es insgesamt, auf die sich ein internationales Astronomen-Komitee Anfang des 20. Jh. geeinigt hat. Die sichtbare Himmelsfläche ist dabei aufgeteilt worden, damit Himmelskörper leichter zugeordnet werden können. Orion oder die Venus weiß man oft gerade noch zu bestimmen, wenn sie über dem Nachthimmel aufgehen. Doch wie sieht es mit Mars oder Jupiter aus? Der Große Wagen ist übrigens gar kein Sternbild – nur ein Teil des Sternbildes Großer Bär. Am besten eine klare Nacht abwarten und dann ab nach draußen. Tipps und Tricks zum Erkennen und Benennen von Sternbildern und Planeten gibt es auf www.sterngucker.de.

Anschauungsmaterial findet man bei Colbitz. Hier, im größten Lindenwald Europas, kann man Ende Juni, Anfang Juli die Lindenblüte sehen. Auf 188 ha erstreckt sich die unter Naturschutz stehende Fläche. Zwei Wege (1,5 bzw. 4 km) führen durch den Lindenwald, und während man langsam vor sich hinschlendert, kann man den betörenden Duft der gelbgrünen Blüten, das Glitzern der Sonne auf dem Laub und das Rascheln der Blätter genießen – Entschleunigung für alle Sinne.

↗ *www.gemeinde-colbitz.de*
(> Freizeit > Lindenwald)

DIE BIBER AN DER PEENE BESUCHEN

**ANKLAM,
MECKLENBURG-VORPOMMERN**

Die Peene ist der Lieblingsfluss der Biber. Das war nicht immer so, denn hier in Vorpommern hatte der Mensch Europas größtes Nagetier schon ausgerottet. Erst 1976 wurden Biber aus Sachsen an der Peene neu angesiedelt. Inzwischen säumen mehr als 100 Biberburgen die Ufer, durchschnittlich lebt also an jedem Flusskilometer eine Biberfamilie. Von Anklam aus kann man mit dem Kanu auf Entdeckungstour gehen, oder man macht ab Verchen eine geführte Tour im Solarboot.

↗ *Werftstraße 6, Anklam,*
www.abenteuer-flusslandschaft.de;
Abenteuer Peenetal Seestr. 7, Verchen, www.abenteuer-peenetal.com
(> Erlebnisse > Bibertour)

WEISST DU, WIEVIEL STERNLEIN STEHEN?

HAVELAUE, BRANDENBURG

Wenn man zum Himmel sieht, dann scheinen es nicht allzu viele zu sein. Das liegt aber nicht daran, dass da oben nicht genügend Sterne wären – allein in der Milchstraße sind es mehr als hundert Milliarden –, sondern an der »Lichtverschmutzung«: Es ist einfach zu hell in Deutschland. Wenige Gebiete sind davon ausgenommen, und sie wurden flugs zu Sternenparks erklärt. 2014 erhielt der Naturpark Westhavelland diese Auszeichnung von der Internationalen Gesellschaft zum Schutz des dunklen Nachthimmels. Natürlich ist es hier nicht nur einfach dunkel: Es gibt ausgewiesene Beobachtungsplätze mit und ohne Übernachtungsmöglichkeiten, eine Beobachtungsstation und verschiedene Veranstaltungen wie Vorträge oder Nachtwanderungen.

↗ *Naturparkverwaltung Westhavelland, Pereyer Dorfstr. 5, Havelaue, www.sternenpark-westhavelland.de*

Die gänsegroßen Basstölpel bilden riesige Kolonien

158

VON TÖLPELN UND TROTTELLUMMEN

HELGOLAND, SCHLESWIG-HOLSTEIN

Die Lange Anna, der hohe rote Fels an der äußersten Inselspitze, ist das Wahrzeichen der Insel Helgoland. Von Mai bis Juli brütet und lärmt hier auf schmalen Simsen eine Kolonie Dreizehenmöwen. Die benachbarte Felsnase Kastjaal- oder Skitenhörn ist von weißen Basstölpeln und dunklen Trottellummen bewohnt und heißt auch Lummenfelsen. Hier lebt eine in Deutschland einzigartige Seevogelkolonie mit Tausenden von Brutpaaren. Ein besonderer Anziehungspunkt ist der Felsen Ende Juni. Dann springen die nur drei Wochen alten Küken der Trottellummen von der Klippe ins Meer – ein Highlight für Vogelkundler und Naturfreunde aus aller Welt. Fotografen brauchen eine lichtstarke Kamera und viel Geduld: Die jungen Lummen springen in den Abendstunden, und sie sind nicht wild entschlossen, sondern eher zögerlich, nehmen oft mehrfach Anlauf – wen wundert's bei einer Höhe von etwa 40 m?

↗ *Tickets für vogelkundliche Führungen: an der Hummerbude 35, Helgoland*

NATUR PUR AUF DEM DARSS

BORN, MECKLENBURG-VORPOMMERN

Am Prerow-Arm, dem früheren Wasserlauf zwischen Darß und Zingst, gehen die beiden Teile der Halbinsel kaum spürbar ineinander über. Im Frühjahr und Herbst gesellen sich Tausende von Kranichen und Wildgänsen zu Brachvogel, Fisch- und Schlangenadler. Kegelrobben sind hier oft zu Gast, Fischotter und Schweinswale hingegen machen sich rar. Im Herbst kann es mitunter ziemlich laut werden, denn dann tröten nicht nur die Kraniche: Im September beginnt deutlich hörbar die Brunft der Rothirsche. Doch nicht nur vielfältige Fauna ist im Nationalpark Vorpommersche Boddenlandschaft zu sehen und zu hören: Die sich ständig neu formende Landschaft des Naturparks, der sich über die Ostsee und Boddengewässer erstreckt und von Darß-Zingst bis hin nach Hiddensee reicht, zeigt auf einzigartige Weise die enge Verbindung von Land- und Wasserflächen und ein breites Spektrum von Pflanzen wie Moosen, Flechten und Farnen.

↗ *Nationalparkamt Vorpommern,*
Im Forst 5, Born,
www.nationalpark-vorpommersche-
boddenlandschaft.de

Die Umgebung des Libbertsees ist ein wichtiges Rast- und Brutgebiet für Wasservögel

WANDERN UND KLETTERN IN SACHSEN

BAD SCHANDAU, SACHSEN

Zwischen Pirna und Bad Schandau erstreckt sich der Nationalpark Sächsische Schweiz. Aus bewaldeten Ebenen ragen große Tafelberge, steinerne Zinnen, Türme und Nadeln hervor, die sich zu bizarren Felsgruppen formieren. In diesem Gebiet sind auch anderswo ausgestorbene oder stark gefährdete Pflanzen und Tiere zu finden. 1956 erhielt die Sächsische Schweiz den Status eines Landschaftsschutzgebiets, am 1. April 1991 wurde sie zum Nationalpark erhoben.

Wandern und Klettern stehen in der Sächsischen Schweiz im Vordergrund. Auf dem insgesamt 115 km langen Malerweg kann man auf den Spuren von Caspar David Friedrich, Ludwig Richter und Robert Sterl zu den schönsten Punkten des Elbsandsteingebirges wandern. Ein herrliches Gebiet sind die sächsischen Abschnitte des Europäischen Fernwanderweges. Folgt man den Zeichen EB/blauer Strich von Pirna nach Osten (Anlaufpunkt: Jugendherberge Bad Schandau), erreicht man die Schrammsteine (ca. 2,5 km), ein beliebtes Klettergebiet. Das Nationalparkzentrum vermittelt Parkführer. Kletterkurse, Aktiv-Wochenenden und Mountainbiketouren organisiert z. B. Rock Trail in Sebnitz.

DIY-TIPP

SONNENSTUNDEN

Bei trägen Stunden in der Sonne verliert man oft das Zeitgefühl. Eine Sonnenuhr schafft ganz einfach Abhilfe – und zeigt dabei noch die »wahre Ortszeit« an. Die kann je nach Standort auch von der jeweiligen Zonenzeit abweichen: Mittag schlägt die Uhr in München zwar bereits um 12, doch der Zenit der Sonne ist erst um circa 12:30 Uhr (MEZ) erreicht – eine Sonnenuhr geht in der Winterzeit in München also immer eine halbe Stunde nach. Sonnenuhren lassen sich ganz einfach mit festem Karton selbst bauen – wichtig ist außerdem ein Kompass, um die Sonnenuhr richtig auszurichten (mit der 0 nach Süden).

↗ *Nationalparkzentrum Dresdner Str. 2 b und Bahnhof, Bad Schandau, www.nationalpark-saechsische-schweiz.de; Rock Trail, Götzingerstraße 3, Sebnitz, www.rock-trail.de*

Man muss nur wissen wo – dann kann man
zusehen, wie Spezialitäten entstehen, selbst Hand
anlegen … und natürlich probieren.

Rechts: Schon am Geruch erkennt man die Qualität einer Wurst

Das große Schlemmen

EINE ECHTE NÜRN-
BERGER SPEZIALITÄT

NÜRNBERG, BAYERN

Ein wunderbarer Duft nach Gewürzen liegt in der Luft und lässt mitten im Sommer schon an Weihnachten denken. »Wir müssen von Berufs wegen schon zum Frühstück Lebkuchen essen«, verraten Produktionsleiter Roland Kunze und Werksleiter Thomas Will von der Ferdinand Wolff GmbH, zu der auch die Lebkuchenproduzenten Haeberlein-Metzger und Weiss gehören. Ab September ist in Nürnberg Hochsaison für das traditionelle Gebäck, lässt Rainer Schmucker wissen. Er ist Leiter der Herstellung bei Lebkuchen-Schmidt. Original Nürnberger Lebkuchen sind wohl der bekannteste Exportschlager der Frankenmetropole. Im Stadtgebiet stellen heute elf große Firmen und zahlreiche kleinere Handwerksbetriebe das süße Gebäck her, das übrigens schon seit 1927 markenrechtlich geschützt ist. Den Ruhm als Lebkuchen-Hauptstadt verdankt Nürnberg seiner Lage am Schnittpunkt bedeutender Fernhandelsstraßen, auf denen im Mittelalter die »Pfeffersäcke« aus dem Orient anrollten: Gewürz-Nachschub für die Backstuben der Lebküchner, deren Beruf hier schon seit 1395 verbrieft ist, erläutert Kunze. Heute kommen zwar die meisten Lebkuchen aus industrieller Produktion, doch viele Bäckereien produzieren in der Adventszeit noch selbst. Bei Lebkuchen-Schmidt gibt es in der Zollhausstraße eine gläserne Backstube, und auch im Nürnberger Handwerkerhof kann man Lebküchnern über die Schulter schauen. Am liebsten werden die Elisenlebkuchen gegessen, da sind sich die drei Experten einig.

↗ *Lebkuchen-Schmidt, Zollhausstr. 30, Nürnberg, www.lebkuchen-schmidt.com, Handwerkerhof Nürnberg, Königstor, Nürnberg, www.nuernberg.de; Lebkuchenfabrik Ferd. Wolff, Kilianstr. 96, Nürnberg, www.lambertz.de*

KEEEEKSE!

HANNOVER, NIEDERSACHSEN

Man muss kein Krümelmonster sein, um die berühmten Butterkekse zu kennen: Hermann Bahlsen brachte 1891 die »Leibniz Cakes« auf den Markt, schon damals mit den charakteristischen 52 Zähnen. Bahlsen benannte den – erst viel später in der Schreibweise eingedeutschten – Keks nach dem seinerzeit bekanntesten Hannoveraner, dem Universalgelehrten Gottfried Wilhelm Leibniz. Damals wie heute wählte man Slogans, die das Selbstbewusstsein der Markeninhaber spiegeln, um den Keks an den Mann und v. a. die Frau zu bringen.

Weißwürste bestellt man paarweise, vor dem Zwölf-Uhr-Läuten … und mit süßem Senf

Etwa: »Was ißt die Menschheit unterwegs? Na selbstverständlich Leibniz Cakes!« Im Jahr 1898.

↗ *Bahlsen Fabrikladen, Markthalle, Karmarschstr. 49, Hannover, www.markthalle-in-hannover.de*

DIE BAYRISCHSTE DER WÜRSTE

NEUMARKT (OBERPFALZ), BAYERN

»Welche Gewürze sind in der Weißwurst?«, »Warum trinkt man so gern Weißbier dazu?« und »Warum süßer und nicht scharfer Senf?« Norbert

Wittmann kennt sie alle, die Fragen rund um Deutschlands beliebteste Wurst. Und er kennt die Antworten. Der Metzgermeister betreibt nämlich nicht nur eine Metzgerei, einen Gasthof und ein Hotel, sondern ist auch Inhaber der einzigartigen Weißwurst-Akademie. In seiner Funktion als »Rektor« lüftet er seit 2006 in einem rund dreistündigen Seminar sämtliche Geheimnisse um die urbayerische Delikatesse. Wo? Im hauseigenen Weißwurstmuseum, in dem historische Original-Metzgereiausstattung ausgestellt ist. Zwischen dem jahrhundertealtem Hackblock und dem »Hölzernen Kühlschrank« schälen die Seminarteilnehmer Zwiebeln, zupfen Petersilie und stellen das Brät her. Gewürzt mit Ingwer, Kardamon, Muskatblüte und Pfeffer wird es in Schafsdärme gefüllt. Das alles muss so über die Bühne gehen, dass die Teilnehmer rechtzeitig vor dem »Zwölfe-Läuten« die hergestellte Wurst traditionsbewusst zuzeln (oder schneiden) können. Vorher aber steht noch eine kleine Prüfung an, bei deren Bestehen das offizielle Weißwurst-Diplom verliehen wird.

↗ *Metzgerei Hotel Gasthof Wittmann, Bahnhofstr. 21, Neumarkt i. d. Oberpfalz, www.hotel-wittmann.de*

SCHOKOLADE TRIFFT WEIN & ESSIG
GUNDELSHEIM, BADEN-WÜRTTEMBERG

Wein passt hervorragend zu Schokolade – das weiß mittlerweile jeder Gourmet. Doch dieses Wissen ist ausbaufähig: Welchen Wein genießt man am besten zu welcher Praline? Das Seminar der Schokoladenmanufaktur Schell bietet die Gelegenheit, verschiedenste Kombinationen zu kosten. Und noch Neues zu entdecken: Denn nicht nur Wein passt hervorragend zu den kleinen Schoko-Häppchen, auch die Kombination mit edlem Essig kann köstlich schmecken. Die vom englischen Weinpapst Hugh Johnson als »truly superb« befundenen Delikatessen der Schoko-

ladenmanufaktur werden sogar bei Staatsempfängen des Bundespräsidenten gereicht – dann aber ohne Essig.

↗ *Schokoladenmanufaktur Schell, Schlossstr. 31, Gundelsheim, www.schell-schokoladen.de*

DER HERR DER ÖHE
SCHAPRODE & KLOSTER MECKLENBURG-VORPOMMERN

Es war einmal eine kleine Insel vor einer großen Insel. Auf ihr wohnten zwei Schwestern, Ida und Laurette. Sie konnten jedoch auf ihrer Insel keinen Frieden finden, weil es dem großen Nachbarn nicht gefiel … Klingt wie ein Märchen, ist aber keines. Das kleine Eiland ist die Öhe vor Rügens Westküste, die beiden wehrhaften Schwestern und ihr 30-jähriger Krieg mit dem gegenüberliegenden Ort Schaprode gingen in die Annalen Rügens ein. Den »wunderlichen Fräuleins« wurde das Seil ihrer lebenswichtigen Fähre gekappt, sie erhielten weder Post noch Waren. Die beiden wehrten sich, verboten jeden Zutritt und griffen notfalls auch zur Schrotflinte. Beleidigungen, Anzeigen und Prozesse wechselten sich ab, Polizei, Amtsvorsteher und Gerichtsvollzieher gaben sich auf der Öhe die Klinke in die Hand. Laurette musste wiederholt ins Gefängnis.

Heute wohnt Matthias Schilling im alten Gutshaus auf der Öhe. Zusammen mit seiner Familie, 160 Limousin-Rindern, 60 Heidschnucken und einem Hund. Als er nach seinem Landwirtschaftsstudium in Berlin 2006 auf die Insel kam, hatte er mit viel Misstrauen und Ablehnung der Schaproder zu kämpfen. Er war der »neue Herr« der Öhe und kam dazu noch aus »dem Westen«. »Die ersten Jahre waren voller Hindernisse«, erzählt Matthias beim Wein. »Die Vorbehalte waren groß. Die Gemeinde erklärte unsere Fähre für nicht verkehrssicher und illegal, einmal wurden mir die Autoreifen zerstochen. Aber an Aufgeben habe ich nie gedacht!« Mit der Robustheit und Entschlossenheit seiner bei-

den Tanten und der Beharrlichkeit seiner Großmutter gesegnet, verfolgte er allen Widrigkeiten zum Trotz zielstrebig den Aufbau seiner Existenz.

Der Gastronom und Bio-Landwirt Matthias Schilling steht für Ökologie und Nachhaltigkeit. Bereits als Student hatte er begonnen, auf seiner Insel eine Öko-Rinderherde aufzubauen. Es zeigte sich jedoch schnell, dass dies allein zum Leben nicht reichte. Also übernahm er das berüchtigte Schaproder Hafenlokal »Eierschänke«. Hier konnte er nun seine Rinder direkt vermarkten – die Öko-Öhe-Burger von »Schillings Gasthof« sind inselweit bekannt. Und im Hofladen nebenan gibt's das Öhe-Rind als Wurst in Dosen oder als Salami. »Schon aus Achtung vor der

»Schillings Hafenamt« in Kloster ist für seine lokalen Spezialitäten weithin bekannt

Kreatur wollen wir jedes Tier optimal verwerten«, betont er. Dass dies in höchster Qualität geschieht, garantieren sein Schlachter, der bekannte Feinkost-Metzger Marcus Bauermann von der »Rügener Landschlachterei« und sein Koch Christian Ring.

Doch Matthias setzt nicht nur in Sachen »kreative regionale Küche« kulinarische Standards für ganz Rügen, sondern auch mit seinem Projekt »Hiddenseer Kutterfisch«. Gemeinsam mit Fischern, die ihm täglich frischen Fisch liefern, baute er eine Direktvermarkungslinie auf. »Wir begannen mit dem kleinen Fischimbiss neben dem Gasthof. Der wurde sofort gut angenommen. Da lag es nahe, auch direkt auf Hiddensee aktiv zu werden«. In Kloster kann man nun in »Schillings Hafenamt« einkehren, im Hafen von Vitte lädt »Schillings Hafenkater« zur Pause und nur wenige Schritte entfernt bieten die Fischer ihre Produkte im »Hiddenseer Kutterfisch – Konservenladen« feil. »Wir sind schon im KaDeWe in Berlin und im Katalog von Manufactum vertreten«, erzählt Schilling stolz. »Mit jeder Kutterfisch-Konserve unterstützt der Käufer das Überleben der Hiddenseer Fischer«. Matthias Schilling sprüht vor Taten-

ZU-HAUSE-TIPP

VIEL BESSER ALS GEKAUFT

Alle backen Brot? Dann wird es Zeit, dass jemand für die Marmelade sorgt. Die Zubereitung ist super einfach und benötigt nicht viel Aufwand. Das Grundrezept: 500 g Obst, z. B. Erdbeeren, waschen, putzen und in kleine Stückchen schneiden. Mit 250 g Gelierzucker 2:1 mischen und in einem Topf zugedeckt 1 Stunde ziehen lassen. Danach zum Köcheln bringen – dabei das Rühren nicht vergessen! Bei mittlerer Hitze 4 Minuten köcheln lassen. Jetzt kann man eine Gelierprobe machen: Etwas Marmelade auf einen kalten Teller geben. Wenn sie nach ca. 1 Minute fest wird, ist die Marmelade

fertig. Wenn nicht: Weiterköcheln lassen und nach 1–2 Minuten die Gelierprobe wiederholen. Die fertige Marmelade in heiß ausgespülte Gläser gießen und sofort verschließen. Geht natürlich nicht nur mit Erdbeeren, sondern mit fast jedem Obst.

drang und Ideen. Er will andere Rinderzüchter auf Rügen von seinem Konzept überzeugen. Die Vorbehalte gegen den »Öko-Wessi« haben sich in Respekt und Anerkennung verwandelt. Viele Schaproder sind mittlerweile Stammgäste in Schillings Gasthof, und er wurde auch in die Gemeindevertretung gewählt.

Wie kam er denn nun dazu, das Abenteuer einzugehen, mit seiner Frau Berlin zu verlassen und sich auf der einsamen Öhe niederzulassen? »Mein Großvater war Landarzt, weshalb mein Vater in der DDR nicht studieren durfte. Daher floh er mit dem Paddelboot in den Westen. Die 75 Hektar kleine Öhe blieb in Familienbesitz, weil erst Betriebe ab 100 Hektar enteignet wurde. Allerdings wurde der Besitz im Jahr 1956 zwangskollektiviert und der LPG Granskevitz zugeteilt. Die Insel und der Hof verwahrlosten, aber meine Großmutter hielt bis zu ihrem Tod 1996 tapfer die Stellung«. Und er ergänzt: »Immerhin ist die Öhe seit 700 Jahren in Familienbesitz. Das verpflichtet auch.« Dass Matthias und Nicolle Schilling die Familientradition fortsetzen wollen, unterstreicht auch der Name ihrer Tochter: Ida Schilling.

↗ *Schillings Gasthof, Hafenweg 45, Schaprode, www.insel-oehe.de, www.schillings-gasthof.de; Schillings Hafenamt, Hafenweg 11, Kloster, www.schillings-hafenamt.de*

DAS ÄLTESTE WIRTSHAUS DER WELT

EILSBRUNN, BAYERN

Muk Röhrl ist Wirt. Und einer mit besonderer Familiengeschichte. In elfter Generation übernahm er 2006 die Gaststätte in Eilsbrunn bei Regensburg – damit ist das seit 1658 im Besitz der Familie befindliche Wirtshaus das »weltälteste Gasthaus, das durchgängig als solches benutzt wird«. Das haben die Röhrls seit 2010 sogar schriftlich, nachzulesen im Guinness Buch der Rekorde. Oder auf der entsprechenden Urkunde, die in einer der Stuben hängt. Wer die Speisekarte studiert, braucht nicht lange, das Angebot ist mit rund zehn Speisen überschaubar. Doch das reicht den Gästen. Auf dem Wamsler-Holzofen von 1929 werden Schweinebraten mit Knödl und selbst gemachtes Sauerkraut gezaubert, Wildbret oder das Eilsbrunner Breznschnitzel. Am Montagabend heißt es: »Ripperl – so vui wiast zwingst«. Kurz: Die Gerichte sind bayerisch-solide, üppig, preiswert, ehrlich. »Packerl und Konservierungsstoffe haben bei uns Hausverbot«, sagt Karin Röhrl. Freundliche Bedienung, gemütliches Ambiente, leckeres Essen – davon schwärmen nicht nur die Tester des Gault-Millau in der Bayern-Genießer- Ausgabe, sondern vor allem die Gäste, die insbesondere am Wochenende den bis zu 400 Leute fassenden Biergarten locker füllen.

Der Duft frisch gerösteter Haselnüsse, der zarte Schmelz ... Lust auf eine Nougat-Praline?

Das »Röhrl« lässt sich aber auch bei schlechtem Wetter ansteuern. Neben der geschichtsträchtigen Stube stehen das kürzlich renovierte Seitenstüberl und der Veranstaltungssaal zur Verfügung. Der Senior-Wirtsvater führt angemeldete Besucher gern durch die musealen Räume im ersten Stock des denkmalgeschützten Gebäudes – mit unzähligen Anekdoten im Gepäck. »Das kann 15 Minuten dauern – oder eineinhalb Stunden«, meint Karin und lacht. Auch das zeichnet die jungen Wirtsleute aus: bei aller Historie gibt es hier keine verkrusteten Denkmuster, keine starren Öffnungszeiten. Deshalb sagen die beiden auch: »Wir haben auf – bis der Letzte geht.«

↗ *Gasthaus Röhrl,*
Regensburger Str. 3, Eilsbrunn,
www.gaststaette-roehrl.de

VIBA NOUGAT-WELT
SCHMALKALDEN, THÜRINGEN

Eigentlich ist er ein Italiener, der Nougat. Denn es war in Turin, wo man zum ersten Mal Schokolade mit gerösteten, gemahlenen Haselnüssen streckte – als Notlösung, weil Kakao zu teuer war. Doch schon bald kamen die Genießer auf den Geschmack, und »Gianduia«, wie es in Italien heißt, wurde zu einer begehrten Spezialität. Beliebt ist Nougat bis heute, weit über Italiens Grenzen hinaus, und ganz besonders gut schmeckt er natürlich, wenn man zuvor bei der Herstellung zusehen durfte. Das geht in der Viba Nougat-Welt. Durch eine Glasscheibe beobachtet man, wie Profis gekonnt die Pralinen verzieren. Ambitionierte Leckermäuler lernen in Kursen, wie es geht, egal, ob man ein paar klassische Nougat-Pralinen oder Schoko-Pumps zaubern will. Die eigenen Pralinen sehen nicht aus wie gemalt? Macht nichts. Dann muss man sie »notgedrungen« selbst essen … und den Daheimgebliebenen stattdessen ein paar Leckereien aus dem Shop mitbringen!

↗ *Viba Nougat-Welt, Nougat-Allee 1, Schmalkalden, www.viba-sweets.de (> Erlebniswelten > Schmalkalden)*

168 (KAFFEE) KOCHEN AUF DEM HOFGUT

BAD BIRNBACH, BAYERN

»Heiß wie ein Sommertag, schwarz wie die Nacht, süß wie die Liebe«, so genießt der Italiener seinen Espresso. Und längst auch der Deutsche, feiert Kaffee hierzulande doch einen regelrechten Siegeszug. Durchschnittlich konsumiert dabei jeder Bundesbürger 150 l jährlich, also zweieinhalb Tassen pro Tag. Kein Wunder also, dass sämtliche Spielarten, von Cappuccino bis Coretto, hoch im Kurs stehen – und sich immer mehr Leute Wissen über optimale Zubereitung aneignen wollen. Dabei hilft Erwin Rückerl, seines Zeichens bayerischer Vize-Barista-Meister. Er vermittelt Kaffeeliebhabern in sechsstündigen Seminaren alles

ZU-HAUSE-TIPP

ÖFTER MAL WAS NEUES

Schon wieder Spaghetti Bolognese? Oder doch lieber Tiefkühlpizza? Wenn man morgens zwischen Tür und Angel überlegt, was man abends essen möchte, fällt einem oft nichts ein. Da hilft eine kleine Challenge: Nehmen Sie sich vor, pro Woche zwei neue Gerichte auszuprobieren, am besten an einem festen Wochentag. Neue Ideen gibt's in vielen Blogs, da ist sicher für jeden Geschmack etwas dabei: schnelle Gerichte oder aufwendige, mehr Gemüse, mehr Fleisch oder vegan … Wie wär's mit einer kulinarischen Deutschlandreise?

Wissenswerte rund um die Bohne, in Theorie und Praxis. Der maximal zwölfköpfigen Gruppe winkt zudem ein Mittagessen sowie ein Kursabschluss mit Urkunde.

So geschmackvoll der Kaffee, so geschmackvoll ist auch der Kursort. Das Hofgut Hafnerleiten, etwas versteckt gelegen, und mit Architekturpreisen überhäuft, strahlt, weit entfernt vom üblichen Landhausstil, eine ebenso entspannte wie offene Atmosphäre aus. Genuss steht im Vordergrund, auch bei den Veranstaltungen. So verrät Rückerl, diesmal in Funktion des Küchenchefs, in der »ersten Kochschule Niederbayerns« seine Tipps und Tricks für kulinarische, meist mediterrane Leckerbissen. Die Gäste können auch beim freitäglichen »Kulinarium« probieren oder bei der »Spaghettata alla famiglia«. Diese Events dürfen auch »Externe« besuchen, sonst ist das Restaurant Hotelgästen vorbehalten, die ihr Dinner dann an der Familientafel einnehmen – ihr Frühstück in den einzelnen Häuschen. Davon gibt es einige, alle im Garten des Hofguts gelegen, jedes individuell. So liegt das Bootshaus am Badeteich, das luftige Baumhaus im Erlenwäldchen und das auf Pfählen gebaute Wasserhaus im See. Über allem schwebt das Motto »Zeit für Ruhe«, das nicht nur bei den TV-freien Häusern, der Erdsauna und den Massagen rüberkommt. »So sehr Sie sich auch anstrengen, Sie werden keinen Handy-Empfang bekommen«,

Zugegeben, es ist viel Arbeit, aber selbst gemachte Ravioli schmecken großartig

versichert Besitzerin Anja Horn. Und sieht das Funkloch keineswegs als Nachteil: »Manch einer ist froh, dass das Handy einmal nicht funktioniert!« Und man in aller Ruhe seinen Kaffee zu sich nehmen kann.

↗ *Hofgut Hafnerleiten, Brunndobl 16, Bad Birnbach, www.hofgut.info*

SPARGEL DIREKT VOM BAUERN
LINDEN, BAYERN

»Schwül, ohne Regen, des mog der Spargel«, erklärt Josef Rehm und steht hinter einem Bifing, einer langen Reihe aufgeworfener Erde, in der sein Spargel wächst. Es ist nicht irgendein Spargel, sondern einer der wenigen, der noch ganz traditionell ohne Folie angebaut wird. Deswegen ist er bei den Rehms auch etwas später reif, meist erst Ende April. Dafür schmeckt er besser. Was hat es eigentlich mit dem Folienanbau auf sich? Warum wird der Spargel blau, wie oft muss er gestochen werden und wie funktioniert das überhaupt? Welche Spargelsorten gibt es und … wie bereitet man sie am besten zu? Diese und viele andere Informationen gibt es bei einem Besuch im Hofladen der Rehms. Da nimmt man gern etwas mit nach Haus, frischer kann Spargel nicht sein. Eigentlich sind jetzt

keine Fragen mehr offen. Dennoch empfiehlt sich ein Besuch im 7 km entfernten Spargelmuseum in Schrobenhausen, das neben vielen Informationen rund um den Spargel auch eine Sammlung von Rezepten sowie besonders schönes Spargelgeschirr zeigt.

↗ *Spargelbauer Rehm, Bachwiesenweg 1, Linden, www.spargel-rehm.de; Europäisches Spargelmuseum, Am Hofgraben 1a, Schrobenhausen, www.schrobenhausen.de (> museen)*

HOCHGEISTIGES IM KLOSTERGUT
GOSLAR, NIEDERSACHSEN

Neulich hielten die Pharaonen Einzug. Sie kamen von der Schlesischen Staatsoper Bytom und sangen im Hof Verdis Oper »Aida«. Einige Besucher lernten gerade, was Lachse hier im Kloster Wöltingerode mit Likör verbinden, während Neugierige neben dem Allerheiligsten, der Krypta mit dem Holzfasslager, mit Kennermiene an jenen bernsteinfarbenen Getränken nippten, die nach Angelina benannt wurden. War sie eine Nonne? Wer weiß. Hinter den Klostermauern von Wöltingerode hält sich die Zahl der Geheimnisse und der Überraschungen die Waage. Das Klostergelände scheint riesig. An grünen Wiesen reihen sich Gebäude,

ZU-HAUSE-TIPP

GEMÜSE VOM BALKON

Selbstversorger vom Balkon? Vielleicht nicht ganz, aber für einen bunten Salat reicht es allemal, wenn man einen sonnigen Südbalkon hat: Saatgut für Radieschen, Paprika und Pflücksalat lässt sich prima auf der Fensterbank vorziehen. Sobald die Pflänzchen groß genug sind, pflanzt man sie in Töpfe, Kübel oder Pflanzbeutel – mit torffreier Pflanzenerde, denn Blumenerde enthält zu viel Dünger fürs Gemüse. Regelmäßig gießen, etwa alle 2 Wochen düngen … und schon bald kann man die ersten Radieschen ernten. Schmeckt viel besser als gekauft und ist dazu auch bio!

von Wöltingerode, bergen preisgekrönten Korn und, wenn man der Deutschen Landwirtschaftsgesellschaft glauben darf, die besten Liköre des Landes. Aber das mit dem Glauben spielt hier eigentlich keine so wichtige Rolle mehr. Was die Mönche eines Benediktinerklosters vor der ersten Jahrtausendwende begannen und Zisterzienser-Nonnen fortsetzten, wird auch heute praktiziert: In einem geschlossenen Kreislauf produzieren Menschen in Kitteln statt Kutten aus eigenem Weizenanbau mit eigenem Quellwasser nach eigenen Rezepten mit ausgiebiger Reifezeit in eigenen Eichenfässern in Kellergewölben … Korn und Liköre. Grün leuchtet der Hanflikör, elegantblass steht der goldprämierte Edelkorn daneben, golden leuchtet der Quittenlikör, ebenfalls goldprämiert ist der Haselnusslikör nach einem fast in Vergessenheit geratenen Rezept. Und dann gibt es da noch, bernsteinfarben schimmernd, das Bier Wöltibräu.

Eine weitere Überraschung wartet auf den Besucher: Lachse oder, genauer, Oker-Lachs: In der 300 Jahre alten Wassermühle, in einem bundesweit einmaligen Informationszentrum, kann man dem Lachs ins Auge sehen. Der Angelverein Braunschweig pflegt hinter dem Kloster eine Aufzuchtanlage, von der aus die Tiere auf die Reise in die Weltmeere geschickt werden. Die Arbeitsgemeinschaft Oker informiert Neugierige nun in einem Lachs-Info-Center.

die an Bauernhöfe denken lassen. Im Kreuzgang sind die Tische weiß gedeckt, um die Linde im Innenhof hat sich eine Hochzeitsgesellschaft gruppiert. Immer wieder sind Menschen mit Papiertüten zu sehen. Die Papiertüten sind das wirkliche Geheimnis

↗ *Klostergut Wöltingerode,*
Wöltingerode 1, Goslar,
www.woeltingerode.de

171

BIERSEMINAR IM BRAUEREIMUSEUM

BAMBERG, BAYERN

So macht Lernen Spaß: Bei einem dreistündigen Bierseminar mit Bierordensträger Markus Raupach und Biersommelier Hans Wächtler werden die Teilnehmer zu Hobbybrauern und lernen alles rund ums fränkische Bier. Das Seminar startet mit einer Einfüh-

rung zur Geschichte und Herstellung, danach wird die historische Brauerei besichtigt. Der praktische Teil darf selbstverständlich nicht zu kurz kommen: Er besteht aus dem Verkosten von neun Biersorten und Kreationen aus der Bierküche. Natürlich geht es dabei nicht einfach ums Biertrinken – die Teilnehmer erfahren ganz praktisch, welches Bier am besten zu welchen Speisen passt. Wer's noch genauer wissen will, bucht ein Spezialseminar zu den Kombinationen Bier und Käse oder Bier und Schokolade.

↗ *Fränkisches Brauereimuseum,*
Michelsberg 10 f, Bamberg,
www.bierakademie.net

Nicht erst seit man Craft Beer trinkt, gibt es auch Bier-Sommeliers

Wenn man bei der Herstellung zugesehen hat, weiß man Sauerkraut erst richtig zu schätzen

172

BERGLEUTE-ESSEN IM SCHAUBERGWERK
ELBINGERODE, SACHSEN-ANHALT

Brot und Schmalz und eine große Schlachtplatte, dazu Harzer Käse, Gurken, Zwiebeln, Speck, Getränke und Livemusik – so hätten es die Bergleute sicher auch gern gehabt. Dort, wo der Harz noch wie eine Arbeiterregion aussieht und es in der Schwefelkiesgrube »Einheit« (bis 1990) und der Erzgrube »Büchenberg« (bis 1970) genügend Erwerbsmöglichkeiten gab, nutzen heute ehemalige Bergleute Anlagen und Wissen in Besucher- und Schaubergwerken. Zu den Höhepunkten gehört das Tscherperessen, früher ein einfaches Frühstück der Bergleute, bei dem die Wurst mit dem kleinen, stabilen Tscherper-Messer über den Daumen geschnitten wurde, mit demselben Messer, mit dem Leitern repariert und Schäden ausgebessert wurden – heute ein echtes Festmahl.

↗ *Schaubergwerk Elbingerode, Büchenberg 2, Elbingerode, www.schaubergwerk-elbingerode.de*

MIT DEM WINZER IM WEINBERG

SOMMERACH, BAYERN

Wer den Wein mit allen Sinnen genießen möchte, dem sei angeraten, ihn direkt im Weinberg zu erleben, die Reben zu riechen und mit eigenen Händen zu fühlen, kurz: bei der Lese mitzuhelfen. Die Winzer zeigen ihre Lieblingsplätze und die süßesten Trauben. »Steilhangtauglich sollten die Helfer schon sein, und nicht mit den Sonntagsschühli kommen!«, erklärt Christine Galena, die mit ihrem Mann Michael in Sommerach das Weingut Galena führt. Und sie sollten in der Erntezeit auch abrufbereit vor Ort sein, denn es entscheidet sich oft sehr kurzfristig, wann gelesen wird. Jeden Tag misst der Winzer mit einem Refraktometer die Reife der Trauben, um den optimalen Zeitpunkt für die Ernte zu erwischen. Gerade an den Steilhängen bei Escherndorf und Sommerach müssen die Trauben oft von Hand gelesen werden. Ein weiteres Kriterium: »Wo nur Spitzenweine reifen, lässt man keine Maschinen ran. Es wird sehr selektiv gelesen, und nur gesunde Trauben dürfen in den Eimer«, erläutert Winzerin Galena. So sind Erntehelfer willkommen, die den Reben nach einer Einweisung selbst mit der Schere zu Leibe rücken dürfen. Doch keine Angst: Die Winzer stehen mit Rat und Tat zur Seite, und die Lese dauert nur drei bis vier Stunden. Der Lohn für die Mühen: Weinverkostungen direkt im Weinberg unter freiem Himmel. Wer Lust zum Mitmachen hat, kann einfach direkt anfragen.

↗ *Weingut Galena, Turmstr. 11, Sommerach, www.weingut-galena.de*

KOHLOSSAL

WESSELBUREN, SCHLESWIG-HOLSTEIN

Jede Region braucht ihren Superlativ, und so rühmt sich der Kreis Dithmarschen, das »größte zusammenhängende Kohlanbaugebiet Europas« zu sein. Immerhin: hier werden jährlich mehr als 80 Millionen Kohlköpfe geerntet. Die feuchte, salzige Luft und der gute Boden machen den Kohl knackig fest und damit besonders schmackhaft. Kein Wunder also, dass man dem Gemüse hier sogar ein Museum widmete. Der wuchtige Backsteinbau der einstigen Wesselburer Sauerkrautfabrik beherbergt das »Kohlosseum«, in dem sich neben dem Kohlmuseum auch ein Bauernmarkt und eine Krautwerkstatt befinden, in der Kohl unter den Augen der Besucher zum »Superfood« Sauerkraut verarbeitet wird.

↗ *Kohlosseum,
Bahnhofstr. 20, Wesselburen,
www.kohlosseum.de*

FRANKENS SCHOKOLADENSEITE

LUDWIGSTADT, BAYERN

Im wörtlichen Sinne von seiner Schokoladenseite zeigt sich der Frankenwald in der Fischbachsmühle: In der »gläsernen Manufaktur« der Confiserie Burg Lauenstein, werden für Schleckermäuler die schönsten Träume wahr: 140 Pralinen- und Trüffelsorten und 26 verschiedene Schokoladen fertigen die Mitarbeiter von Hand und vor den Augen der Besucher. Sie gießen, formen und verzieren Kunstwerke aus Schokolade. Mit strengen Augen wacht Chocolatier Volker Garbarek über jeden Handgriff. Viel Fingerspitzengefühl ist für das filigrane Dekorieren erforderlich, erläutert er. Wem dabei das Wasser im Mund zusammenläuft, der darf die Köstlichkeiten nicht nur kosten, sondern auf Wunsch die Schokoladenpreziosen nach persönlichem Gusto verzieren.

↗ *Confiserie Burg Lauenstein,*
Fischbachsmühle, Ludwigsstadt,
www.lauensteiner.de

DO-IT-YOURSELF-TIPP

KÄSE FÜRS CURRY

In Indien kommt oft Paneer auf den Tisch, ein weicher Käse, der an Ricotta erinnert. So wird er gemacht:

1) 2 l Vollmilch in einem Topf zum Kochen bringen, dabei ständig rühren. Sobald die Milch kocht, 4 EL Zitronensaft hinzugeben. Die Milch beginnt zu gerinnen, sie trennt sich in Molke und geronnene Stücke (»Bruch«). Wenn sie nicht genügend gerinnt, noch etwas Zitronensaft hinzugeben.

2) Den Topf vom Herd nehmen. Ein Sieb mit einem Küchentuch auslegen und die Milch langsam über der Spüle durch das Sieb gießen. Der Bruch bleibt im Tuch, die Molke läuft ab. Den Bruch mit Wasser übergießen, um den Zitronensaft gänzlich abzuspülen.

3) Das Tuch an den Enden zusammennehmen und das Wasser aus dem Käsebruch wringen. Dann ein Gewicht (z. B. einen Mörser oder schweren Topf) daraufsetzen und den Käse im Sieb über einer Schüssel etwa 3 Stunden abtropfen lassen, bis er sich fest anfühlt.

PARADIES FÜR NASCHKATZEN

TÜBINGEN, BADEN-WÜRTTEMBERG

Für viele ist es der Stoff, aus dem die Träume sind: Schokolade – ob braun, schwarz, weiß, gefüllt oder gewürzt, süß oder bitter. Fast jeder hat seine Vorlieben. Welch geheimnisvollen Kräfte in der Schokolade stecken, wissen wir nicht erst, seit Juliette Binoche im Film »Chocolat« ein Dorf mit ihren Pralinen verzaubert hat. Im Durchschnitt genießen die Deutschen 11 kg Schokolade pro Jahr. Grund genug, der »Speise der Maya-Götter« ein Fest zu widmen. Jedes Jahr im Dezember bieten etwa 100 internationale Chocolatiers in der Altstadt von Tübingen ihre Spezialitäten auf dem Schokoladenfestival »ChocolART« an. Prall gefüllt ist der Veranstaltungskalender mit »süßen« Überraschungen wie dem Schoko-Tasting und einem Schoko-Kochkurs, der Weinprobe mit Schokolade, dem Schokoladentheater, der Schoko-Massage bis hin zum Kinder-Schoko-Tag. Auch Kunst und Literatur kommen zum Zug. Zwischendurch kann man dem Schoko-Pfad durch die Stadt folgen oder auf dem Schoko-Markt Neues entdecken. Bei der langen Schoko-Einkaufsnacht hat man jedenfalls dazu viel Muße.

↗ *ChocolART, Tübingen,*
  www.chocolart.de

AN DIE KRABBE, FERTIG, LOS!

BÜSUM, SCHLESWIG-HOLSTEIN

Vor 400 Jahren noch eine Insel im Wattenmeer, liegt Büsum heute auf dem Festland, ist Nordseeheilbad und geschäftiger Hafen. Hier stechen Fischer- und Ausflugsboote sowie Helgolandschiffe in See, hier werden jährlich 3200 t Krabben angelandet, früher ein Arme-Leute-Essen, heute eine Delikatesse. Diese Atmosphäre gefällt den Feriengästen, viele kaufen Krabben direkt vom Kutter … Aber wie schält man die nun? »Schälen« heißt fachgerecht »pulen«. Eine Anleitung dazu gibt es im Büsumer Museum am Meer – in einem Krabbenpulkurs. Wer den erfolgreich absolviert hat, genießt sein Brötchen mit selbstgepulten Krabben umso mehr, zum Beispiel in einem Strandkorb am Grünstrand.

↗ *Museum am Meer,*
  Fischereihafen 19, Büsum,
  www.museum-am-meer.de

VITAMIN C

WERDER, BRANDENBURG

Im Sanddorn-Garten Petzow dreht sich alles um die vitaminreichen Früchte. In dem 3 ha großen Garten erfährt man, wie die »Zitrone des Nordens« wächst, in der »gläsernen Produktion« erlebt man die Verarbeitung zu Marmelade. Das ist aber nur eine der vielen Leckereien, in denen die Früchte zum Einsatz kommen: In der Orangerie kann man verschiedene Speisen mit Sanddorn probieren und im Hofladen mehr als 50 Sanddornprodukte erwerben, z. B. Wein, Likör, Sanddornöl oder Sanddornkosmetik. Für alle Produkte wird Sanddorn aus eigenem bio-zertifiziertem Anbau verwendet, auch für die Pflegeprodukte der Marke Christine Berger.

↗ *Sanddorngarten, Fercher Str. 60,*
Werder OT Petzow,
www.sanddorn-garten-petzow.de

IN DER WEIHNACHTSBÄCKEREI
PULSNITZ, SACHSEN

Das kleine Pulsnitz im Kreis Bautzen hat sich überregional einen Namen gemacht, weil hier seit Jahrhunderten die leckeren Pulsnitzer Lebkuchen gebacken werden. Vor allem in der Adventszeit verströmen die Bäckereien den Duft von Kardamom und Zimt. Schaubäckereien gewähren Einblicke in die Handwerksbetriebe aus der Zeit um 1900 und bieten Verkostungen an. Im Stadt- und Pfefferkuchenmuseum

sieht man alte Maschinen, schön geschnitzte Model und Dosen zur Aufbewahrung der Pfefferkuchen, auch Verkostungen werden angeboten. Wer mag, darf selbst Hand anlegen und Pfefferkuchen backen oder verzieren.

↗ *Stadt- und Pfefferkuchenmuseum,*
Am Markt 3, Pulsnitz,
www.kultur-tourismus-pulsnitz.de

COOLER KULT
GRAFENHAUSEN,
BADEN-WÜRTTEMBERG

Passionierten Biertrinkern könnte der kleine Ort Rothaus bei Grafenhausen ein Begriff sein: Die 1791 gegründete Badische Staatsbrauerei Rothaus betreibt dort einen Brauereigasthof, in dem eine zünftige Vesper und gemütliche Zimmer zum Übernachten angeboten werden. Die beinahe 1000 m hoch gelegene Brauerei kann auf dem »Zäpfleweg« besichtigt werden, der in reizvoller Landschaft an verschiedenen Stationen Informationen über die Braukunst bietet. Das Tannenzäpfle-Pils aus der Brauerei fehlt heute in keinem Szenelokal und ist auch über die Schwarzwaldgrenzen hinaus Kult – ob mit oder ohne Alkohol.

↗ *Brauerei Rothaus, Rothaus 1,*
Grafenhausen, www.rothaus.de

Mut zur Farbe beweist der junge Künstler hier beim Verzieren seines Pfefferkuchen-Manns

181

VITAMINE IN TÜTEN

**TRIBSEES,
MECKLENBURG-VORPOMMERN**

»Etepetete« ist der Kartoffelbauer nicht, wenn er mit lehmbeklebter Hand seine »Tüften« in Jutetüten verpackt. Was andernorts »Pommes« oder »Fritten« genannt wird, kennt der Bauer in Mecklenburg als »gebokene Stifte von Tüften« – oder so ähnlich, denn Plattdeutsch klingt von Dorf zu Dorf anders. Gleich ist allerdings die Vorliebe für die mineralstoff- und vitaminreiche Kartoffel, die seit Mitte des 17. Jh. in Deutschland angebaut wird. Dem Nachtschattengewächs ist in Tribsees ein eigenes Museum gewidmet, das Kartoffelmuseum ist neben München und Fußgönheim in Rheinland-Pfalz erst das Dritte seiner Art in Deutschland. Neben Wissenswertem zur Geschichte, Botanik, Anbau und Verwertung der Kartoffeln werden hier auch verschiedene Sorten gezeigt – und das sind mehr, als der durchschnittliche Kartoffelesser sich so träumen lässt. Es fehlt eigentlich nur eine: die eckige Kartoffel für die Pommes.

↗ *Vorpommersches Kartoffelmuseum, Kirchplatz 7, Tribsees, www.kartoffelmuseum. stadt-tribsees.de*

TEA TIME
AUF OSTFRIESISCH
NORDEN, NIEDERSACHSEN

Direkt hinterm Deich, in Norden am Wattenmeer, ist das Teemuseum zu finden. Hier erfährt der Besucher alles über Anbau, Verarbeitung und Handel, über die Komposition von Mischungen und das Teegeschirr. Nicht nur die Rituale der Ostfriesen stehen im Mittelpunkt, auch jene der Chinesen, Japaner und Engländer kommen nicht zu kurz. Besucher können an einer ostfriesischen Teezeremonie teilnehmen. Teetrinker sind Puristen, die ungern andere Geschmäcker neben sich dulden. Doch bei der Ostfriesen-

torte werden die meisten schwach: Dieser Kuchen aus Biskuitböden, viel Sahne und Branntweinrosinen wird hier gern zum traditionellen Nachmittagstee gereicht.

↗ *Ostfriesisches Teemuseum,*
  Am Markt 36, Norden,
  www.teemuseum.de

KAFFEERÖSTEREI
BREMEN

Lloyd Caffee ist die älteste, noch immer handwerklich traditionell arbeitende Kaffeerösterei der Hansestadt.

Die Ostfriesische Teekultur hat eine lange Tradition, Tee gehört hier zum Essen einfach dazu

1930 von Albert Laube gegründet, werden seitdem die grünen Bohnen langsam und schonend bei niedrigen Temperaturen in satt braune Bohnen umgewandelt. In dem denkmalgeschützten, ehemaligen Kaffee-HAG-Werk II ist jetzt die sehenswerte »gläserne Rösterei« untergebracht, wo sich Besucher in Seminaren und bei Führungen über das »braune Gold« informieren können. Auch Barista-Schulungen werden angeboten. Im Café kann man die unterschiedlichen Kaffeesorten verkosten und selbstverständlich auch kaufen.

↗ *Lloyd Caffee, Fabrikenufer 115, Bremen, www.lloyd-caffee.de*

ZU-HAUSE-TIPP

RUNNING DINNER

Gerade ganz angesagt: Running dinners – für jeden Gang treffen sich die Teilnehmer bei einem anderen Gastgeber. Das funktioniert auch familientauglich. Jedes Familienmitglied bereitet einen Gang vor. Zweiergruppen sind natürlich auch erlaubt – zumal, wenn jüngere Kinder vielleicht Unterstützung brauchen. Größtmögliche Geheimhaltung garantiert einen Überraschungseffekt bei Tisch!

184

EINE RUNDE SACHE
HALLE (SAALE), SACHSEN ANHALT

Halloren sind nicht nur die Mitglieder der Salzwirker-Brüderschaft in der Solestadt Halle, nach ihnen benannt sind auch die Spezialitäten der ältesten Schokofabrik Deutschlands. Deren Museum verrät, wie die berühmte Halloren-Kugel mit Sahne-Kakao-Creme gefüllt wird. Erlebenswert: die Pralinenseminare, das Galerie-Café und natürlich der Fabrikverkauf.

↗ *Halloren, Delitzscher Str. 70, Halle/Saale, www.halloren.de*

185

EIN FEST FÜR DEN SPARGEL
BEELITZ, BRANDENBURG

Südwestlich von Berlin sprießt ein filigranes Gemüse: der Beelitzer Spargel. Die leichten Böden in der Gegend zwischen Elbe, Havel und Spree bieten ideale Wachstumsbedingungen für das Edelgewächs. Am ersten Wochenende im Juni dreht sich in Beelitz alles um die zarten Stangen, inklusive Festumzug mit Spargelkönigin und viel Musik in den Straßen der Stadt. Wer Lust hat,

kann in der Saison auch das Spargelmuseum besuchen und dort mehr
über den seit 150 Jahren heißbegehr-
ten Beelitzer Spargel erfahren.

↗ *Spargelmuseum, Mauerstr. 12,*
Beelitz; www.beelitzer-
spargelfest.de;
Tourist Info, Poststr. 15, Beelitz,
www.beelitz.de

HIER GEHT'S
UM DIE WURST
ERFURT, THÜRINGEN

Der Koch und frühere Grillweltmeister
Hans-Joachim Fuchs stellte sein Können gern unter Beweis: bei den World
Barbecue Championships ebenso wie
an den Grills vieler Prominenter. Aber
er wollte sein Wissen nicht für sich behalten. So gründete er schließlich in
Erfurt die 1. Deutsche Grill- und
BBQ-Schule, die interessierten Laien
jene Fachkenntnisse vermittelt, mit
denen die nächste Grillparty ein ge-
nüsslicher Erfolg wird. Neben Basis-,
Aufbau- und Masterkursen kann man
Spezialseminare zum Umgang mit
Fisch oder einem American Barbecue
buchen.

↗ *1. Deutsche Grill- & BBQ-Schule,*
Leipziger Str. 158, Erfurt,
www.grillweltmeister.de

SÜSS & GESUND
SOEST, NORDRHEIN-WESTFALEN

Der berühmteste essbare Exportartikel
aus Westfalen ist mit Sicherheit Pumpernickel. Das Besondere an diesem
dunklen Vollkornbrot ist die Zubereitung: Roggenschrot muss mehrere
Stunden in heißem Wasser quellen,
bevor dieses »Brühstück« kurz ange-
backen und dann bis zu 24 Stunden
gedämpft wird. Dadurch karamellisiert
die enthaltene Stärke, und der Pumpernickel erhält den typischen, süß-
lichen Geschmack. In industriellen
Fertigungen wird oft mit Rübensirup,
Malzextrakt und Hefe nachgeholfen.
Doch bei Haverland, der ältesten heute
noch bestehenden Pumpernickel-
bäckerei der Welt, wird das spezielle
Schwarzbrot seit 1570 streng nach dem
hauseigenen »Haverland-Reinheitsge-
bot« gebacken.

↗ *Haverland, Opmünder Weg 65,*
Soest, www.baeckerei-haverland.de

KÖLNER SCHOKO-
LADENMUSEUM
KÖLN, NORDRHEIN-WESTFALEN

Seit 1993 informiert das ultramoderne,
direkt am Rheinufer gelegene Schokoladenmuseum interessierte Besucher.

Der Ausstellungsrundgang gleicht einer Reise durch die 3000-jährige Kulturhistorie der Schokolade. Hier gewinnt man Einblick in Geschichte und Gegenwart der »Götterspeise der Azteken« und des Kakaos. Nicht verpassen: die eigene Schokofigur gießen, einen Pralinenkurs besuchen und die Museumsgastronomie mit ihrer breiten Glasfront besuchen!

↗ *Am Schokoladenmuseum 1 a, Köln,*
   www.schokoladenmuseum.de

Im Dallmayr-Stammhaus

189
WIE IM FERNSEHEN
MÜNCHEN, BAYERN

Die Kulisse aus dem bekannten Werbespot ist echt: Die historischen Verkaufsräume des Delikatessenhauses Dallmayr sind einzigartig, und der Kaffee wird mit der Balkenwaage bemessen. Er macht jedoch nur einen kleinen Teil des Sortiments aus: Dallmayrs Stammhaus bietet 14 Abteilungen mit kulinarischen Spitzenerzeugnissen. Das meiste ist selbst produziert: 70 (!) Köche bereiten die Delikatessen zu, die im Erdgeschoss geschmackvoll präsentiert werden. Der Feinkosttempel verwöhnt nicht nur den Gaumen, sondern auch die anderen Sinne.

↗ *Dallmayr, Dienerstr. 14–15,*
   München, www.dallmayr.com

190
BRAUHAUSTOUR
KÖLN, NORDRHEIN-WESTFALEN

Bei einer Brauhaustour lernt man die entsprechenden Kneipen und Kellner (Köbesse) kennen, trinkt kölsches Barrique und bekommt die schönsten »Verzällcher« zu hören, die rheinländische Variante der Anekdote. Und natürlich hört man unterwegs Bläck Föös: »Trink doch ene met, stell dich nit esu ann, du stehst he die janze Zick eröm.« (»Trink doch einen mit, stell dich nicht so an, du stehst hier die ganze Zeit herum.«) – schon beim zweiten Mal anhören, wird es zum Ohrwurm!

↗ *www.koebes-brauhaustour.de,*
   www.brauhaustour-koeln.com

OSTALGIE
FREYBURG, SACHSEN-ANHALT

Weltweit bekannt ist der Rotkäppchen-Sekt aus der historischen Kellerei in Freyburg. Zu DDR-Zeiten machte die Marke nicht nur mit dem klassischen Schaumwein, sondern auch mit Kreationen wie »Mocca-Sekt« und »Sekt-Pils« von sich reden. Nach der Wende ging es für Rotkäppchen zunächst steil bergab. Doch mit der Ostalgie-Welle erinnerten sich viele an den Sekt ihrer Jugend und Rotkäppchen wurde zum Sinnbild für gute DDR-Produkte, die in Vergessenheit geraten waren. Der Aufschwung folgte auf dem Fuß … und heute kann Rotkäppchen auf über 125 Jahre Firmengeschichte zurückblicken. Mehr als 100 000 Besucher pro Jahr besichtigen die fünfstöckigen, in den Fels getriebenen Sektkeller, bestaunen das 120 000 Liter fassende Riesenfass und nehmen an Führungen und prickelnden Verkostungen teil.

↗ *Rotkäppchen Mumm Sektkellereien, Sektkellereistr. 5, Freyburg, www.rotkaeppchen.de*

DER BAYERISCHE BURGER
GLONN, BAYERN

Was den Amerikanern ihr Burger, ist den Bayern ihre Leberkässemmel – ob in der Mittagspause, als Imbiss oder unterwegs. Die dicke Scheibe warmer

Freyburg liegt im Zentrum des Weinanbaugebiets Saale-Unstrut

Leberkäs in einer Semmel– gern mit Senf – ist die bayerische Universalverpflegung. Leberkässemmeln bekommt man an jeder Ecke, in Metzgereien, sogar in vielen Bäckereien. Den »besten Leberkäse der Welt« (so die Fachpresse) – in Bio-Qualität– packen die Läden der Herrmannsdorfer Landwerkstätten in die Semmel. Wer sehen möchte, woher der Leberkäs kommt und wie man sich Bio-Landwirtschaft vorstellen kann, fährt nach Glonn und sieht den Schwäbisch-Hälllischen Muttersäuen mit ihren Ferkeln zu oder nimmt an einer der Hofführungen teil. Wissbegierige buchen einen Kurs in der Handwerkstatt. Hier lernt man, wie Würste gefüllt und Brezn gedreht werden – und natürlich wird auch ein echter Leberkäs' selbst gekuttert und gebacken.

↗ *Herrmannsdorfer Landwerkstätten, Herrmannsdorf 7, Glonn, www.herrmannsdorfer.de*

SCHICHT FÜR SCHICHT

SALZWEDEL, SACHSEN-ANHALT

Baumkuchen hat in Salzwedel Tradition. So begibt man sich in der Ersten Salzwedeler Baumkuchenfabrik auf eine lange kulinarische und gesellschaftspolitische Reise. Die beginnt 1807, als der Konditormeister Johann

Christian D. Andreas Schernikow ein Rezept mit nach Hause bringt und in seinem »Conditorei Buch« notiert. Er gründet eine erste Baumkuchenfabrik und begeistert seine Kunden mit der Delikatesse, die auf langen Holzwalzen über dem offenen Feuer gedreht und gebacken wird. So entstehen die Schichten, die beim fertigen Kuchen an die Jahresringe eines Baumes erinnern. Salzwedel wird in der zweiten Hälfte des 19. Jh. zu einer Hochburg der Baumkuchenherstellung. Bis heute ging das »Conditorei Buch« durch die Hände vieler Generationen und die Geschichten dazu. So wurde während des Zweiten Weltkriegs nur gebacken, wenn die Kunden die Zutaten brachten. Zu DDR-Zeiten verwendete Familie Kruse ein Notrezept, weil das Original nicht in die Hände des Staates gelangen sollte. Erst nach der Wiedervereinigung buk Oskar Hennig wieder den Klassiker, dessen Anleitung ihm seine kinderlose Chefin vererbte. Sogar ins Gefängnis brachte der Baumkuchen eine Konditorin, weil sie 1958 Kunden in der BRD belieferte und »dadurch der DDR-Bevölkerung wertvolle Rohstoffe entzogen« hatte. Eindeutig einfacher ist der Transport geworden. Früher mussten Boten die zerbrechliche Fracht mit Holzschachteln auf dem Rücken befördern.

↗ *Erste Salzwedeler Baumkuchenfabrik, St.-Georg-Str. 87, Salzwedel, www.baumkuchen-salzwedel.de*

Von Hornhecht-Tagen über Tractor Pulling
und Fasnet bis Schlössernacht: Besondere Erlebnisse
warten in ganz Deutschland auf Sie.

Rechts: Beim »Meistertrunk« in Rothenburg ob der Tauber

Ganz besondere Anlässe

»DER MEISTER-TRUNK«

ROTHENBURG OB DER TAUBER,
BAYERN

Geschichte erlebt man in Rothenburg ob der Tauber auf Schritt und Tritt: ob in den Wehrgängen auf der kilometerlangen Stadtmauer, in den Kirchen und Stadttoren oder in den kopfsteingepflasterten Straßen. Schon von Weitem bezaubert das Stadtbild auf dem Plateau hoch über dem Taubertal. Das Auto bleibt vor den Stadttoren stehen. Die internationale Touristengemeinde zieht zu Fuß durch die pittoreskkonservierte Vergangenheit und legt Stopps am Mittelalterlichen Kriminal-museum und der ganzjährigen Weihnachtswelt von Käthe Wohlfahrt ein. Zur vollen Stunde versammelt sie sich auf dem Marktplatz, denn dann öffnet die Kunstspieluhr an der Ratstrinkstube ihre beiden Fenster, und Bürgermeister Georg Nusch leert ein ums andere Mal den Dreiliterhumpen Frankenwein in einem Zug – im Angesicht des Generals Graf von Tilly, der ihm mit dieser schweren Aufgabe im Dreißigjährigen Krieg die Chance gab, Rothenburg vor der Brandschatzung durch seine Truppen zu bewahren.

Live und in Farbe wird die legendäre Stadtrettung alljährlich an Pfingsten inszeniert. Hunderte von Laienschauspielern drehen dann die Zeit zurück und versetzen Rothenburg ins

Alle Jahre wieder bieten die Rothenburger General Tilly die Stirn

17. Jh.: mit echtem Heerlager vor dem Rödertor, historischem Umzug, »plündernden Haufen«, Händlern, Handwerkern, Wahrsagern und Gauklern in allen Gassen. Der »Meistertrunk« wird als Theaterstück im Kaisersaal des Rathauses zur Aufführung gebracht (noch einmal im Oktober, falls man den Pfingsttermin verpasst hat). Für die Stadtrettung mittels Frankenwein gibt es übrigens keine historischen Belege. Doch war das Schauspiel, das der Rothenburger Glasermeister Adam Hörber um 1900 davon niederschrieb, so erfolgreich, dass es aus dem städtischen Geschichtsbewusstsein – und dem der Touristen – nicht mehr wegzudenken ist.

Wer sich für die Anfänge des »Meistertrunks« und auch des modernen Fremdenverkehrs interessiert, der sollte die Weinstube am Pulverer in der Herrngasse besuchen. Die Bestuhlung stammt von 1902, hineingeschnitzt sind Porträts der Ratsherren und des Bürgermeisters Nusch beim Meistertrunk. Auch die hölzernen Türen und Decken wurden mit Schnitzereien und Einlegearbeiten verziert. In der hauseigenen Konditorei werden die »Rothenburger Schneeballen«, mit Puderzucker bestreute Mürbeteigkugeln, nach altem Familienrezept in Schmalz ausgebacken: natürlich original, ohne irgendwelche Füllungen oder Glasuren.

↗ *Rothenburg ob der Tauber, www.meistertrunk.de*

KRABBENTAGE
HUSUM, SCHLESWIG-HOLSTEIN

Während der Husumer Krabbentage Mitte Oktober dreht sich am Hafen der Storm-Stadt alles um die Nordseegarnele. Natürlich warten Kutter und Stände dann mit extra leckeren Krabbenbrötchen auf die Besucher. Bei der Krabbenpul-Meisterschaft kann man zeigen, dass man sich sein Essen auch richtig verdient hat. Dabei muss es für die Krabben nicht immer ein schlichtes Brötchen sein: Der Azubi-Kochwettbewerb liefert sicher Ideen für neue Gerichte rund um die kleinen Schalentiere.

↗ *www.krabbentage-husum.de*

LANDSHUTER HOCHZEIT 1475
LANDSHUT, BAYERN

Alle vier Jahre reisen mehr als 2000 Niederbayern ins Mittelalter – und über eine halbe Million Besucher reisen mit. Mit rund 70 Veranstaltungen, die in drei Wochen und einem zusätzlichen Wochenende bewältigt werden wollen, gilt die »Landshuter Hochzeit 1475«, im maulfaulen Volksmund einfach nur »LaHo«, als Europas größtes historisches Dokumentarspiel. Wobei allein die Kulisse des gotischen Stadtensembles samt Burg Trausnitz und der Martinskirche mit dem höchsten Backsteinturm der Welt wie geschaffen für ein solches Event ist. Und durch die zahlreichen teilnehmenden Landshuter in originalgetreuen Kostümen und mit wallenden Haaren mit aufregendem Leben erfüllt wird. Leitgedanke des seit 1903 regelmäßig ausgetragenen Spektakels ist die innen- wie außenpolitisch wichtige Hochzeit des Wittelsbacher Herzogs Georg des Reichen von Bayern mit Hedwig, der Tochter des Polenkönigs, wieder aufleben zu lassen. Unter der Regie des Vereins »Die Förderer« wird möglichst originalgetreu in Szene gesetzt, was die Chronisten von dieser Fürstenhochzeit aufgeschrieben haben. Etwa der Vorabend der Hochzeit, der an den Samstagabenden nachempfunden wird. Unter dem Motto »Festliche Spiele im nächtlichen Lager« sorgen Moriskentänzer und farbenprächtige Darbietungen der Gaukler und Feuerschlucker für Romantik auf dem Turnierplatz am Fuße der Burg. Reisige und Ritter zeigen Kampfszenen, Ringelstecher und Feuerkopfreiter Geschick und Mut. Nicht minder eindrucksvoll geht es beim »Mummenschanz« zu, dem

ZU-HAUSE-TIPP

WELCHES MOTTO DIESMAL?

Ein Fest mit den besten Freunden feiern ist immer eine gute Idee. Wie wäre es zur Abwechslung mit einem coolen Motto? Alle Gäste ziehen sich dementsprechend an, Dekoration und Musik passen ebenfalls dazu, vielleicht auch das Essen. Der Fantasie sind keine Grenzen gesetzt. Mit einer »Bad Taste-Party« z. B. ist garantiert für gute Stimmung gesorgt. Sich so geschmacklos wie irgend möglich zu kleiden, ist eine Herausforderung: Klamotten, die schon lange aus der Mode sind, die farblich absolut nicht zusammen passen, kommen hier noch einmal zum Zug. Die hässlichste Kombination gewinnt den ersten Preis! Dazu noch etwas Kitsch und Plastik auf dem Tisch, Lieder mit schmalzigen Texten aus der Box und vielleicht noch Würstchen aus der Dose? Das nächste Mal kann dann zum Ausgleich »Alles in Weiß« das Motto sein.

»Lagerleben« auf dem Zehrplatz, wo sich die Gäste aus dem 21. Jh. mitten in einem detailgetreuen Sittengemälde aus dem 15. Jh. wiederfinden. Den Höhepunkt des Spektakels stellen dann die Sonntage dar, an denen die Hochzeitsgesellschaft durch die Altstadt zieht. Von den Tribünen aus können Zuschauer den Hochzeitszug verfolgen. Und alle flanieren sie vorbei: Kaiser, Fürsten und Grafen, Gesandte und Bürger, Trossknechte und Bettelvolk – und natürlich das Brautpaar.

Zwei Tage lang geben die Traktoren alles, um den Schlitten ins Ziel zu bringen

↗ *Landshuter Hochzeit, www.landshuter-hochzeit.de*

197 TRACTOR PULLING
FÜCHTORF, NORDRHEIN-WESTFALEN

Beim Tractor Pulling ziehen selbst gebaute Riesenmaschinen einen Bremsschlitten auf einer 100-Meter-Distanz. Unter 5000 PS tritt da keiner an. Das größte »Traktorenziehen-Spektakel« Deutschlands in Füchtorf ist eine Show für alle, die starke Maschinen und röhrende Motoren lieben – und das sind viele: Am letzten Wochenende im April versammeln sich mehr als 20 000 Zuschauer für den 1. Lauf der deutschen Meisterschaft.

↗ *Füchtorf, www.greenmonster.de*

198 GUTSMUTHS RENNSTEIGLAUF
SCHMIEDEFELD A. R., THÜRINGEN

Europas größter Crosslauf hat es in sich. Landschaftlich dank des prächtigen Thüringer Waldes, sportlich wegen des Geländeprofils. Etwa 15 000 Teilnehmer zählt die traditionelle Rennveranstaltung (erstmals 1973), zu der auch Nordic Walking, Wandern (17–50 km) und Juniorencrossläufe (1–9 km) gehören. Königsdisziplinen sind die drei Marathons. Schon der Halbmarathon (21,1 km) ist kein Pappenstiel, zumal im Gebirge. Erst recht nicht die (mit 43,5 km mehr als volle) Marathondistanz. Beinahe übermenschliche Strapazen verlangt der Supermarathon den Läufern ab:

72,7 km mit 2479 m Höhendifferenz (inklusive aller Aufs und Abs). Die Rekorde dieser Strecke (auf dem Parcours seit 1997) liegen bei Männern um die fünf, bei Frauen um die sechs Stunden. Ziel ist Schmiedefeld am Rennsteig. Der Halbmarathon startet in Oberhof, der Marathon in Neuhaus a. R., der Supermarathon im fernen Eisenach. Betreut wird das Geschehen von 1500 Helfern lokaler Sportvereine. Der Name des Laufs geht übrigens auf den Pädagogen und Philanthropen Johann Christoph GutsMuths (1759 bis 1839) zurück, einen »Kollegen« des in Westdeutschland bekannteren »Turnvaters« Jahn.

↗ *Zielort: Schmiedefeld a. R., www.rennsteiglauf.de*

199
SAMBA-FESTIVAL »SAMBACO«
COBURG, BAYERN

Der Zuckerhut mag mehr als 10 000 Kilometer Luftlinie von Coburg entfernt sein. Doch beim alljährlichen internationalen Samba-Festival verwandeln mehrere tausend »Sambistas« die Herzogstadt drei Tage lang in ein Spektakel aus Musik und Tanz, bei dem man sich umgehend nach Brasilien versetzt fühlt. Es ist das größte Festival dieser Art außerhalb von Rio

de Janeiro. Temperamentvolle Tänzerinnen in knappen Glitzer-Kostümen, mitreißende Bands, fetzige Shows sowie zahllose Stände, die kulinarische Spezialitäten aus Brasilien anbieten, tragen dazu bei, dass es an diesen Tagen im »fränkischen Rio« nicht nur authentisch klingt, sondern auch so schmeckt und duftet. Ein abwechslungsreiches Rahmenprogramm macht die Veranstaltung zu einem Erlebnis für Groß und Klein. Highlight des Festivals ist der Umzug durch die Straßen Coburgs, wo ein Wochenende lang niemand an Schlafen denkt.

↗ *Altstadtbereich um Marktplatz und Schlossplatz, Coburg, www.samba-festival.de*

200
BAD HERSFELDER FESTSPIELE
BAD HERSFELD, HESSEN

Im Hochsommer ist die Bad Hersfelder Stiftsruine ein reizvoller Austragungsort von Kulturveranstaltungen. Zunächst werden bei den Festspielen (Juni–Anfang August) mehrere Theaterstücke (auch eines für Kinder) und Musicals gezeigt. Bei den anschließenden Opernfestspielen kommen zwei Werke auf der 1400 m² großen Bühne zur Aufführung, meist Klassiker wie Mozarts »Zauberflöte« oder Verdis

![Bei den Festspielen kann man das schöne Ambiente rund um die Stiftsruine genießen](image)

Bei den Festspielen kann man das schöne Ambiente rund um die Stiftsruine genießen

»Nabucco«. Die frühere Hersfelder Benediktinerabtei (gegründet wurde sie 769 von Bischof Lullus, der letzte Abt Joachim starb 1606) gilt als größte romanische Kirchenruine der Welt. Die Stiftskirche wurde 1761 im Siebenjährigen Krieg von französischen Soldaten zerstört. Die verbliebenen Mauern stammen überwiegend aus der Mitte des 11. Jh. und bilden einen eindrucksvollen Rahmen für die seit 1951 stattfindenden Festspiele. Das einstige Langhaus der Kirche (47 m lang, 29 m breit) bietet gut 1600 Zuschauern (gepolsterten) Platz. Bei Regen wird das Geschehen von der kühnen Zeltkonstruktion Frei Ottos überspannt, der auch das Münchner Olympiastadion überdachte.

↗ *Stiftsruine, Bad Hersfeld,*
www.bad-hersfelder-festspiele.de,
www.oper-hersfeld.de

GESTÜT UND HENGSTPARADE

GOMADINGEN,
BADEN-WÜRTTEMBERG

Das älteste staatliche Gestüt Deutschlands liegt auf den Hochflächen der Schwäbischen Alb, bei Marbach. Über 500 Pferde gehören zum Bestand – und nur die Besten schaffen es hier in die Ställe. Seit fast 500 Jahren widmet sich das Gestüt der Zucht. Folgende

Rassen sind vertreten: Deutsches Reitpferd, Altwürttemberger, Vollblutaraber, Schwarzwälder Kaltblut und Süddeutsches Kaltblut. In einer knapp einstündigen Führung erfährt man mehr von der Geschichte des Gestüts und über die Eigenheiten der Rassen. Eine besondere Attraktion für Pferdefreunde ist die jährlich im Herbst stattfindende Hengstparade in der Freiluftarena. Hier sieht der Zuschauer, was mit Pferden als Sport- und Freizeitkameraden alles möglich ist – von rasanten Fahrten mit dem römischen Kampfwagen über freilaufende Vollaraberstuten bis hin zur Hengstquadrille. Beeindruckend, was Reiter, Fahrer und Pferde so draufhaben.

↗ *Haupt- und Landgestüt Marbach,*
Gomadingen,
www.gestuet-marbach.de

OPEN FLAIR FESTIVAL
ESCHWEGE, HESSEN

Eschwege mit seinen 20 000 Einwohnern ist nicht nur dank der mit Fachwerkbauten gespickten Altstadt und des von dort rasch zu Fuß erreichbaren Werratalsees sehr sehenswert. Mitten im August brummt die kleine Kreisstadt vor Publikum, wenn das

Für die Hengstparade in Marbach werden die Pferde festlich geschmückt

Open Flair Festival mit vielen Rock- und Popkonzerten sowie Kleinkunst stattfindet. Am zweiten Augustwochenende zieht das Open Flair dabei täglich an die 15 000 Besucher an. Das erste Festival ging noch auf Burg Ludwigstein über die Bühne, danach wurde es auf das »Werdchen«, eine Werrainsel mit großem Festplatz nahe der Eschweger Altstadt, verlegt. In den vergangenen Jahren gastierten etwa Gianna Nannini, Reamonn, die Toten Hosen und die Fantastischen Vier. Für anspruchsvolle Kleinkunst bzw. Kabarett sorgten u. a. Sissy Perlinger, Georg Ringsgwandl, Jess Jochimsen oder Matthias Deutschmann.

↗ *Werdchen, Eschwege,*
www.open-flair.de

ALEMANNISCHE FASNET

ROTTWEIL, BADEN-WÜRTTEMBERG

Während der Fasnetszeit herrscht der Ausnahmezustand in Baden-Württembergs ältester Stadt Rottweil. Die Narren haben das Kommando. Beim historischen Narrensprung strömen sie »d' Stadt nab« durch das Schwarze Tor. Beim Umzug durch die Stadt erklingt der Narrenmarsch, und »Bennerrössle«, »Federahannes«, »Biss«, »Guller«, »Schantle«, »Fransenkleid«

und »Gschell« sorgen für Trubel. Den Zug führen die Reiter mit der Reichsstadtstandarte an, dann folgt die Kapelle in Tracht und zum Schluss kommen die »Narrensamen«, die Jüngsten der Narrenzunft. Hat sich der Zug auf dem Friedrichsplatz aufgelöst, geht das Treiben bis zum Betzeit-Läuten um 18 Uhr auf den Straßen und in den Wirtshäusern munter weiter. Dann ziehen die Narren Maske und

»Narrenkleidle« aus. Jetzt wird ohne Maske weitergefeiert, was der Fröhlichkeit nichts anhaben kann.

↗ *Innenstadt von Rottweil;*
www.rottweil.de (> Kultur
> Veranstaltungen > Feste)

WAVE-GOTIK-TREFFEN
LEIPZIG, SACHSEN

Eines der größten Wave-Gotik-Treffen Europas geht jedes Jahr am Pfingstwochenende in Leipzig über die Bühne.

Darüber, warum Leipzig sich zu einem Hotspot der schwarzen Szene entwickelt hat, kann nur spekuliert werden. 1992 trafen sich erstmals etwa 1500 Wave-Gotik-Anhänger im Connewitzer Eiskeller; im Jahr darauf waren es bereits 2000, 2017 kamen 21 000 Festivalbesucher. Auch das Programm des WGT genannten Treffens wurde ausgebaut. Anfangs traten nur Bands auf; später gab es auch Filmvorführungen, Lesungen, Theater, Partys und einen Mittelaltermarkt. Auch der Musikstil änderte sich: Spielten zunächst nur Wave-Gotik-Bands, kamen dann auch Metal-, Punk- und Mittelalterbands dazu. Nicht zuletzt gab und gibt es immer wieder Auseinandersetzungen um

ZU-HAUSE-TIPP

PICKNICK UNTER FREIEM HIMMEL

Nach einem Spaziergang oder einer kleinen Wanderung ein schönes Plätzchen suchen und sich ausgiebig stärken: Draußen schmeckt es einfach besser. Packen Sie die Zutaten wie Decke, frisches Brot, Aufstriche, Gemüse je nach Jahreszeit, hart gekochte Eier und alles, was problemlos zu transportieren ist und ohne große Zubereitung gegessen werden kann, in den Rucksack. Vielleicht noch was Süßes zum Nachtisch, z. B. Muffins? Papierservietten reichen als Unterlage, ein Messer und Pappbecher leisten gute Dienste. Getränke bleiben in Thermoskannen eine Weile kühl. Wer etwas Besonderes zu feiern hat, nimmt eine kleine Flasche Sekt zum Anstoßen mit. Zu weit muss man ja nicht alles schleppen!

die politische Positionierung des Treffens. Die Szene gibt sich unpolitisch, grenzt sich gegenüber Rechtsaußen aber kaum ab. Naziähnliche Symbole und Uniformen, Büchertische rechtsradikaler Verlage u. Ä. sorgen Jahr für Jahr für Diskussionen.

Herzstück des Gotik-Treffens ist der Leipziger Süden. Auf dem Zeltplatz am ehemaligen agra-Gelände wird campiert; im Torhaus Dölitz öffnet das Heidnische Dorf seine Pforten, in dem sich die Szene neben kleineren Musikevents an mittelalterlichem Essen laben kann. Zentraler Veranstaltungsort ist die Moritzbastei, u. a. mit einem Mittelaltermarkt. Auch viele kulturelle Institutionen der Stadt stellen ihr Programm auf die besondere Klientel ein.

↗ *Leipzig, www.wave-gotik-treffen.de*

Einer der Höhepunkte des Wave-Gotik-Treffens ist das Viktorianische Picknick

KARNEVAL IN BONN

BONN, NORDRHEIN-WESTFALEN

Die sogenannte fünfte Jahreszeit beginnt am 11.11. um 11.11 Uhr und dauert bis zum Aschermittwoch. Zunächst eher versteckt beim Sitzungskarneval, gibt es ab Weiberfastnacht (Donnerstag vor Karneval) kein Halten mehr: An diesem Tag stürmen die Waschweiber das Rathaus in Bonn

Beuel und dann regiert die Wäscherprinzessin die Stadt. Das öffentliche Leben ruht und in den Büros wird gefeiert! An den folgenden Tagen darf man in allen Stadtteilen die Karnevalszüge mit kunstvoll gestalteten Wagen und liebevoll genähten Kostümen bewundern. Wer am Straßenrand steht, unterstreicht den Ruf »Alaaf« mit dem lässigen Hochwerfen eines Armes und wird vielleicht mit »Kamelle« (Süßigkeiten), »Bützche« (Karnevalskuss) oder »Strüssche« (Blumensträußchen) belohnt. Das Alte Rathaus in Bonn wird am Karnevalssonntag von den Stadtsoldaten in historischen Uniformen erobert. Am nächsten Tag zieht der Rosenmontagszug durch die Bonner City, am Veilchendienstag lässt man die tollen Tage gemütlich in einer Kneipe ausklingen.

↗ *Bonn, www.karneval-in-bonn.de*

BUCHMESSE LEIPZIG

LEIPZIG, SACHSEN

Genau 436 Verlage zählte Leipzig 1930; über Tausend Unternehmen des grafischen Gewerbes, von der Druckerei bis zur Buchhandlung, waren verzeichnet. Altehrwürdige Verlagsnamen wie Reclam, Baedeker, Brockhaus, Rowohlt und Edition Peters waren in Leipzig beheimatet, fast alle im Graphischen Viertel in der Ostvorstadt. Nach dem Zweiten Weltkrieg und mit der beschlossenen Teilung Deutschlands löste sich die vitale Buchszene auf. Viele Verleger zogen in den Westen; die Druckmaschinen wiederum

machten sich als Teil der Reparationsleistungen auf den Weg in die Sowjetunion. Die DDR-Ära sah bescheidene Aktivitäten in den Verlagshäusern und Druckereihallen; Brockhaus beispielsweise gab es nun zweimal, einmal in Ost-, einmal in Westversion. Auch die Deutsche Bücherei, die ihren Sitz bis 1945 in Leipzig hatte, duplizierte sich und sammelte in Deutschland gedrucktes Buchgut von da an zusätzlich in Frankfurt am Main. Den zweiten Einschnitt erlebte das Graphische Viertel mit dem Niedergang ostdeutscher Verlage nach der Wende. Die letzten Lichter gingen aus, bis nach der Jahrtausendwende war das Buchviertel nur noch triste Industriebrache. Das Neue Messegelände mit seiner riesigen

Die Glashalle der Neuen Messe ist 238 m lang, 80 m breit und 30 m hoch – einfach riesig

glasüberdachten Haupthalle hält heute den Ruf Leipzigs als Bücherstadt aufrecht: Hier findet im März die Leipziger Buchmesse statt, die sich in erster Linie nicht an Fachbesucher, sondern an das Publikum wendet. Zahlreiche Veranstaltungen an den unterschiedlichsten Orten, alle unter dem Motto »Leizpig liest«, ermöglichen in den Messetagen einen intensiven Austausch zwischen Autoren und Lesern. Nicht zuletzt ist die Manga-Comic-Convention Teil dieses beeindruckenden Lesefestes.

↗ *Leipzig, www.leipziger-buchmesse.de*

HAMBURGER HAFENGEBURTSTAG
HAMBURG

Beim alljährlichen Hafengeburtstag herrscht in der Hansestadt besonders großer Trubel. Das Jubiläum erinnert an die kaiserlichen Hafenprivilegien von 1189. Laut einer (gefälschten) Urkunde garantiert Kaiser Friedrich I. Barbarossa in diesem Jahr Hamburg freie Schifffahrt auf der Unterelbe – dieses Datum wird als Geburtstag des größten deutschen Seehafens gefeiert und bringt immer um den 7. Mai herum weit über eine Million Menschen an die Hafenkante. Dann gleiten große Traditionssegler über die Elbe, Feuerwehrlöschboote führen Fontänenparaden auf, Fallschirmspringer landen auf winzigen Pontons und die PS-starken bulligen Hafenschlepper tanzen Ballett auf dem Strom. Auf den Straßen und Plätzen am Ufer herrscht Jahrmarkt, und aus dem Alten Elbtunnel hallen Jazzklänge.

↗ *www.hamburg.de/Hafengeburtstag*

STRIEZELMARKT
DRESDEN, SACHSEN

Übers Jahr finden auf dem Dresdner Altmarkt mehrere Märkte statt, deren schönster der 1434 gegründete Striezelmarkt in der Adventszeit ist. Er gilt als Deutschlands ältester Weihnachtsmarkt. Dann locken Bratwürste, aus den Zapfhähnen fließen Eibauer Schwarzbier und Radeberger Pilsner, verführerisch duften die Quarkkäulchen, Dresdner Stollen und Pulsnitzer Pfefferkuchen. An den Buden werden Nussknacker aus dem Erzgebirge, Töpferwaren und Leinenwäsche aus der Oberlausitz angepriesen. Kinder erfreuen eine Spielhütte, die mit 14 m höchste Erzgebirgspyramide der Welt, und ein begehbarer Schwibbogen.

↗ *Altmarkt, Dresden, www.striezelmarkt.dresden.de*

STÖRTEBEKER FESTSPIELE

**RÜGEN,
MECKLENBURG-VORPOMMERN**

Gekaperte Koggen, große Grausamkeiten, sagenhafte Schätze: Das ist der Stoff der Geschichten um den Freibeuter Klaus Störtebeker. Vermutlich auf Gut Ruschvitz/Jasmund geboren, beginnt seine »Karriere« 1389, als die Hansestädte Rostock und Wismar eine Schwäche ihres schwedischen Lehnsherrn nutzen, um gegen die Schweden vorzugehen. Hierfür statten sie eine Horde wilder Abenteurer mit Kaperbriefen aus, mit dem Auftrag, nur feindliche Schiffe anzugreifen. Doch die Freibeuter kapern dann auch andere Handelsschiffe und bringen den Ostseehandel beinahe zum Erliegen, bis eine gut gerüstete Armee sie 1398 in die Nordsee vertreibt. 1401 nimmt eine Hamburger Flotte Störtebeker vor Helgoland gefangen. Zum Tode verurteilt, schlägt Störtebeker die Begnadigung jener mitverurteilter Kameraden vor, an denen er nach seiner Enthauptung noch vorbeilaufen kann. Scharf-

DO-IT-YOURSELF-TIPP

KINOABEND ZU HAUSE

Diesen Film wollen Sie unbedingt anschauen. Nur alleine macht es nicht so viel Spaß. Laden Sie Nachbarn, Freunde oder Verwandte ein zu einem Heimkinoabend. Sessel oder Sofa statten Sie richtig gemütlich mit Kissen und Decken aus, der Blick auf den Bildschirm ist von überall passend. Zu einem richtigen Filmabend gehören auch ein paar Leckereien und natürlich Popcorn. Das lässt sich ganz einfach selbst machen aus 50 g Popcornmais, 3 EL Zucker und etwas Öl. Nehmen Sie einen großen Topf, bedecken Sie den Boden mit Öl und schalten Sie die Kochplatte ein. Ist das Öl richtig heiß, fügen Sie den Zucker hinzu und rühren Sie die Masse ca. 10 Sek. um. Dann den Popcornmais dazugeben, den Topf sofort mit einem Deckel verschließen und die Kochplatte ausstellen. Schütteln Sie den Topf einige Zeit hin und her, damit sich der Zucker gut verteilen kann. Zum Schluss füllen Sie das Popcorn in eine große Schüssel. Fertig!

richter Rosenfeld stimmt zu und muss erleben, wie sich der kopflose Pirat tatsächlich in Bewegung setzt. Erst als Rosenfeld ihm ein Bein stellt, setzt er dem Spuk ein Ende. Den Mythos kann er allerdings nicht mehr bremsen, und in den Störtebeker Festspielen lebt er wieder auf: Sobald der legendäre Pirat auf der Boddenbühne in Aktion tritt, übersteigt die Anzahl der Statisten die Einwohnerzahl von Ralswiek deutlich. Bis zu 9000 Zuschauer sehen allabendlich das Open-Air-Spektakel über Klaus Störtebekers Leben und Sterben, dessen krönender Abschluss ein prächtiges Feuerwerk über dem nächtlichen Bodden ist. Die Masseninszenierung nach Drehbuch von Kurt Barthel (1914–1967) hatte 1959 Premiere, wurde aber 1961 abgesetzt. Seit 1993 sind die Festspiele wieder ein Rügener Publikumsmagnet.

↗ *Boddenbühne, Ralswiek/Rügen, www.stoertebeker.de*

ALMABTRIEB ÜBER DEN KÖNIGSSEE

SCHÖNAU, BAYERN

Ist im Almsommer kein Tier zu Schaden gekommen, werden die Kühe an vielen Orten Bayerns prächtig geschmückt und, je nach Witterung, im September oder Oktober zu Tal getrie-

ben. Am spektakulärsten ist der Almabtrieb über den Königssee. Da die Saletalm am Südufer und die Fischunkelalm am Südostufer auf dem Landweg nur schwierig zu erreichen sind, kommen die Kühe per Boot zurück zur Seelände am nördlichen Ufer des Königssees. Heute erleichtern die Landauer, flache Boote mit Motor, den Viehtransport – vor gut 100 Jahren wurden die Kühe noch über den See gerudert. Das war ein banger Moment für den Bauern: Kommen wirklich alle Kühe gut übers Wasser? Deswegen werden die Tiere bis heute erst dann geschmückt, wenn sie wieder festen Boden unter den Füßen haben.

↗ *www.berchtesgaden.de (> Heimat > Tradition > Almsommer)*

HANSE SAIL

ROSTOCK, MECKLENBURG-VORPOMMERN

Das größte maritime Ereignis in Mecklenburg-Vorpommern findet seit 1991 alljährlich in Rostock statt. Jeweils am ersten oder zweiten August-Wochenende erwartet die alte Hansestadt etwa eine Million Besucher. Kreuzer und Fähren, Marine- und Containerschiffe, Windjammer und unzählige kleinere Segeljachten aus aller Welt verwandeln den Ros tocker Stadthafen und Warnemünde in ein Meer von Segeln. Am schönsten sind die Traditionssegler mit einem, zwei, drei oder sogar vier Masten. Unumstrittener Höhepunkt ist die Schiffsparade am Samstag.

↗ *Rostock, www.hansesail.com*

AUER DULT
MÜNCHEN, BAYERN

Drei Mal im Jahr findet in München auf dem Mariahilfplatz im Stadtteil Au für jeweils neun Tage ein unnachahm-

licher Jahrmarkt, die »Dult« statt. In einer faszinierenden Mischung von Volksfest und Markt kann man sich (unter anderem) an traditionellen Schmankerln laben (von Reiberdatschi über Steckerlfisch bis zu gebrannten Mandeln), Kräuter und Tees einkaufen oder Geschirr und Küchengerätschaften aller Art erwerben – einschließlich neuer »Küchenwunder«. Hier treffen Alt-Münchner auf »Zugroaste«, Großeltern kommen mit den Enkeln und Hausfrauen erörtern mit Hipstern alle Vorzüge des neuen Gemüse-hobels.

↗ *Mariahilfplatz, München OT Au, www.auerdult.de*

Das kolumbianische Segelschulschiff »Gloria« in Warnemünde

213
SCHLICKSCHLITTEN-MEISTERSCHAFTEN
UPLEWARD, SCHLESWIG-HOLSTEIN

Tausende von Besuchern feuern bei den Norddeutschen Schlickschlitten-meisterschaften im ostfriesischen Upleward allsommerlich ihre Favoriten an – schließlich geht es um nichts weniger als die »Wältmeisterschaft«. Neben dem Schlittenrennen sind Wattfußball, Aalsprint und Wattziehen beliebte Attraktionen und ein schlammiger Spaß. Alle feiern den ganzen Tag auf der Wiese hinterm Deich.

↗ *Upleward,*
  www.schlickschlittenrennen.de

214
POTSDAMER SCHLÖSSERNACHT
POTSDAM, BRANDENBURG

Für eine Nacht wird das Sommerparadies der preußischen Könige in seiner ganzen barocken Pracht lebendig. Beim Lustwandeln durch den Park Sanssouci können sich die Besucher an einer Fülle künstlerischer Darbietungen erfreuen und die Schönheit des Ortes genießen. In der Dämmerung beginnt sich der Park zu wandeln, bis bei Dunkelheit Schlösser und Gartenarchitekturen festlich illuminiert er-

ZU-HAUSE-TIPP

ÜBUNG MACHT DEN MEISTER

Wer wird Fußballkönig oder -königin? Mit dem Training kann man nicht früh genug anfangen, und sei es beim Tischfußball. Zwei oder vier Spieler versuchen den kleinen Ball mit einer der Spielfiguren zu erwischen und ins Tor zu befördern, was einiges an Fingerfertigkeit und Reaktionsschnelligkeit erfordert. Beim Kickern hat auch der Nachwuchs eine Chance, gegen Mama oder Papa zu gewinnen. Wer keinen Tischkicker zu Hause hat, kann vielleicht bei Freunden oder in der nächsten Sportbar üben.

strahlen, auch die Natur sowie die Künstler auf Bühnen, Plätzen oder auf einem Boot im Maschinenteich stehen effektvoll im Rampenlicht. Den Abschluss des Abends bildet ein Feuerwerk. Jeweils am Vorabend stimmt ein Orchesterkonzert vor dem Neuen Palais auf die Potsdamer Schlössernacht ein. Auch das Konzert endet mit einem Feuerwerk, und die Besucher können anschließend den bereits illuminierten Park Sanssouci erleben. Die Zahl der Eintrittskarten ist auf 33 000 begrenzt. Ein Teil der Einnahmen wird für Pflege und Restaurierung von Objekten im Park Sanssouci verwendet.

↗ *Park Sanssouci, Potsdam, www. potsdamer-schloessernacht.de*

KOCHERLBALL
MÜNCHEN, BAYERN

An einem Sonntag im Juli versammeln sich jedes Jahr über 10 000 Münchner bei Volksmusik und Picknick zum Kocherlball am Chinesischen Turm. Der Tanz in den frühen Morgenstunden zwischen 6 und 10 Uhr geht auf einen Brauch des 19. Jh. zurück: Damals trafen sich die Hausangestellten bei schönem Wetter schon am frühen Sonntagmorgen zum Feiern, weil sie danach wieder arbeiten mussten. Wer die Tanzschritte für beispielsweise die »Münchner Française« nicht kennt, tut gut daran, vorher einen der kostenlosen Tanzkurse zu besuchen.

↗ *Chinesischer Turm im Englischen Garten, München, www.kocherlball. de; Tanzkurse: www.muenchen.de (Suche nach Tanzkurse Kocherlball)*

BAUMBLÜTENFEST
WERDER, BRANDENBURG

Werder, 10 km südwestlich von Potsdam, ist für seine Obstplantagen bekannt. Zur Zeit der Obstblüte, in der letzten April- und ersten Maiwoche, erlebt der Ort seinen großen Rausch: Beim Baumblütenfest verwandelt sich die ganze Stadt – vom Hohen Weg über das Stadtzentrum bis zur Insel – in eine einzige Festmeile. Weit über 500 000 Besucher drängen sich auf den Straßen, um an Ständen oder traditionell in privaten Gartenschenken den berühmten Obstwein zu probieren. Begleitet wird die neuntägige Nonstop-Feier von Bauernmärkten, einer Kirmes und kulturellen Darbietungen.

↗ *Werder, www.baumbluetenfest.de*

FOTOFESTIVAL HORIZONTE
HALBINSEL ZINGST,
MECKLENBURG-VORPOMMERN

Die Halbinsel Fischland-Darss-Zingst mit ihrer besonderen Landschaft und dem einmaligen Licht zieht viele Fotografen an. So werden in Zingst mehr als 40 Fotoausstellungen im Jahr präsentiert. Ein Highlight ist das Fotofestival »Horizonte Zingst« alljährlich

Nach dem kalten Winter begrüßt man den Frühling beim Baumblütenfest in Werder

im Frühsommer. Es gibt Seminare, Workshops, Podiumsgespräche und natürlich viele Ausstellungen. Dabei geht es um Landschaftsfotografie, wobei Themen wie Klimawandel und die Schutzbedürftigkeit der Artenvielfalt zentral sind.

↗ *Zingst, www.horizonte-zingst.de*

STARKBIERZEIT
MÜNCHEN, BAYERN

Die bayerische »fünfte Jahreszeit« geht auf Mönche zurück, die in der Fastenzeit nach der Devise »Flüssiges bricht Fasten nicht« ein besonders kräftiges, nahrhaftes Bier brauten. Die Münchner Brauereien setzen diese Tradition fort und schenken im März/April ihr Stark- bzw. Bockbier aus (6–7 % Alkohol), dessen Name traditionell auf »-ator« endet. Am bekanntesten ist das »Salvator« der Paulaner-Brauerei, die alljährlich den Starkbieranstich auf dem Nockherberg als feucht-fröhliches Medienereignis zelebriert: Vor versammelter Politprominenz nehmen Kabarettisten die Mächtigen aufs Korn (»derblecken«). Ansonsten werden auf dem Nockherberg keine Fastenambitionen gepflegt, sondern traditionelle bayerische Gastlichkeit.

↗ *Paulaner am Nockherberg,*
Hochstr. 77, München,
www.nockherberg.com

RÜGENER HORNFISCHTAGE

RÜGEN, MECKLENBURG-VORPOMMERN

Sobald der Frühsommer naht, schwimmt der Hornfisch, ein feiner Atlantikfisch, zum Laichen ans warme Ostseegestade. Was dem Fisch sein Pech, ist dem Angler sein Glück, der mit gefüllten Netzen an Land geht. Doch so populär wie der Hering, den man unmittelbar vor dem Hornfisch fängt, ist der Kollege Hornhecht mit dem schönen lateinischen Namen »Belone belone« bis heute nicht. Und das hat einen simplen Grund: Die blaugrün gefärbten Gräten schrecken die Gäste. Dabei ist das dafür zuständige Pigment Biliverdin völlig ungiftig und hat noch einen großen Vorteil beim Verzehr: Beim Hornfisch muss man nicht nach Gräten stochern. Man sieht sie auf den ersten Blick, und das ist gut so. Alte Fischer haben für die Färbung allerdings eine viel hübschere Erklärung: »Der liebe Gott hat einfach zu tief ins Glas geschaut, als er die Hornhechte schuf.« Wie dem auch sei – auf Rügen weiß man längst um die Delikatesse und feiert im Mai die Hornfischtage. Viele Restaurants machen mit und bringen den »Maifisch« auf den Tisch, gern mit Stampfkartoffeln und Rhabarberkompott kombiniert.

↗ *Rügen, Tourist Info: www.ruegen.de*

STUTTGARTER WEINDORF

STUTTGART, BADEN-WÜRTTEMBERG

Das Stuttgarter Weindorf ist eines der größten und schönsten Weinfeste Deutschlands. Ende August verwandelt sich die Stuttgarter Innenstadt vom Rathaus bis zum Schillerplatz für zwölf Tage in ein geselliges Weindorf mit rund 120 gemütlichen, in schwäbischer Tradition geschmückten Weinlauben. Dort können die »Vierteleschlotzer« rund 250 verschiedene Württemberger Weine verkosten – unter anderem Trollinger, Riesling, Kerner, Müller-Thurgau, Schwarzriesling oder Lemberger.

↗ *Stuttgart, Innenstadt, www.stuttgarter-weindorf.de*

GIMMELDINGER MANDELBLÜTENFEST

GIMMELDINGEN, RHEINLAND-PFALZ

Die edlen Pfälzer Tropfen wollen getrunken und gefeiert werden, sei es in der Straußwirtschaft, dem Eigenausschank des Winzers, sei es in einem der zahlreichen urigen Weinlokale. Oder – und das scheinen die als gesellig geltenden Pfälzer am allerliebsten zu tun – auf einem der unzähligen

Weinfeste. Kein Winzerdörfchen ist ohne, und überall werden Pfälzer Spezialitäten angeboten.

Eröffnet wird die Weinfestsaison im Weindorf Gimmeldingen mit dem Mandelblütenfest. Einen festen Termin gibt es nicht, der Beginn des traditionsreichen Fests wird jedes Jahr kurzfristig festgelegt, sobald abzusehen ist, dass die unzähligen Mandelbäumchen der Region austreiben und den Ort in ein zartrosa Blütenmeer tauchen. Nach einer Anordnung Kurfürst Friedrichs IV. von der Pfalz (1574–1610) wurden im 16. Jh. zwischen den Weinbergen Mandeln und Walnüsse gepflanzt, um den Bauern nach der Weinlese noch einen zweiten Ertrag zu bescheren. Ursprünglich waren es ausschließlich Essmandeln, doch sind mittlerweile ungefähr drei Viertel der rund 3000 Mandelbäumchen durch Zier- und Bittermandeln ersetzt, weil diese üppiger blühen. Das rosa Blütenmeer lockt schon seit 1934 zum Mandelblütenfest, Tausende Menschen feiern dann in Winzerhöfen und Weinstuben das Frühlingserwachen mit Pfälzer Wein. Ein schöner Spaziergang führt durch die Mandelallee vom Hildenbrandseck über Gimmeldingen bis Neustadt. Vom Gimmeldinger Festausschuss kann man sich per E-Mail über den Termin informieren lassen.

↗ *Neustadt a.d. Weinstraße OT Gimmeldingen, www.gimmeldingen.de*

Gibt's Schöneres als an einem lauen Sommerabend mit einem Glas Wein anzustoßen?

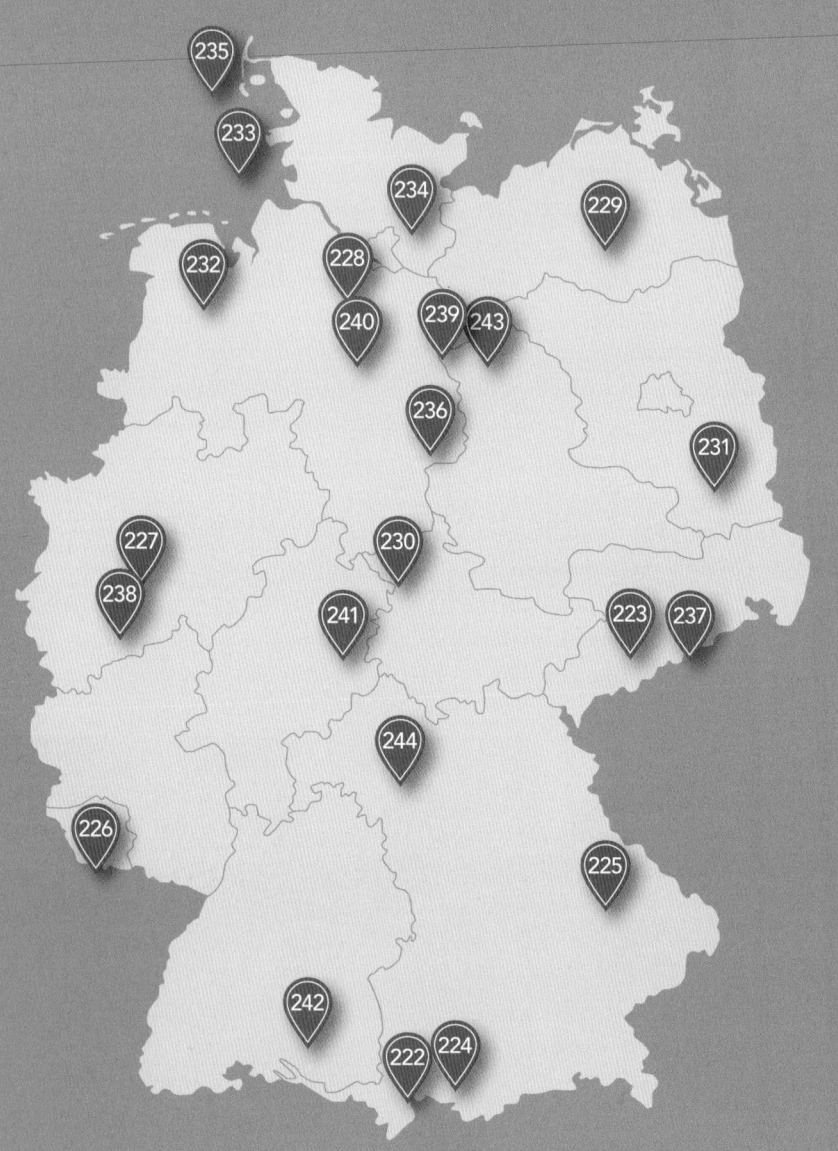

Mit einer Nacht im Baumhaus, Tipi oder
Zirkuswagen oder gar unterm Sternenzelt geht so
mancher (Kinder-)traum in Erfüllung.

Rechts: Unter einem Baum lässt sich gut campieren

Schlafe lieber ungewöhnlich

222
ESKIMO-
WOCHENENDE
OBERSTDORF, BAYERN

223
ÜBERNACHTEN
IM KUNSTWERK
LEIPZIG, SACHSEN

Schneehaus, Marke Eigenbau: Ein Iglu zu bauen ist gar nicht so schwer – wenn Experten zeigen, wie es geht. Als Bauplatz benötigt man ebenes Gelände, zum Ausstechen der Quader eine unzertretene Fläche mit gut gepresstem Schnee. Dann zirkelt man den Grundriss ab, nimmt Schneesäge und Schneeschaufel und macht sich ans Werk. Dabei wird's einem richtig warm. Nach drei bis vier Stunden Arbeit ist das winddichte Haus aus Schnee fertig. Worauf es beim Hochziehen der Wände ankommt, was beim »Schlussstein« zu beachten ist, wie man sein Iglu innen gestaltet und wie man eine Kältebrücke baut, die erst dafür sorgt, dass es innen gemütlich ist, selbst wenn draußen ein Schneesturm tobt, erklärt der Schneebiwakbaumeister. Nach getaner Arbeit stärkt man sich, bevor man mit der nötigen Bettschwere in den warmen Schlafsack in seinem Iglu unterm Sternenhimmel kriecht. Am nächsten Morgen steigt man nach einem gemütlichem Frühstück ins Tal hinab.

↗ *Iglu bauen, Wildnisschule Allgäu, Stefan & Heike Koch GbR, Im Bachtel 14, Oberstdorf/ OT Tiefenbach, www.wildnisschule-allgaeu.de*

Zeitgenössische Kunst in wechselnden Ausstellungen: Die Galerie für Zeitgenössische Kunst in Leipzig wirft immer neue, spannende Blicke auf das aktuelle Kunstgeschehen. Dabei sind die Vermittlungsprogramme »GfZK Für Dich« und »GfZK für Sie« besonders interessant, weil sie den Teilnehmern einen aktiven Zugang zu den Ausstellungen ermöglichen. Künstler gestalten auch das zur Galerie gehörende Hotel Paris Syndrom regelmäßig neu. Zwei Ateliers wurden zu Apartments umgebaut. Wer möchte nicht einmal eine Nacht in einem bewohnbaren Kunstwerk verbringen?

↗ *Hotel Paris Syndrom, Karl-Tauchnitz-Str. 9–11, Leipzig, www.gfzk.de*

224
VIEL LUFT NACH
UNTEN
PFRONTEN, BAYERN

Hochstimmung in den Baumwipfeln! Einer der ersten Hochseilgärten des Allgäus ist der Waldseilgarten Höllschlucht in Pfronten mit elf Parcours. Hier kann man auf der Seilrutsche einen Bach überqueren, über schwan-

Im schaukelnden Schwebezelt wird man sanft in den Schlaf gewiegt

kende Baumstämme balancieren oder an Seilnetzen hochkrabbeln wie eine Spinne im Netz. Nachts lockt ein Abenteuer unterm Sternenhimmel: Auf Holzpodesten zwischen den Bäumen können Paare und Familien mit Kindern in 7 m Höhe die Nacht wie Tarzan und Jane verbringen. Ein echtes Highlight ist die Übernachtung im »Portaledge«, einer frei hängenden Plattform mit Zeltdach. Das »schwebende Bett« ist an dicken Ästen großer Bäume aufgehängt; rauf und runter geht's mit dem Seil. Noch mehr Nervenkitzel verspricht die Übernachtung an einer senkrechten Felswand in 100 bis 300 m Höhe – trotz Betreuung rund um die Uhr sicher nur etwas für Schwindelfreie.

↗ *Waldseilgarten Höllschlucht, Bürgermeister-Franz-Keller-Straße, Pfronten, www.waldseilgarten-hoellschlucht.de*

BACK TO THE ROOTS

SPIEGELAU, BAYERN

Zurück zur Natur – eine intensive Erfahrung für Kinder, Jugendliche und Familien. So lautet das Motto von Wildniscamps, von denen in Deutschland mittlerweile gut ein Dutzend existiert. Eines davon befindet sich am Falkenstein im Nationalpark Bayeri-

IM GARTEN ZELTEN

Für das ultimative Outdoor-Erlebnis braucht es keine stundenlange Anfahrt zum Campingplatz: Übernachten Sie doch einfach im eigenen Garten – auch Ihre Kinder werden begeistert sein! Als Grundausstattung benötigen Sie nur ein wasserdichtes Zelt. Hinzu kommen Isomatte oder Luftmatratze und ein Schlafsack. Eine Taschenlampe und ein Mückenschutzmittel gehören ebenfalls ins »Reisegepäck«. Entzünden Sie abends ein Lagerfeuer, über dem man Würstchen grillen und Stockbrot backen kann. Auch ein Picknick macht allen Spaß. Und Gruselgeschichten vor dem Schlafengehen werden im Feuerschein gleich noch etwas unheimlicher …

Partymusik geht es auf dem abgeschiedenen Hochplateau um Singabende, Bastelaktionen, gemeinsame Spiele und die Vermittlung von Naturwissen. Dazu tragen neben der Kulisse und den sozialpädagogisch wie naturgeografisch geschulten Betreuern vor allem die sechs urgemütlichen Schlafhütten bei: ein Baumhaus in den 20 m hohen Baumwipfeln, ein Wiesenbett in der Grasnarbe mit Schlafstätten aus duftendem Heu sowie ein Wasserhaus über einem Bergbach. Ferner locken eine Erdhöhle, ein Waldzelt und der sogenannte »Lichtstern«. Die Behausungen sind schlicht, bieten jeweils sechs bis sieben Personen Platz und gruppieren sich rund um ein Zentralgebäude mit Ess- und Aufenthaltsbereich, Küche, Sanitärräumen und einem Matratzenlager. Man kann sich gut vorstellen, dass Kinder und Jugendliche hier aufregende Gruppen- und Naturerlebnisse erfahren – aber auch Familien können ihr Glück finden. Der prämierte Veranstalter Wald-Zeit e. V. lädt zu bestimmten Terminen Kleingruppen dazu ein, sich von Pädagogen und Waldführern etwas erzählen zu lassen – und etwas zu erleben: einen Waldentdeckungstag, ein Bio-Mahl am Lagerfeuer, Spurensuche im Schnee und Einblicke in tierische Überlebensstrategien im Winter. Dass die Nachfrage nach diesen Angeboten auf großes Interesse stoßen, liegt nicht zuletzt an den traditionellen Länderhütten – mongolische Jurten, vietna-

scher Wald. Dort geben sich, ganz ohne Strom und fernab der Zivilisation, Vereine, Jugendgruppen und Schulklassen den besonderen Erlebniskick. Statt um Playstation und

mesische Langhäuser oder brasilianische Hütten. So erfährt man auch einiges über das Leben der Einwohner in Asien oder Südamerika.

↗ *WaldZeit e. V., Reutecker Str. 21b, Spiegelau, www.waldzeit.de, www.wildniscamp.de*

AUF DEM SAAR-KANAL

SAARLAND, FRANKREICH

Was wäre das Saarland ohne die Saar? Sie entspringt dem Elsass als zweigeteilte Weiße und Rote Saar. Auf ihrem Weg nach Norden schlängelt sie sich durch Lothringen, tritt bei Sarreguemines über die deutsch-französische Landesgrenze und verbrüdert sich bei Konz mit der Mosel. Da der Oberlauf der Saar nicht schiffbar ist, verläuft die Route auf dem westlich davon gelegenen Saar-Kanal. Dieser nimmt seinen Anfang im Keramikstädtchen Sarreguemines und mündet bei Gondrexange in den Rhein-Marne-Kanal. Dort, wo im 19. Jh. schwere mit Saarkohle beladene Dampfer durchs Wasser pflügten, können sich heute Freizeitkapitäne gemütlich an Deck eines Hausboots zurücklehnen. Nicht die Anzahl der abgefahrenen Kilometer zählt, sondern der Blick auf die naturbelassene Landschaft links

Einmal als Freizeitkapitän auf einem Hausboot unterwegs sein …

und rechts des Kanals. Verträumte Dörfer, Badeseen und gemütliche Restaurants laden allerorts zu einem Landgang ein. Wem der Sinn nach absoluter Ruhe steht, schiebt die Kapitänsmütze ins Genick, lässt die Beine von der Reling baumeln und wirft die Angelroute aus. Auf dem Weg in den Süden passiert man 28 Schleusen, an denen man genug Zeit hat, bei einem Gläschen Rotwein ein anregendes Schwätzchen mit dem Schleusenwärter zu halten. Und schließlich wartet am Ende der Reise, am See von Gondrexange angekommen, ein einzigartiges Vogelparadies, dass in jedem Fall zu einem Ausflug auf dem Saar-Kanal gehören sollte. Ein besonderes Plus für einen Törn auf dieser Strecke: Hier darf ohne Führerschein in einem Kajütenboot gefahren werden. Es genügt ein deutscher Charterschein oder eine französische »Carte de plaisance«. Da natürlich auch auf dem Wasser Verkehrsregeln gelten, wird jeder Freizeitskipper vor Reiseantritt fachgerecht vom Bootsverleiher eingewiesen.

↗ *Hausbooturlaub auf dem Saarkanal zwischen Sarreguemines und Gondrexange, www.urlaub.saarland (> Reisethemen)*

ZU-HAUSE-TIPP

AUF DEM BALKON ÜBERNACHTEN

Mehr Balkonien geht nicht: Eine Nacht unter freiem Himmel auf dem heimischen Balkon wird Ihnen ganz neue Eindrücke bescheren. In heißen Sommernächten genügen die Sonnenliege (oder eine Luftmatratze) und eine leichte Decke als Schlafstatt, für kühlere Temperaturen eignen sich auch ein Schlafsack oder die eigene Matratze mit Bettdecke und Kissen. Ist der Balkon nicht wettergeschützt, empfiehlt sich vor dem Schlafengehen ein Blick in die Wettervorhersage. Als Stadtbewohner erleben Sie, wie spätabends auch die City nach und nach zur Ruhe kommt, während Sie auf dem Land vielleicht von den Rufen der Wildtiere in den Schlaf geleitet werden. Wer oder was wird Sie am nächsten Morgen wecken? Vogelgezwitscher, die erste Straßenbahn des Tages, der einsetzende Berufsverkehr oder ein wärmender Sonnenstrahl? Lassen Sie sich überraschen …

INDOORCAMPING
BONN, NORDRHEIN-WESTFALEN

Kalt, eng, etwas unbequem: Übernachten im Zelt auf einem Campingplatz ist nicht jedermanns Sache. Da klingt das Angebot vom BaseCamp Hostel in Bonn verlockender: Auf einem großen Indoor-Campingplatz, eine ehemalige Lagerhalle, bieten Retro-Wohnwägen, Eisenbahnwaggons und amerikanische Großraumcamper wohliges Schlafvergnügen. Autofans buchen vielleicht lieber einen VW-Transporter oder einen Trabbi, Schwindelfreie die Seilbahngondel. Wer die Wahl hat, hat die Qual.

↗ *BaseCamp Hostel, Dottendorf,*
In der Raste 1, Bonn,
www.basecamp-bonn.de

SCHWIMMENDES HOTEL AUF DER ELBE
HAMBURG

Die überdachte Überseebrücke in Hamburg wurde für die Gäste der Passagierdampfer gebaut, die hier früher in Richtung Neue Welt ablegten. Hier ankert jetzt die Cap San Diego. Der 160 m lange »weiße Schwan des Südatlantiks« diente von 1962 an als Stückgutfrachter, bis er 1986 in ein Museum

An der Überseebrücke in Hamburg wartet die Cap San Diego auf Übernachtungsgäste

umgewandelt wurde. Meist liegt er als Museums- und Restaurantschiff an der Überseebrücke und bietet als originelle Hotelbleibe drei Kabinen mit allem Komfort für 1–4 Personen. Das Schiff ist aber noch seetüchtig und geht hin und wieder auf einen Törn.

↗ *Museumsschiff Cap San Diego,*
Überseebrücke, Hamburg,
www.capsandiego.de

HUCKEPACK MIT BOOT UND CAMPER
VIPPEROW,
MECKLENBURG-VORPOMMERN

Was auf den ersten Blick sonderbar anmutet, funktioniert: Man fährt mit seinem Wohnmobil oder Wohnwagen auf ein speziell konzipiertes Boot, den freecamper, und wohnt in seinem mobilen Heim wie in einem Hausboot. Auf diese Weise lässt sich die Mecklenburgische Seenplatte oder die Havel bequem erkunden, dazu benötigt man nicht einmal einen Bootsführerschein. Nach einer Einweisung steht dem Camping auf dem Wasser nichts mehr im Wege.

↗ *freecamper boot & camping GmbH, Dorfstr. 1, Vipperow, www.freecamper.de*

Nach einem Tag draußen kommt ein Bett im Stroh gerade recht

ANDERSWO ZU HAUSE

DEUTSCHLAND

Ein Fremder im eigenen Bett, am eigenen Tisch, in den eigenen vier Wänden? Während man selbst im Urlaub ist? Wem dies nichts ausmacht, der wird das Abenteuer »Wohnungs- oder Haustausch« als eine kostengünstige Art des Reisens betrachten. In der Regel muss man nämlich nur für die An- und Abreise zum und vom Urlaubsort sowie die Verpflegung vor Ort bezahlen. Die Idee, den Wohnungs- oder Haustausch zu einer Art Abenteuerspiel zu machen, ist schnell erklärt: Man trifft sich mit Gleichgesinnten, steckt seine Adresse und seinen Schlüssel in einen Briefumschlag,

mischt die Umschläge und verteilt sie anschließend wieder. Jeder Mitspieler verbringt dann eine zuvor vereinbarte Zeitspanne im Zuhause eines anderen.

Wem dies zu altbacken ist, der kann den Heimtausch über eine der zahlreichen Internettauschbörsen abwickeln, allerdings gegen Gebühr. Der Vorteil: Man kommt dahin, wo man möchte, und verbringt seinen Urlaub inmitten von Land und Leuten. Gute Tipps, Empfehlungen, Nachbarn und Freunde der Gastgeber sind inklusive. Die Idee des Wohnungstauschs auf Zeit kommt ursprünglich aus den USA. In den 1950er-Jahren begannen Universitätsdozenten, in der Heimat der Kollegen ihren Horizont zu erweitern – oder sich nur zu erholen. 1976 wurde das Konzept »Haustausch« dann richtig populär: Damals verbrachten US-Präsident Jimmy Carter und Gattin ihre Ferien in der Wohnung einer brasilianischen Familie in Recife, während diese die Erdnussfarm der Carters in Georgia bewohnte.

↗ *Homelink, Flößerstr. 4, Oberhaid,*
  www.homelink.de

EIN BETT IM STROH
NEU LÜBBENAU, BRANDENBURG

Wer hat sich noch nie vorgestellt, sein Nachtlager einmal im weichen Stroh aufzuschlagen? Angeboten wird das u. a. in der Scheunenherberge im Spreewald. Man hat die Wahl zwischen vier unterschiedlich dekorierten Schlafställen. Pferde, Schaf, Huhn oder Kuh geben jeweils das Motto vor. Hier können bis zu acht Personen (Schlafsack nicht vergessen!) äußerst günstig nächtigen. Morgens werden alle mit einem guten Frühstück begrüßt. Wer erst hier feststellt, dass er gegen Korn allergisch ist, findet schnell ein Ausweichquartier im »Familienzimmer« der Gastgeber – mit einem komfortablen Bett. Auch an Rollstuhlfahrer ist gedacht: Frühstücks- und Gastraum sowie die sanitären Anlagen sind behindertengerecht ausgestattet. »Ganz nebenbei« lockt der Spreewald mit seinen landschaftlichen Attraktionen:

ZU-HAUSE-TIPP

EINE NACHT IM WALD VERBRINGEN

Für eine Nacht unter freiem Himmel genügen eine Isomatte und ein wasserfester Schlafsack, hinzu kommen Taschenlampe und Mückenschutzmittel. Wo das Draußenschlafen in Deutschland erlaubt ist, steht in den Naturschutz- und Waldgesetzen der Bundesländer. Auf Nummer sicher geht, wer beim Grundeigentümer um Erlaubnis fragt. Alternativ bieten sich auch so genannte Trekking-Plätze an, die unter anderem in der Eifel, im Hunsrück, im Spessart, im Schwarzwald sowie im Elbsandsteingebirge zu finden sind. Wer erstmals im Freien übernachtet, sollte eine trockene Sommernacht wählen – Wetterbericht checken!

Extratipp: Der Meteorschauer der Perseiden erreicht seinen Höhepunkt in der ersten Augusthälfte, dann sausen zahlreiche Sternschnuppen über den Himmel.

die hiesige Fluss- und Auenlandschaft wird von fast 300 schimmernden Fließen geprägt. Theodor Fontane wusste schon seinerzeit den Reiz der Region zu huldigen: »Und dass dem Netze dieser Spreekanäle nichts vom Zauber von Venedig fehle, durchfurcht das endlos wirre Flussrevier in seinem Boot der Spreewald-Gondolier.«

↗ *Scheunenherberge, Berliner Chaussee 1, Unterspreewald OT Neu Lübbenau, www.scheunenherberge.de*

SCHLAFSTRAND-KORB AM MEER

DANGAST, NIEDERSACHSEN

Einmal unterm Sternenhimmel zu schlafen ist für viele ein Traum. In Dangast kann er erfüllt werden. Bei entsprechender Witterung wird ab Mitte April ein Schlafstrandkorb direkt am Strand aufgestellt. Man macht sich's darin gemütlich und denkt längst nicht an Aufbruch, wenn sich der Strand am Abend leert. Dann kann man in den Sonnenuntergang blinzeln, die dazugehörenden Lichter in den Sand stellen, die Ruhe und das Rauschen der Nordsee genießen. Und sich irgendwann in den kuschelig-warmen Schlafsack verkriechen, wer mag, mit aufgespanntem Zeltdach.

↗ *Strandcampingplatz Dangast, Auf der Gast 40, Dangast, www.dangast.de (> strandcamping-platz-nordsee-dangast)*

IM YOGARETREAT

ST. PETER-ORDING, SCHLESWIG-HOLSTEIN

Yoga machen und so viel wie möglich draußen sein, sei es auf der Matte oder dem Fahrrad, in den Laufschuhen oder beim Kite-Surfen. Der Körper ist im Hier und Jetzt, der Kopf wird vom Nordseewind frei gepustet – Meditation in Bewegung. Diese Philosophie lebt man im Kubatzki in St. Peter-Ording. Der wörtlich Rückzug bedeutende englische Begriff definiert hier das Programm: Ein Retreat ist vor allem in der buddhistischen Tradition und in der Tradition des Yoga eine Zeit der Zurückgezogenheit vom Alltag. Man muss aber kein Buddhist oder Yogi sein, um diese Erfahrung zu machen. So steht Retreat im Allgemeinen auch für eine innere Einkehr, die Besinnung auf sich selbst und auf das, was im Leben wirklich wichtig ist.

Das Hotel im zentralen Ortsteil Bad vereint Yoga mit Genuss, Gesundheit mit Stil, Individualität mit Gemeinschaft. Die Gäste dürfen sich wie zu Hause fühlen, sich ausbalancieren und genießen. Man trifft sich in der

Warum nicht einmal Yoga am Strand anstatt auf der Matte ausprobieren

offenen Wohnküche, die als Café, Esszimmer, Bar und Lobby dient. Außerdem können alle einen großen Garten nutzen, einen Wellnessbereich und das puristisch gehaltene Yogastudio. Auch bei den 36 Zimmern und Suiten setzt man auf Klarheit mit nordischem Design. Das Kubatzki steht 300 Meter hinter dem Deich auf einer Düne. Mit dem Duft der Kiefern aus dem nahen Wäldchen in der Nase und dem Meeresrauschen in den Ohren lässt man in einer der Hängematten den eigenen Gedanken freien Lauf.

↗ *Das Kubatzki, Im Bad 59, St. Peter-Ording, www.das-kubatzki.de*

234

DAS SONNENHAUS

OBERNWOHLDE, SCHLESWIG-HOLSTEIN

Eine kleine Gesundheitsoase verbirgt sich in einem beschaulichen 300-Einwohner-Dorf Obernwohlde zehn Kilometer westlich der Hansestadt Lübeck: das Sonnenhaus auf einem ehemaligen Bauernhof, umgeben von der für diese Region charakteristischen, hügeligen Knicklandschaft, in der man Ruhe und Entspannung finden kann. Hier stehen »Rohkost-Gourmets« in der Küche, um die Selbstheilungskräfte der Gäste zu fördern, damit sich alle wieder gesund und fit fühlen. Seit mehr als 20 Jahren setzt Inhaberin Elke Neu auf leckere Roh- und Naturkost, jede Mahlzeit wird aus frischen Zutaten und garantiert ohne Mikrowelle zubereitet. Obst und Gemüse stammen zu 100 % aus biologischem Anbau. Interessierte können eine Unterkunft dazu buchen für einen längeren Aufenthalt, genauso ist es aber auch möglich, sich als Tagesgast nur zum Mittag- oder Abendessen anzumelden, um es einmal auszuprobieren. Angeboten werden außerdem Ernährungsberatung und -kurse, Aufbaukuren zur Rekonvaleszenz, Entschlackungskuren, Massagen und Krankengymnastik, Fußreflexzonenbehandlung und die Meridian-Energie-Technik (MET nach Franke). Und dank des kostenlosen Fahrradverleihs sind Ausflüge in die Umgebung kein Problem.

↗ *Das Sonnenhaus,*
  Am Brink 20, Obernwohlde,
  www.das-sonnenhaus.de

AKADEMIE AM MEER

LIST, SCHLESWIG-HOLSTEIN

Zu den vielen kleinen, in die Dünen geduckten Wohnhütten, benannt nach Meeresgöttern oder Himmelsgestirnen, führen von Hagebuttenbüschen gesäumte Pfade. Die fast unwirkliche Szenerie der Akademie am Meer wirkt ein wenig wie die Zauberwelt von Peter Pan. Doch keine Kinder, sondern Erwachsene machen sich in der Morgenkühle auf den Weg oder kommen schon vom Bad aus der frischen Nordsee zurück, um sich dann in einem Seminar der Malerei, Sprache, Astronomie, Gymnastik, Musik oder Atem-, Tanz- und Entspannungsübungen zu widmen. »Wir pflegen den Mythos des Geheimnisvollen«, sagt Dr. Hartmut Schiller über seine Akademie Klappholttal. Kaum ein Urlauber kennt diesen ursprünglichen Ort auf der Insel Sylt. Während sich keine fünf Kilometer weiter südlich Promis auf der Kampener »Whiskeymeile« amüsieren, suchen die Gäste hier Ruhe und Harmonie mit sich und der Natur. Sie kommen in den einfachen, aber behaglich eingerichteten Hütten unter, die sich auf dem rund 7,5 ha großen Dünengebiet verteilen. Die 1919 gegründete Akademie am Meer ist eine der ältesten staatlich anerkannten Weiterbildungsstätten in Schleswig-Holstein, Bildung zwischen Vortragssaal und Strand: Das bedeutet ein abwechslungsreiches literarisches, wissenschaftliches und musisches Programm. Dazu gehören Basenfasten genauso wie Qi Gong, Morgentanz oder ein Klavierabend.

↗ *Akademie am Meer e.V., List/Sylt,*
  www.akademie-am-meer.de

IM SINNE DER GESUNDHEIT

BAD GRUND, NIEDERSACHSEN

Alle, die sich in ihrem Urlaub ganz ihrem Wohlbefinden widmen möchten, können sich im Naturkost-Hotel Harz von den Therapie-Angeboten eines Experten-Teams inspirieren und sich ein individuelles Gesundheits-Programm zusammenstellen lassen. Möglich sind beispielsweise Basenfasten, Detox, Heilfasten- und Rohkostwanderwochen, individuelle Lauftrainings, Yoga, Meditation und vieles mehr. Gäste dürfen sich hier eine Auszeit ganz nach den individuellen Wünschen gönnen. In jedem Fall steht Naturkost auf dem Speiseplan, vegan und mit Rohkost, angefangen beim reichhaltigen Frühstück. Das meiste wird selbst zubereitet. Dazu gibt es basisches Kangen-Wasser, auch Zauberwasser genannt. Es dient der Entsäuerung und Entschlackung des Körpers. Zum einfach mal Ausruhen und die Seele baumeln lassen stehen ein Schwimmbad und Saunabereich sowie der idyllischen Garten zur Verfügung.

ZU-HAUSE-TIPP

BUDENZAUBER FÜR DIE KIDS

Planen Sie zusammen mit Ihrem Nachwuchs ein abendliches Fest, zu dem auch Freunde und Nachbarskinder eingeladen sind. Errichten Sie aus Möbeln, Kissen und Decken eine Höhle zum Verstecken. Alternativ lässt sich im Garten auch ein kleines Zelt aufstellen und ausstaffieren. Neben den Kids dürfen nur die Kuscheltiere mit rein, während sich die Eltern um die Versorgung mit Saft, Chips und Keksen kümmern (müssen). Für beste Unterhaltung sorgt eine Puppentheater-Vorstellung mit Teddy, Schmusehase & Co. Ältere Kinder  können als Darsteller in einem Schattenspiel mitwirken. Spannen Sie hierfür mit Heftzwecken ein Bettlaken in einen Türrahmen oder zwischen zwei Bäume und platzieren dahinter eine starke Lampe. Die Darsteller agieren zwischen Laken und Lampe. Ein gelungenes Ende findet der Budenzauber, wenn der Nachwuchs in der Kissenhöhle oder im Zelt übernachten darf.

Wer lieber aktiver entschleunigt, kann die zahlreichen Sportangebote nutzen. Im Naturkost-Hotel soll nicht nur die Gesundheit der Gäste gefördert werden; Ziel ist es auch, die Umwelt soweit wie möglich zu schonen. Dazu tragen unter anderem das hauseigene Blockheizkraftwerk und die Solarkollektoren bei.

↗ *Naturkost-Hotel Harz,*
Von-Eichendorff-Str. 18, Bad
Grund, www.naturkost-hotel.de

ALLES BIO

SCHMILKA, SACHSEN

Nur wenige Gehminuten vom historischen Ortskern von Schmilka entfernt, verführen duftende Kräuterbeete und eine Wiese mit Sonnenliegen direkt am Elbufer zum Innehalten. Beides gehört zum Vier-Sterne-Hotel »Helvetia«, Sachsens erstem zertifizierten Biohotel. Es bietet 22 Gästezimmer mit schöner Aussicht, wahlweise zum Fluss oder in die Bergwelt. Vier davon wurden als sogenannte Öko-Komfortzimmer baubiologisch komplett saniert. Ohnehin ist das Hotelkonzept auf Nachhaltigkeit ausgerichtet. Eine ganze Etage ist Elektrosmog reduziert, im gesamten Haus fließt belebtes Granderwasser aus den Leitungen. Für die Hotelgäste gibt es eine Sauna und

Gesundheitsangebote sowie ein Wochenprogramm mit Tai Chi, Qi Gong, geführten Wanderungen, Konzerten und Lesungen. Für Entspannung sorgt auch die hauseigene Praxis des Naturheilpraktikers und Ernährungsberaters Norbert Schützner, wo u.a. Behandlungen oder Massagen gebucht werden können. Auf der großen Panoramaterrasse mit Liegewiese und Hängeschaukel direkt an der Elbe schweift der Blick zu den bizarren Schrammsteinen. Zum nachhaltigen Genuss verführen neben dem hoteleigenen Bio-Restaurant StrandGut auch der Biergarten im Mühlenhof mit Bio-Bier aus der ansässigen Braumanufaktur Schmilka sowie das Café Richter an der Elbe. Getreu der drei Säulen der Hotelphilosophie – Wohnen & Schlafen, Kulinarium, Rituale & Veranstaltungen kann man Abende ganz entspannt mit amüsanten Vorträgen zur Schmilk'schen Ortsgeschichte ausklingen lassen oder der Live-Musik im Mühlenhof lauschen. Übrigens ist Schmilka auch CO_2-neutral und bequem mit der S-Bahn S1 aus Richtung Dresden zu erreichen. Die Haltestelle Schmilka-Hirschmühle befindet sich am gegenüberliegenden Elbeufer, von dort geht es mit der historischen Fähre »Lena« aus dem Jahre 1927 über den Fluss, und schon ist man da.

↗ *Bio- & Nationalparkhotel Helvetia,*
Schmilka Nr. 11, Bad Schandau OT
Schmilka, www.hotelhelvetia.de

AUSZEIT IM KLOSTER

KOBLENZ, RHEINLAND-PFALZ

Sich anregen lassen von der Vielfalt der Kräuter und ihrer heilenden Wirkung, das können Gäste im Kräutergarten des Klosters Arenberg. Hier lassen sich auf verschiedenste Weise Sinneserfahrungen sammeln, meditative Begehungen unternehmen und Anregungen für den eigenen Garten oder Balkon mitnehmen. Zum Kräutergarten gehören auch ein Apothekergarten, ein Duft-, Aroma- und Schaugarten sowie eine kleine Kräuterspirale. Auf einem Kräuteracker werden verschiedenste Teesorten angebaut. Gäste dürfen den Tee zu den Mahlzeiten verkosten und können ihn im Klosterladen erwerben. Die Kräuterwerkstatt, in der die Ernte verarbeitet wird, versteht sich auch als Ort der Begegnung. Gäste dürfen gern beim Verlesen der Kräuter helfen und erfahren hierbei, wie gut es tut, »vom Kopf in die Hände zu kommen und dabei gegenwärtig zu werden«, so formuliert man es im Kloster Arenberg. Im Rahmen der wöchentlichen Vortragsreihe »Natur & Gesundheit« wird außerdem über Anbau, Verarbeitung und Verwendung von Kräutern informiert.

Ganzheitliche Gesundheitsförderung hat sich das Kloster auf die Fahnen geschrieben und setzt dabei neben Kräutern und Ernährung auf die Heilkraft des Wassers, auf Entspannung und Bewegung, Spiritualität und Be-

Ruhe und Erholung bietet Kloster Arenberg mit seinen herrlichen Gärten

gleitung. Übernachtungsgästen steht völlig frei, welche Angebote sie nutzen möchten. So kann man je nach Gusto Anwendungen genießen oder das Alleinsein suchen, Begegnungen oder lieber Stille. Auf dem Programm stehen neben christlichen Angeboten zum Beispiel begleitetes Malen, kreatives Schreiben, spirituelle Wandertage, Tage der Stille oder Biodanza (Lebensfreude, Entspannung und Stressreduktion durch Musik, Tanz und Bewegung). Anhalten an einem Ort der Ruhe und neue Kraft für Leib und Seele schöpfen – was will man mehr.

↗ *Kloster Arenberg, Cherubine-Willimann-Weg 1, Koblenz, www.kloster-arenberg.de*

239

WOLFSBEGEGNUNG IM WENDLAND
GÖHRDE, NIEDERSACHSEN

Den Wölfen auf der Spur: Während der Wolfswoche erfahren Gäste des Hotels »Kenners LandLust« viel über das Verhalten der Tiere, ihren Lebensraum und wie man mit den zurückkehrenden Wölfen leben kann. Mit etwas Glück finden sich bei einer geführten Wanderung auch Spuren und Hinweise auf Wölfe, die sich diese Region im Wendland als Territorium ausgesucht haben. Das Programm richtet sich vor allem an Familien. Bei der Waldzeit, der Kinderbetreuung des Hotels, erforscht der Nachwuchs die

Mit Schäfern und deren Alltag kennt man sich im Hotel Camp Reinsehlen bestens aus

Natur, sucht kleine und große Schätze, fischt im Teich und findet ganz viel über den Wald heraus.

Der Natur besonders nah ist man bei Kenners Landlust in jeder Hinsicht. Von der Küche bis hin zur Bauweise ist alles biologisch. Das Hotel besteht aus einem renovierten alten Fachwerkhaus und einem modernen Anbau mit Gemeinschaftsräumen. Es ist zudem Ausgangspunkt und Grundlage für die neue Wohn- und Wirtschaftsgemeinschaft LebensLust in Dübbekold. Ziel ist eine faire, nachhaltige Lebensform, so z. B. Wohnmöglichkeiten, in denen mehrere Menschen ganzheitlich leben können.

↗ *Biohotel Kenners LandLust,*
Dübbekold 1, Göhrde,
www.kenners-landlust.de

MIT DEM SCHÄFER UNTERWEGS

SCHNEVERDINGEN, NIEDERSACHSEN

Rund fünf Kilometer von der »Città Slow« Schneverdingen entfernt, integriert sich ein Hotel auf besondere Weise in die Landschaft: Mitten in der Weite der Lüneburger Heide hat das Hotel Camp Reinsehlen seinen Platz gefunden, gestaltet in klaren, harmonischen Farben, erbaut mit natürlichen

Materialien. Gäste können den Sonnenuntergang oder die wechselnden Stimmungen der Natur im Laufe des Tages genießen. Für Entspannung sorgen ein Wohlfühlbereich mit Sauna, Dampfbad, Fußbecken und Ruhebereich innen und außen. Vom Hotel geht es gleich hinaus in die Natur. Ein besonderer Ausflug führt zu den Schnuckenherden, die durch die Heidelandschaft ziehen. Zusammen mit einem Schäfer erlebt man das Zusammenspiel von Mensch und Tier, erfährt dabei allerlei Interessantes über das Leben des Schäfers und der geschickten Arbeit der Hütehunde. Die zotteligen Schafe hält man hauptsächlich wegen ihres Fleisches, das einen wildartigen Geschmack hat. So ist es nicht verwunderlich, dass im hoteleigenen »Gasthaus« Heidschnuckengerichte auf der Speisekarte stehen.

↗ *Hotel Camp Reinsehlen,*
Reinsehlen 1, Schneverdingen,
www.campreinsehlen.de

AUF DEM RÜCKEN DER PFERDE...

KAUFUNGEN, HESSEN

Die kleine, familiär geführte Freizeit- und Ferienanlage Mitteltalhof ist für Tierfreunde das richtige Ziel. Hier tummeln sich Ziegen, Hasen, Katzen und Hühner und vor allem Islandpferde. Diese charakterstarken, freundlichen Tiere, klein aber kräftig, lassen sich gut von Kindern und Erwachsenen reiten. Sie sind unabhängig und ausgelichen, genau diese Eigenschaften machen sie so liebenswert. Kinder lieben die Reitfreizeiten, Frauen können beim Pilgern zu Pferd abschalten und die Stille des Kaufunger Waldes genießen. Zwischen Pferdekoppeln, Reitplatz und Wanderwegen verteilen sich die im nordischen Stil gebauten Ferienhäuschen, ganz bewusst ohne WLAN und Fernseher. So sind alle den Islandpferden ganz nah.

↗ *Mitteltalhof, Im Hain 7, Kaufungen, www.mitteltalhof.de*

GLAMPING MIT PANORAMABLICK
MÜNSINGEN, BADEN-WÜRTTEMBERG

Davon hat vielleicht schon jeder einmal geträumt: eine Nacht im Tipi, Zirkuswagen oder einer Jurte. Das Hofgut Hopfenburg mitten im Biosphärengebiet Schwäbische Alb erfüllt beinahe jeden Traum. Locker verteilt zwischen Obstbäumen und Kräuterbeeten erinnern holzgetäfelte Schäferwagen an vergangene Zeiten, versprühen bunte Zirkuswägen wahre Lebensfreude, besticht die kirgiesische Jurte mit einer gläsernen Kuppel, entführt das Tipi nach Nordamerika. Von den Safarizelten genießt man eine herrliche Aus-

ZU-HAUSE-TIPP

IM MOBILEN ZUHAUSE UNTERWEGS

Ein Wohnmobil, zwei oder mehr Reisesüchtige und 48 Stunden Zeit: Mehr braucht es nicht für ein Wochenende im Zuhause auf Rädern. In der Nebensaison bieten viele Vermieter Wohnmobile zu vergünstigten Preisen an. Manche Firmen haben auch Oldtimer im Programm, beispielsweise Ahoi Bullis in Hamburg, wo große Jungs (und natürlich auch Mädchen) mit einem VW-Bulli vom Typ T2 aus den 1970er-Jahren auf Tour gehen können (www.ahoi-bullis.com). Das mobile Zuhause hat viele Vorteile: Man kann locker den halben Hausstand mitnehmen, gemütlich einem Regenschauer trotzen – und ganz einfach weiterfahren, wenn einem gerade danach ist.

sicht auf die Alb. Selbst ein modernes Tiny House fehlt nicht. Auf einem kleinen Bauernhof leben vom Aussterben bedrohte Tierarten wie Waldschafe und Hinterwälder-Rinder; die beiden Poitou-Esel sind die Lieblinge der Kinder. Ein umfangreiches Angebot an Touren, Veranstaltungen und Kursen lässt keine Langeweile aufkommen auf diesem besonderen Campingplatz.

↗ *Hofgut Hopfenburg,*
  Hopfenburg 12, Münsingen,
  www.hofgut-hopfenburg.de

243
DESTINATURE DORF
HITZACKER, NIEDERSACHSEN

Mit Vogelgezwitscher aufwachen, den Boden unter den Füßen spüren und an der frischen Luft duschen. Wenn man gerne in der Natur ist und sich dort wie zu Hause fühlt, dann ist destinature Dorf mitten im Wendland die richtige Adresse. Das aus 18 komfortablen Hütten und mobilen Betten to go bestehende »Dorf« ist ideal für alle, die zwar gerne zelten, aber den Komfort eines Betts nicht missen möchten. Die Unterkünfte sind aus naturbelassenem Holz aus zertifizierter Forstwirtschaft gebaut. Das Bistro sorgt für Speiß und Trank, Outdoor-Saunen und Badezuber bieten wunderbare Entspannung. Das wissen vor allem

Radfahrrer auf dem Elberadweg zu schätzen, dieser führt in nur 250 m Entfernung am Dorf vorbei.

↗ *WERKHAUS destinature Dorf,*
  Elbuferstraße 4, Hitzacker (Elbe),
  www.werkhaus.de/destinature

244
TRÄUMEN UNTER BÄUMEN
GRÄFENDORF, BAYERN

Ein wenig schwindelfrei sollte man sein, wenn man in einem Baumhaus übernachten möchte. Bis in 12 m Höhe stehen zehn dieser kleinen Refugien im Baumhaushotel Seemühle im Naturpark Spessart auf Stelzen oder schmiegen sich um einen Baumstamm. Keines der liebevoll eigerichteten Holzhäuschen gleicht dem anderen, aber alle haben einen großen Balkon mit Ausblick ins Grüne, eine Heizung und ein Duschbad/WC mit fließendem Wasser – ein bisschen Luxus darf es schon sein. Dazu gehört auch ein kräftiges Frühstück, auf dem Balkon serviert oder in der nahen Seemühle. Am Ufer des kleinen Mühlensees lässt es sich in der Schäferwagen-Sauna bestens schwitzen.

↗ *Baumhaushotel Seemühle,*
  Seemühle 1, Gräfendorf,
  www.das-baumhaushotel.de

Architektonische Schätze quer durch die Jahrhunderte, lauschige Parks, Kunst und kuriose
Monumente – so vielfältig kann Stadturlaub sein.

Rechts: Die Bächle sind typisch für die Freiburger Altstadt

Stadterlebnisse

245
IN DER LÄNGSTEN BURG DER WELT
BURGHAUSEN, BAYERN

Im letzten der insgesamt sechs Burg-höfe, in der Hauptburg, wohnten einst der Fürst und seine Familie. Hier wur-de auch der Schatz aufbewahrt. Woll-ten angreifende Feinde bis dorthin durchdringen, mussten sie erst einmal die Kontrolle am Haupteingang passie-ren, dann den sechsten Burghof que-ren, in dem vor allem Handwerker angesiedelt waren, den fünften mit seinen Gartenanlagen, den vierten mit Folterkammer und Verlies, den dritten mit Waffenarsenal und Schmiede, schließlich den zweiten mit der Hof-pfisterei, Brauerei, Brunnen und den Pferden. So viel zur Verteilung der Pri-oritäten im Mittelalter. Bei solch einer Absicherung ist es kein Wunder, dass die Burg Burghausen in ihrer langjäh-rigen Geschichte – sie muss schon vor 1027 entstanden sein – nie komplett eingenommen wurde, und sie deswe-gen lange Zeit Residenzsitz der nieder-bayerischen Linie der Wittelsbacher war. Bei der eineinhalbstündigen Füh-rung durch die ganzen Höfe, Tore, Türme und Gebäude erleben die Besu-cher die ausgefuchste Planung am ei-genen Leib und müssen viel laufen. »Am Ende sind dann immer alle platt und baff,« erzählt Burgführerin Mar-gret Schwiebacher, »denn unsere Burg ist so, wie sich die meisten eine echte

mittelalterliche Burg vorstellen.« Wer etwas mehr als eine klassische Burg-führung wünscht, der findet vielleicht unter den angebotenen Erlebnisfüh-rungen das Richtige, zum Beispiel »Geheime Pfade«, »Wachablösung« oder gar eine Zeitreise.

↗ *Burghausen,*
www.burg-burghausen.de

246
EIN GOTISCHES MEISTERWERK
FREIBURG, BADEN-WÜRTTEMBERG

Der bedeutendste, je in der Stadt tätige Architekt war ein Steinmetz. Gewiss wussten die Freiburger vor 700 Jahren, wer ihren Münsterturm entwarf. No-tiert hatte es niemand. Es war wohl der auch fürs Straßburger Münster tätige Erwin von Steinbach (ca. 1244–1318). Der elegante, 116 m hohe Turm, ein Meisterwerk der Gotik, wurde um 1330 vollendet. Auf quadratischem Sockel entfaltet sich in 37 m Höhe die zwölfeckige Sternengalerie, aus der die oberen zwei Turmdrittel als Achteck streben (begehbar bis 70 m). Der sich zuspitzende durchbrochene Steinhelm ist der erste seiner Art: Die enorme Wirkung dieser Bauidee versteht man erst so recht bei einer Turmbesteigung (über 300 enge Stufen), vorbei auch am Geläut, dessen älteste Glocke, die

Über einen Kilometer Länge erstreckt sich die Burg von Burghausen oberhalb des Inn

Hosanna, hier seit 1258 hängt. In 55 m Höhe, in den Helm geblickt, erstrahlt durchs offene Maßwerk ein faszinierendes Licht. Das himmlische Jerusalem soll dieser offene Raum hoch über der Stadt symbolisieren, selbst beinharte Atheisten dürfte der Lichteinfall beeindrucken. Meister Erwin schuf mit dem Freiburger Turm etwas zuvor Ungesehenes, das noch im 19. Jh. kopiert wurde, beispielsweise in Ulm und Köln. Das Münster selbst wurde um 1200 romanisch begonnen, bald wechselte der Baustil zur Gotik, mit Einweihung des Chors (1513) war es vollendet. Silber aus dem Schauinsland ermöglichte den kathedralenartigen Bau, obwohl Freiburg erst 1827 Erzbistumsitz wurde. Der rote Sandstein stammt vom Lorettoberg und aus der Region. Das witterungsanfällige Baumaterial samt der teils aberwitzigen Wasserspeier ersetzt die Münsterbauhütte notfalls durch Kopien. Die vor dem Hauptportal in Stein gehauenen Maße (Elle, Brotlaib) waren für den Markt verbindlich. Die Vorhalle unterm Turm ist reich an Skulpturen (etwa die »Klugen und törichten Jungfrauen«). Den Mittelpfeiler des Hauptportals ziert Maria als Münsterpatronin. Das Tympanon darüber zeigt kunstvoll Christi Leben und das Jüngste Gericht. 13 Jünger und Jesus zieren die 14 Säulen des 27 m hohen Langhauses. Zu den Kostbarkeiten im Inneren zählen der Hochaltar (1512–1516, Hans Baldung Grien) und der Altar

ZU-HAUSE-TIPP

NEUE WEGE GEHEN

Gehen Sie auch die immer gleichen Wege zu den immer gleichen Orten? Arbeit, Wohnung, Fitnessstudio, Lieblingsladen, Lieblingsclub … Spannend: Mal raus aus dem Trott, ein anderes Viertel erobern. In der Vorstadt ein schnuckliges Café entdecken oder einen Park zwischen Mietskasernen, schicke Architektur im Villenviertel bestaunen und plötzlich vor einem coolen Laden stehen. Geht mit dem Rad oder zu Fuß.

WÜRZBURG BEI NACHT

WÜRZBURG, BAYERN

Durch die dunklen Gassen des heutigen Würzburg führt regelmäßig ein Herr in historischem Gewand: Auf Fränkisch erzählt der Nachtwächter kurzweilige Anekdoten aus der reichen historischen Vergangenheit. Wer ihm lauscht, erfährt viel Interessantes über Würzburg.

↗ *Würzburger Nachtwächter, Plattnerstr. 5, Würzburg, www. wuerzburger-nachtwaechter.de*

EIN BILDERBUCH-STÄDTCHEN IM HARZ

WERNIGERODE, SACHSEN-ANHALT

der Universitätskapelle (1521, Hans Holbein d. J.). Eindrucksvoll im Langhaus sind die Glasfenster (teils 13./14. Jh.), darunter das gruselige Märtyrerfenster, das Schauinslandfenster der Bergleute und zahlreiche von Handwerkszünften gestiftete. An ein Fensterchen für Meister Erwin dachte keiner.

↗ *Freiburger Münster, Münsterplatz, Freiburg, www.freiburgermuenster.info*

»Neuschwanstein des Nordens« wird es auch häufig genannt, denn Stilpuristen graust es vor dem neugotischen Schloss, das die »bunte Stadt« überragt. Doch der Aufstieg lohnt sich: Die Schlossterrasse gewährt einen Traumblick auf die Stadt. Vor dem Rathaus am Marktplatz stellen sich Hochzeitspaare in Positur. Schönes farbenfrohes Fachwerk sieht man ringsum und, neben repräsentativen Bürgerhäusern, das »Kleinste Haus« von 1792, zwei Zimmer bloß. Puppenstubenflair verbreitet sich – aber nur in der Altstadt, wo die Waldkulisse vergessen lässt, dass Wernigerode ein ganz modernes Städtchen ist.

↗ *Wernigerode, www.wernigerode.de*

KASSEL VON OBEN – UND UNTEN

KASSEL, HESSEN

Über Nordhessens einziger Großstadt wacht seit 1717 unübersehbar vom Karlsberg der antike Heros Herkules. Die Statue steht auf einem 62,25 m hohen Unterbau, einer Pyramide, die aus einer achteckigen, riesigen Schlossattrappe ragt. Vor dem Monument erstreckt sich eine 250 m lange Wasserkaskade, deren Linie sich durch den Bergpark bis Schloss Wilhelmshöhe (1786–1798) und dahinter als Achse bis zum 7 km entfernten Brüder-Grimm-Platz in der Innenstadt fortsetzt. Kurz: Zu einem Kasselbesuch gehört einfach ein Blick von der Aussichtsplattform des Herkules (in 558 m Höhe) auf den großartigen Bergpark von Bad Wilhelmshöhe. Das Ensemble dieses barocken, etwa 3 km² großen Gartengeländes entstand in 150-jähriger Bauzeit während der Prunkzeit der hessischen Kurfürsten.

Die Verspieltheit der künstlichen Landschaft verlangt auch nach städti-

Über 8 m misst allein die Statue des Helden Herkules, der sich hier auf seine Keule stützt

scher Ironie: Am Fuldaufer, in gedachter Verlängerung der Parkachse, steckt die riesige Spitzhacke des Künstlers Claes Oldenburg, zur documenta 7 (1982) so positioniert, als ob Herkules sie dorthin geschleudert hätte. Öffentliche Kunstwerke gibt es viele in Kassel, etwa Jonathan Borofskis »Man walking to the sky« (1992, documenta 9) am Haupt- bzw. Kulturbahnhof oder, auf dem Friedrichsplatz vor dem Fridericianum, einem der ältestes Museen Europas, Walter De Marias »Vertikaler Erdkilometer« (1977, documenta 6), ein Messinggestänge, das 1000 m tief im Boden steckt. Auch stehen hier die erste und letzte Eiche der »Stadtverwaldung « (1982, dokumenta 7), die

Joseph Beuys als soziale Plastik in ganz Kassel pflanzen ließ. Besonders viele dieser Eichen (jede mit einer Basaltstele versehen) wachsen an der angrenzenden Frankfurter Straße und an der von ihr abzweigenden Tischbeinstraße. Dort in der Nähe befindet sich auch der Weinberg, der sozusagen Herkules' Blick über die Stadt und seinen Spitzhackenwurf ergänzt. Wo einst Reben rankten, wurden im 19. Jh. Stollen zur Bierlagerung gegraben. Im Zweiten Weltkrieg zu einem Labyrinth von Schutzräumen ausgebaut, fanden hier 10 000 Menschen Platz. Kassels Feuerwehr hat die Gänge sowie den großen Bunker unterm Kulturbahnhof für Führungen restauriert.

Nicht weniger als 1300 Fachwerkhäuser zählt Quedlinburgs Altstadt

↗ *Bergpark Wilhelmshöhe, Schloss-*
park 28, Kassel; Spitzhacke: Aue-
dam 20 B, Kassel; Kulturbahnhof:
Rainer-Dierichs-Platz 1, Kassel;
Weinbergbunker: Frankfurter Str.,
Kassel; www.kassel.de (> Bürger
> Kunst und Kultur > Sehenswertes
> Kassels Klassiker auf einen Blick);
www.museum-kassel.de
(> Schlösser, Gärten, Museen);
www.documenta.de

250

UNESCO-WELTERBE QUEDLINBURG

QUEDLINBURG, SACHSEN-ANHALT

Ein Fachwerkhaus steht neben dem anderen – 1300 sind es noch, Welterbe auf einem Raum von 100 Fußballfeldern. Üppig quellen Geranien aus Blumenkästen an verwinkelten Gassen, krumm biegen sich manche Balken. Zum Domschatz zieht es die Besucher auf den Schlossberg, diesen porösen Sandsteinfelsen, an dessen Fuß, am Finkenherd, der Sage nach die eigentliche Geschichte der Deutschen begonnen haben soll: Im Mai 919, so will es die Legende, überbrachten Boten dem Sachsenherzog Heinrich die Nachricht, er sei nun König des Ostfränkischen Reiches. Heinrichs Gattin Mathilde gründete auf dem Schlossberg eine Bildungsanstalt für höhere Töchter, in der Äbtissinnen dem adli-

gen Nachwuchs Manieren beibrachten, und auch bei den Bürgern sollte die Strenge fruchten. Doch die fühlten sich geschurigelt und stellten als Zeichen ihrer Unabhängigkeit einen steinernen Roland auf den Marktplatz. Die frommen Frauen riefen die Herzöge von Sachsen zu Hilfe, die Quedlinburger verloren sämtliche Privilegien. In den Sarkophagen der Stiftskirche auf dem Schlossberg sind die Gebeine Heinrichs und Mathildes aufbewahrt. Gegenüber der Krypta zeigen Vitrinen Reliquienschreine aus Gold, Edelsteine und Elfenbeinschnitzereien, ein kostbares Evangeliar, Heinrichs des I. Bartkamm aus Elfenbein, ein Bergkristallfläschchen.

↗ *Tourist Info: Markt 4, Quedlinburg,*
www.quedlinburg.de

251

EXOTISCHES IN WITZENHAUSEN

WITZENHAUSEN, HESSEN

Mit seinen rund 16 000 Einwohnern zählt Witzenhausen zu Deutschlands kleinsten Universitätsstädten. Wo kein Massenbetrieb herrscht, gedeihen anscheinend nicht nur akademische Studien gut: Die Fakultät für Ökologische Agrarwissenschaften bietet mit ihrem Tropengewächshaus der Flora exotischer Regionen ein klimatisch ideales

Milieu. Auf insgesamt 1200 m² gibt es Pflanzen aus dem tropischen Tief- und Hochland sowie den Subtropen zu bestaunen, die auf fünf Räume verteilt sind: Palmen-, Kaffee- und Kakaohaus, Orangerie und Feldkulturen. Der Bestand umfasst an die 500 Arten Nutzpflanzen, die hier zu Forschungszwecken gezüchtet werden.

Noch eine andere Pflanze lässt sich in Witzenhausen näher kennenlernen, sofern man Tabak als Kulturgut und Genussmittel zu goutieren weiß. Doch selbst Anhängern eines verschärften Nichtraucherschutzes dürfte ein Besuch im Kautabakmuseum nicht allzu anrüchig erscheinen. Am früheren Standort der 1849 gegründeten Firma Grimm & Triepel wurde bis 2016 Kautabak produziert. Heute gibt das Museum Einblicke in das Handwerk und zeigt, wie Tabakblätter zu seildicken »Schlunzen« gerollt, beim x-fachen »Soßen« aromatisiert und dann getrocknet werden, um schließlich mundgerecht geschnitten als Prieme in den Handel zu kommen. Mag Tabakkauen kaum mehr in Mode sein, hier sind schon die Düfte (wie Anis, Zimt, Nelken, Lakritze u. v. m.) ein angenehmes, ja: exotisches Erlebnis für die Nase.

Noch Exotischeres gibt es im Witzenhausener Völkerkundemuseum zu sehen, dessen Ursprünge im unrühmlichen Kolonialismus des Zweiten Kaiserreichs liegen. 1898 wurde in der Stadt die Deutsche Kolonialschule gegründet, die angehenden Landwirten und Siedlern in Übersee jene Kenntnisse fremder Kulturen näherbringen sollte, die damals für angemessen gehalten wurden. Zwei Drittel der rund

ZU-HAUSE-TIPP

TOURISTEN IN DER EIGENEN STADT

Langes Wochenende in Sicht? Wir hätten da eine Idee: Reservieren Sie ein Zimmer in einem gemütlichen Hotel in Ihrer Stadt. Nehmen Sie einen Reiseführer und planen Sie Ihr Wochenende wie einen Kurztrip in Ihre Traumstadt: Vielleicht buchen Sie eine Stadtführung? Oder Sie lassen sich einfach treiben? Stehen die wichtigsten Sehenswürdigkeiten auf dem Plan, oder wollen Sie lieber am Fluss relaxen? Ein Wochenende für Ihre Heimatstadt – und Sie sehen sie garantiert mit anderen Augen.

2000 Exponate des Museums stammen von Absolventen der ehemaligen Kolonialschule. Die ethnografische Sammlung ist in sechs Räume aufgegliedert. Vier davon orientieren sich an Erwerbsarten (Fischer, Bauern, Jäger, Nomaden) höchst unterschiedlicher Kulturen in Afrika, Südamerika und Ozeanien, wobei Gegenstände aus allen Lebensbereichen (Kleidung, Werkzeuge, Waffen u. v. m.) zu sehen sind. Ein Raum widmet sich der Kultivierung ägyptischer Oasen und ein weiterer, durchaus selbstkritisch, der Geschichte der Deutschen Kolonialschule.

Hier wächst Kakao – im Tropengewächshaus der Uni Witzenhausen

↗ *Gewächshaus für tropische Nutzpflanzen: Steinstr. 19, Witzenhausen; Kautabakmuseum: Walburger Str. 48, Witzenhausen OT Unterrieden; Völkerkundemuseum: Steinstr. 19, Witzenhausen; Infos zu allen: www.witzenhausen.eu (> Kultur > Freizeiteinrichtungen > Museen)*

252
ARCHITEKTUR-GESCHICHTE ERLEBEN
STUTTGART, BADEN-WÜRTTEMBERG

Stuttgart war schon immer ein Tummelplatz für Architekten, die zur Speerspitze des revolutionären Bauens zählen. Dementsprechend viele Architektur-Highlights hat die Stadt zu bieten. Als ein herausragendes Denkmal des Neuen Bauens in Europa gilt die Weißenhofsiedlung. Unter der Leitung von Ludwig Mies van der Rohe beteiligten sich in den 20er-Jahren des letzten Jahrhunderts Architekten aus fünf europäischen Ländern an der Planung, bei der Häuser mit Wohnungen inbesondere für Familien in schwachen Einkommensverhältnissen geschaffen werden sollten. Entsprechend der Neuorientierung in Politik, Gesellschaft und Wirtschaft nach dem Ersten Weltkrieg sollte das moderne Bauen den neuen Gestaltungsprinzipien folgen, die ästhetische Forderungen mit technischem Fortschritt zu verbinden suchten. Innerhalb des Gesamtkonzepts konnten die Architekten ihre Bau- und Wohnvorstellungen frei verwirklichen. Als nach dreijähriger Planung 1927 der Spatenstich erfolgte, entstand ein Ensemble aus Gebäuden, die zwar alle Flachdächer tragen, deren Erscheinungsbild ansonsten aber höchst unterschiedlich ist. Ludwig Mies van der Rohe, Le Corbusier, Walter Gropius, Hans Scharoun u. a. waren damals nur in Kreisen der Avantgarde bekannt – heute zählen sie zu den einflussreichsten Architekten des 20. Jh. Das ist es auch, was die Siedlung auf der Anhöhe des Stuttgarter Killesbergs so einzigartig macht. Wo sonst stehen die Häuser der namhaftesten Vertreter des Neuen Bauens in unmittelbarer Nachbarschaft? Auch wenn heute nur ein Haus der Weißenhofsiedlung von innen zu besichtigen ist, sollte man sich dennoch die von Architekten angebotene Führung keinesfalls entgehen

lassen, erfährt man dabei doch viel über die wechselvolle Geschichte der Siedlung und über Architektur im Allgemeinen. Eine Anmeldung für die offenen Führungen ist nicht notwendig. Wer genug Zeit mitbringt, wählt am besten die »Große Führung«, die ungefähr 1,5 Std. dauert. Außer einer Einführung in die Weißenhofsiedlung und einem Besuch des Weißenhofmuseums im Haus Le Corbusiers beinhaltet sie auch einen Rundgang durch die Weißenhofsiedlung, der bei der »Kleinen Führung« von 45 Minuten Dauer nicht auf dem Programm steht. Eine Station des geführten Rundgangs durch die Weißenhofsiedlung ist das Doppelhaus von Le Corbusier, das nach einer umfassenden Instandset-

17 Architekten entwarfen Häuser für die Weißenhofsiedlung. Dieses ist von Hans Scharoun

zung wieder zur Besichtigung offen steht. Im linken Haus, dessen Raumaufteilung im Lauf der Zeit mehrfach verändert wurde, ist das Weißenhofmuseum mit einer sehenswerten Ausstellung untergebracht. Das rechte Haus wurde in den Zustand von 1927 zurückversetzt und zeigt noch die originale Inneneinrichtung der Bauhausjahre.

↗ *Weißenhofmuseum im Haus Le Corbusier, Rathenaustr. 1–3, Stuttgart, www.weissenhofsiedlung.de, www.weissenhofmuseum.de*

STADT DER REKORDE
GERNRODE, SACHSEN-ANHALT

Sie haben ein Juwel, ein mehr als 1000 Jahre altes, wegen der Hanglage der Stadt weithin sichtbar, eines der markantesten Bauwerke aus der Zeit der Ottonen, vermutlich um das Jahr 959 herum begonnen. Das ist die Stiftskirche St. Cyriakus. Sie ist so dicht umbaut, dass man sie – erst einmal in der Stadt unterwegs – nicht mehr sieht. Doch wer den Besuchermassen folgt, steht dann keineswegs in der berühmten Kirche, sondern vor der größten Kuckucksuhr außerhalb des Schwarzwaldes (14,50 m hoch), vor dem größten Wetterhaus überhaupt (9,80 m

hoch und 5,20 m breit) – und nur diese beiden haben das Städtchen ins Guinnessbuch der Rekorde gebracht. Das bekräftigt (mit starker Stimme und einem satten Klang) viertelstündlich der große Vogel, der im Jahr 2007 zum »Harzmichel« getauft wurde. Und nicht zu vergessen: Das größte Thermometer der Welt und der größte Skattisch stehen ebenfalls in Gernrode.

↗ *Harzer Uhrenmuseum, Lindenstr. 7, Quedlinburg OT Gernrode, www.harzer-uhren-gernrode.de; Stiftskirche St. Cyriakus, Burgstr. 3, Quedlinburg OT Gernrode, www.stiftskirche-gernrode.de*

GOETHES STÄDTCHEN
ILMENAU, THÜRINGEN

Klein, aber fein liegt die Universitätsstadt Ilmenau (26 000 Einwohner) am nordöstlichen Thüringer Wald. 1273 erstmals erwähnt, kam Ilmenau im 14. Jh. an die Grafschaft Henneberg und im 16. Jh. an das Haus Sachsen. Bis ins 19. Jh. wurde vor Ort Bergbau betrieben, im 18. Jh. entstand die Porzellan-, im 19. Jh. die (noch erhaltene) Glasindustrie. In der Goethezeit als Reiseziel entdeckt, war Ilmenau bis zum Ersten Weltkrieg auch ein Kurort. Aus dem 1894 gegründeten Techni-

Zu einem Plausch mit Goethe kann man sich auf der Bank niederlassen

kum ging 1992 die Technische Universität hervor. Mit ca. 6600 Studenten und 1700 Mitarbeitern ist sie nach der Schiller-Universität in Jena die zweitgrößte in Thüringen. Das heutige Erscheinungsbild prägen schmucke Barockbauten, die alle nach dem großen Stadtbrand (1752) entstanden sind. Im Zweiten Weltkrieg unversehrt, wurden nach der Wiedervereinigung die historischen Gebäude gründlich renoviert.

Zu Ilmenaus Sehenswürdigkeiten zählen das Rathaus und die Kirche St. Jakobus (darin, mit 65 Registern: Thüringens imposanteste Orgel) oder, ganz modern, die Wettersäule und das Liquid-Chronometer (beide befinden sich auf dem Wetzlarer Platz). Pausieren lässt es sich bestens in der Lindenstraße, einem Altstadtboulevard.

Als Geheimrat des Herzogtums Sachsen-Weimar-Eisenach weilte Goethe gern in der Stadt. Als Kupferfigur sitzt er heute auf einer Bank vor dem einstigen Amtshaus am Marktplatz. In dem Gebäude präsentiert seit Ende 2008 das »GoetheStadtMuseum« u. a. Gemälde, Grafiken und Mobiliar aus der Zeit des Dichters, Ilmenauer Porzellan und Glas sowie die örtliche Bergbaugeschichte. Goethe selbst hing seinerzeit der Idee nach, den Staatssäckel durch eine Wiederbelebung des Silberbergbaus zu sanieren, was allerdings am zu geringen Ertrag der Mine scheiterte. Geologie wurde dennoch zu einer der vielen Interessen des umtriebigen Geheimrats. Doch auch das Schreiben vergaß er bei seinen 28 Besuchen nicht ganz: so verfasste er hier etwa das Gedicht »Ilmenau« und Passagen des Romans »Wilhelm Meisters Lehrjahre«. Eine Wanderung auf Ilmenaus Hausberg, den 861 m hohen Kickelhahn, inspirierte ihn zu »Ein Gleiches« (»Über allen Gipfeln …«), das er 1780 auf die Wand einer Hütte (»Goethehäuschen«) unweit des Gipfels notierte. Wer Goethes Spuren folgen möchte, kann auf dem 20 km langen Goethewanderweg von Ilmenau über den Kickelhahn nach Stüzerbach wandern.

↗ *GoetheStadtMuseum, Am Markt 1, Ilmenau, www.ilmenau.de/ 2726-0-Museen.html; Goethewanderweg: Infos, Karte und GPS-Daten unter www.ilmenau.de/ 2760-0-Goethewanderweg*

ARCHITEKTUR FÜR GUTE LAUNE

PLOCHINGEN,
BADEN-WÜRTTEMBERG

Ein Klohäuschen als Sehenswürdigkeit? Kaum zu glauben, aber wahr. 2007 eröffnete die Stadt Plochingen ihre zukünftige Attraktion: »Les Toilettes«, die künstlerische Umsetzung einer Bedürfnisanstalt durch das elsässische Allroundtalent Tomi Ungerer. Den ersten Vorschlag lehnte die Stadt jedoch ab, denn da hatte das Kuppeldach die Form eines großen rosaroten Hinterteils. Nun ist die »Arschitektur« vom Tisch, und es zieren unverfängliche »Klobrillen« den Bau. Ein zweites architektonisches Highlight ist die

Wohnanlage »Unterm Regenturm«. Die Innenhoffassade wurde von dem österreichischen Künstler Friedensreich Hundertwasser gestaltet. Überragt wird das Ensemble von dem 33 m hohen »Regenturm«, der zu einem Wahrzeichen der Stadt geworden ist. Überall spiegelt sich Hundertwassers Lebensphilosophie wider: fröhliche Farbigkeit, vergoldete Partien und gerundete Formen. Die Fenster scheinen zu tanzen, Bäume wachsen aus Erkern und auf Dächern …

↗ *»Les Toilettes«: zwischen Marktplatz und Schorndorfer Str., Plochingen; Hundertwasser-Haus: Unterm Regenturm, Plochingen; www.plochingen.de (> Erkunden & Besuchen > Sehenswürdigkeiten)*

ZU-HAUSE-TIPP

NETTE NACHBARN

Von Balkon zu Balkon grüßt man sich, aber ansonsten hat man nichts miteinander zu tun … Kennen Sie das auch? Eigentlich schade, denn Nachbarn können ganz nett sein. Wer weiß, ob nicht Ihre zukünftige beste Freundin schon auf Ihrer Etage wohnt? Und ob Sie nicht demnächst mal ganz dringend eine Bohrmaschine brauchen – und das Paar aus dem Erdgeschoss hat eine? Nachbarschaftshilfe macht das Leben viel einfacher. Und selbst wenn man alles alleine hinbekommt, fühlt es sich einfach viel mehr nach »zu Hause« an, wenn man die Nachbarn kennt. Also nur Mut: Einfach mal klingeln und Hallo sagen.

BOHNEN, BAROCK UND BLÜTENZAUBER

BLIESKASTEL, SAARLAND

Inmitten der Fußgängerzone, hinter einer unscheinbaren Klinkerfassade, versteckt sich des Saarlands kleinste Kaffeerösterei. Die liebenswürdige Inhaberin verfügt über ein reiches Sortiment exotischer Kaffeebohnen und eine erlesene Auswahl an Tee. Allzu leicht vergisst man die Zeit, wenn die Röstmaschine brummelnd den kleinen Laden mit dem Aroma der großen weiten Welt füllt. Und so kann es leicht passieren, dass man noch etwas länger in der kleinen Rösterei verweilt.

Dabei gäbe es auch draußen vor dem Laden einiges zu entdecken: In Blieskastel residierte Ende des 18 Jh. die Gräfin Marianne von der Leyen, die als architektonisches Vermächtnis die schöne Altstadt hinterließ. Die Schlossbergstraße ist die barocke Hauptschlagader. Sind die Bauten am Anfang noch beschaulich, so erweist sich die Paradestraße zunehmend als nobel (beginnend mit Haus Nr. 36), und herrschaftliche Hofratshäuser schmiegen sich Giebel an Giebel zum kleinen Schlösschen hinauf. Oben angelangt sind die Pfarrkirche St. Anna und Philipp sowie die Orangerie eine Besichtigung wert. Das Gotteshaus entstand im 18. Jh. unter Federfüh-

Goethe hat Auerbachs Keller unter der Mädler Passage in Faust I ein Denkmal gesetzt

rung eines Schülers von Friedrich Joachim Stengel und zieht den Betrachter mit der opulenten Fassade in seinen Bann. Barock zum Sattsehen bietet auch das Innere. Ganz der Romanik gewidmet ist die Stefanskirche. Mit über 1000 Jahren zählt sie zu den ältesten Kirchen Saarlands. Wer sich eine Abwechslung zu der filigranen Architektur wünscht, dem sei der über 4000 Jahre alte Gollenstein auf dem Blieskasteler Berg ans Herz gelegt. Mit einer Höhe von 7 m ist er der größte Monolith in Europa. Ursprünglich aus einem Guss geformt, zerbrach das Trumm, als man ihn zu Beginn des Zweiten Weltkrieges vorsorglich umstellen wollte.

Ende April, rechtzeitig zum Winterausklang, kleidet sich das barocke Städtchen in ein farbenfrohes Blumenkleid. Beim »Festival der tausend Blüten« geben sich auf dem Paradeplatz Gärtner und Floristen aus dem Saarland ein Stelldichein. Ein wahres Meer aus Blüten und Zierpflanzen erwartet die Besucher des Blumenmarkts Ende April: Männertreue Lobelien, raffinierte Petunienzüchtungen aus Japan und Heliotrope, die ihre Blätter nach der Sonne drehen, sind nur einige im Blieskasteler Blütenreigen. Damit nach ausgiebigem Augenschmaus der Magen nicht darben muss, werden an zahlreichen Bauernständen regionale Spezialitäten angeboten. Ein fleißiges Lieschen sollte sich dieses Farbenspiel nicht entgehen lassen.

↗ *Kaffeerösterei: Tee-Kaffee-Kultur, Kardinal-Wendel-Str. 62, Blieskastel; Barocke Altstadt, Blieskastel; Blumenmarkt: Paradeplatz, Blieskastel; Infos zu allen: www.blieskastel.de*

257

LEIPZIGER PASSAGEN

LEIPZIG, SACHSEN

Vorgänger des heutigen Passagensystems waren die Handelshöfe der Kaufleute, die im 15./16. Jh. erbaut und bis auf wenige Ausnahmen zu Beginn des 20. Jhs. abgerissen wurden. Sie bestanden aus den Lagerräumen für Ware, dem Wohnbereich des Kaufmanns und seiner Familie, aus Unterstellmöglichkeiten für Wagen und Vieh. Gehandelt wurde im Innenhof. Dieses System funktionierte, solange Ware verkauft wurde. Um die Wende zum 20. Jh. ersetzten Mustermessen den direkten Austausch zwischen Käufer und Verkäufer: Letzterer stellte nur noch »Muster« aus, die der Kunde dann bestellte und anliefern ließ. Für diese Art des Handels waren die alten »Durchhöfe«, wie man sie in Leipzig nennt, denkbar ungeeignet. So ließen die Kaufleute die historischen Häuser abreißen bzw. umbauen. In den neuen Messepalästen flanierte man von Raum zu Raum und besichtigte die

Waren. Der überflüssig gewordene Durchgangshof verwandelte sich in eine Passage mit gastronomischem Angebot. Über 30 solcher Messepaläste entstanden zu Beginn des 20. Jhs.

Eine neue Umdeutung erlebten die Messehöfe mit der Wende. Schon zu DDR-Zeiten waren die auf viele Häuser der Innenstadt verteilten Messen nicht mehr zeitgemäß; mit dem Bau der Neuen Messe in den 1990er-Jahren kam das endgültige Aus, und die Messehäuser wurden in Büros umgewandelt.

↗ *z. B. Mädler-Passage, Grimmaische Str. 2–4, Leipzig; Strohsack Passage, Nikolaistr. 10, Leipzig; Specks Hof, Reichsstr. 4, Leipzig; Infos zu allen: www.leipzig.travel/de (> Kultur > Architektur > Höfe und Passagen)*

 258
EIN TRAUM IN ROSA
BONN, NORDRHEIN-WESTFALEN

Der Frühling ist da, die ersten Kirschbäume blühen und schon gleicht die Heerstraße in der Bonner Altstadt einem Blütenmeer. Dabei war die Straße, wie der Name schon vermuten lässt, nicht immer romantisch-verträumt: Schon vor 2000 Jahren war sie ein bedeutender Handelsweg bis nach Trier. Parallel zur Heerstraße verlief das Aquädukt, mit dem sich die Rö-

mer mit frischem Wasser aus der Eifel versorgten. Der genaue Verlauf ist Im Krausfeld, in der Georgstraße und in der Dorotheenstraße noch heute durch eine abweichende Pflasterung zu erkennen. Im östlichen Abschnitt der Heerstraße sind Abgüsse von vor Ort gefundenen römischen Stelen, Grab- und Matronensteinen aufgestellt, die heute als eine Art Verkehrsberuhigung dienen. Sie deuten darauf hin, dass die Heerstraße genau an der Stelle beginnt, an der sich in römischer Zeit ein Militärlager befand – unvorstellbar, wenn man die Straße mit ihren blühenden Bäumen heute betrachtet.

↗ *Heerstraße, Bonn, www.kirschbluete-bonn.de*

259
FREIHAFEN UND SPEICHERSTADT
HAMBURG

Einst galt die Speicherstadt als größter Lagerhauskomplex der Welt. Hier wurden zollfrei Waren aus aller Welt gelagert. Als Hamburg 1881 Mitglied im Deutschen Zollverein wurde, handelte es als Kompromiss für den Verlust seiner Souveränität aus, dass ein Teil des Hafens zolltechnisch Ausland bleiben durfte. In diesem Freihafen durften Waren bis zum Verkauf gelagert, veredelt oder weiterverarbeitet

Ein Törn durch die Fleete der Speicherstadt gehört unbedingt zur Hafenrundfahrt

werden, ohne dass Zollgebühren anfielen. Zuvor lagerten Importgüter in den Kaufmannshäusern der gesamten Stadt, doch nun benötigte man riesige Lagerkapazitäten innerhalb des Freihafens. Zu diesem Zweck wurde die Speicherstadt gebaut. Durch ihren Bau trennte man die Funktionen des traditionellen Kaufmannshauses: Lager, Kontor (Büro) und Wohnung. Ein ganzes Viertel mit 20 000 Bewohnern musste ihr weichen. Von 1885 bis 1912 entstanden 22 Lagerhäuser mit jeweils fünf bis sieben Etagen auf der Wandrahminsel am Zollkanal. Außerhalb des Freihafens entstand das Kontorhausviertel. Aber im Containerzeitalter werden Kaffee und andere Güter kaum noch in Säcken gelagert. In die nutzlos gewordenen und seit 1993 denkmalgeschützten Speicher zogen Museen und kleine Dienstleistungsfir-

men ein. Ende 2012 wurde der Freihafen abgeschafft. Seit 2015 gehören Speicherstadt und Kontorhausviertel zum UNESCO-Welterbe.

↗ *Speicherstadt, Hamburg, www. hamburg.de (> Hotels & Tourismus > Sehenswürdigkeiten > Speicherstadt), www.hafen-hamburg.de (> Tourismus > Sehenswürdigkeiten)*

DIGITALE STADTERKUNDUNG

SCHWERIN, MECKLENBURG-VORPOMMERN

Die Tour »Spurensuche« beim Geocaching in Schwerin führt von der Touristeninfo mit versteckten Hinweisen und spannenden Rätseln in 2–4 Std. über 6 Stationen durch die Innenstadt – nebenbei erfährt man viel über die Stadtgeschichte – und am Ende wartet ein Schatz. Wer sich von Instagramm durch die Stadt leiten lassen will, findet zwei Routenvorschläge, die Top Instaspots Walking Tour und die Hidden Instaspots Cycling Tour.

↗ *Tourist Info, Am Markt 14, Schwerin, www.schwerin.com (> Kultur & Tourismus > Erlebnisse > Aktiv in Schwerin > Geocaching bzw. > Erlebnisse > Stadtführung > Instawalk)*

SEHEN UND GESEHEN WERDEN

DRESDEN, SACHSEN

Goethe nannte die Brühlsche Terrasse den »Balkon Europas«, pflegte hier doch die gute Gesellschaft mit ihren internationalen Gästen zu flanieren. Von der beliebten Promenade aus genießt man den herrlichen Blick auf die Elbe und hinüber in die Dresdner Neustadt mit dem schwarzen Turm der Dreikönigskirche, dem sächsischen Finanzministerium und – mit rotem Dach und goldener Krone – der Staatskanzlei. Ursprünglich gehörte die Brühlsche Terrasse zur Stadtbefestigung von Dresden. Nachdem diese im 18. Jh. ihre militärische Bedeutung verloren hatte, verschenkte Kurfürst August III. einen Teil der Anlage an den Grafen Heinrich von Brühl, der einen Lustgarten und prunkvolle Gebäude errichten ließ, von denen keines erhalten blieb. Vom Schlossplatz führt eine Freitreppe auf die Terrasse. Gerahmt wird sie von Johannes Schillings Bronzefiguren der vier Tageszeiten: Morgen (oben links), Mittag (oben rechts), Abend (unten links) und Nacht (unten rechts). Beim Spaziergang begegnet man auch dem 1872 von Schilling geschaffene Denkmal für den Dresdner Bildhauer Ernst Rietschel an der Stelle, wo einst sein Atelier stand. Unübersehbar ist die Sieben-Bastionen-Plastik (1990), eine Weltkugel aus Bronze. Sie verweist auf den Erlass Augusts des Starken, die

ZU-HAUSE-TIPP

RALLYE DURCH DIE STADT

Sie kennen Ihre Stadt? Oder denken Sie das nur? Bei einer Rallye können Sie feststellen, wie gut Sie sich auskennen. Neben viel Orientierungssinn ist Stadtwissen gefragt, manche Dinge lassen sich nur mit Kreativität und etwas Mut lösen. Wichtig ist, die Aufgaben den Teilnehmern anzupassen. Das gilt nicht nur für den Schwierigkeitsgrad der Hinweise, sondern auch für die Dauer. Erwachsene können problemlos zwei Stunden suchen, Kinder sollten – je nach Alter – in 30 bis 60 Minuten ans Ziel kommen. Ob Sie GPS verwenden oder eine analoge Karte, hängt von Ihren Vorlieben und Möglichkeiten ab.

sieben Bastionen der Stadtbefestigung nach den damals bekannten Planeten zu benennen, steht aber auch für die durch Kriege bedrohte Welt. Der Legende nach drückte August der Starke zudem mit seinem Daumen eine Delle ins Geländer am Ende der Terrasse.

↗ *Brühlsche Terrasse, Georg-Treu-Platz 1, Dresden, www.dresden.de (> Tourismus > Sehen > Sehenswürdigkeiten > Altstadt > Brühlsche Terrasse)*

EINE RUNDE SACHE
PUTBUS,
MECKLENBURG-VORPOMMERN

Putbus, »die weiße Perle« (4400 Einw.) hat mit reetgedeckten Fischerhütten oder der verspielten Bäderarchitektur wahrlich nichts gemein. Nachdem Fürst Wilhelm Malte I. von Putbus 1807 von Schwedens König Gustav IV. Adolf zum Fürsten ernannt worden war, erfüllte er sich mit der klassizistischen Residenzstadt den Wunsch nach einer standesgemäßen Adresse. Bis Mitte des 19. Jhs. entstand ein bemerkenswertes architektonisches Ensemble aus Schloss, Orangerie, Marstall, Theater und einem zur Kirche umfunktionierten Kurhaus, Lustgarten im französischen und Landschaftspark im englischen Stil. Das Herzstück der

Stadtanlage ist der Circus, ein von klassizistischen Bürgerhäusern eingefasster kreisrunder Platz. Allerdings wurde das Schloss 1962 abgerissen, übrig blieb nur die Seeterrasse inmitten der ausgedehnten Grünanlagen.

↗ *Tourist Info: Alleestr. 35, Putbus, www.ruegen-putbus.de*

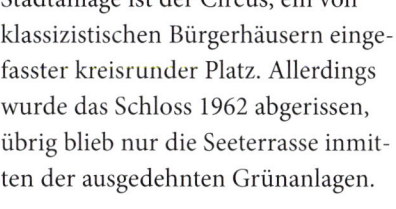

DOLCE VITA AN DER ISAR
BAD TÖLZ, BAYERN

Auch wenn das Zentrum gern als fast schon mediterran bezeichnet wird, ist Bad Tölz unverkennbar bayerisch, besser: oberbayerisch. Kaffeetrinker und Flaneure bewundern in der Marktstraße die prachtvollen Fassaden der Kaufmannshäuser mit ihren Stuckgliederungen und Malereien aus dem 18. und 19. Jh. – Zeugnisse von jahrhundertelangem Wohlstand infolge des florierenden Salzhandels und der Flößerei. Wie es dazu kam, zeigt das Stadtmuseum. Hinter seiner besonders schönen Fassade sind auch wertvolle Trachten und aufwendig bemalte Tölzer Kästen (Schränke) zu sehen, die im frühen 19. Jh. begehrte Exportgüter waren. Über der Isarlände reihen sich die hübschen Handwerkerhäuser, dahinter ragt die Stadtpfarrkirche Mariä Himmelfahrt empor. Blickfang über den Dächern der Stadt ist die weiße Heilig-Kreuz-Kirche mit ihren zwei Türmen auf dem Kalvarienberg – ihrerseits ein grandioser Aussichtspunkt. Zur Anlage gehören außerdem noch die Ölberggruppe am Fuß des Berges, die »heilige Stiege« und sieben Wegkapellen sowie der Golgathahügel und die Leonhardikapelle. Auf der anderen (westlichen) Seite der Isar liegt das Gesundheits- und Hotelviertel mit dem Kurpark, dem schönen Kurhaus aus dem Jahr 1914, dem Streidlpark und dem Rosengarten.

↗ *Tourist Info: Max-Höfler-Platz 1, Bad Tölz, www.bad-toelz.de; Stadtmuseum: Marktstr. 48, Bad Tölz*

264

GLANZVOLLE BÄDERARCHITEKTUR

BINZ, MECKLENBURG-VORPOMMERN

Binz (5300 Einw.) gilt als erste Adresse unter Rügens Seebädern. Es liegt malerisch zwischen Ostsee, Schmachter See und den Wäldern der Granitz. Nach Binz fährt man am besten mit der Schmalspurbahn Rasender Roland, die mit Tempo 30 von Putbus über Binz und durch die Buchenwälder der Granitz nach Göhren schnauft. Nachdem die Bahn Ende des 19. Jhs. fertig gestellt war, kamen zunehmend mehr Urlauber. Hinter der kilometer-

langen Binzer Strandpromenade und dem zauberhaften Sandstrand entfaltet die Bäderarchitektur ihre volle Pracht: Luxushotels, klassizistische Logierhäuser und Villen mit verspielten Erkern, Türmchen, Veranden und Balkonen. Bestes Beispiel ist das Kurhaus Binz (1908) an der 370 m langen Seebrücke.

↗ *Haus des Gastes, Heinrich-Heine-Str. 7, Binz, www.ostseebad-binz.de; Schmalspurbahn: www.ruegensche-baederbahn.de*

265

DEUTSCHE ROMANTIK

HEIDELBERG, BADEN-WÜRTTEMBERG

Leben, lernen und forschen – dafür kennt man Heidelberg. Die älteste Universität Deutschlands zieht Wissenschaftler und Studenten aus aller Welt an, die der ehemaligen kurpfälzischen Residenzstadt ihre lebendige Atmosphäre verleihen. Mitten im malerischen Neckartal gelegen, ist sie Zeitzeugin der deutschen Romantik. Nicht versäumen sollte man die berühmte Schlossruine, die erhaben über den Dächern der Altstadt thront. Zu den bedeutendsten Bauwerken der Renaissance nördlich der Alpen gehört der Ottheinrichsbau, einer der Palastbauten des Schlosses. Zu ihm kommt man übrigens ganz bequem mit einer

![Besonders lauschig ist die Stimmung im Bayreuther Hofgarten direkt am Kanal]

Besonders lauschig ist die Stimmung im Bayreuther Hofgarten direkt am Kanal

der traditionsreichen Bergbahnen. Wundervoll spazieren gehen kann man auf dem Philosophenweg, der in einer der wärmsten Klimazonen Deutschlands liegt, sodass man wild gedeihende exotische Pflanzen betrachten kann. Auch zahlreiche Museen sind einen Besuch wert, bevor man sich in der anmutigen Altstadt kleinen Geschäften und gemütlichen Cafés widmen kann.

↗ *Tourist Info: Willy-Brandt-Platz 1, Heidelberg, www.heidelberg-marketing.de;*
Schloss: Schlosshof 1, Heidelberg, www.schloss-heidelberg.de

NICHT NUR WAGNER

BAYREUTH, BAYERN

Natürlich ist Bayreuth weltweit für die berühmten Wagner-Festspiele (erstmals 1876) auf dem Grünen Hügel bekannt, und so ist das Festspielhaus ein wichtiger und beeindruckender Anlaufpunkt. Doch die Stadt, Sitz der oberfränkischen Regierung, hat noch viel mehr zu bieten. Das Markgräfliche Opernhaus, vollendet 1748 und Unesco-Weltkulturerbe, ist einer der wenigen im Original erhaltenen Theater- und Opernbauten seiner Zeit.

Bayreuther Rokoko prägt das Neue Schloss mit seinen Museen und seinem schönen Hofgarten. Stattet man dem Alten Schloss einen Besuch ab, so kann man den einzigartigen achteckigen Schlossturm und nebenan die strahlende Hofkirche mit wunderbarem Deckenstuck bewundern. Zahlreiche Museen bezeugen den Ruf der Stadt als kulturelle Hochburg. Im Haus Wahnfried befindet sich seit 1976 das Richard-Wagner-Museum, das nicht zuletzt wegen seines Nationalarchivs ein internationaler Ort des Wissens ist. Auch im Jean-Paul-Museum, Franz-Liszt-Museum und Deutschen Freimaurer-Museum wird kultureller Wissensdurst gestillt, um nur einige der Museen zu nennen, die diese großartige Stadt zu bieten hat. Viele Kirchen, umliegende Schlösser, Parks und Gärten gilt es zu entdecken und herauszufinden, warum Afrika in Bayreuth eine vielleicht unerwartet wichtige Rolle spielt.

↗ *Tourist Info: Opernstr. 22, Bayreuth, www.bayreuth.de*

267
SONNENSCHEIN UND »BÄCHLE«
FREIBURG, BADEN-WÜRTTEMBERG

Die sonnigste Großstadt Deutschlands mit ihren vielen »Gässle und Bächle« ist ein beliebtes Reise- und Ausflugsziel. Das Geschlecht der Zähringer begründete mit dem Bau einer Burg auf dem Schlossberg kleine Ansiedlungen,

Freiburgs bunter Wochenmarkt findet vor der Kulisse des Münsters statt

die schließlich von Herzog Konrad 1120 zur Stadt ernannt wurden. Die optimale Lage und Silbervorkommen beschleunigten Freiburgs Wachstum, sodass etwa ab dem Jahr 1200 das gotische Münster errichtet wurde. Um 1677 begann eine Zeit, in der die Stadt mal von den Herrschern Frankreichs, mal Österreichs regiert wurde. Napoleon gliederte Freiburg in das Großherzogtum Baden ein. Die französischen Besatzungsmächte gründeten schließlich 1945 eine badische Landesregierung. Seit der Zusammenlegung mit Württemberg ist Freiburg Sitz des Regierungspräsidiums.

Heute ist die Stadt dank zahlreicher historischer, aber auch moderner Sehenswürdigkeiten Anziehungspunkt für Besucher von überall. Am Wahrzeichen, dem Münster, wurde 300 Jahre lang gebaut, sein 116 m hoher Westturm gilt als einer der schönsten der Welt. Das ochsenblutrote Historische Kaufhaus am Münsterplatz zieren prächtige Skulpturen. In der historischen Altstadt sollte man die gotische Kirche St. Martin und die barocke Jesuitenkirche beachten. Auch die ausgeprägte Kunst- und Musikszene, die mittelalterlichen, über 15 km langen Wasserläufe in den Altstadtgassen und der gute badische Wein machen die Fahrradstadt Freiburg liebens- und lebenswert.

↗ *Tourist Info: Rathausplatz, Freiburg, www.freiburg.de*

268

HAUPTSTADT MAL ANDERS
BERLIN

Hin und wieder stellt sich die Frage: Wo war die Mauer? Das beantworten Urgesteine unter den Stadtspaziergängern wie StattReisen Berlin mit ihren »Grenzgängen« – Fußmärsche entlang dem ehemaligen Grenzstreifen. Für alle, die es gern bequemer haben: Virtuelle Mauerstreifzüge kann man unter www.die-berliner-mauer.de unternehmen. Tatorte von Gaunern und Gangstern kennenlernen und erfahren, wie Ernst Gennat in den 1920er-Jahren die spektakulärsten Mordfälle aufklärte – das geht auf der Tatort-Tour »Das kriminelle Berlin – Gauner, Gangster, Galgenvögel« veranstaltet von Stadtverführung Kultur Büro. Es gehört zur Riege der themenorientierten Stadt-(ver)führungen, die weniger Überblick, dafür spannende Einblicke geben und ihre Teilnehmer per pedes, per Rad, mit U- oder S-Bahn durch die Kieze führen. Geboten werden auch Stadt- und Museumsführungen, Architektur- und Parkspaziergänge.

↗ *StattReisen Berlin, Liebenwalder Str. 35 a, Berlin, www.stattreisen-berlin.de (> Stadtführungen > Hauptstadt mit Geschichte > Grenzgänge); Stadtverführung Kultur Büro, Emmentaler Str. 61, Berlin, www.stadtverfuehrung.de*

Von A wie Alphorn bis Z wie Ziegel – entdecken Sie Unbekanntes, erfahren Sie mehr und probieren Sie Neues aus, drinnen wie draußen.

Rechts: Mit einer VR-Brille tauchen Sie in virtuelle Welten ein

Neues entdecken

269

MIT PFEIL
UND BOGEN

PFRONTEN, RETTENBERG, BAYERN

Uralte Jagdmethode oder moderner Vereinssport – die Kunst des Bogenschießens ist eine Mischung aus körperlicher Anspannung und höchster Konzentration. Der bis vor Kurzem noch von vergleichsweise wenigen ausgeübte Sport ist inzwischen zur Freizeitbetätigung für die ganze Familie geworden. Spannend und abwechslungsreich gestaltete Parcours mit Zielscheiben und lebensecht wirkenden Tierattrappen bringen sogar Kinder und Jugendliche dazu, voller Begeisterung einige Kilometer im Freien zurückzulegen. Im Pfrontener Wald-seilgarten Höllschlucht können kleine und große Robin-Hood-Fans die Ausrüstung in passender Größe leihen und nach kurzer Einweisung im Parcours einfach mal ausprobieren, wie's geht. Für fortgeschrittene Bogenschützen gibt es in Bolsterlang an der Mittelstation der Hörnerbahn eine schöne Anlage mit über 30 3-D-Tierattrappen aus Schaumstoff; für den anspruchsvollen Parcours benötigt man drei bis fünf Stunden und muss die eigene Ausrüstung mitbringen. Ideal für alle, die Bogensport richtig lernen wollen, ist die über 6000 m² große Bogensportanlage mit Parcours und Schießständen am Grünten bei Rettenberg; Anfänger bekommen hier eine Einweisung und können sich die komplette Ausrüstung leihen.

Beim Bogenschießen braucht man Konzentration und eine ruhige Hand

↗ *Waldseilgarten Höllschlucht,*
Bürgermeister-Franz-Keller-Straße
Pfronten OT Kappel,
www.waldseilgarten-hoellschlucht.
de; Mittelstation Hörnerbahn,
Bolsterlang, www.hoernerbahn.de;
Bogensportzentrum Grüntenbogen,
Sonthofener Str. 29 a, Rettenberg,
www.gruentenbogen.de

EDELSTEINE
SCHÜRFEN

FREISEN, SAARLAND

An fast allen Wochenenden trifft sich
im Norden des Saarlands in der Gemeinde Freisen eine eingeschworene
Gruppe von Edelsteinschürfern. Die
Picke geschultert und mit wetterfester
Kleidung und Proviant ausgerüstet,
gehen die Glücksgräber dann auf die
Suche. Im Freisener Edelsteindorado
wird zwar nicht nach dem sagenum-
wobenen Goldschatz der südamerika-
nischen Indianer gesucht, doch stattdessen gibt es mit Achat, Amethyst
und Jaspis nicht zu verachtende
Prachtstücke aus der Welt der Minera-
logie zu bestaunen. Die glücklichen
Finder dürfen ihren Schatz natürlich
mit nach Hause nehmen – eine Men-
genbeschränkung besteht nicht. Zudem bieten die Betreiber des Dorados
den Besuchern einen besonderen Service: Den gefundenen Rohlingen wird

ZU-HAUSE-TIPP

SPRACHEN LERNEN

Zum x-ten Mal in Italien … und
außer »un cappuccino« bringen
Sie kein Wort raus? Da ist noch
Luft nach oben: Mit vielen Apps
kann man seinen Wortschatz
spielerisch erweitern, Podcasts
führen unterhaltsam in die Sprache ein, Online-Portale bieten
von ganzen Kursen über TV-Sen-
dungen bis hin zur Lehrer-Ver-
mittlung alles rund ums Spra-
chenlernen an. Und sobald Sie
Grundkenntnisse haben, können
Sie nach einem Tandem-Partner
suchen … und beim nächsten
Urlaub locker ein ganzes Menü
bestellen.

vor Ort der richtige Schliff verpasst.
Natürlich kann einem niemand garantieren, dass nach der schweißtreiben-
den Buddelei abends auch etwas im
Beutel glänzt, aber immerhin stehen
den »Goldgräbern« fast 25 000 m² zur
freien Verfügung. Da stehen die Chan-
cen nicht schlecht, dass selbst ein blin-
des Huhn ein glitzerndes Körnchen
nach Hause trägt.

↗ *Edelsteindorado, Freisen,*
   www.edelsteindorado.de

ALLES ÜBER 3-D

DINKELSBÜHL, BAYERN

Draußen herrscht Mittelalter, drinnen Illusion. Zur Freude aller und ganz besonders der Kinder. Die wollen gar nicht mehr raus aus dem Museum der 3. Dimension in der Dinkelsbühler Stadtmühle, wo man so viel anfassen darf und das Gehirn trotzdem hinters Licht geführt wird. Schaukästen und mechanische Apparaturen laden zum Mitmachen ein. Die überraschenden Effekte bringen aber nicht nur die Kleinen zum Staunen. Die sichtbar gemachte räumliche Tiefenwirkung begeistert auch die Großen, vor allem weil thematisch für jeden etwas dabei ist: klassische 3-D-Techniken, die in der Werbung der 1970er-Jahre verwendet wurden, Aktfotos, archäologische Grabungen und Wetterphänomene. Das Museum überblickt die Geschichte der dreidimensionalen Bildwiedergabe und der Anwendung optischer Täuschungen und verfügt über eine bedeutende Anzahl von Anaglyphen. Wer in Ruhe alle Stationen erleben möchte, sollte gut zwei Stunden einplanen.

↗ *Museum 3. Dimension,*
Nördlinger Tor, Dinkelsbühl,
www.3d-museum.de

ZU-HAUSE-TIPP

WEISST DU NOCH ...?

Unmengen an Fotos und keiner schaut sie an ... Schade, oder? Egal ob Papierabzug oder digital: Wenn man Fotos zu einer Geschichte zusammenstellt, wird's spannend. Also: ein Thema finden, Fotos dazu aussuchen und anordnen – ob jetzt klassisch als Fotoalbum, als gedrucktes Fotobuch, oder als »Diashow«. Wetten, dass Sie Ihre Fotos hinterher mit völlig neuen Augen sehen?

ERLEBNIS WISSENSCHAFT

HEILBRONN, BADEN-WÜRTTEMBERG

Wie lassen sich Naturphänomene erklären, wie wird Abstraktes vorstellbar? Unter dem Leitspruch »entdecken, erleben und erkennen« macht das Science Center »experimenta« Naturwissenschaften und Technik begreif- und erlebbar. An erster Stelle

Nach stürmischen Nächten findet man mit etwas Glück Bernstein am Strand

steht dabei immer das Ausprobieren: Lernen bedeutet hier, spielend die eigenen Interessen und Talente herauszufinden. In vier aufwendig inszenierten Themenwelten erlebt der Besucher anhand von rund 280 interaktiven Exponaten die Bereiche Energie und Umwelt, Technik und Innovation, Mensch und Kommunikation sowie Mensch und Freizeit. In den Talentschmieden können ungeahnte Fähigkeiten entdeckt, entwickelt und vertieft werden. Nach Herzenslust experimentieren können Nachwuchsforscher unter pädagogischer Anleitung in drei Labors und zwei Ateliers. Dazu gibt es Experimentalshows und regelmäßig Workshops zu diversen Themen.

↗ *experimenta Science Center, Kranenstraße 14, Heilbronn, www.experimenta.science*

DAS GOLD DES MEERES

ST. PETER-ORDING, SCHLESWIG-HOLSTEIN

Besonders viel Geduld und Glück benötigt man, um Bernstein, das »Gold des Meeres« zu finden. So ist das gemächliche Spazieren durch die Brandungszone, den Blick konzentriert nach unten gerichtet, ideal, um das eigene Tempo ordentlich zu drosseln. Umso schöner, wenn man tatsächlich etwas gefunden hat. Doch wie geht es nun weiter? Was tun mit dem kostbaren Fund? In St. Peter-Ording vermittelt das Museum von Boy Jöns nicht nur Wissenswertes zur Entstehungsgeschichte des Bernsteins, zu Transportwegen und zur Verbreitung des fossilen Harzes, sondern bietet auch Kurse im Bernsteinschleifen sowie Bernsteinbearbeitungskurse, Vorträge und andere Veranstaltungen an. Für Wissbegierige veranschaulichen bis zu 14 000 Jahre alte Ausstellungsstücke und Schautafeln die vielen Facetten der Bernstein-Geschichte, angefangen mit der Entstehung vor rund 50 Millionen Jahren über die Verwendung zur Verehrung des Schmucksteins.

↗ *Nordsee-Bernsteinmuseum, Dorfstraße 15, St. Peter-Ording, www.nordsee-bernsteinmuseum.de*

TIERE PFLEGEN, PIZZA BACKEN
WÜRZBURG, BAYERN

Kinder haben Lust auf Abenteuer. Naturerfahrungen beflügeln ihre Fantasie und stärken Persönlichkeit und Selbstbewusstsein. Doch oft ist es für den Nachwuchs gar nicht so einfach, in der Stadt draußen Platz zum Spielen zu finden. Erfindungen machen, aus Naturmaterialien und Brettern Hütten bauen, Gänse, Hühner, Ziegen und Esel streicheln, Kuh und Pferd pflegen oder einfach die Gedanken im Land der Träume schweifen lassen: Nach Herzenslust ausleben können sich Mädchen und Jungen auf der Kinder- und Jugendfarm Würzburg. Der pädagogisch betreute Aktivspielplatz bietet mitten in der Stadt Raum und Anregung für verschiedenste Abenteuer und Sinneserfahrungen mit Natur und Tieren. Das ist auch die Zielsetzung des Vereins Kinder- und Jugendfarm und seiner Kooperationspartner (Stadt Würzburg und Sozialdienst katholischer Frauen Würzburg e. V.). Auf dem wunderbar eingegrünten Areal sammeln die jungen Besucher, angeleitet von pädagogischen Fachkräften, im Garten elementare Erfahrungen im Umgang mit den vier Elementen. In der Gemeinschaft mit Gleichaltrigen können sie filzen, basteln, töpfern oder Pizza backen. Sie dürfen sich eigenverantwortlich um die vierbeinigen Bewohner der Farm kümmern, Spaß mit Freunden haben, auf der langen Rutsche ins Glück gleiten oder einfach mal mitten in der Natur vor sich hin träumen. Ein paradiesisches Plätzchen für kleine Entdecker und große Abenteurer.

↗ *Kinder- und Jugendfarm, Leistengrund/Leistenstraße, Würzburg, www.kinder-und-jugendfarm.de*

VORSICHT, ZERBRECHLICH!

MEISSEN, SACHSEN

Es war eine Sensation, als 1709 Johann Friedrich Böttger das Porzellan erfand und so den Grundstein für Europas erste Porzellan-Manufaktur legte. Seitdem entstehen unter dem Zeichen der gekreuzten Schwerter hochwertiges Gebrauchsporzellan und filigrane Kunst. In den Schauwerkstätten in Meißen sieht man nicht nur, wie die Preziosen entstehen. Die Kostbarkeiten aus 300 Jahren Porzellanmanufaktur erzählen im Museum of Meissen Art auch über den Stellenwert des faszinierenden Materials, das für Nacht-

töpfe bei Hofe ebenso Verwendung fand wie für moderne Kunst. Er würde Silber zu Gold machen, versprach der Schleizer Apothekergeselle Böttger und wurde zum persönlichen »Goldmacher« des prunksüchtigen, aber stets klammen Kurfürsten August des Starken (1670–1733). Sicherheitshalber sperrte der ihn in der Festung Königstein ein, um ihn mit keinem anderen teilen zu müssen. Weil er aus Sorge, dass Königstein bei seinen Experimenten abbrennen könnte, irgendwann nicht weiter experimentieren durfte, begann sich Böttger mit der Porzellanherstellung zu beschäftigen. Vorher hatte es das »Weiße Gold«, das fast kostbarer war als echtes, nur in China gegeben. Seinen Ruhm konnte

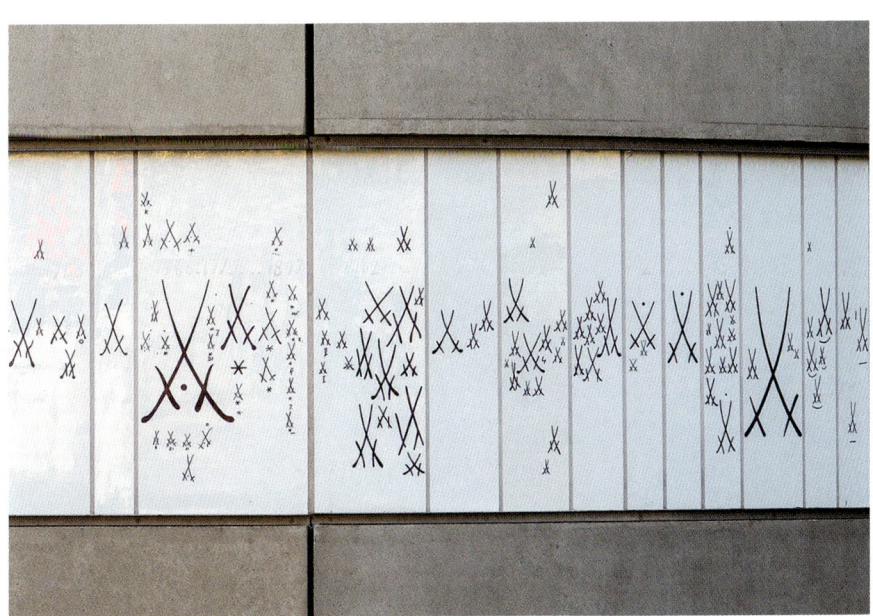

Das Markenzeichen des Meissener Porzellans, die Schwerter, entwickelte sich über die Jahre

Böttger ebenso wenig auskosten wie die Leitung der Meissener Porzellanmanufaktur. Von seinen giftigen Experimenten gezeichnet starb er 37-jährig.

↗ *Erlebniswelt Haus Meissen,*
Talstr. 9, Meißen, www.meissen.com
(> Manufaktur)

HEILENDE CALENDULA

REICHERSBEUERN, BAYERN

Wer hätte gedacht, dass Salben so einfach herzustellen sind, ganz ohne komplizierte Ingredienzien, nur mit ein paar Zutaten aus der Natur: Lavendelblüten oder Ringelblumen, Mandelöl und Bienenwachs. Wie daraus eine entzündungshemmende Lavendel- oder Ringelblumensalbe wird, das weiß Monika Laubenbacher. Sie ist Kräuterpädagogin und bietet auch Kräuterführungen an. Nach dem Kurs bekommt man die Rezepte für die selbst hergestellten Salben mit nach Hause, dazu eine ganze Reihe Tipps, wo man die einzelnen Zutaten in guter Qualität und günstig bekommt. Fünf bis neun Leute haben in einem Kurs Platz, Material ist inklusive.

↗ *Kräuterpädagogin Monika Lauben-*
bacher, Sachsenkamerstr. 25, Rei-
chersbeuern, www.motrifolium.de

Was ist denn eigentlich Pop? Dieser Frage kann man in Gronau nachgehen

ROCK UND POP
GRONAU, NORDRHEIN-WESTFALEN

↗ *rock'n'popmuseum,*
Udo-Lindenberg-Platz 1, Gronau,
www.rock-popmuseum.de

Entschuldigen Sie, ist das der Sonderzug nach … Gronau? Genau! Schublade auf, Musik ab. Das Rock- und Popmuseum Gronau ist ein Museum zum Hinhören. Hier swingt und groovt es den ganzen Tag. Udo Lindenberg hatte die Idee zum ersten und einzigen Popmuseum Europas. In der ehemaligen Textilfabrik seiner Heimatstadt ist die Musikgeschichte des 20. Jh. dokumentiert. Lindenberg in persona kommt auch ab und an zu Besuch und gibt dann ein Konzert.

Die Dauerausstellung ist schrill, bunt und plakativ mit Hörbeispielen und Videos. Im ersten Raum ist es zunächst aber plüschig: Hier dudelt der erste Millionenseller der Musikgeschichte, das kitschige »Gebet einer Jungfrau« von Tekla Badarzewska. Das Studio der deutschen Band Can ist im Original aufgebaut – bis hin zum abgewetzten Fußboden. Es wirkt so echt, als würden die Musiker gleich aus der Pause kommen und wieder losrocken. Devotionalien dürfen auch nicht fehlen: Man bestaunt ein Mikrofon der Beatles, die Haschischdose von John Lennon und den Opel Admiral der Fantastischen Vier, die ihn hier selbst geparkt haben. Unter riesigen Klanghauben kann man sich durch Trance-Kompositionen in andere Sphären träumen.

ALLES AUS PAPIER
WEDDERSLEBEN, SACHSEN-ANHALT

Ägypten, China, Weddersleben – das ist ein weiter Weg, der des Papiers, und er begann schon vor 2000 Jahren. Die Papiermühle in Weddersleben, 1549 gegründet, war bis zum Jahr 1991 auch eine richtige Fabrik, in der zuletzt Raufasertapeten für die Wände der Wohnungen in der DDR produziert wurden. 1997/98 wurde sie unter Leitung des Museumschefs Herbert Löbel saniert, bis sie ein komplettes Museum der Papiergeschichte mit allen notwendigen Maschinen war. Aber sie ist ein aktives Museum, eines, in dem gearbeitet wird. Die Mitarbeiter beherrschen das Handwerk, stellen aus Papier Alben und Lampenschirme, Karten und Mappen her … und bieten Besuchern Workshops an, vom Papierschöpfen bis zum selbst hergestellten Buch.

↗ *Papiermühle Weddersleben, Quedlinburger Str. 2, Weddersleben,*
www.papiermuehle-weddersleben.
de, www.harzinfo.de (> Erlebnisse
> Sehenswürdigkeiten > Gewerbe
und Handwerk > Papiermühle)

STILLE ERFAHREN

BERCHING, BAYERN

»Reden ist Silber, Schweigen ist Gold« – angesichts permanenten Handy-Klingelns sowie anderer Dauerbeschallung im Alltag tragen immer mehr Leute den Wunsch in sich, dieses Sprichwort auch in die Realität umzusetzen. Erklärtes Ziel: einfach mal »seine Ruhe haben«. Und zwar richtig. Nicht umsonst erfreuen sich Klosteraufenthalte und Meditationskurse steigender Beliebtheit. Etwa in Plankstetten: Bei den Mönchen der Benediktinerabtei erhalten auch weltliche Gäste die Möglichkeit, das klösterliche Leben zu erleben. An der Seite der Benediktiner nehmen sie an diversen Arbeiten im Kloster, gemeinsamen Gebeten, Mahlzeiten und Freizeitaktivitäten teil. Und an spirituellen, gesundheitlichen oder kreativen Seminaren. Das dicke Programmheft bietet jedem so viel Stille, wie er braucht – von mehrstündigen Meditationen bis zu mehrtägigen, von Chorgebeten und Gesprächen begleiteten Einzelexerzitien. Wobei es ein anderes Sprichwort auf den Punkt bringt: »Schweigen heißt nicht, nichts zu sagen, sondern mit allen Kräften hören.« Mit aller Kraft genießen können die im Gästehaus St. Gregor untergebrachten Klosterurlauber auch die exzellente Klosterküche sowie die malerische Natur des Altmühltals, die zum Wandern und Radfahren einlädt.

↗ *Benediktinerabtei Plankstetten,*
Klosterplatz 1, Berching,
www.kloster-plankstetten.de

NICHT INSTAGRAMMABLE?

Für Urlaubsgrüße aus Balkonien eignet sich die gute alte Postkarte, und es freut sich garantiert jeder, der eine im Briefkasten hat. Vor allem, wenn sie selbst gemacht ist. Dazu aus einem mittelstarken Karton eine Karte in der gewünschten Größe ausschneiden – und kreativ werden: mit Fotos bekleben, mit Stickern verzieren, mit Motiven bedrucken, von Hand bemalen … Nur die Post setzt Ihrer Fantasie Grenzen: Eine Karte hat die Normgröße 105 × 148 mm, und sie sollte zwischen 2,5 und 7,5 g wiegen.

Zeit für sich kann man im Kloster finden –
wie hier in der Abtei Plankstetten

antwortet. Zudem erfährt man, dass Geldscheine früher aus Lumpen gemacht wurden, warum Umzugskartons stabiler sind als normale Kartons und was Leonardo da Vinci damit zu tun hat. Die funktionsfähigen Maschinen in der Mitmach-Ausstellung »Elementa« machen Technik-, Wirtschafts- und Sozialgeschichte lebendig. Da ist für jeden etwas dabei: ob Wellenbad in der heimischen Badewanne oder Rasierapparat zum Aufziehen.

↗ *Technoseum, Museumsstr. 1, Mannheim, www.technoseum.de*

SPANNENDE TECHNIK

MANNHEIM, BADEN-WÜRTTEMBERG

Von außen ist das Mannheimer Technoseum ein Meilenstein der Architektur des ausgehenden 20. Jh. – innen enttäuscht es auch nicht. Auf 8000 m² lädt es seine Besucher zu einem interessanten Rundgang durch die Geschichte der Industrialisierung im deutschen Südwesten ein. Und, der Name ist Programm, es fordert zum Mitmachen auf und erklärt Produktionsprozesse. Warum werden 7, 14 und 21 Uhr als »Mannheimer Stunden« bezeichnet? Woher kommt das Geräusch, wenn die Mühle am rauschenden Bach klappert? Diese und viele weitere Fragen werden hier be-

ICH GLAUB, ICH SPINN'

ZINGST, MECKLENBURG-VORPOMMERN

Auf Flachwebstühlen webt Anna-Maria Cejp Stoffe, die später u. a. für die Rekonstruktion mittelalterlicher Gewänder gebraucht werden. Für Interessierte stehen Webrahmen und Webstühle für eigene Versuche unter Anleitung bereit, wer mag, kann einen Einzelkurs beispielsweise zum Bildweben buchen. Auch ein Spinnkurs ist im Angebot.

↗ *Handweberei Cejp, Birkenstraße 13, Zingst, www.handweberei-cejp.de*

VOLKSTANZ IM HOFBRÄUHAUS

MÜNCHEN, BAYERN

Jung und Alt, in Tracht und Jeans –
beim Münchner Tanzboden im Hofbräuhaus, einem Volkstanztreffen, ist
jeder willkommen. Per Mikrofon ver-
schafft sich Tanzlehrer Magnus Kaindl
im vollen Saal Gehör, hinter ihm eine
Band mit Geigen, Kontrabass, Harfe
und Harmonika. Artig reiht sich die
Menge zu Pärchen und los geht's mit
traditonellen Tänzen wie Polka, Zwie-
cher und Drehwalzer. »Links herum,
Wechselschritt«, gibt der Tanzlehrer
an und singt sogar mit: »Vor lauter,
lauter Schubkarrnfahrn«. Röcke

schwingen, Gesichter glänzen, Schuhe
knallen. Und am Schluss sind alle ganz
begeistert: »A g'scheite Gaudi war's.«

↗ *Hofbräuhaus, Platzl 9, München,*
www.muenchen.de/volkskultur

DINOSAURIER, MAMMUTS, STERNE

MÜNSTER, NORDRHEIN-WESTFALEN

Im Naturkundemuseum in Münster
reist man 100 Millionen Jahre zurück
zu den Dinosauriern. Das prächtigste
Exemplar ist 16 m lang: das Skelett eines Tyrannosaurus Rex. Eindrucksvoll

Tracht ist keine Pflicht – aber mit Dirndl und Krachlederner wirkt's einfach authentischer

ist auch der größte Ammonit der Welt. Dieser Riesentintenfisch wurde in Seppenrade entdeckt, wo eine Kopie des versteinerten Urmeerbewohners steht. Ein Pottwal strandete 2011 vor Pellworm, sein Skelett zog präpariert ins Museum ein. Faszinierend sind auch die Sternenshows: Im Mittelpunkt des Hauses erhebt sich die Kuppel eines Planetariums mit einem Durchmesser von 20 m. Kindern erklärt der Bilderbuchhase Felix das All.

↗ *LWL-Museum für Naturkunde, Sentruper Str. 285, Münster, www.lwl-naturkundemuseummuenster.de*

KLASSIKER DER MODERNE

WEIL AM RHEIN, BADEN-WÜRTTEMBERG

Extravagant sind die Produkte des Schweizer Möbelherstellers Vitra. Entwürfe renommierter Designer wie Jasper Morrison, Charles und Ray Eames oder Philippe Starck gingen bzw. gehen bei Vitra in Serie. Verner Pantons »Panton-Chair«, ein s-förmiges Stück Kunststoff, wurde zur Pop-Ikone. Extravagant ist auch das Gebäude des Vitra Design Museums (1989). Frank O. Gehry konstruierte es in sich verdreht, übliche Sehgewohnheiten irri-

tierend. Die Wechselausstellungen des Museums zeigen u. a. Arbeiten bedeutender Designer, Architekten und Stadtplaner. Ob konkrete Objekte oder ästhetische Utopien von einst und heute: Manche Ausstellung geht von Weil aus um die Welt.

↗ *Vitra Design Museum, Charles-Eames-Straße 1, Weil am Rhein, www.design-museum.de*

RICHTIGE TECHNIK FÜRS ALPHORN

GARMISCH-PARTENKIRCHEN, BAYERN

»T-t-t-t, Bauch raus, Backen anspannen«, empfiehlt Elisabeth Heilmann-Reimche, »lächeln, ansetzen, weiter lächeln und ganz lange aus dem Bauch raus atmen.« Tooo-iii. Der Ton bricht hinten aus. »Die Luft langsam abgeben, nicht wie wild neiblasen«, rügt die strenge Lehrerin mit erhobenem Zeigefinger. Töööö. »Ja, super, gut so!« Hören Sie auf die Frau, sie ist Expertin. Vor über 20 Jahren ist sie von der Trompete auf das Alphorn umgestiegen und leitet heute Deutschlands einziges Alphornbläserinnen-Ensemble. Was sonst noch wichtig ist: Die drei Teile des 2,68 m langen und 3 kg schweren Alphorns muss jeder Schüler in einem extra dafür gefertigten Ruck-

Alphörner sind sehr, sehr lang – das längste bespielbare bringt es auf 14 Meter

sack ein Stückchen tragen können, denn so ein Alphorn, das bläst sich nun mal am besten draußen.

↗ *Elisabeth Heilmann-Reimche, Samweberstr. 16, Garmisch-Parten-kirchen, www.alphorn-zugspitze.de*

286

ALLES ÜBER BIENEN UND IMKER
MÜNSTERTAL, BADEN-WÜRTTEMBERG

Emsig lebten vom 9. Jh. bis 1806 Benediktiner im Kloster St. Trudpert. Von Emsigkeit zeugt auch das nahe Bienenkundemuseum (seit 1978), eines der bedeutendsten seiner Art, das in Karl Pfefferle (1918–2009) einen Mentor hatte, der bienenfleißig Exponate in al-

ler Welt sammelte. Warum eine Königin im Strohkorb haust (sofern ein Bienenvolk nicht weisellos ist), was Bienen mit dem Rüssel an der Trachtquelle so treiben, wie Met schmeckt und sich Schwarzwälder Tannenhonig zusammensetzt: Alles aus der seltsamen Welt der Bienen und Imker wird hier erläutert. Die älteste Biene ist übrigens eine vor 50 Millionen Jahren in Bernstein verewigte. Die emsigen Tiere haben selbst den Benediktinern einiges voraus.

↗ *Bienenkundemuseum, Spielweg 55, Münstertal, www.bienenkundemuseum.de*

287

BAYERISCHER GEIGENBAU
MITTENWALD, BAYERN

Viele kennen es nur von der Ausweichstrecke Garmisch-Innsbruck über den Zirler Berg und vom Vorbeifahren: Mittenwald. Vom Geigenbau dort haben die meisten trotzdem schon gehört und es klingt zugegeben ungefähr genauso abgedroschen wie Mittenwald und Lüftlmalerei. Ist es aber nicht, beides ist beeindruckend. Das kleine Örtchen lag schon immer an einem regen Handelsweg zwischen Bayern und Italien. Diesem strategisch günstigen Moment hat es dann auch seine zwei Berühmtheiten zu verdanken: Die Handelsreisenden brachten die Idee bemalter Häuscr aus Italien mit, und Matthias Klotz fand dort nicht nur einen Ort mit gutem Holz für seinen Geigenbau, sondern auch gute Absatzmöglichkeiten, und so begründete er um 1685, was noch heute Tradition hat. Im Ort scheint es fast ein wenig, als sei die Zeit stehen geblieben, vor allem abseits der Läden, zum Beispiel direkt hinter der St. Peter und Paul-Kirche in der Ballenhausgasse. Dort liegt das Geigenmusem in einem 500 Jahre alten Haus, das noch heute in prächtiger Lüftlmalerei erstrahlt. Drin kann man dann nicht nur mit der Lupe die Strukturunterschiede verschiedener Hölzer erforschen, die einzelnen Bestandteile einer Geige bewundern und sich selbst einmal im Hobeln probieren, sondern dank einer kleinen Sammlung an Filmmaterial sogar sehen, dass sich in den Grundzügen des Geigenbaus bis heute nichts geändert hat. Noch immer wird die Zarge um ein heißes Biegeeisen gebogen und mit dem Stimmsetzer der Stimmstock, nun ja: gesetzt. Noch immer gilt frei nach dem Geigenbaumeister Leo Aschauer: »Die Geige ist ein fertiges Kunstwerk, da kann man nichts dran verbessern.«

Im Anschluss lohnt ein Rundgang durch den Ort. Am Eingang des Museums liegt eine Liste der aktuellen Geigenbaumeister aus, die jeder aufsuchen kann, der sein Wissen noch

vertiefen oder gar eine Geige erwerben möchte. Übrigens: Der wohl berühmteste Musiker, der eine Mittenwalder Geige spielte, war Wolfgang Amadeus Mozart. Es war ein Instrument von Ägidius Klotz, dem Enkel des legendären Begründers des Mittenwalder Geigenbaus Matthias Klotz.

↗ *Geigenbaumuseum, Ballenhausgasse 3, Mittenwald, www.geigenbaumuseum-mittenwald.de*

FLEDERMÄUSE BEOBACHTEN
ST. ANDREASBERG, NIEDERSACHSEN

Sie sehen mit den Ohren und fliegen mit den Händen, machen Geräusche, aber schimpfen und brüllen auf eine Art, die wir nicht hören können: Fledermäuse sind schnell und geheimnisvoll, faszinieren, manche nennen sie mystisch, und andere fürchten sie als kleine Vampire. Wer mehr über sie wissen will, nutzt die Chance zur Fledermausführung. Gegen Ende August, wenn die Weibchen die Jungen aufgezogen haben – immer in Gruppen, die drei, fünf aber auch 50 umfassen können –, gibt es die »Batnight«, die Europäische Fledermausnacht, in der Naturschützer mit Neugierigen auf Fledermauswanderungen gehen und spannende Geschichten zu hören und zu sehen sind. Wer nicht warten will, nutzt die Dämmerung allein zur Bekanntschaft mit den Nachtjägern. Auch von Menschen mit Scheinwerfern lassen sie sich nicht beirren. Im Wald, dort, wo alte Bäume stehen, mit Astlöchern, die ein Sturm geschlagen hat, mit losen Rinden, verlassenen Spechthöhlen, können Quartiere verborgen sein, aus denen die virtuosen Flieger sich auf den nächtlichen Beutezug machen. Die Großen Abendsegler sind die Frühaufsteher, sie tauchen kurz nach Sonnenuntergang auf, Säugetiere im Kuschelfell und mit Ultraschall-Echo-Ortung, die jede Nacht bis zur Hälfte ihres Gewichtes an Insekten

verspeisen. Ganz nah über dem Wasser huscht ein lautloser Schatten, das ist die Wasserfledermaus auf Beutezug. Große Ohren und langhaariges Fell machen die Bechsteinfledermaus zwar langsam, aber die sehr wendige Flugkünstlerin kann sogar Insekten von Blättern und vom Boden aufsammeln. Fledermausdetektoren, die es erst seit 20 Jahren gibt, verraten den Menschen die hochfrequenten Ortungsschreie der Nachtjäger.

↗ *Nationalparkhaus Sankt Andreasberg, www.nationalpark-harz.de (>Veranstaltungen >Tierbeobachtungen); www.nabu.de/aktionen-undprojekte/batnight*

ZU-HAUSE-TIPP

VIRTUELLE MUSEEN

Sehnsucht nach hoher Kunst? Google Arts & Culture hat sich mit über 2000 Museen weltweit zusammengetan, um Kunst online zu zeigen, darunter so namhafte wie das Pariser Musée d'Orsay, das Van Gogh Museum in Amsterdam, das State Hermitage Museum in St. Petersburg oder das National Museum of Modern and Contemporary Art in Seoul. Rundgänge, Sonderausstellungen und verschiedene Sammlungen einzelner Objekte sind virtuell zugänglich. Das Deutsche Museum München hat schon 2015 Rundgänge mit Audio-Guides ins Netz gestellt. Dem Blick aufs Kunstwerk steht also nichts im Wege – vor allem keine anderen Besucher (https://artsandculture.google.com).

Der Käsebruch wird in Formen geschöpft, damit die Molke abtropfen kann

und Trüffel-Chili-Käse-Pralinen oder Käse-Punsch-Pralinen. Danach gibt's ein Diplom und einen Heuschnaps als »Verdauerle«. Wenn die Lehrlinge ihren Do-it-yourself-Käse in Form gepresst haben, dürfen sie ihn nach einer ersten Ruhezeit von etwa zwei Stunden mit nach Hause nehmen. Allerdings muss er dort vor dem Verzehr nochmals acht Stunden ruhen und gesalzen werden. Wer weiß, dass er schon vorher Appetit bekommt, nimmt sich am besten ein paar regionale Spezialitäten aus dem Laden im Dorfhaus mit heim.

↗ *Käseschule, Dorfhaus Thalkirch-dorf, Kirchdorfer Straße 7, Oberstaufen OT Thalkirchdorf, www.dorfhaus.de*

289
MACHEN SIE IHREN KÄSE DOCH SELBST

OBERSTAUFEN, BAYERN

Wer Lust hat, einmal selbst Käse zu machen, ist im geschindelten Dorfhaus von Thalkirchdorf an der richtigen Adresse: Bei Käsemeister Georg Gründl lernt man, wie Weichkäse hergestellt wird. Jeder Teilnehmer bekommt seinen eigenen Kupferkessel und die komplette Ausrüstung. Das Käsen selbst dauert rund zwei Stunden. In dieser Zeit müssen die Käseazubis fleißig rühren, sie erfahren nebenbei einiges über die Herstellung anderer Käsespezialitäten und dürfen ungewöhnliche Käsekreationen des Meisters kosten, z. B. Dunkelbierkäse, Barolound Champagnerkäse, Ananas-

290
NACHHALTIGKEIT IM ALLTAG

TRIPPSTADT, RHEINLAND-PFALZ

»Unser Ziel ist es, Dimensionen der Nachhaltigkeit transparent zu machen und auf den Alltag der Menschen zu projizieren« – große Worte für ein wichtiges Ziel wählt der Leiter des Hauses der Nachhaltigkeit am Johanniskreuz. Mitten im Wald steht der moderne Flachbau an dem Ort, wo 1843 eine Gruppe von Förstern die Bezeichnung Pfälzerwald festlegte. Noch heute treffen alle mit einem

Kreuz markierten Wege hier zusammen. Nicht weit entfernt liegt die »Pälzisch Weltachs« – für Heimatdichter Paul Münch bildete das Felsdenkmal den Nabel der Pfalz. Deren einzigartige Naturlandschaft wollte schon Münch bewahrt wissen und genau dieser Aufgabe hat sich das Haus der Nachhaltigkeit verschrieben. Mit seiner Bauweise, Gartenlandschaft und wechselnden Ausstellungen informiert es die Besucher darüber, was sie tun können, um die Umwelt weniger zu belasten. Veranstaltungen rund um Wald und Umwelt, z. B. zum Waldbaden oder zum Klimawandel, gehören dazu.

↗ *Haus der Nachhaltigkeit,*
Johanniskreuz 1a, Trippstadt,
www.hdn-pfalz.de

lässt sich an der Landschaft selbst ablesen – z. B. das erdgeschichtlich aufregende Zeitalter, in dem der Rheingraben einbrach und die Randzonen angehoben wurden. An einigem würde man vielleicht achtlos vorbeigehen, wie an manchen Spuren, die Kelten, Germanen und Römer hinterließen, als sie die kargen Waldregionen durchstreiften. Immer up to date ist dagegen das Geocaching, eine Hightech-Schnitzeljagd, bei der man mit Karte, Kompass und dem GPS-Navigationsgerät durch die Natur gelotst wird – natürlich umweltfreundlich!

↗ *Naturpark Pfälzerwald e.V. ;*
Treffpunkt je nach Exkursion unterschiedlich; www.pfaelzerwald.de
(> Erleben > Führungen)

291
EXKURSIONEN IM PFÄLZERWALD
RHEINLAND-PFALZ

Wie viele Flugkilometer legen Bienen für ein Glas Honig zurück? Ist das Reh die Frau vom Hirsch? Welche Erste-Hilfe-Mittel hat die Wald- und Wiesenapotheke parat? Auf geführten Wanderungen durch das Biosphärenreservat Pfälzerwald-Nordvogesen werden diese und viele weitere spannende Fragen fachgerecht beantwortet. Manches

292
MIT VIEL GESPÜR FÜR PROPORTIONEN
MÜNCHEN, BAYERN

Nur wenige Schritte vom Münchner Georg-Elser-Platz entfernt öffnet sich ein Durchgang zu den Ateliers und Werkstätten im Kunsthof Türkenstraße – eine Welt für sich, in der Kreativität gedeihen kann. Haben Sie vielleicht Lust, selbst zu zeichnen? Zu lernen, wie man Ähnlichkeit bei einem Portait schafft? Der Akthof, in dem Künstler mit klassischer akademischer

Ausbildung unterrichten, bietet Abend- und Wochenendkurse an – fürs Aktzeichnen, Portraitzeichnen oder Modellieren.

↗ *Akthof, Türkenstr. 78, München, www.akthof.de*

IM LAND DER WEISSEN BERGE

HERINGEN, HESSEN

Selbst wenn alle Köche dieser Welt noch so verliebt wären, mit 150 Millionen Tonnen Salz ließen sich einige Suppen verwürzen, jahrelang. Dieses kaum vorstellbare Quantum auf einen Haufen getürmt, ergibt einen (derzeit) 250 m hohen Berg, der strahlend weiß über das hessische Städtchen Heringen ragt. Die »Monte Kali« getaufte Steinsalzhalde ist das weithin sichtbare Wahrzeichen des Ortes, das seit über 20 Jahren pro Stunde um ca. 900 Tonnen anwächst. Kurzum: Salz ist Heringens Thema. Tiefe Einblicke in die Geologie des Untergrunds sowie in die Historie und Sozialgeschichte des Heringener Kalibergbaus vermittelt ein Besuch des Werra-Kalibergbau-Museums. Auch technische Fragen, erläutert z. B. anhand funktionstüchtiger Bohrgeräte, bleiben hier nicht unbeantwortet, ebenso wenig wie solche zu Vermessung, Sprengung, Sicherheit

Im Pfälzerwald gibt's für jeden ein lauschiges Plätzchen, um die Ruhe zu genießen

ZU-HAUSE-TIPP

SIE WOLLTEN SCHON IMMER MAL ...

... dieses oder jenes lernen, und jetzt wäre der richtige Zeitpunkt, aber Sie finden keinen Lehrer? Die Ausrede gilt nicht, denn online finden sich Tutorials zu fast jedem Thema: einen Gartenteich anlegen, eine Leuchte reparieren, den »herabschauenden Hund« endlich richtig machen, Sauerteig ansetzen, Gitarre lernen ... Es gibt nichts, was es online nicht gibt, vieles ist kostenlos, und auch »Ihr« Projekt ist garantiert dabei.

und Frischluftversorgung in den Stollen. Andere Ausstellungsbereiche beschäftigen sich mit Geologie, Verarbeitung, Ökologie der Branche. Ergänzt wird der Fundus des Museums mit Dokumentarfilmen und zahlreichen Fotos.

Geologisch betrachtet, sind Kalisalze im Berg eingeschlossene Relikte aus vor rund 250 Millionen Jahren verdunsteten Meeren und finden sich v. a. an den Rändern einstiger Kontinente. Der Untergrund des mittleren Werratals verfügt über gigantische Kalisalzvorkommen. Im Tagebau so-

wie unterirdisch gefördert und vom Natriumchlorid getrennt, ist das Mineral Kalium ein bedeutendes Düngemittel, das der Fotosynthese, dem Wachstum und der Resistenz von Pflanzen zugutekommt. Um 1900 entstanden in Heringen die ersten Kalibergwerke, von denen heute noch die Wintershall AG große Menge fördert. Da die Gegend über keine Bergbautradition verfügte, stammten die ersten Kumpel aus Kohlerevieren. Einheimische Bergleute wurden bald angelernt, in der Frühzeit bestand die Arbeit (wenn auch in gesunder, salzhaltiger Luft) aus schwerer Handarbeit. Auch eine Besichtigung des Monte Kali sollte daher nicht missen, wer sich einen Eindruck über die beachtliche Leistung der Kali- und Salzgewinnung verschaffen möchte. Und sofern man zufällig einen leeren Salzstreuer dabeihat, lässt er sich hier füllen.

↗ *Werra-Kalibergbau-Museum, Dickesstr. 1, Heringen (Werra), www.kalimuseum.de*

RÄTSELSPASS IM MAISLABYRINTH
DITZINGEN, BADEN-WÜRTTEMBERG

Jedes Jahr aufs Neue legt sich Familie Siegle schwer ins Zeug. Zuerst wird geplant, dann wird das 25 000 m² große Areal eingesät. Wenig später lugen bereits die ersten zarten Maispflänzchen aus der Erde. Jetzt werden die späteren Wege des Labyrinths vorbereitet und mit Holzhack eingestreut. Ist der Mais im Labyrinth dann ausgewachsen, verschwindet ein Erwachsener völlig hinter den Pflanzen. Der Suchspaß auf den über 3 km langen Wegen im Maisfeld kann beginnen! Noch unterhaltsamer wird es, wenn unterwegs das Quiz gelöst wird. Hier müssen im Labyrinth versteckte Stationen gefunden werden, Preise winken! Vom 7 m hohen Turm aus lässt sich das Labyrinth im Feld von oben betrachten: Ein Wunder, wie akkurat die verschlungenen Wege verlaufen. Zur Verschnaufpause lädt eine große

Bank ein – und wenn die Kleinen nach immer noch Bewegungsdrang verspüren, können sie sich auf der Strohhüpfburg austoben.

↗ *Maislabyrinth, Hülben 1, Ditzingen, www.ditzingermaislabyrinth.de*

ERLEBNISKRAFT-WERK WALCHENSEE
KOCHEL AM SEE, BAYERN

Es ist schon etwas Besonderes, ein Hochdruck-Speicherkraftwerk zu besichtigen. Im Jahr 1924 wurde es in Betrieb genommen und gehört zu den

Der »Monte Kali« verändert sein Aussehen ständig, weil er täglich um 900 t wächst

leistungsfähigsten Kraftwerken dieser Art in Deutschland. Das Oberbecken des Walchensees und das Unterbecken des Kochelsees liefern Jahr für Jahr 300 Millionen Kilowattstunden umweltfreundlicher Energie. Oskar von Miller war mit dem Bau betreut und er war der Erste, der Höhenunterschiede zur Energiegewinnung nutzte. Damit leistete er einen wesentlichen Beitrag zur Elektrifizierung Bayerns. In der Ausstellung gewinnt man spannende Einblicke in das Technikwunder, ein Medienraum lässt Informationen lebendig werden.

↗ *Altjoch 21, Kochel am See, https://tourismus.kochel.de/ walchenseekraftwerk*

EINFACH SPITZE!
ANNABERG-BUCHHOLZ, SACHSEN

Im Klöppeln sind die Sachsen spitze und vermitteln diese Fähigkeit auch gern ihren Gästen. Der Sächsisch-Erzgebirgische Klöppelverband organisiert Kurse und sogar ganze Klöppel-Urlaube, u. a. in Schneeberg, Schwarzenberg und Annaberg-Buchholz.

↗ *Sächsisch-Erzgebirgischer Klöppelverband, Buchholzer Str. 2, Annaberg-Buchholz, www.kloeppeln-in-sachsen.de*

PFERDEGLÜCK
MAINHARDT, BADEN-WÜRTTEMBERG

Das Glück der Erde … liegt ja bekanntlich auf dem Rücken der Pferde! Und wenn die Pferde ebenfalls glücklich sind, wie auf der Lucky Horse Ranch in Mainhardt, dann steht dem Vergnügen nichts mehr im Weg. Die Ausritte, die hier angeboten werden, führen durch die abwechslungsreiche Landschaft des Schwäbisch-Fränkischen Naturparks. Reiterfahrung ist für das Wanderreiten keine unbedingte Voraussetzung, auch Anfänger sind hier stets willkommen und werden zunächst auf dem Pferderücken am Strick geführt. Die Gruppen bestehen meist aus vier bis fünf Teilnehmern. Für jeden Reiter findet sich dabei das passende Ross. Nach dem ersten Kontakt mit dem Tier beim Putzen und Satteln geht es in bequemen Westernsätteln auf Tour – und der Alltag bleibt zu Hause … Die Ranch bietet eine Vielzahl an Ausritten an, angefangen vom Einsteigerritt über Halb- und Ganztagesritte, bis hin zu unterschiedlichen »Themenritten« (dafür sind Reitkenntnisse allerdings notwendig!). Beliebt ist z. B. der »Ritt in den Sonnenaufgang«, nach dem man sich in netter Gesellschaft mit einem rustikalen Frühstück stärkt. Wanderritte passend zur Jahreszeit stehen ebenfalls auf dem Programm wie der Ritt »Frühlingserwachen« oder Ausritte in der

Klöpplerin bei der Auswahl eines Musters, des sogenannten »Klöppelbriefs«

winterlichen Landschaft. Auch eine Planwagenfahrt mit Besuch in einer Käserei wird angeboten.

↗ *Lucky Horse Ranch, Steinbrück, Mainhardt, www.wanderreiten-mit-gluecklichen-pferden.de*

EIN FEST FÜR DIE SINNE

NÜRNBERG, BAYERN

Keine Frage: In der modernen technischen Welt kommen die menschlichen Sinne viel zu kurz. Man weiß, wie sich eine Computertastatur anfühlt, hat aber keine Ahnung, wie Bäume riechen oder wie es ist, mit nackten Fußsohlen über Lehmboden zu laufen. Dieses Manko auszugleichen, hat sich das Erfahrungsfeld zur Entfaltung der Sinne auf die Fahnen geschrieben. Hinter dem etwas sperrigen Namen verbirgt sich eine äußerst interessante pädagogische Einrichtung zur Schulung der Wahrnehmung. Im Herzen von Nürnberg, auf der Wöhrder Wiese, werden im Sommer alle menschlichen Sinne angesprochen – vom Hören über das Schmecken bis hin zum Tasten. Ein Gefühl für Bewegungen vermitteln die Pendelfähre und die Balanceklötze, Erfahrungen im Dunkeln werden ebenfalls angeboten. Sollte es regnen, warten im überdachten Hippodrom eine

Tastgalerie, eine Bienenstation und eine Sandrifuge, mit deren Hilfe gezeigt wird, wie Dünenmuster entstehen.

↗ *Erfahrungsfeld,*
  Johann-Soergel-Weg, Nürnberg,
  www.erfahrungsfeld.nuernberg.de

WIE IM FILM
POTSDAM, BRANDENBURG

Die erste Produktion des Filmstudios Babelsberg war 1912 ein Stummfilm mit Asta Nielsen. In den 1920er-Jahren drehten Regisseure wie Fritz Lang und Friedrich Wilhelm Murnau hier Filmgeschichte, mit »Dr. Mabuse«, »Metropolis« oder »Faust«. 1929 fiel die Klappe für den ersten deutschen Tonfilm mit Willy Fritsch in der Hauptrolle. Publikumslieblinge waren u. a. »Die Feuerzangenbowle« mit Heinz Rühmann und »Der blaue Engel« mit Marlene Dietrich. Die aktuelle Erfolgswelle von Studio Babelsberg hat auch Hollywood erfasst: »Monument Men«, »Cloud Atlas« und »Grand Budapest Hotel« sind nur einige Titel jüngerer Erfolge.

Auf dem Gelände der Medienstadt Babelsberg haben sich rund hundert Medienunternehmen angesiedelt. Viele Besucher lockt der Filmpark Babelsberg an, der Einblicke ins Geschehen vor der Kamera und hinter den Kulissen gibt. Größere Kinder sind begeistert von der atemberaubenden Stuntshow in der Vulkan-Arena und dem 4-D-Action-Kino, in dem man vom hydraulisch gesteuerten Sessel aus jede rasante Bewegung der Filme hautnah miterlebt. Neuester Hit ist die Making-Of-Show »Die drei Musketiere in 3D«. In der Westernstraße kann man in die Trickkiste von Filmarchitekten blicken und die Filmtiershow verrät die Trainingsmethoden für tierische Stars.

↗ *Filmpark Babelsberg,*
  Großbeerenstr. 200, Potsdam,
  www.filmpark-babelsberg.de

NUR ZUR WEIHNACHTSZEIT
NEUSTADT, BAYERN

»Weihnachtsschmuck macht glücklich«, sagt Thomas Ziesmer und hält mit einer Zange ein Glasröhrchen in die Flamme. Sofort schmilzt das Glas. Der Glasbläser führt das Röhrchen an den Mund, spitzt die Lippen und bläst vorsichtig hinein: Eine Kugel formt sich. Dann ist Amelie dran, sie strahlt. In der »Alten Weihnachtsfabrik« dürfen Kinder ab fünf Jahren vor Weihnachten selbst Glaskugeln herstellen.

↗ *Alte Weihnachtsfabrik,*
  Sternenweg 2, Neustadt/Coburg,
  www.alteweihnachtsfabrik.de

SKATES TREFFEN BIKES – SKIKES

STUTTGART, BADEN-WÜRTTEMBERG

Beim Skiken geht's dank Stockeinsatz mit bis zu 50 km/h über unebenes Terrain

Etwas seltsam sehen sie schon aus, diese Dinger. Skikes werden mit Klettbändern am Schuhwerk befestigt und haben vorne und hinten je ein luftgefülltes Rad mit einem Durchmesser von ca. 15 cm. Bremsen sind auch vorhanden, sie werden mit der Wade bedient. Das geht nicht? Doch, es funktioniert – und ist überhaupt nicht schwierig. Wer einen Einsteigerkurs besucht hat, kann sich sofort auf die Rollen machen. Und gesund ist das Ganze auch: 90 % aller Muskeln im Körper werden trainiert – und zwar gelenkschonend. Ihren Namen haben die Flitzer von »Skate« und »Bike«, da sie wie Rollschuhe gleiten, man mit ihnen aber auch durch Wald und Wiesen fahren kann. Skiker setzen zur Unterstützung der Beinbewegung, die dem Skating-Schritt beim Langlaufen ähnelt, spezielle Nordic-Blading-Stöcke ein. Helm und Ellenbogenschützer sind zu empfehlen, auch wenn gute Bodenhaftung und eingebaute Bremsen hohe Fahrsicherheit gewährleisten. Ganz billig ist das Vergnügen nicht: Für die Ausrüstung mit Skikes und Stöcken müssen 250 bis 300 Euro veranschlagt werden. Aber es lohnt sich, denn bei entsprechendem Training kann man die Sportart bis ins Alter hinein betreiben. Erfunden wurden die »Skikes« im Jahr 1997 von Otto Eder, der nach einer geländetauglichen Alternative für seine Inlineskater suchte. Vom Prototyp namens »Megarun« bis zum heutigen Produkt war es allerdings noch ein weiter Weg.

↗ *Schwaben-Skike, Kurse im Gewerbegebiet Unterer Grund, Stuttgart, www.schwaben-skike.de*

VOM TON ZUM ZIEGEL

ZEHDENICK, BRANDENBURG

In der Gründerzeit, als Berlin Stadt boomte, brauchte man viele Ziegel zum Bau von Industriegebäuden und Wohnhäusern. Die kamen per Schiff in Preußens Metropole, zumeist aus

Zehdenick, wo 1887 beim Eisenbahn-bau große Tonvorkommen entdeckt wurden und Europas größtes Ziegel-revier entstand. Mehr als hundert Jah-re dampfte und fauchte es, und feiner Tonstaub lag in der Luft. Im Jahr 1910 gab es um die 30 Betriebe, in denen 6000 Ziegler in 63 speziell entwickel-ten Ringöfen 625 Millionen Ziegel herstellten. Theodor Fontane beschrieb es als »frondiensthafte Tätigkeit«, wie ganze Familien hier arbeiteten. Die Männer hielten das Feuer auf exakt 1016 °C und schleuderten den geras-pelten und eingeweichten Ton mög-lichst kraftvoll in hölzerne Streichkäs-ten. Die Frauen (und bis zum Verbot 1888 auch viele Kinder) schleppten die Steine zuerst zum Trocknen, dann zum Brennen und schließlich in den Hafen, wo sie verschifft wurden. Etwa 5000 Ziegel schaffte ein guter Mann am Tag.

Im Ziegeleipark Mildeneck erfährt man viel über Produktion und Bedeu-tung des kantigen Baustoffs, von der Aufbereitung des Tons bis zur Entste-hung des Ziegels im »Handstrich« und zum Brand. Natürlich dürfen Besucher auch selbst einen Ziegel herstellen … und das Ergebnis zum Abschluss mit nach Hause nehmen.

↗ *Ziegeleipark, Ziegelei 10,*
Zehdenick OT Mildenberg,
www.ziegeleipark.de

Wie mühsam die Herstellung von Ziegeln ist, erfahren Besucher im Ziegeleipark

303

SURFEN, KITEN, SUP

**KLEIN-ZICKER,
MECKLENBURG-VORPOMMERN**

An Rügens Küsten findet sich eine Vielzahl guter und sehr guter Surf- und Kitespots. Die Boddengewässer mit kilometerlangen Stehbereichen eignen sich perfekt für Anfänger. Die besten Surfreviere liegen auf der Ostseite des Mönchguts zwischen Lobbe und Thiessow sowie zwischen Thiessower Haken und Klein Zicker. Einen guten Ruf unter Surfern genießt auch die Prorer Wiek. Die Ostsee bringt von Mai bis September Wellenreiter in Stimmung.

Boardverleih, Surf- und Segelschulen gibt es in Häfen, auf Campingplätzen und in den Badeorten. Die Surfoase Mönchgut in Klein Zicker und das Surf- und Kite-Camp in Wiek verfügen über Standplätze für Campingmobile direkt am Strand; beide bieten auch Kurse an, nicht nur für Windsurfen, sondern auch für SUP/Kajak, Cat oder Kite, das Equipment kann man sich leihen. Dem kräftigen Westwind hat es Dranske zu verdanken, dass es zunehmend zum Kiter- und Surferdorf Rügens wird. Seit den Windsurf-Weltmeisterschaften 2003 ist Dranske Austragungsort von Wettkämpfen und Meisterschaften. So dreht sich auch beim hier seit über 20 Jahren etablierten Uni Surf Team »Rügen Piraten« alles um den Wassersport: Windsurf-,

Kite- und Segelschule, Ausrüstungsvermietung, Surferhostel und Surferbar an der Uferpromenade.

↗ *Surfoase Mönchgut, Dörpstrat 2, Klein Zicker, www.thiewaii.de; Surf- und Kite-Camp, Boddenstr. 1, Wiek, www.surf-kite-camp.de; Uni Surf Team/Rügen Piraten, Am Ufer 14, Dranske, www.ruegen-piraten.de*

304

GOLDWÄSCHE

GOLDKRONACH, BAYERN

Goldgräberstimmung herrscht seit Jahrhunderten im Fichtelgebirge. Im Mittelalter wurden in Goldkronach die größten Vorkommen des Edelmetalls in Deutschland vermutet. Im 18. Jh. suchte hier auch der preußische Bergbaubeamte und Naturforscher Alexander von Humboldt nach Gold. Der nach ihm benannte, 12 km lange Lehrpfad führt rund um Goldkronach an insgesamt 40 Stationen vorbei. Ausgestattet mit Hut und Waschpfanne machen sich viele Zeitgenossen auch heute ans Werk – bei den jährlichen Deutschen Meisterschaften im Goldwaschen, beim Besuch des »Schmutzler-Stollens« und des Bergwerks »Mittlerer Name Gottes«. Wer vergeblich sucht, kann sich im Goldbergbaumuseum mit Wissen bereichern.

↗ *Besucherstollen »Schmutzlerzeche«*
und Besucherbergwerk »Mittlerer
Name Gottes«, Informationshaus
Am Goldberg, Goldkronach, www.
goldkronach.de (> Freizeit > Besu-
cherstollen); Goldbergbaumuseum,
Bayreuther Str. 21, Goldkronach,
www.goldbergbaumuseum.de

das Stammwerk gleich nebenan geben
interessante Einblicke in die Fahrzeug-
produktion.

↗ *BMW Welt, Am Olympiapark 1,*
München, www.bmw-welt.com

(305) DIE BMW WELT
MÜNCHEN, BAYERN

Das Erlebnis- und Auslieferungszen-
trum von BMW wurde vom Architek-
turbüro Coop Himmelb(l)au entwor-
fen und bereichert mit seinem kurvigen
Dach und seinem markanten Doppelkegel Münchens Architekturlandschaft
am Mittleren Ring. Von hier starten
rund 22 000 Abholer jährlich mit ihrem neuen Fahrzeug glücklich in alle
Welt. Innen werden die aktuellsten
BMW-Automobile und -Motorräder
in einer Leistungsschau präsentiert;
Multimediashows informieren über
Forschung, Design und Produktion.
Die transparente Glasfassade und geschwungene Rampen öffnen den Blick
nach draußen und leiten die Besucher
in den gläsernen Doppelkegel und
zum BMW Museum. Kinder und Jugendliche zwischen 7 und 13 Jahren
können im Junior Campus Labor rund
um das Thema Mobilität forschen und
experimentieren. Führungen durch

(306) GROSSE PÖTTE ...
PAPENBURG, NIEDERSACHSEN

Die Meyer Werft, Familienunternehmen in der sechsten Generation, produziert mit 3450 Mitarbeitern in den
riesigen Baudockhallen (die zu den
größten überdachten Trockendocks
der Welt gehören) Spezialschiffe wie
Gastanker, Autofähren und Containerschiffe, vor allem jedoch Kreuzfahrt-
schiffe für internationale Auftraggeber.
Drei große Luxusliner verlassen die
Werft jedes Jahr, wobei das Kunststück
darin besteht, die riesigen Schiffe aufs
offene Meer zu entlassen: Die Tide
muss stimmen, die Ems wird eigens
dafür am Sperrwerk Gandersum auf-
gestaut. Tausende Schaulustige verfolgen am Flussufer das spannende
Schauspiel, wie ein Passagierschiff mit
Aufbauten im Hochhausformat durch
die grüne Ebene zieht. Wie die Ozean-
riesen entstehen? Das beantworten
Führungen im Besucherzentrum.

↗ *Meyer Werft, Industriegebiet Süd,*
Papenburg, www.meyerwerft.de

... UND KLEINE BOOTE

CUXHAVEN, NIEDERSACHSEN

In Cuxhavens altem Fischereihafen löschen Krabbenkutter ihren frischen Fang. Nach und nach mausern sich die früheren Kaianlagen, und so erstrahlen die alten Fischereihallen VII und VIII in neuem Glanz, zusammen mit einem modernen Verbindungstrakt aus Glas: Hier befindet sich das spannende Wrack- und Fischereimuseum Windstärke 10, das die Extreme der Seefahrt thematisiert. Hautnah erleben die Besucher u. a. eine stürmische Fangfahrt nach Island, erfahren Wissenswertes zur Fischerei und staunen über Wrackfunde aus den Tiefen der See. In dem besonders kinderfreundlichen Museum werden schon die Kleinen zu Leichtmatrosen und erwerben vielseitiges maritimes Fachwissen.

↗ *Windstärke 10, Wrack- und Fischereimuseum, Ohlroggestr. 1, Cuxhaven, www.windstaerke10.net*

SCHLITTENHUNDE-FÜHRERSCHEIN

FRAUENAU, BAYERN

Bei Schlittenhunde-Touren denken die meisten an arktische Regionen: Alaska, Kanada, Lappland, Sibirien. Doch auch hierzulande kommen im-

ZU-HAUSE-TIPP

LIVE ESCAPE GAMES

Ein etwas anderes Ratespiel: Bei einem Live Escape Game wird eine kleine Gruppe von Personen in einen Raum eingesperrt. Ein Entkommen ist nur möglich, wenn in einer bestimmten Zeit zahlreiche Rätsel gelöst und alle versteckten Hinweise zu einem bestimmten Motto gefunden wurden. Klingt etwas gruselig, aber vor lauter Spannung bleibt gar keine Zeit für ängstliche Gefühle. Es geht vielmehr darum, zusammen in der Gruppe ein Spiel zu meistern und Spaß zu haben. Gefragt sind Geduld, Köpfchen und Zusammenhalt. Ein Spielleiter behält die Fäden in der Hand. Organisieren Sie ein Live Escape Game zu Hause, dann bleibt es Ihnen überlassen, ob der Raum verschlossen ist oder nicht.

mer mehr Leute auf den (Schlitten-) Hund. Auch Tagesausflügler und Urlauber ohne Husky-Erfahrung können sich als Musher, also als Lenker eines Hundegespanns, versuchen – sei es bei kleinen Platzrunden oder längeren Ausfahrten. Wer tiefer in die Fahrkünste einsteigen und lernen will, selbst tierisches Tempo und Richtung zu bestimmen, braucht freilich eine Ausbildung. Gleich mehrere Hunde im Zaum zu halten, will gelernt sein. Etwa in der ersten Deutschen Schlittenhundeschule in Flanitzmühle. Dort winkt bei mehrtägigen Kursen gar der Erwerb eines Musher-Führerscheins. Oberfahrlehrer Thomas Gut, der in seinem »Haus Waldschrat« Gästen aus ganz Europa die Kunst der Schlitten-

führung zeigt, erwartet keine Vorkenntnisse, lediglich Sportlichkeit, Naturverbundenheit und eine Liebe zu Hunden. Bei einem Musher-Workshop lernen die Teilnehmer an einem Wochenende die wichtigsten Aspekte zu Pflege und Versorgung der Hunde, Fahrtechnik, Trainingsgeräten und Einschirren kennen. Begleitet wird die Theorie vom Praxisteil, bei dem jeder Schüler ein Hundegespann zugewiesen bekommt und auf einer nicht allzu schwierigen Strecke üben kann. Beim Wochenkurs, bei dessen Abschluss gar das Musher-Diplom lockt, steht nicht nur ein viel intensiveres Wissens-, Pflege- und Erziehungsprogramm mit den mehr als 50 Huskys an, sondern gleich eine ganze Reihe mehrstündiger

Ob sie Schlitten oder Wagen ziehen, ist Huskys egal – Hauptsache, sie können sich austoben

Ausfahrten auf Kufen. Liegt zu wenig Schnee, wird der Schlitten gegen einen Wagen mit Rädern getauscht.

↗ *Deutsche Schlittenhundeschule, Flanitzmühle 9, Frauenau, www.waldschrat-adventure.de*

GANZ IM HIER UND JETZT
PÄHL, BAYERN

Die Werkstatt von Alexandra von Schönberg, Papierkonservatorin und Buchbinderin, ist mit den unterschiedlichsten Papieren, Quasten und Stoffen gefüllt. Für jeden Geschmack ist etwas dabei, so manch einer hat Entscheidungsschwierigkeiten: eher grafisch, lieber Blumen oder doch ein Motiv? Die Inhaberin berät fachkundig. Meist wollen ihre Kursteilnehmer Schachteln basteln, viel wichtiger als das Endprodukt ist aber oft etwas anderes: Abstand zum Alltag. Das gelingt nicht nur dank der konzentrierten Tätigkeit mit den eigenen Händen, sondern auch aufgrund des einmaligen Ortes: abseits von Straßen und Lärm liegt der Hartschimmelhof versteckt an der Straße zwischen Andechs und Fischen.

↗ *Papierwerkstatt Alexandra von Schönberg, Hartschimmelhof, Pähl, www.papierundstoffe.de*

»FORM FOLLOWS FUNCTION«
DESSAU, SACHSEN-ANHALT

Die Form soll der Funktion gehorchen. Unter dieser Maxime verknüpften die drei Bauhaus-Direktoren Walter Gropius, Hannes Meyer und Ludwig Mies van der Rohe Handwerk und Kunst, vom Kaffeeservice bis zum Wohngebäude. Die Architektur, die als Baukasten im Großen mit einem rationalisierten Massenwohnbau städtebauliche und soziale Probleme lösen wollte, erlebte 1925–1932 ihre Blüte in Dessau. Nirgendwo sonst gibt es derart viele Bauhausbauten wie hier. Das eigentliche Schulgebäude (»Bauhausgebäude«) und die Häuser, in denen die »Meister« wohnten machen die Philosophie hinter dem Bauhaus ebenso anschaulich wie die von Gropius entworfene Siedlung in Dessau. Ein Besuch im Bauhaus Museum mit seinen fast 50 000 Exponaten zeigt die Umsetzung der Bauhaus-Idee in Alltagsgegenständen, von Keramik bis zu Möbeln.

↗ *Bauhausgebäude, Gropiusallee 38, Dessau; Meisterhäuser, Ebertallee 57–71, Dessau; Bauhaussiedlung Kleinring 5, Dessau OT Törten; Konsumgebäude von Walter Gropius, Am Dreieck 1, Dessau; Bauhaus Museum, Mies-van-der-Rohe-Platz 1, Dessau; www.bauhaus-dessau.de*

Geschichten über Menschen, Tiere, Orte und
Objekte, zum Anfassen und Mitmachen,
vom Argentinosaurus huinculensis bis zum Trabi.

Rechts: Malereien verwandeln ein Stück Berliner Mauer in eine Galerie

Ausflüge in die Vergangenheit

Ins Austragshäusle zogen die alten Bauersleute, wenn die jungen den Hof übernahmen

BEI SCHWÄBISCHEN BAUERN

KRONBURG, BAYERN

»Alles in Butter«, »Lieber verstunka wia verfrora« oder »Kratzen statt Waschen« heißen die beliebten und anschaulich gestalteten Themenführungen im Schwäbischen Bauernhofmuseum von Illerbeuren. Hier erfährt man, wie es anno dazumal mit der Milchwirtschaft oder der Hygiene im bäuerlichen Haus und Hof aussah. Man kann das älteste Freilichtmuseum Bayerns auch auf eigene Faust besichtigen, sollte aber viel Zeit mitbringen und gut zu Fuß sein, wenn man die 30 lie-

bevoll restaurierten Gebäude aus dem 16.–19. Jh. alle aufsuchen will. In den voll ausgestatteten Wohn- und Arbeitsräumen samt Stadel, Kornspeicher und Backhaus, Schmiede, Wasserpumphaus, Windrad, Geißenstall und Bienenhaus gibt es viel zu entdecken. Auf den Weiden und in den Ställen sind alte bayerisch-schwäbische Haustierrassen zu sehen, zum Beispiel Zaupelschafe, Noriker-Kaltblutpferde oder Allgäuer Braunvieh. Beeindruckend sind auch die Kräutergärten und Obstbaumwiesen. Noch anschaulicher wird der Alltag von einst, wenn man im Rahmen einer Veranstaltung lernt, wie man Körbe flicht, Brot bäckt, käst, schmiedet oder drischt.

↗ *Schwäbisches Bauernhofmuseum,*
Museumstr. 8, Kronburg OT Iller-
beuren, www.bauernhofmuseum.de

FOSSILIENSUCHE IN SOLNHOFEN
SOLNHOFEN, BAYERN

Das Altmühltal ist ein Paradies für Fossiliensucher. Vor allem Solnhofen hat weltweite Berühmtheit erlangt – als Fundort des Urvogels Archaeopte-

DIE RÖMER LASSEN GRÜSSEN
KEMPTEN, BAYERN

Die Römerstadt Kempten wurde vor rund 2000 Jahren gegründet und erhielt den Namen Cambodunum. Im 1. Jh. war sie sogar Amtssitz des Statthalters der Provinz Rätien. An die römische Vergangenheit erinnern seit 1983 der gallorömische Tempelbezirk, die »Kleinen Thermen« und das Forum der freigelegten antiken Siedlung, als »Archäologischer Park Cambodunum« – kurz APC – zugänglich gemacht. Man kann die Anlage auf eigene Faust besichtigen oder an Führungen teilnehmen. Besonders anschaulich wird die Römerzeit bei Veranstaltungen in den Ruinen oder bei Workshops, in denen man über das Schreiben in der Antike, die römische Mode, die Kunst der Specksteinbearbeitung oder die Spiele erfährt. Manch einer stellt erstaunt fest, dass Mühle, Backgammon und Tauziehen schon vor 2000 Jahren bekannt und beliebt waren.

↗ *Archäologischer Park Cambodunum*
APC, Cambodunumweg 3,
Kempten, www.apc-kempten.de

DIY-TIPP

AUS ALT MACH NEU

Lange aufgehoben, zum Wegwerfen zu schade, doch verwenden kann man es so auch nicht: Mit etwas Fantasie lassen sich viele alte Dinge aufpeppen und zu besonderen Einzelstücken machen. Ein in die Jahre gekommenes Möbelstück erhält mit einem bunten Anstrich einen neuen Look, aus einer alten Schallplatte entsteht eine ungewöhnliche Schale, ein unscheinbarer Bilderrahmen mutiert mit einem buntem Stoff anstelle eines Gemäldes zu einem richtigen Hingucker. Anregungen, denen auch Laien folgen können, gibt es digital wie gedruckt in Hülle und Fülle. Also nicht alles gleich wegwerfen!

ryx. Rund um den Ort gibt es zahlreiche Steinbrüche, die Fossilien aus dem etwa 150 Millionen Jahre alten Weißen Jura (Oberjura) enthalten. Rund 2 km westlich von Solnhofen kann man sich im Hobbysteinbruch Untere Haardt auf die Suche machen. Ausgerüstet mit einem Hammer und einem Flachmeißel geht es an die Arbeit. Garten- oder Arbeitshandschuhe und eine Brille sind hilfreich, um sich vor den scharfkantigen Steinsplittern zu schützen. Vor allem im Sommer, wenn sich die Hitze im Steinbruch staut, merkt man schnell, dass Fossiliensuchen eine schweißtreibende Angelegenheit ist. Man muss die Kalkplattenschichten vorsichtig mit dem Meißel trennen, um die Fossilien freizulegen. Einen Archaeopteryx wird man wohl nicht entdecken, dafür kleinere Kopffüßer (Ammoniten) oder Knochenfische, mit viel Glück vielleicht auch einen Pfeilschwanzkrebs (Mesolimulus).

↗ *Bürgermeister-Müller-Museum, Bahnhofstr. 8, Solnhofen, www.solnhofen.de, solnhofen-fossilien.de*

AB ZU DEN KELTEN

RINGELAI, BAYERN

Wie töpferten, webten und kochten unsere Ahnen? War das Leben hinter Palisaden lustig? Und wie kratzig ist eigentlich ein Schafwollhemd? Das alles erfährt man hautnah im Keltendorf Gabreta. Der archäologische Erlebnispark, dessen Entstehung dem Landwirt und Hobby-Archäologen Paul Freund zu verdanken ist, der nahe seinem Heimatdorf Ringelai Relikte aus der Keltenzeit fand, lädt zu einer Zeitreise ein. Sie reicht bis ins 8. Jh. v. Chr., als die Kelten nach und nach in Mittel- und Westeuropa siedelten und bald zu einem der bedeutendsten Völker Europas wurden.

In der rekonstruierten Siedlung, die im Kern aus sechs originalgetreuen Nachbauten keltischer Häuser besteht, bekommen Besucher eine Eindruck von der einst mühsamen Landarbeit und Tierhaltung. Auf dem Rundweg liegen Herrenhaus mit Backofen und Kräutergarten, Umgangstempel, Töpferei, Weberei sowie ein Stall mitsamt Schafen, Zwergziegen und Shetland-Ponys. Besonders eindrucksvoll sind die Vorführungen und Aktionen. Die Palette reicht vom Bogenschießen über Schmieden und Brotbacken bis hin zum Brauen eines echten Zaubertranks – mit und ohne Alkohol. Es wird aber nicht nur der Alltag der Kelten, es werden auch ihre Feste und Riten gezeigt – wie etwa Beltane, Lugnasad und Samhain. Dann strömen Kelten-Fans aus ganz Europa nach Gabreta.

↗ *Keltendorf Gabreta, Lichtenau 1a, Ringelai, www.keltendorf.com*

Speedski, Twintips, Pouderski? Früher gab's nur Holzbretter mit Seilzugbindung

315

WINTERSPORT EINST UND JETZT

HINTERZARTEN, BADEN-WÜRTTEMBERG

Die unübersehbare Adlerschanze errichtete der Skiclub Hinterzarten 1924. Clubmitglieder wie Dieter Thoma oder Sven Hannawald schafften es an die Weltspitze des Skispringens. Und seit 1997 widmet sich das Skimuseum im Ort der Geschichte des Wintersports. Verschneite Landschaften aktiv nutzen, das kam Ende des 19. Jh. von Norwegen ausgehend auch in Mitteleuropa in Mode. Pioniere wie Mathias Zdarsky oder Hannes Schneider passten den Skilanglauf dem alpinen Gelände an. Das Skimuseum im Hugen-

hof (18. Jh.) zeigt viele Facetten des Wintersports, auch Skimoden und -ausrüstungen im Wandel der Zeit. Und die nächsten Lifte und Loipen sind nicht weit.

↗ *Schwarzwälder Skimuseum, Im Hugenhof, Hinterzarten, www. schwarzwaelder-skimuseum.de*

316

AUF SCHATZSUCHE

GOSLAR, NIEDERSACHSEN

Die Schatzsuche war nicht beendet, als das Bergwerk Rammelsberg bei Goslar nach seiner mehr als 1000-jährigen Ausbeute 1988 stillgelegt wurde. 27 Millionen Tonnen Kupfer-, Blei- und Zinkerze, die im Berg ruhten, waren geborgen. Archäologische Funde hatten erkennen lassen, dass hier sogar schon vor 3000 Jahren Erze gewonnen wurden. 1998 – da stand der Rammelsberg mit seiner bedeutenden Denkmalssubstanz schon sechs Jahre auf der UNESCO-Liste des Weltkulturerbes – begann das Institut für Geotechnik der TU Clausthal mit Messungen, die mittlerweile eine neue Sensation ergaben: Das Feuergezäher Gewölbe stammt wohl von 1250 und ist damit der älteste erhaltene ausgemauerte Grubenraum der Welt, anzuschauen in einem 3-D-Modell. Nun diskutieren die Fachleute darüber, ob noch ausreichend sicher ist, was schon über 700 Jahre lang gehalten hat.

Die Geschichte des Bergbaus ist hier überwiegend untertägig in einer grandiosen Geschlossenheit begeh- und begreifbar. Zu Fuß kann man den Roeder-Stollen mit seinen gewaltigen Wasserrädern erforschen, im Wechsel von Licht und Dunkel blinken farbige Minerale. Besucher folgen dem Weg des Erzes, hören die Grubenbahn quietschen, sehen die Wandlung des Erzes, in Raum-Klang-Installationen lebendig gehalten. Ein unvergessliches Abenteuer bleibt die Fahrt ins Mittelalter, in den Rathstiefsten Stollen aus der Zeit um 1150, in jahrzehntelanger mühsamer Arbeit mit Schlägel und Ei-

sen entstanden und eine der ältesten in Deutschland erhaltenen untertägigen Anlagen. Eng wird es zuweilen, und fast schon auf Knien begegnet man dem »Alten Mann« beim Blick in Arbeitsstätten, die vor gut 350 Jahren verlassen wurden. Mehrere Museen laden zum Bummel durch die Geschichte. Die Kraftzentrale ist zur Kunsthalle geworden. »Package on a hunt« heißt eines der Kunstwerke, der letzte mit Erz gefüllte Förderwagen – er wurde 1988 von Christo verhüllt.

↗ *Weltkulturerbe Rammelsberg, Museum & Besucherbergwerk, Bergtal 19, Goslar, www.rammelsberg.de*

Mit der Grubenbahn fuhren einst die Bergleute ein, heute sind es die Besucher

KÖHLEREI IN HASSELFELDE

HASSELFELDE, SACHSEN-ANHALT

Die Wolken hängen tief über den Fichten, aus Löchern in riesigen Hügeln steigt weißer Rauch auf, beißend im Hals. Es riecht wie auf einem Grillplatz. Hier wird Holzkohle produziert wie seit Hunderten von Jahren. Bergbau und Verhüttung der Bodenschätze wären bis zum 19. Jh. nicht möglich gewesen ohne die Arbeit der Köhler, mit der im Harz eines der bedeutendsten vorindustriellen Zentren Europas entstand. Hohe Temperaturen waren für die Verarbeitung von Edelmetallen nötig, ganze Wälder wurden gerodet, aber auch Bergwerke sicherten mit dem Holz der Wälder Stollen und Gräben. Heute räumen die Köhler auf, verwandeln wertlose Resthölzer der Forstwirtschaft zu wertvoller Holzkohle, am Stemberghaus 150 t im Jahr.

Zunächst werden Holzscheite zu einem kegelförmigen Haufen, dem Meiler gestapelt, in die Mitte gehört ein mit Spänen und Reisig gefüllter Feuerschacht, und dann wird aus Erde eine luftdichte Decke geschaufelt. Ist der Meiler im Feuerschacht entzündet, entwickelt sich im Inneren bald eine Temperatur von 300–350 °C und der Verkohlungsprozess beginnt. Nach etwa sechs Tagen kann abgekohlt und geerntet werden, wie es in der Fachsprache heißt, aber abwarten reicht

ZU-HAUSE-TIPP

OMAS REZEPTE KOCHEN

Omas verfügen oft über einen wahren Schatz an Rezepten, und man erinnert sich gern an so manch besonderes Gericht, das es nur bei ihr gab: Dampfnudeln, Spätzle, Pfannkuchensuppe – das kann keiner besser machen. Die Rezepte sind gar nicht so kompliziert, nur in Vergessenheit geraten. Fragen Sie doch in der Verwandtschaft und lassen Sie sich erklären, wie man dies oder das zubereitet und heben Sie die Rezepte ihrer Lieblingsgerichte auf. So manches Kind wird später einmal sagen: Bei Ihnen schmeckt es einfach am besten. Guten Appetit!

nicht: Das Feuer darf das Holz nicht verbrennen und es darf auch nicht erlöschen. Der Köhler muss Wache halten und den Windzug regeln, dazu sticht er Löcher in die Erddecke oder verschließt sie, wenn nötig. Mit einem

tönenden Buchenholzbrett, der Hille-
bille, verständigten sich die Köhler,
wenn Gefahr im Verzug war. Die Köh-
lerhochburgen verschwanden im
19. Jh., als zur Erzverhüttung zunehmend Steinkohle genutzt wurde. Aber
nicht nur Grillkohle wird heute produziert. Weil bei der Verkohlung von
Holz als chemischem Prozess der trockenen Destillation fast reiner Kohlen-
stoff übrig bleibt, wird sie auch zum
Filtern benutzt und in Medizin und
Naturheilkunde verwendet.

↗ *Harzköhlerei, Stemberghaus bei*
  Hasselfelde, an der B 1 Richtung
  Blankenburg, www.harzkoehlerei.de

DIE VERPACKUNG MACHT'S
HEIDELBERG, BADEN-WÜRTTEMBERG

Das Deutsche Verpackungsmuseum
präsentiert Meilensteine der Verpa-
ckungsgeschichte sowie Klassiker mit
Kultcharakter wie die legendäre Coca-
Cola-Flasche, die blaue Nivea-Dose,
die gelbe UHU-Tube. Manche Mar-
kenartikel haben sich im Lauf der Zeit
kaum verändert, andere ganz erheb-
lich. So wurde das erste Pril 1953 nicht
in der Flasche verkauft, sondern in einer Kleidfaltschachtel aus Papier. Die
originale Sammlung gibt einen unter-
haltsamen Überblick über die Entste-

hung und Bedeutung von Markenarti-
keln. Ungewöhnlich sind nicht nur die
Exponate, sondern auch die Räumlichkeiten, in denen das Museum unterge-
kommen ist: in einer liebevoll restaurierten Notkirche im Herzen der
Heidelberger Altstadt.

↗ *Deutsches Verpackungsmuseum,*
  Hauptstr. 22 (Innenhof), Heidel-
  berg, www.verpackungsmuseum.de

BERUFE IM MITTELALTER
OSTERBURKEN, BADEN-WÜRTTEMBERG

Wussten Sie, dass ein Sarwürker Ket-
tenhemden strickte und der Kärrner
Lasten transportierte? Im Histotainmentpark Adventon erfahren Sie mehr
über historische Berufe. Dort bauen
Siedler in historischer Gewandung auf
einem 155 ha großen Gelände eine
mittelalterliche Stadt mit Handwerker-
und Patrizierhäusern, Rathaus und
Kathedrale. Köhlerhütte, Filzerei und
Grubenhaus sind bereits fertig, Backofen und Schmiede folgen. Besucher
können den Handwerkern über die
Schulter schauen. Sie arbeiten mit traditionellen Techniken und erklären
den Zeitreisenden aus der Gegenwart
gern, wie ein Seifensieder arbeitet oder
womit Flecksieder und Stellmacher

Im Herbst versammelt sich die Mittelalter-Szene zu einem großen Fest, Feldschlacht inklusive

ihren Lebensunterhalt verdienen. Hinzu kommen diverse Veranstaltungen – z. B. Ritterturniere, Wikingertreffen oder Herbstfest.

↗ *Histotainmentpark Adventon,*
   Marienhöhe 1, Osterburken,
   www.mittelalterpark.de

320

BEWEGTE GESCHICHTE

EISENACH, THÜRINGEN

Steil ist der Weg zur Wartburg, beschwerlich und schweißtreibend. Der 2008 erwogene (und durchaus nach-

vollziehbare) Plan, hier hinauf eine Standseilbahn zu bauen, wurde wieder verworfen. Das Gütesiegel »Weltkulturerbe« (seit 1999) sollte nicht gefährdet werden. Ludwig der Springer, so steht zu vermuten, hätte einer Seilbahn auch nicht zugestimmt, als er Ende des 11. Jh. die Burg errichten ließ. Ihre schiere Uneinnehmbarkeit war ein Gütesiegel des Mittelalters.

Viel hat sich hier ereignet: Zur höfischen Blütezeit um 1200 sollen beim »Sängerkrieg« auf der Wartburg die damals bedeutendsten Dichter (u. a. Wolfram von Eschenbach und Walther von der Vogelweide) mit Worten gefochten haben. Gesicherter ist, dass Elisabeth von Ungarn (1207–1231) ihre Kindheit hier am Hofe ihres künftigen, sieben Jahre älteren Gatten Ludwig IV. verbrachte. Nach Ludwigs Tod von der Familie verstoßen, opferte sich Elisabeth unter Anleitung ihres Beichtvaters Konrad von Marburg für Arme und Kranke auf und gab ihr gesamtes Vermögen dahin. Vier Jahre nach ihrem frühen Tod wurde sie heiliggesprochen. Richard Wagner verschmolz den Sängerkrieg mit Elisabeths Vita zur Oper »Tannhäuser«. 1817 und im Revolutionsjahr 1848 trafen sich Hunderte Studenten, die einen vereinten Nationalstaat und eine freiheitliche Verfassung forderten, auf der Wartburg. Großherzog Carl Alexander von Sachsen-Weimar-Eisenach (1818 bis 1901) ließ sie in der zweiten Hälfte des 19. Jh. gründlich umbauen. So

zeigt sich der Palas heute nur mehr im Erdgeschoss (Rittersaal, Speisesaal) in etwa im Originalzustand. Hingegen kamen die Fresken des Sängersaals und der Festsaal um 1855 (Moritz von Schwind) und Mosaiken der Elisabeth-Kemenate gar erst 1901 auf die Burg. Authentisch ist der bekannteste Raum der Wartburg im Fachwerkbau der Vogtei. Seine Berühmtheit verdankt er dessen zeitweiligem Bewohner und den Umständen, die ihn hierher führten: Der einstige Augustinermönch Martin Luther hatte es am 18. April 1521 auf dem Wormser Reichstag vor Kaiser Karl V. abgelehnt, seine Thesen gegen den Papst zu widerrufen. Daraufhin für »vogelfrei« erklärt, trat er die Heimreise nach Wittenberg an,

ZU-HAUSE-TIPP

MIT EINER ALTEN KAMERA FOTOS MACHEN

Kennen Sie noch die Polaroid-Kameras, bei denen der Abzug nach der Aufnahme direkt von der Kamera ausgespuckt wird? In Zeiten vor der Digicam waren Sofortbildkameras sehr beliebt, musste man doch nicht erst auf die Abzüge aus dem Filmlabor warten. Inzwischen sind die alten Polaroid-Kameras Kult und erleben eine Renaissance. Bei Festen kann man sich gleich über die gedruckten Schnappschüsse amüsieren und die Fotos zur Erinnerung in einem Album verewigen. Ob mit einer Polaroid oder einem modernen Modell: altmodisch fotografieren mit einer Sofortbildkamera hat seinen besonderen Reiz.

freies Geleit wurde ihm zugesichert. Vorsichtshalber ließ ihn unterwegs sein Protegé, Sachsens Friedrich der Weise, »entführen«. Als »Junker Jörg« bis März 1522 inkognito auf der Wartburg, übersetzte Luther das Neue Testament binnen elf Wochen ins Deutsche. Das Ergebnis war ein Meilenstein der Reformation und ein Quantensprung des Hochdeutschen, von dem die Sprache noch immer zehrt. So eindrucksvoll die Räumlichkeiten des Palas auch sind, die spartanische Lutherstube ist eine Keimzelle deutscher Kulturgeschichte der Neuzeit. Das dürfte selbst der heutige Papst abnicken.

Hier in der Wartburg übersetzte Luther das Neue Testament

↗ *Wartburg, Eisenach,*
  www.wartburg.de

JEANS GEGEN SCHNAPS

KÜNZELSAU, BADEN-WÜRTTEMBERG

Die Geschichte, die über die Entstehung der ersten europäischen Jeans aus Künzelsau erzählt wird, hat Unterhaltungswert: Sechs Flaschen Schnaps erhielt 1948 ein amerikanischer GI im Tausch gegen sechs Paar US-Jeans. Fein säuberlich aufgetrennt, dienten sie als Schnittmustervorlage. Ein Jahr später gingen die Beinkleider in Serie. 1958 führte der clevere Tauschpartner des Amerikaners, Albert Sefranek, die Marke MUSTANG ein und setzte seither immer wieder neue Standards. Den Grundstein für das Unternehmen legte die Schwiegermutter Sefraneks, Luise Hermann, als sie 1932 mit der Fabrikation für Berufskleidung begann. Das Jeansmuseum in Künzelsau, untergebracht im Wohnhaus der ursprünglichen Firmengründerin Luise Hermann, glänzt durch den Einsatz multimedialer Technik: Betritt man z. B. die Bodenplatten vor den Vitrinen, dann erklingt die zeitlich dazu passende Musik. Aus Filmen und Werbespots, alten Nähmaschinen und modernen Maschinen zur Veredelung entsteht hier der Stoff, aus dem die blauen Jeansträume sind.

↗ *MUSTANG MUSEUM für die*
  Zukunft, Austr. 10, Künzelsau,
  www.mustang-jeans.com

322
LEBEN AM LIMES
AALEN, BADEN-WÜRTTEMBERG

Im Jahr 2005 wurde der Obergermanisch-Raetische Limes zum UNESCO-Welterbe ernannt. Das Aalener Limesmuseum bekam damit auch einen besonderen Stellenwert: Als größtes seiner Art in Deutschland zeigt es eine umfangreiche Ausstellung zum militärischen und zivilen Leben der Menschen, die vor rund 2000 Jahren an der Grenze des Römischen Reichs lebten. Erbaut wurde es in Aalen unmittelbar am Ort des Geschehens, also dort, wo einst etwa 1000 römische Soldaten an der Grenze im größten Reiterkastell nördlich der Alpen stationiert waren. Der Rundweg über das Freigelände zeigt, wie die Gesamtanlage des Kastells einmal ausgesehen hat, und erklärt, was von den freigelegten Resten des Stabsgebäude und dem gut erhaltenen Fahnenheiligtum zu sehen ist. »Spaß mit römischer Geschichte« lautet das Motto im Museum. Als Römer verkleidet, wird dabei die Entdeckungsreise durch die Ausstellung zu einem Abenteuer für Kinder. Die dafür notwendigen Römer-Accessoires hält die Verkleidungsecke im Museum bereit. Schatz- und Waffenfunde kann man in der Sammlung bestaunen, auch Gold- und Silberschmuck, römische Münzen, Panzer, Helme sowie mit Spikes benagelte Soldatensandalen. Dioramen, Computeranimationen, Videos und Hörspiele gestalten den Besuch in der Limes-Ausstellung nicht nur für Kinder informativ und äußerst kurzweilig.

↗ *Limesmuseum, St.-Johann-Straße 5, Aalen, www.limesmuseum.de*

323
GRENZMUSEUM SCHIFFLERSGRUND
ASBACH, HESSEN

Das Grenzmuseum hat ein düsteres Stück deutscher Geschichte zum Thema. Es ist ein erhalten gebliebenes Grundstück, über das die einstige innerdeutsche Grenze verlief – jene Grenze, die die Bundesrepublik von der DDR trennte und die zugleich die Grenze zwischen der NATO im Westen und dem Warschauer Pakt im Osten war. Nach dem Ende des Zweiten Weltkriegs und der Aufteilung Deutschlands in Besatzungszonen hatten sich Amerikaner und Russen auf einen Gebietsaustausch geeinigt, der für viele Bewohner und Familien eine Umsiedlung bedeutete. Die Bahnstrecke Göttingen–Bebra verlief damals 3 km über sowjetisches Gebiet, was dort zu Schikanen führte. Bei dem Gebietstausch an der sogenannten »Whisky-Wodka-Linie« wurde nun die Bahnlinie dem Westen zugeschlagen, dafür erhielt die Sowjetunion einige Gemeinden, die zuvor auf hessischem Territorium lagen. In den kältesten Zeiten des Kalten Kriegs ordnete 1961 die DDR-Führung die Errichtung des »antifaschistischen Schutzwalls« an. In Berlin kam es zum Bau der Mauer, an der 1378 km langen innerdeutschen Grenze zu einem massiven Befestigungswall (»Eiserner Vorhang«) mit Stacheldrahtzaun, Minenfeldern, Selbstschussanlagen und einem Schießbefehl für die Grenzsoldaten – Maßnahmen, die DDR-Bürger von einer »Republikflucht« abhalten sollten. Bis zum Fall der Mauer am 9. November 1989, der auch die Öffnung der innerdeutschen Grenze bedeutete, starben Hunderte Menschen bei ihrem Fluchtversuch. An dem 1,5 km langen »Todesstreifen«, den das Grenzmuseum Schifflersgrund erhalten hat, gab

es ebenfalls ein Opfer. Hier starb am 29. März 1982 Heinz-Josef Große beim Versuch, in den Westen zu fliehen. Er wollte mithilfe eines Frontladers über den Zaun springen, dabei wurde er von DDR-Grenzsoldaten erschossen. Das aus einer privaten Initiative entstandene Museum dokumentiert mit dem von Große benutzten Frontlader diesen tragischen Vorfall. Zudem zeigt es anhand zahlreicher Dokumente und Exponate (vom Wachturm bis zum sowjetischen Hubschrauber) ein plastisches Bild dieses einstigen Frontgebiets im Kalten Krieg.

↗ *Grenzmuseum Schifflersgrund,*
  Asbach/Sickenberg,
  www.grenzmuseum.de

Was machten die Kollegen in der Antike noch gleich auf dem Turm am Limes?

RUND UMS PAPIER

ESSLINGEN, BADEN-WÜRTTEMBERG

Jakob Ferdinand Schreiber legte 1831 den Grundstein für seinen Verlag – im wahrsten Sinne des Wortes, denn Schreiber beherrschte die Lithografie, die Steindruckerei. Mit Heiligenbildchen verdiente er sein erstes Geld, dann erweiterte er schnell sein Angebot. Internationale Bekanntheit erlangte der Verlag mit seinen Papiertheatern, denn Märchenstücke waren in einer Zeit, in der es noch keinen Fernsehapparat gab, besonders beliebt. Die ganze Familie freute sich damals auf die Vorführungen in der guten Stube. Heute kennt man den J. F. Schreiber Verlag vor allem wegen seiner Kinderbücher. Wohl das bekannteste von ihnen ist »Etwas von den Wurzelkindern«. Deshalb ist im J. F. Schreiber-Museum der begehbare Nachbau der Wurzelhöhle, in der die Geschichte von Mutter Erde und ihren Wurzelkindern erzählt wird, ein echter Besuchermagnet. Ein großes Angebot an Kinderbüchern sowie Ausschneide- und Bastelbögen des J. F. Schreiber Verlags gibt es im Museumsshop, darunter ein Bastelbogen für den Nachbau des Stuttgarter Fernsehturms im Kleinformat.

↗ *J. F. Schreiber-Museum, Salemer Pfleghof, Untere Beutau 8–10, Esslingen, www.museen-esslingen.de*

Die Ölmühle Berschweiler zeigt bewährte alte Technik fürs Pressen

ERSTE PRESSUNG
HEUSWEILER, SAARLAND

ZU-HAUSE-TIPP

Die Gemeinde Heusweiler beherbergt mit ihrer historischen Ölmühle ein technisches Kleinod, dessen Ursprünge ins 15. Jh. zurückreichen. In ihren Anfängen fungierte die Mühle als sogenannte Lohmühle, in der Eichen- und Fichtenrinden zu Gerbmitteln zermahlen wurden. Im Jahr 1769 wurde sie dann zur Ölmühle umgebaut. Seit der Sanierung präsentiert sie sich dem Besucher als detailgenauer Nachbau. Das Herzstück der Mühle ist der sogenannte Kollergang. In diesem für Ölmühlen typischen Mahlwerk zerstoßen Sandsteinräder die Früchte zu einem geschmeidigen Gemenge. Dann wird das gewonnene Mahlgut in einem Wärmeofen dünnflüssig gehalten, um es während dem Pressen leichter bearbeiten zu können. Imposant für den Laien sind das hölzerne Zahnradgetriebe und die wuchtige Presse aus vier massiven Eichenstämmen, deren längster fast 6 m misst. Der Ertrag, den ein Ölmüller mit den heute historischen Gerätschaften erwirtschaften konnte, war keineswegs zu verachten: Rund 150 Liter Öl konnten an einem Tag aus sechs Zentnern Raps gepresst werden. Außerdem fanden auch Mohn, Bucheckern und Nüsse Verwendung als Grundrohstoffe. Seit das Gebäude 1979 unter Denkmalschutz gestellt wurde, zählt es zu den bedeutendsten

ALTE FREUNDE-BÜCHER LESEN

Ein Poesiealbum klingt in Zeiten von Social Media etwas altbacken: Zeichnungen, Fotos, Sprüche, Glanzbilder, alles zu Kindeszeiten liebevoll von den besten Freunden, Klassenkameraden oder Verwandten zu Papier gebracht. Ein solches Buch ist einzigartig, ein kleiner Schatz, erst recht, wenn man nach vielen Jahren wieder darin blättert und sich an die Urheber erinnert – eigentlich ein schöner Brauch, mit dem man sich und anderen eine große Freude machen kann.

technischen Kulturdenkmälern im Saarland. Eine Besichtigung der Mühle ist jederzeit möglich. Die Tür ist nie verschlossen, Schautafeln informieren.

↗ *Ölmühle Berschweiler, Berschweilerstr. 60, Heusweiler, www.muehle.berschweiler.com*

DER BERÜHMTE KNOPF IM OHR

326

GIENGEN, BADEN-WÜRTTEMBERG

Seit Generationen werden sie heiß geliebt, die Tiere aus Giengen an der Brenz. Alles begann dort 1880 mit Margarete Steiff, die ein »Elefäntle« als Nadelkissen nähte. Der Gebrauchsgegenstand wandelte sich rasch zum Kinderspielzeug. Als 1902 Margaretes Neffe Richard den ersten Plüschbären der Welt mit beweglichen Armen und Beinen entwarf, stand der internationalen Erfolgsgeschichte von Steiff nichts mehr im Weg. Heute gibt es kaum eine Tierart, die sich nicht auch als Steiff-Tier wiederfindet. Im Erlebnismuseum werden auf 2400 m^2 Plüschtiere der Steiff-Produktion in eindrucksvollen Kulissen präsentiert. Ein Blick in die einstige Nähstube von Margarete Steiff oder der Besuch in der Schaufertigung informieren Besucher über die traditionelle Herstellung, die seit 130 Jahren die Qualität der Steiff-Produkte garantiert. Um die Ware vor Nachahmung zu schützen, gelang Franz Steiff 1904 ein großer Wurf mit dem Markenzeichen, dem Knopf im Ohr!

↗ *Steiff Museum, Margarete-Steiff-Pl. 1, Giengen/Brenz, www.steiff.de*

Der heiß geliebte Klassiker unter den Stofftieren: ein Steiff-Teddy

VON ECHSEN UND SAURIERN

327

SCHIFFWEILER, SAARLAND

Er kam über den Ozean. Geschätzte 100 Millionen Jahre hatte er auf dem Buckel und wirkte doch kein bisschen müde. Unter dem Namen »Argentinosaurus huinculensis« (Argentinische Echse) stellte er sich im beschaulichen Schiffweiler vor. Einfach war es tatsächlich nicht, eine passende Bleibe für den kräftigen Burschen zu finden. Nur verständlich, wenn man seine Maße vor Augen hat: Ragt doch sein Rumpf 42 m in den Raum, und seine

Schulterblätter befinden sich in stattlichen 8 m Höhe. Als Vegetarier würde er den Saarkohlewald bereits zum Frühstück verzehren. Im Urzeitpark »Gondwana – das Praehistorium« wurden sage und schreibe 187 Knochenteile der »Argentinischen Echse« zu einem beeindruckenden und authentischen Dinosaurierskelett zusammengefügt. 4,5 Mrd. Jahre Erdgeschichte »zum Anfassen« erwarten den Besucher auf dem stillgelegten Gelände des ehemaligen Bergwerks Reden. Mit verblüffenden und realistischen Simulationen wird man in die graue Vorzeit der Erdgeschichte zurückkatapultiert. Alle Sinne sind gefordert, wenn man unter den naturgetreu modellierten Riesenbäumen in die faszinierende Welt vergangener Landschaften eintaucht: Zwischen der üppigen Vegetation lauern angriffslustige Saurier, und aus dampfenden Karbonwäldern zwitschern exotische Vögel den Besuchern ins Ohr. Riesenlibellen begleiten gigantische Tausendfüßler auf ihren Streifzügen über den sumpfigen Urwaldboden. Und ständig ist Vorsicht geboten, denn in den Lagunen einer Rifflandschaft lauern bereits krokodilartige Geschöpfe auf etwaige Fehltritte allzu sorgloser Zweibeiner. Aufpassen heißt es auch in der Wüstenschlucht. Dort jagen sintflutartige Sturzbäche in die Tiefe, sodass sich Unvorsichtige leicht im Urzeit-Meer wiederfinden. Und dann dürstet es natürlich noch den überlebensgroß-

en »Tyrannosaurus rex«, Bekanntschaft mit dem »Homo sapiens« zu schließen. Ein Schrei aus seiner Kinnlade lässt auch bei abgebrühten Dino-Experten eine Gänsehaut entstehen. Seine riesigen Gliedmaßen vibrieren dabei so ungestüm, dass sich allein ihr Luftzug wie eine schallende Ohrfeige anfühlt. Am Ende des Rundgangs durch die Urzeit wartet auf die Besucher ein unterhaltsamer 3-D-Film mit verblüffenden Spezialeffekten. Selbst ein Steven Spielberg (Regie »Jurassic Park«) hätte wohl beim Anflug eines Riesensauriers mit der Wimper gezuckt.

↗ *Urzeitpark Gondwana – das Praehistorium, Alexander-von-Humboldt-Str. 8–10, Schiffweiler, www.gondwana-das-praehistorium.de*

EIN SCHLOSS WIE AUS DEM MÄRCHEN

**SIGMARINGEN,
BADEN-WÜRTTEMBERG**

Schmuck hergerichtet und hoch über der Donau scheinbar aus dem Felsen gewachsen, thront das Schloss Sigmaringen über der Stadt. Mit den zahllosen Türmen, Giebeln und Zinnen ist es das schönste und größte unter den Donautalschlössern – es vereint den Charme einer mittelalterlichen Burg und den Prunk eines fürstlichen Herrschaftsschlosses. Das Innere der alten Gemäuer hält, was das märchenhafte Äußere verspricht: Die umfangreiche Waffensammlung, der Speisesaal oder die Hofbibliothek sind eindrucksvolle Zeugnisse von Reichtum und Vorlieben der Mächtigen im Fürstenhaus Hohenzollern, die einst von hier aus Ländereien in ganz Europa regierten. Führungen durch die Säle und Gemächer sind in Sigmaringen bereits seit mehr als 100 Jahren Tradition. Dementsprechend gibt es ganz verschiedene Themenführungen. Für Kinder gibt es Detektivspiele oder Führungen zur Kindheit anno dazumal.

↗ *Schloss Sigmaringen,*
Karl-Anton-Platz 8, Sigmaringen,
www.hohenzollern-schloss.de

IM DEUTSCHEN SCHUHMUSEUM
HAUENSTEIN, RHEINLAND-PFALZ

Schon seit über 100 Jahren werden im beschaulichen Luftkurort Hauenstein Schuhe hergestellt. Dieser Tradition verpflichtet, dokumentiert das Deutsche Schuhmuseum, das in einem historischen Fabrikgebäude im Ortszentrum seine Heimat fand, die Entwicklung der Schuhkultur von den Anfängen bis zur Gegenwart – mit Abstechern in die Fußmode ferner Länder. In der einzigartigen Prominentensammlung kann man die Schuhe bekannter Persönlichkeiten, darunter José Carreras, Ottfried Fischer, Boris Becker und Thomas Gottschalk, bestaunen. Daneben werden auch ungewöhnliche Schuhkreationen zur Schau gestellt, etwa das größte Schuhpaar der Welt, das es mit Schuhgröße 247 ins Guinness-Buch der Rekorde geschafft hat. In einer alten Schuhmacherei führen Schuster ihre Kunst vor. Das weltweit größte Museum dieser Art wurde wegen seiner besonderen Inszenierung der Schuhkultur mit einem europäischen Museumspreis ausgezeichnet. Im größten Schuhdorf in Deutschland wird bis heute genäht, geklebt, besohlt und vernagelt. Wie Schuhe in Handarbeit gefertigt wurden und immer noch werden, kann man bei einem Rundgang durch die »Gläserne Schuhfabrik« erleben. Die Firma Josef Seibel, ein alteingesessenes Traditionsunternehmen, fertigt hier einen Teil ihrer Kollektion an Naturschuhen an und verkauft sie sowohl in der Schuhfabrik selbst als auch an der nahen Hauensteiner Schuhmeile.

↗ *Deutsches Schuhmuseum,*
Turnstr. 5, Hauenstein,
www.museum-hauenstein.de;
Gläserne Schuhfabrik Josef Seibel,
Waldenburger Str. 1;
Schuhmeile an der B 10,
www.glaeserne-schuhfabrik.de

Typisch für die deutsch-deutsche Geschichte sind sowohl die Mauer als auch der Trabi

330

SPANNENDE GESCHICHTE

BONN, NORDRHEIN-WESTFALEN

Auf fünf Ausstellungsebenen werden im Haus der Geschichte der Bundesrepublik Deutschland mehr als 7000 Objekte deutscher Nachkriegsgeschichte präsentiert. Dabei geht es um die Politik in Deutschland, Europa und der Welt, aber v. a. um das Volk: um die Lebensmittelbezugskarten und Care-Pakete nach dem Krieg etwa, um die Friedensbewegung, um die Anti-Baby-Pille oder um die Schwierigkeiten zwischen »Wessis« und »Ossis« nach dem Mauerfall. Wechselausstellungen runden das Geschichtserlebnis ab. Jeder Besucher behält andere Exponate in Erinnerung, vielleicht ist es das Mobiliar des ehemaligen Bundestags-Plenarsaals, die Eisdiele aus den 1950er-Jahren oder die in einem Buch versteckte Geheimkamera, mit der ein Fotograf den Aufstand am 17. Juni 1953 in Ost-Berlin festhielt. Eintritt frei!

Wer darüber rätselt, was die Namen, die in die Pflastersteine vor dem Haus der Geschichte der Bundesrepublik Deutschland und vor der Kunst- und Ausstellungshalle geschlagen wurden, mit dem britischen Rockstar Freddy Mercury zu tun haben, sollte wissen: Alle waren HIV-positiv und starben an AIDS. Die Steininstallation des Bildhauers Tom Fecht »NAMEN und STEINE – mémoire nomade« von 1994 ist Teil eines AIDS-Projekts.

 *Haus der Geschichte, Willy-Brandt-Allee 14, Bonn, www.hdg.de*

MAUER-ERINNERUNGEN

331

BERLIN

Am 10. Jahrestag des Mauerfalls, am 9. November 1999, wurde das Dokumentationszentrum Berliner Mauer eröffnet. Es ist Teil der Gedenkstätte Berliner Mauer an der Bernauer Straße. Hier, zwischen Prenzlauer Berg und Wedding, verlief die Grenze zwischen Ost und West. Das Zentrum bietet Informationen zur Geschichte der Mauer und dient zugleich der Erforschung der Geschichte der Teilung Berlins und Deutschlands. Im Besucherarchiv können Bürger in Text-, Ton-, Bild- und Filmdokumenten recherchieren.

Ebenfalls Teil der Gedenkstätte ist die Kapelle der Versöhnung, ein ovaler Stampflehmbau mit Wandelgang und lichtdurchlässiger Holzlamellen-Fassade. Früher stand dort die Kirche der Evangelischen Versöhnungsgemeinde. Sie wurde 1985 auf Befehl der DDR-Regierung gesprengt. Vor der Kapelle hängen die geretteten Glocken, innen wird das »Mauertotenbuch« verlesen.

 *Gedenkstätte Berliner Mauer, Bernauer Straße 111, Berlin, www.berliner-mauer-gedenkstaette.de*

MIT WINDENERGIE

332

WOLDEGK, MECKLENBURG-VORPOMMERN

Im vorpommerschen Ackerbürgerstädtchen Woldegk wurden zwischen 1850 und 1890 acht Holländerwindmühlen gesetzt, von denen noch fünf erhalten sind. Drei davon stehen dicht beieinander auf dem Woldegker Mühlenberg, mit seinen 114 m eine der höchsten Erhebungen in ganz Mecklenburg-Vorpommern. Eine über 100 Jahre alte Holländerwindmühle – sie ist die letzte im Land, bei der sich die mit Segeltuch bespannten Flügel noch drehen – beherbergt das Mühlenmuseum. Eine kleine Ausstellung zeichnet die Entwicklung der Windmühlen über 900 Jahre nach. In der flügellosen Holländer-Turmwindmühle ist das Restaurant »Zum Mühlen Café« untergebracht. Die dritte Mühle auf dem Mühlenberg ist die Ehlertsche Mühle von 1886, sie wird als Schauanlage betrieben. Am Stadtsee steht die größte der fünf Windmühlen, die Fröhlcke Mühle. Sie gehört den Erben des letzten Müllers. Die rote Gotteskampmühle dient der Töpferfamilie Saalfeld als Wohnhaus und Atelier.

Wegen ihrer Farbe wird sie als »Moulin Rouge« von Woldegk bezeichnet.

↗ *Mühlenmuseum Woldegk,*
Mühlendamm, Woldegk,
www.windmuehlenstadt-woldegk.de

VILLA HÜGEL
ESSEN, NORDRHEIN-WESTFALEN

269 Räume, ein 28 ha großer Park, die prunkvolle Architektur und Innenausstattung machen aus der Villa Hügel ein imposantes Schloss. Alfred Krupp, der nach dem Tod seines Vaters schon als 14-Jähriger Verantwortung im eigenen Betrieb übernahm und diesen zu einem der bedeutendsten Industrieunternehmen des 19. Jh. ausbaute, ließ das Familienrefugium in den Jahren 1870 bis 1873 erbauen. Die Villa war – bis 1945 – auch Schauplatz für Empfänge und Festlichkeiten. Kaiser und Könige, Regierungschefs, Diktatoren und Unternehmer waren hier zu Gast, natürlich stets auch hohe Militärs, was die Stellung der Firma als Waffenlieferant spiegelte. In der historischen Ausstellung gewinnt man Einblicke in die Geschichte der Unternehmerfamilie, auch wechselnde Kunstausstellungen werden inszeniert. Unbedingt empfehlenswert sind lange Spaziergänge durch den Park, von dem aus man wunderbare Ausblicke auf dieses Symbol des Industriewohlstands genießt.

↗ *Villa Hügel, Hügel 1, Essen,*
www.villahuegel.de

ZU-HAUSE-TIPP

AUF EINEN FLOHMARKT GEHEN

Trödeln ist in, und das nicht erst seit der Fernsehshow »Bares für Rares«, in der alle möglichen mehr oder weniger wertvollen Schätze taxiert werden. In vielen Städten findet in regelmäßigen Abständen ein Trödelmarkt statt, jeder hat seine eigene Atmosphäre und sein besonderes Angebot. Es macht einfach Spaß, zwischen den Ständen zu flanieren, um vielleicht irgendwo eine Rarität zu entdecken. Dann schlägt das Sammlerherz höher und es geht ans Handeln, denn ein Schnäppchen sollte das alte Stück schon sein. Egal, ob Sie fündig werden oder nicht, einen Grundsatz sollten Sie beachten: Flohmärkte sind nichts für Langschläfer, ab 6 oder 7 Uhr geht's los.

Die nächste Hitzewelle naht? Flüchten Sie sich unter Tage und genießen Sie die Kühle in Kellern, Bunkern, Höhlen und Bergwerksstollen.

Rechts: In den Buntsandsteinhöhlen unter dem Homburger Schlossberg

Ab in die Tiefe

AUF DEN SPUREN DES SALZES

BERCHTESGADEN, BAYERN

Bevor man in den dunklen Berg geht, sollte man unbedingt die wunderschöne Berchtesgadener Umgebung genießen. Thematisch bietet sich dazu passend der Soleleitungsweg an. Er startet in Ramsau und führt auf halber Hanghöhe nach Berchtesgaden, genau auf der Strecke, wo einst, 1816, eine der ersten Pipelines der Welt verlief. Damals floss in Guss- und Holzrohren in Wasser gelöstes Salz, die Sole, von Berchtesgaden über Ramsau nach Bad Reichenhall, um dort in der Saline gesiedet zu werden. Auf der heute als Wanderweg ausgeschilderten Strecke geht es zunächst vorbei an der Wallfahrtskirche Maria Kunterweg, der 1000-jährigen Hindenburglinde und tollen Aussichten in das Wimbachtal und die Ramsau bis zum Haus der Berge. Das sind insgesamt 11 km, die in 4 Std. gut zu bewältigen sind. Am Haus der Berge angekommen geht es dann noch einmal eine gute Stunde durch den Ort bis zum Eingang des Salzbergwerks. So hat man den Weg, den die Sole früher nahm, umgekehrt und steigt anschließend in den Berg – oder rutscht. Eine Führung zum Ursprung des »Weißen Goldes« dauert rund 1,5 Std. Wer das Thema Salz noch vertiefen möchte, der kann anschließend die gesundheitsfördernde

Wirkung im Salzheilstollen testen oder die Führung mit einem Dinner im Berg beschließen – mit Einfahrt in Bergmannskluft, Sekt, Häppchen und Vier-Gänge-Menü. Der Soleleitungsweg ist auch im Winter gut begehbar. Ein Bus verbindet Berchtesgaden mit dem Ausgangspunkt der Wanderung, dem Oberwirt in Ramsau.

↗ *Soleleitungsweg: Bergwerkstr. 83, Ramsau – Berchtesgaden www. berchtesgaden.de (> Bergerlebnis > Wandern > Salz-und Soleleitungswege); Salzbergwerk: Salzburger Str. 24, Berchtesgaden, www.salz bergwerk.de; Salzheilstollen: Bergwerkstr. 85a, Berchtesgaden, www.salzheilstollen.com*

WAGNERS WALKÜRE IM »GROSSEN DOM«

SÜDHARZ, THÜRINGEN

Als »Heymelnkelle« wurde eine der größten deutschen Gipskarsthöhlen schon 1357 erwähnt. Wasser von Thyra, Krebsbach und Krummschlacht haben sie in Hunderttausenden von Jahren aus dem weichen Untergrund gewaschen. Das macht neugierig. Also Helm aufsetzen, Taschenlampe in Empfang nehmen – und los, eine knappe Stunde dauert die Führung. Zuerst wird gezählt, niemand soll ver-

Schon seit über 500 Jahren wird in Berchtesgaden für das Salz in der Suppe gesorgt

loren gehen. Gut 600 m lang ist der Weg, den Besucher gehen dürfen, etwa 2 km sind bislang erschlossen. Noch immer fließt Wasser und bildet unterirdische Seen. Sensationell der Große Dom, ein vierstöckiges Haus hätte in der über 22 m hohen Halle Platz. Musik setzt ein, Wagner-Freunde erkennen die Melodie aus der »Walküre«, eine Lasershow beginnt, in der es u. a. um die Entdeckung dieser Höhle und ihre Lage geht.

↗ *Schauhöhle Heimkehle,*
An der Heimkehle 3,
Südharz OT Uftrungen,
www.hoehle-heimkehle.de

336

RELIKT DES KALTEN KRIEGES

COCHEM, RHEINLAND-PFALZ

Der Bunker der Deutschen Bundesbank in Cochem an der Mosel war über zwei Jahrzehnte lang eines der bestgehüteten Geheimnisse der alten Bundesrepublik: Zwei unauffällige Wohnhäuser verbergen hier einen unterirdischen Schutzbunker, in dem 15 Milliarden Deutsche Mark für den Ernstfall – die Einschleusung großer Mengen von Falschgeld aus dem Ostblock – lagerten. Die geheime Notstandswährung BBK II stapelte sich in

MEINE HÖHLE UND ICH

Der Nachwuchs übernachtet bei den Großeltern und der Partner ist auf Geschäftsreise? Endlich! Jetzt können Sie noch einmal Kind sein, ohne dass jemand es sieht. Bauen Sie sich mit Kissen und Decken eine Höhle unter dem Esstisch, nehmen Sie Ihr Lieblingsbuch, eine Taschenlampe und ein paar Nüsse zum Knabbern mit hinein. Das Handy muss draußen bleiben, denn das ist jetzt Ihre Zeit! Kuscheln Sie sich ein und schmökern Sie sich genüsslich durch den Abend. Am nächsten Morgen das Aufräumen nicht vergessen, wenn Sie keine schrägen Blicke riskieren wollen.

einem 1500 m² großen Tresor bis unter die Decke. Zweimal jährlich kamen Bundesbankprüfer vorbei und zählten in aller Heimlichkeit die Scheine. In den Schutzräumen hätten im Falle eines Angriffs 175 Menschen zwei Wochen lang überleben können – neben einer Küche und Schlafräumen gab es einen Totenraum mit Leichensäcken und eine Dekontaminationszelle. Führungen durch die privat betriebene Dokumentationsstätte geben spannende Einblicke in ein irres Kapitel der deutschen Geschichte. Die Wohnhäuser beherbergen heute ein Hotel.

↗ *Bundesbank-Bunker Cochem, Am Wald 35, Cochem, www.bundesbank-bunker.de*

337

ZU BESUCH BEI DEN HOBBITS

LANGENSTEIN, SACHSEN-ANHALT

Manche sind getüncht und wirken immer noch wohnlich, Fenster und Türen gibt es, rauchgeschwärzte Feuerstellen und Abzüge, puppenstubenhaft eingerichtete Küchen und Wohnzimmer, sogar winzige Gärtchen mit Kräutern: Höhlenwohnungen, die einst auf der Bergseite Langensteins in zwei Etagen in den Sandstein geschlagen wurden, lange vergessen waren und nun wieder zugänglich sind. Aber nicht nur Wohnstätten aus dem Mittelalter sind hier zu sehen. Gegenüber am Schäferberg gibt es auch Wohnungen aus jüngerer Zeit. Eine davon soll bis zum Jahr 1910 genutzt worden sein. Übrigens: Wem das alles ärmlich erscheint, der geht von falschen Voraussetzungen aus. 30 m² Wohnraum wie hier galten lange als komfortable Familienbehausung.

↗ *Höhlenwohnungen Langenstein, Schäferberg 23, Langenstein, www.halberstadt.de*

»GRUBI« ERZÄHLT VOM ERZABBAU

BURGBERG IM ALLGÄU, BAYERN

Sehen, anfassen, erleben – so lautet das Motto der Erzgruben-Erlebniswelt am Grünten. Im Museumsdorf und in den begehbaren Stollen hoch über Burgberg erfahren Besucher einiges über den für die Region einst so wichtigen Erzabbau. Eine beeindruckende geologische Ausstellung informiert über die verschiedenen Gesteinsarten des Allgäus. Zeitdokumente veranschaulichen die Bedeutung des Erzabbaus vom 14.–19. Jh. und den Alltag der Knappen. Das Prunkstück des Museumsdorfes ist eine komplette historische Schmiede mit Amboss, Esse, Luftschmiedehammer und mächtigen Transmissionsriemen. Bei den Stollenführungen geht es in den kühlen Berg hinein und der Führer erzählt, wie anstrengend und gefährlich die Arbeit hier früher war. Für das Erzgruben-

Wenn da mal nicht gleich Bilbo Beutlin zur Tür hereinkommt …

museum samt Führung durch die Stollen sollte man zwei Stunden Zeit veranschlagen.

↗ *Erzgruben Erlebniswelt am Grünten, Grüntenstraße, Burgberg im Allgäu, www.erzgruben.de*

339
FISCHTASTISCHE UNTERWASSERWELT
KONSTANZ, BADEN-WÜRTTEMBERG

660 000 Liter Wasser – das ist eine ganze Menge! Nicht zu vergleichen natürlich mit den schätzungsweise 50 Billionen Litern des Bodensees, aber für die Aquarien des nur wenige Meter entfernt liegenden SeaLife Konstanz eine durchaus imposante Zahl. Auf einer nach Themenschwerpunkten angeordneten Tour durch die Unterwasserwelt des Bodensees und Untiefen in der ganzen Welt können Besucher hier Fische und Pflanzen in über 40 Süß- und Salzwasserbecken bestaunen: Beginnend mit Rhein und Bodensee über den Hafen Rotterdams bis hin zum Roten Meer sind hier Fluss- und Seebewohner sowie Meerestiere wie Haie und Rochen zu _ Hause. In Touch Tanks kann man manche Tiere sogar berühren.

↗ *SeaLife Konstanz, Hafenstr. 9, Konstanz, www.visitsealife.com*

Noch nie einem Rochen in die Augen geschaut? SeaLife Konstanz bietet dazu Gelegenheit

340 HOCHZEITSTORTE UND HAIFISCHRACHEN

BUCHEN IM ODENWALD, BADEN-WÜRTTEMBERG

Nicht schlecht staunten die Arbeiter, als sich am 13. Dezember 1971 nach Sprengarbeiten im Muschelkalksteinbruch des Buchener Stadtteils Eberstadt der Pulverdampf legte: Da klaffte im Fels ein 1 m hoher und 2 m breiter Spalt, der den Einstieg in eine bizarre Wunderwelt freigab. Durch einen Zufall legten sie den Zugang zu einem Naturdenkmal von atemberaubender Schönheit offen: die Eberstadter Tropfsteinhöhle. Nicht weniger erstaunt als die Entdecker einst selbst sind heute die im Jahr rund 75 000 Besucher der Höhlenwelten von der faszinierenden Vielfalt der Tropfsteine, den spektakulären Formen von Stalaktiten und Stalagmiten. Rund 600 m schlängelt sich der mühelos begehbare Teil der Höhle durch die Unterwelt, führt – zwischen 2 und 8 m Breite und Höhe – bei konstant 11 °C und 95 Prozent Luftfeuchtigkeit durch enge Schluchten. Wer die Sinterbarriere passiert, begibt sich auf die Spur der »Weißen Frau von Eberstadt«, sieht einen »Elefantenrüssel« auf der Suche nach Wasser und blickt auf den Sinterkegel des »Vesuv«. Ein besonderer Genuss kommt fast zum Schluss: die prächtige »Hochzeitstorte«, die durch mehrstöckiges Sintergebilde fast bis zur Höhlendecke reicht. Sanfte Beleuchtung rückt die Formationen ins rechte Licht. Doch Vorsicht vor dem Haifischrachen, einer bizarren Tropfsteinlandschaft, zu der sich die Höhle danach verzweigt.

↗ *Eberstadter Tropfsteinhöhle, Höhlenweg 8, Buchen OT Eberstadt, www.tropfsteinhoehle.eu*

341 EIN IDEALES VERSTECK

MERKERS, THÜRINGEN

Der Kalibergbau prägt die mittlere Werra mit der eindrucksvollen Architektur seiner Schachtanlagen und den Steinsalzhalden, die als weiße Berge die Werra-Landschaft überragen. Wie der Abbau des wichtigen Düngemittels 600 m unter Tage funktioniert und was historisch damit verbunden war, zeigt das Erlebnisbergwerk Merkers in seiner phänomenalen Unterwelt. Eine Führung durch Teile der gigantischen Grubenanlage dauert etwa drei Stunden. Mit dem Förderkorb werden Besucher binnen 90 Sekunden in 500 m Tiefe gebracht. Durch 20 km des Stollensystems geht es mit Kleinlastern zunächst in die Salzunger Saline. In ihr ist ein Museum eingerichtet, das von der über 100-jährigen Geschichte des Bergbaus im Werrarevier erzählt. Im

Goldraum betritt man ein obskures Kapitel aus den letzten Kriegsmonaten, als die Reserven der Deutschen Reichsbank und Kunstwerke aus den Museen Berlins hier gehortet wurden. Die nächste Station ist der Großbunker, einst Zwischenlager für das abgebaute Salz. Im hallenartigen Raum steht noch ein riesiger Schaufelradbagger. Dank seiner fantastischen Akustik wird der Bunker nun als ungewöhnlicher Konzertort genutzt. Noch tiefer führt die Fahrt zur Kristallgrotte, wo in 800 m Tiefe der beeindruckendste Bergwerksraum liegt. Nicht künstlich entstanden, wurde er erst 1980 entdeckt. Im Tertiär (vor 65–2,5 Mio. Jahren) brachte die Vulkantätigkeit der Rhön neben der gesamten Salzlagerstätte auch die Kristallgrotte hervor: eine bis zu 10 m hohe Halle, die vor Salzkristallen nur so funkelt. Die Gestaltungskraft der Natur zog alle Register, zu bestaunen sind hier ebenso staubwinzige wie riesige Kristalle mit bis zu 1 m Kantenlänge, die weiß bis diamantklar schimmern. Das sinnliche Erlebnis der Grotte verstärken Licht- und Klanginstallationen. Sich bei konstanten 28 °C und salziger Luft einstellender Durst kann in der Kristallbar gestillt werden – in der vermutlich tiefsten Kneipe der Welt. Besonders empfehlenswert sind Mountainbike-

ZU-HAUSE-TIPP

AUSFLUG IN DIE UNTERWELT

Große und kleine Städte haben auch unter der Erde viel zu bieten. In Hamburg werden mehrmals im Jahr Führungen durch Tunnel, Siele, Bunker, Kasematten und Katakomben angeboten (www.hamburgerunterwelten.de), in Traben-Trarbach an der Mosel warten die Felsenkeller, in denen bis heute Weinfässer lagern, auf Erkundung (www.unterwelt-ausflug.de), und in Oppenheim am Rhein kann man sich im kilometer-langen Kellerlabyrinth verlieren  (www.stadt-oppenheim.de). Sie haben Lust bekommen? Dann starten Sie doch einfach mit einem Ausflug in die heimische Unterwelt: Nehmen Sie sich etwas Zeit und gehen in Ihrem eigenen Keller auf Schatzsuche – falls Sie nur auf Gerümpel stoßen, dann gleich ab damit in den Müll.

touren unter Tage zur Kristallgrotte. Bis zu 30 Radler können sich auf diese außergewöhnliche Tour begeben. Jährlich neue Teilnehmerrekorde verzeichnet der Kristallmarathon, der komplett unter Tage verläuft. Down Under nennt sich der tiefste Klettergarten der Welt, ein Abenteuerspielplatz für Erwachsene, 500 m unter der Erde.

↗ *Erlebnisbergwerk Merkers, Zufahrtstr. 1, Merkers, www.erlebnisbergwerk.de*

KUPFER – EIN BEGEHRTES METALL
SOMMERKAHL, BAYERN

Helm auf, Lampe an und Kopf einziehen – sobald nach der Biegung des etwa mannshohen Gangs die letzten Sonnenstrahlen verschwunden sind, beginnt eine spannende Zeitreise in die Erdgeschichte. Vor 335 Mio. Jahren entstand der Gneis im kristallinen Grundgebirge des Spessarts, durch dessen Herz sich die Gänge des Kupferbergwerks Grube Wilhelmine in Sommerkahl winden. Hier wurde bis 1923 eines der wenigen Kupfervorkommen in Bayern abgebaut. Im Jahr 2000 erweckte der Verein Kupferbergwerk Grube Wilhelmine Sommerkahl e. V. diese aus ihrem Dornröschenschlaf. Seither regt sich wieder Leben

Ohne Stirnlampe geht beim Merkerser Kristallmarathon gar nichts

in den alten Stollen. In ihrer Freizeit legen die Vereinsmitglieder – passionierte Hobby-Bergleute – wie in alten Zeiten die früheren Gänge im Gestein frei. Auf einem rund 400 m langen Rundweg auf der 23-m-Sohle bringen versierte Führer die Besucher durch das Labyrinth unter Tage und erläutern, warum die Grube Wilhelmine so einmalig ist. Über Tage führt ein 8,5 km langer Naturlehrpfad rund um das historische Kupferbergwerk.

↗ *Bergwerksverein Kupferbergwerk, Grube Wilhelmine, Wilhelminenstr. 67, Sommerkahl, www.bergwerk-im-spessart.de*

ABTAUCHEN IN DEN BERLINER UNTERGRUND

BERLIN

Durch historische Bunker, verborgene Fabriken, verlassene U-Bahnstationen und Geisterbahnhöfe pirscht der Verein Berliner Unterwelten auf zehn verschiedenen Touren. Auch zur Flucht aus der DDR angelegte Tunnelanlagen werden erkundet – von über 70 begonnenen Tunneln führten allerdings nur 19 nach West-Berlin in die Freiheit. Die ehemalige Kindl-Brauerei baute in Neukölln Gär- und Lagerkeller in den Untergrund. Der 295 m lange AEG-Tunnel gilt als erster U-Bahn-Tunnel Deutschlands und fungierte auch schon als Drehort für die Serie »Babylon-Berlin«. Er verband das AEG-Gelände am Humboldthain komfortabel mit dem Standort an der Ackerstraße. Eine elektrische Röhrenbahn transportierte Arbeitsmaterialien und Arbeitskräfte hin und her.

↗ *Berliner Unterwelten, Karten: südliche Vorhalle Bahnhof Gesundbrunnen, Brunnenstr. 105, Berlin OT Wedding, www.berliner-unterwelten.de*

Ins Schattenreich unter der Hauptstadt entführen Touren des Vereins Berliner Unterwelten

344

EUROPAS GRÖSSTE SANDSTEINHÖHLEN

HOMBURG, SAARLAND

Europas größte von Menschenhand geschaffene Buntsandsteinhöhlen durchlöchern den Homburger Schlossberg wie ein Schweizer Käse. Drinnen schimmern sie in unterschiedlichen Rot- und Gelbtönen. Mal sind es enge Gänge und Seitenhöhlen, mal große Säle. Mit dem Ausgraben begannen die Herren der Festung Hohenburg im ausgehenden Mittelalter. Im Lauf der Jahrhunderte wurden 5 km Strecke in zwölf Etagen gehöhlt. Den sehr quarzhaltigen Sand nutzte man zur Glasherstellung, später als Scheuersand und als Formsand bei der Eisenproduktion. Doch das Höhlensystem war nicht nur Rohstofflieferant: Der französische König Ludwig XIV. nutzte die Gänge und Kammern zu Verteidigungszwecken – und ließ sie nach seinem Rückzug zerstören und die 40 Eingänge verschließen. Durch Zufall fanden spielende Kinder in den 1930er-Jahren die Höhle, die während des Krieges als Lager für Lebensmittel und Munition sowie als Luftschutzbunker diente. 800 m des restaurierten Systems sind mittlerweile für Besucher zugänglich.

↗ *Schlossberghöhlen, Schlossberg-Höhen-Straße, Homburg, www.homburger-schlossberghoehlen.de*

ZU-HAUSE-TIPP

DAS ECHO TESTEN

Tagtäglich fahren Sie mit dem Rad durch dieselbe Unterführung oder beim Umsteigen steht Ihnen ein langer Fußmarsch durch einen Verbindungstunnel bevor? Seien Sie mal wieder kindisch und testen Sie das Echo: Schmettern Sie Ihren Lieblingsschlager, stoßen Sie wilde Tierlaute aus oder bekunden Sie Ihr Interesse am Namen des Bürgermeisters von Wesel. Mit etwas Glück hört niemand zu. Wenn Sie Pech haben, biegt in der nächsten Sekunde ein Bekannter um die Ecke.

345

DAS TOR ZUR UNTERWELT

POTTENSTEIN, BAYERN

Durch das Teufelsloch geht es hinein in die Teufelshöhle, eine von 1000 Kavernen in der Fränkischen Schweiz. Vor 150 Mio. Jahren war diese Gegend von einem flachen Meer bedeckt. Während dieser Zeit lagerten sich Kalk und Sedimente am Meeresboden ab, die heute die typische Karstlandschaft bilden. In der Teufelshöhle löst Regenwasser Kalk aus dem Dolomitgestein, der zu den einzigartigen Formen der Stalaktiten, Stalagmiten und Stalagnaten anwächst. Jede der 400 Stufen auf dem 45-minütigen Rundgang lohnt sich. Innen herrschen 9 Grad – Jacke mitnehmen!

↗ *Teufelshöhle, Schüttersmühle 5, Pottenstein, www.pottenstein.de*

Im Schacht »Alte Elisabeth« schlug das untertägige Herz der Silberstadt Freiberg

346
INDUSTRIEDENKMAL IM ERZGEBIRGE
FREIBERG, SACHSEN

Die Bergbaugeschichte Freibergs lässt sich außerhalb des Stadtzentrums in der ehemaligen Schachtanlage »Alte Elisabeth« erkunden. 1913 stillgelegt, wird sie seither von der Bergakademie als Lehrschacht genutzt. Über Tag ist die original erhaltene Technik der Anlage aus der Mitte des 19. Jhs. zu sehen. Ein Erlebnis ist die Untertagefahrt im Schacht »Reiche Zeche«. Es werden unterschiedlich lange Führungen angeboten, von der klassischen »Grubentour« (1,5 Stunden) bis zur fünfstündigen »Expertentour«.

↗ *Silberbergwerk Freiberg, Fuchsmühlenweg 9, Freiberg, www.besucherbergwerk-freiberg.de*

347
WOHIN MIT DEM WASSER UNTER TAGE?
CLAUSTHAL-ZELLERFELD, NIEDERSACHSEN

Höhenangst ist hier kein guter Begleiter. Weit über 100 m blicken Besucher bei einer Stollenführung von der stählernen Brücke in den Blindschacht Ernst August, aus dem bis 1924 Erz gefördert wurde. Etwa 500 m darf man bei Führungen im 19-Lachter-Stollen in den Berg hinein gehen und erfährt dabei, wie ein Wasserlösungsstollen wie dieser funktioniert. Als eine der wichtigsten Anlagen des Oberharzer Silberbergbaus diente er dazu, aus höher gelegenen Gruben das Wasser abzuleiten und machte so den Erzabbau erst möglich. Historie wie Technik erleben Besucher anschaulich im nahe gelegenen Schaubergwerk des Oberharzer Bergwerksmuseums Clausthal-Zellerfeld und der umfangreichen Sammlung von Originalanlagen und Werkzeugen rund um das 200 Jahre alte Schachtgebäude.

↗ *19-Lachter-Stollen,*
Im Sonnenglanz 18, Wildemann,
www.19-lachter-stollen.de;
Oberharzer Bergwerksmuseum,
Bornhardtstr. 16, Clausthal-
Zellerfeld, www.oberharzer
bergwerksmuseum.de

348

FESTUNG KÖNIG-STEIN VON UNTEN

KÖNIGSTEIN, SACHSEN

Man kann die Festung Königstein ganz normal entdecken und mit Audioguide oder Führung die wichtigsten Plätze von Europas größter offener Bergfestung besichtigen. Man kann aber auch nach einem Blick vom 247 m hohen Tafelberg über das Elbtal und die Sächsische Schweiz hinunter in die Kasematten steigen und das historische Gemäuer von dort betrachten. In den Tiefkellern gibt es Steinmetzzeichen aus dem 16. Jh. und unterirdi-

ZU-HAUSE-TIPP

TIEF HINAUS

Deutschlands höchsten Punkt kennt jeder: Die 2962 m hohe Zugspitze in den bayerischen Alpen. Weniger bekannt ist das Gegenstück: Deutschlands tiefste Landstelle liegt 3,54 m unter dem Meeresspiegel bei Neuendorf-Sachsenbande im Südwesten Schleswig-Holsteins.

Würde der benachbarte Elbdeich brechen, stünde die Region komplett unter Wasser. Deutschlands »Tiefpunkt« hat nicht nur eine  eigene Hinweistafel an der nahegelegenen Autobahn A23, sondern auch seine eigene Website (www.tiefstelandstelle.de). Sie haben gerade etwas Zeit? Dann prüfen Sie doch einfach mal am heimischen Computer, wie lange die Fahrt mit Seilbahn, Zug und Bus von Deutschlands höchstem Punkt zur tiefsten Landstelle dauert. Gute (virtuelle) Reise!

sche Verteidigungsanlagen. Und es gibt viele Geschichten über Gefangene und spektakuläre Fluchtversuche aus dem 1591 eingerichteten Kerker, der später zum gefürchtetsten Staatsgefängnis Sachsens wurde. So saß der russische Sozialrevolutionär Michail Alexandrowitsch Bakunin (1814–1876) hier ein. Dem kriegsgefangenen General Henri Honoré Giraud (1897–1949) glückte die Flucht, angeblich mit einem über zwei Jahre geduldig geknüpften Seil. Besonders stimmungsvoll ist die nächtliche Tour im Schein der Laternen.

↗ *Festung Königstein, Festung 1, Königstein, www.festung-koenig stein.de (> Führungen)*

HISTORISCHES KUPFERBERGWERK
BECKINGEN, SAARLAND

Bauer Junkmann entdeckte im Jahr 1723 beim Pflügen die Kupfervorkommen am Weltersberg, aus denen ein Bergwerk entstand, das zur Blütezeit 300 Bergleute beschäftigte. Es gab reichlich Kupfer, aber immer große Probleme, das eindringende Wasser zu bekämpfen, und obendrein Streitigkeiten der Landesherren, wer der rechtmäßige Eigner sei. Nach mehreren Anläufen und Schließungen wurde die Grube 1916 endgültig stillgelegt. Als Besucherbergwerk vermittelt Düppenweiler seit Ende des 20. Jh. einen Ein-

Glück ist, wenn das Bier kalt ist, wie in den Kellern unter der Innstadt von Wasserburg

druck vom Kupferbergbau und der Arbeit der Bergmänner. Über den neuen Barbaraschacht geht es hinab. Insgesamt sind 600 m Stollengang und vier Schächte mit Teufen von 10–18 m freigegeben. Oberirdisch wurde mit nach historischen Vorbildern mit viel Herzblut eine Kupferhütte mit Pochwerk, Schmelzhütte und Maschinenanlagen rekonstruiert.

↗ *Historisches Kupferbergwerk Düppenweiler, Piesbacher Str. 67, Beckingen OT Düppenweiler, www.kupferbergwerk.saarland*

350 SOMMERBIER AUS KATAKOMBEN

WASSERBURG AM INN, BAYERN

Es sind spannende Geschichten, die man in den Tiefen Wasserburgs erfährt. Geschichten aus Zeiten, in denen Gastronomen nicht einfach am Regler drehen konnten, um ihre Vorräte zu kühlen. Damals entstand am Südufer des Inns eine Reihe von Sommerbierkellern. Per kurfürstlichem Verbot durfte von Georgi (23. April) bis Michaeli (29. Sept.) kein Bier gebraut werden. So musste man sich schon im Winter um das Sommerbier kümmern, das doppelt gehopft und deshalb länger haltbar war. Von 1785 bis Mitte des 19. Jh. wurden die Bier-

katakomben gebaut und erweitert. Bis ins 20. Jh. kamen die Durstigen, um hier frisches Kellerbier zu trinken. Ein Teil der sieben unterirdischen Räume, die wie ein Labyrinth miteinander verbunden sind, dient heute musealen Zwecken.

↗ *Wasserburger Bierkatakomben, Salzburger Str. 1, Wasserburg am Inn, www.wasserburg.de/ bierkatakomben*

351 TIEF EINATMEN BITTE!

SCHMALLENBERG, NORDRHEIN-WESTFALEN

Befreit besonders wohltuende, heilkräftige Luft atmen und Energie für den Alltag schöpfen, das geht im ehemaligen Schieferstollen in Bad Fredeburg. Im Abela Heilstollen können sich Gäste in ansprechender Umgebung verwöhnen und die Gedanken kommen und gehen lassen beim ganz bewussten Ein- und Ausatmen. In der 9 °C kühlen Umgebung fliegen keine Pollen, und die hohe Luftfeuchtigkeit sorgt dafür, dass auch kein Staub unterwegs ist.

↗ *Abela Heilstollen, Zum Heilstollen, Schmallenberg/Bad Fredeburg, www.bad-fredeburg.de*

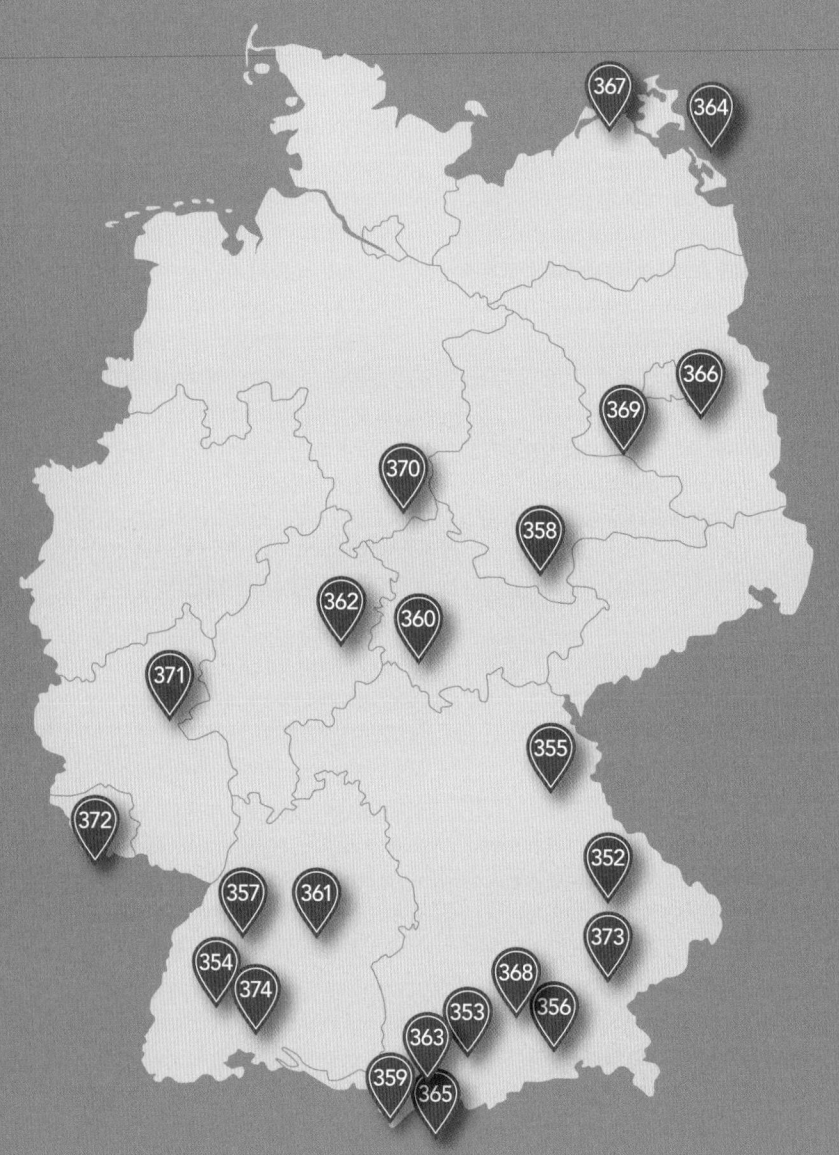

Vom Berggipfel oder Ballon, Gleitschirm oder
Segelflieger: Je höher der Aussichtspunkt, desto
phantastischer ist der Rundblick.

Rechts: Für diese Aussicht lohnt sich die Mühe des Anstiegs

Die Welt
von oben sehen

UFO IM WALD
NEUSCHÖNAU, BAYERN

Mit 44 m überragt der Baumturm in Neuschönau die gesamte Umgebung und wird so zum Höhepunkt des Baumwipfelpfades. Das ungewöhnliche Ensemble, aus 2500 Kubikmeter Holz und 90 000 Schrauben errichtet, ist nicht nur ein neuer Publikumsmagnet, sondern auch das Wahrzeichen der Region. Eines, das in die oberen Regionen des Waldes entführt. Denn der insgesamt 1300 m lange Pfad, einer der längsten weltweit, schlängelt sich auf 27 Stützen in einer Höhe von 8–25 m durch die höhergelegenen Baumetagen Dutzender Tannen, Fichten und Buchen. Aufgrund der respektablen Breite von über 2 m, den sicheren Geländern und der geringen Steigung bestimmt kein Fall für Adrenalinjunkies. Aber ein erhebendes Gefühl stellt sich dann doch ein, vor allem ganz oben auf der Aussichtsplattform am Baumturm. Da ergibt sich zwangsläufig ein herausragender Blick: hier scheinbar unberührte Naturlandschaft samt Wäldern und Bergen, eben der Nationalpark; dort Kulturlandschaft mit Weilern, Feldern, Straßen und dem Bilderbuchdorf Neuschönau. Spiralförmig geht es in die Höhe. Doch nicht nur die Aussichtsplattform ist das Ziel, sondern auch der lange Weg dort hinauf. Vom Stelzenpfad kommend geht es direkt weiter in den Einstieg des eiförmigen Riesenturms. In sieben Windungen zieht sich die Rampe spiralenartig hinauf, zugleich rücken die auch physisch im Mittelpunkt stehenden zwei Tannen und eine Buche Kurve für Kurve näher. Vermutlich ist genau diese Kombination aus greifbarer Natur und ungreifbarer Weitsicht ein Grund für den Erfolg. Das an die Berliner Reichstagskuppel erinnernde »Turmei« hat Josef Stöger wahrlich großartig konstruiert. Für ein passendes Anschlussprogramm sorgt dann das Hans-Eisenmann-Haus nebenan, ein mit Ausstellungen, Kino und Erlebnisraum ausgestattetes, wirklich empfehlenswertes Infozentrum. Und in dem 200 ha großen Tierfreigelände lassen sich Wölfe, Wisente, Fischotter, Elche, Luchse und viele andere (einst) heimische Tierarten beobachten.

↗ *Baumwipfelpfad,*
Böhmstr. 43, Neuschönau,
www.baumwipfelpfade.de

BALLONTREKKING
SEEG, BAYERN

Der Königswinkel im Allgäu mit seinen Bauwerken, direkt vor einer herrlichen Kulisse der Alpen, ist eine der eindrucksvollsten Gegenden für eine Ballonfahrt. Man lässt sich treiben,

Kurve um Kurve schraubt sich der Baumwipfelpfad in Neuschönau in die Höhe

wohin der Wind weht und genießt die phantastische Landschaft in alle Ruhe. Bei guter Fernsicht reicht der Blick über das Voralpenland bis zum Bodensee, Starnbergersee und Ammersee, vielleicht sogar bis zum Chiemsee. Aber damit nicht genug: Beim Ballontrekking geht es nach der Landung niht mit dem Auto, sondern zu Fuß zum Ausgangspunkt zurück. Beim Orientierungsmarsch erlebt man die Region noch einmal aus einer ganz anderen Perspektive. Wer zum ersten Mal mit dem Ballon fährt, erhält nach der Landung die traditionelle Ballonfahrertaufe, die sog. Erhebung in den Adelsstand der Lüfte. Die Idee zu diesem großartigen Erlebnis stammt vom Heimatbund Allgäu: Anlässlich des 1.

Allgäuer Wandertags im August 2009 fand in Immenstadt die Weltpremiere des Ballontrekkings statt.

↗ *Ballontrekking,*
Bavaria Ballonfahrten GmbH,
Hitzlerieder Strasse 15, Seeg,
www.bavaria-ballon.de

DRACHE ODER GLEITSCHIRM?

WALDKIRCH, BADEN-WÜRTTEMBERG

Drachen steigen lassen, das will so ziemlich jedes Kind. Aber Passagier eines Drachens sein? Auf Augenhöhe der Vögel fliegen ist nichts für Ängstliche, das braucht schon einige Überwindung. Hinzu kommt die Qual der Flugwahl: Drachen- oder Gleitschirmfliegen? Mit beiden lassen sich Tandemflüge unternehmen. Vor allem die Körperhaltung variiert: Drachenflieger bewegen sich Kopf voraus, bäuchlings im Geschirr hängend, die Hände an einem Gestänge, dem Steuerbügel. Hingegen wird im Gleitschirm sitzend geflogen, den Kopf aufrecht, während der Pilot mit Seilzügen, den Steuerleinen, lenkt. Ganz gleich, mit welch luftigem Gefährt, bekommt man vom Kandel (1241 m) als Startpunkt des Flugs einiges zu sehen: etwa die Freiburger Bucht, in der die Rheinebene einst in den Schwarzwald bog, als wolle sie noch Platz für den Kaiserstuhl schaffen. Oder, am Kandelfuß, Waldkirch mit der Elz, diesem seltsamen Fluss. Ersichtlich wird auch, dass die Schwarzwaldklinik nicht wie in der TV-Serie beim Schluchsee lag, sondern im Glottertal – und dort wird auch nach rund 30 Minuten wieder gelandet.

↗ *Kandel Air, Waldkirch, www.s521765960.online.de; Gleitschirmflugschule skyte, Cornelius Hübner, Langackerweg 7, Freiburg, www.skytec.de; Ulf Brech, Reischstr 9a, Freiburg, www.skysailor.de*

ZU-HAUSE-TIPP

AUF ZEITREISE

Können Sie sich erinnern, wann Sie das letzte Mal auf dem Dachboden gestöbert haben? Nein? Zeit für eine kleine Reise in die Vergangenheit ganz oben im Haus. Hier treffen Sie auf Tante Trudis schauderhafte Stehlampe, Omas Fotoalben mit den vergilbten Schwarz-weiß-Aufnahmen oder einfach nur auf Ihre alten Kinderbücher. Wenn Sie sich einen Becher Tee oder Kaffee mitgebracht haben, können Sie in Onkel Ottos altem Sessel gemütlich durch ein paar Seiten der »Fünf Freunde« blättern. Nehmen Sie sicherheitshalber auch ihr Handy mit auf Zeitreise: Irgendwann wird Ihre Familie sich fragen, wo Sie sind und was Sie so lange dort treiben. Dann ist es gut, wenn Sie erreichbar sind.

HÄNGEPARTIE
WARMENSTEINACH, BAYERN

Die Aussicht auf das Fichtelgebirge ist weit, die Spannung grenzenlos. Beim Blick nach unten mag manchem in der Gruppe, die da am Ochsenkopf-Gipfel steht, der Magen grummeln: Gleich werden sie an Seilen hängend in schwindelerregenden Höhen durch die Wipfel der Bäume dem Tal entgegensausen – über eine Strecke von 2 km. Ein Guide gibt dem Team letzte Instruktionen zur Handhabung der Anseilgurte und der Sicherungsrollen, mit denen sich die Wagemutigen in die Seile einhängen.

Die Kunst bei der Zipline-Partie ist es, die richtige Geschwindigkeit zu erreichen: Wer zu schnell wird, bekommt Probleme beim Bremsen. Wer zu schnell bremst, kommt nicht zur nächsten der insgesamt 15 Stationen. Und je größer der Höhenunterschied zwischen den einzelnen der bis zu 22 m hohen Plattformen ist, umso rasanter wird die Fahrt an den Seilen, die sich bis zu 280 m Länge von einer Station zur nächsten spannen. Wer steckenbleibt, für den endet die Sause am Seil vorzeitig, weil er abgeseilt werden muss. Dann doch lieber den »Base Jump« wagen!

↗ *Ziplinepark Ochsenkopf,*
Fleckl 13, Warmensteinach,
www.ziplinepark.info

Mit einem Gleitschirm schwebt man wie ein Vogel durch die Lüfte

AUF DEM DACH DES OLYMPIASTADIONS
MÜNCHEN, BAYERN

Das Olympiastadion in München mit seinem markanten Zeltdach kennt man von vielen Veranstaltungen. Dass man aber dem Dach aufs Haupt steigen und so einen nicht alltäglichen Blick auf München werfen kann, zählt zu den ganz besonderen Erlebnissen. Los geht's im Basislager unter den Zuschauerrängen. Dort warten ein Klettersteigset, ein Film und ganz viele Fotografien von Berühmtheiten, die allesamt schon auf dem Dach herumgekraxelt sind. Am Nordausgang erhebt sich das berühmte Zeltdach aus dem Boden, von dort aus wird man in einem steigenden Halbkreis über die Zuschauerränge spazieren. Jetzt kommt »Waldi«, das Sicherungsgerät, zum Einsatz. Es wird an einem Stahl-

ZU-HAUSE-TIPP

AUFSTIEG MIT AUSSICHT

Kennen Sie den höchsten Punkt in Ihrer Umgebung? Mitunter lässt sich diese Frage schon bei einem Blick aus dem Fenster beantworten – falls Sie einen Kirchturm, ein Hochhaus oder eine Bergspitze sehen. Viele Kirchtürme können ganzjährig bestiegen werden, zahlreiche Wolkenkratzer haben eine Rooftop Bar, und kaum ein Berg hat keinen Aussichtspunkt. Machen Sie sich auf den Weg – Ihr steiler Aufstieg wird mit einer einzigartigen Aussicht belohnt. Und mit einem Sundowner in der Rooftop Bar. Wenn Sie das nötige Kleingeld dabeihaben …

seil befestigt, und man führt es die gesamte Tour über wie einen Hund neben sich. Ruckelt man zu stark, streikt er beleidigt. Wer nicht ganz schwindelfrei ist, wird sicher versuchen, nicht direkt nach unten zu sehen. Eine Führerin erklärt derweil die Konstruktion und den beeindruckenden Blick über München. Einmal wird der Anstieg so steil sein, dass spätestens dann jeder versteht, warum man feste Schuhe anziehen sollte. Im weiteren Verlauf kommt man am Stahlseil vorbei, an dem man bei einer anderen Tour über die Spielfläche rauschen kann. Am Ende werden die Kraxler nach den 1,5 Std. in Olympia-Nostalgie schwelgen. Voranmeldung ist zu empfehlen. Es sind keine Kletter- oder Bergkenntnisse nötig.

↗ *Olympiapark München, Spiridon-Louis-Ring 21, München, www.touren-olympiapark.de*

IM FREIEN FALL
ESCHBACH, BADEN-WÜRTTEMBERG

Eine Minute ist keine lange Zeit. Im freien Fall, während das Markgräflerland scheinbar auf einen zurast, dauert sie ewig. War schon die Überwindung, freiwillig aus einem fliegenden Flugzeug zu springen, so reizvoll wie einem schlafenden Tiger ein Schnurrhaar zu

München aus einer neuen Perspektive bietet das Dach vom Olympiastadion

zupfen, drängt sich nun die Frage auf, ob der Fallschirm wirklich aufgeht. Oder notfalls der Reserveschirm. Gedanken, die Erstspringern kommen. Was bald beruhigt, ist der Tandemmaster hinter einem, im selben Geschirr. So einer, denkt man, hat das sicherlich schon oft gemacht und wird es heute kaum zum letzten Mal tun. Weichen die Ängste, macht es Spaß, wie ein Stein vom Himmel zu fallen. Wobei dem Stein wohl entginge, wie nett der Breisgau auch von oben aussieht. Mit offenem Schirm ist das Falltempo kaum schneller als die Joggerin da unten. Und bei der butterweichen Landung wird klar, dass ein Stein sich niemals dran erinnern würde.

↗ *Air Adventures GmbH, Hartheimer Straße 15a, Eschbach, www.tandemspringen.tv*

IM KLETTERWALD
THALE, SACHSEN-ANHALT

Füße auf schwankenden Brettern. Balancieren, klettern, hangeln, rutschen: Der Kletterwald Thale ist eine Herausforderung. Jetzt ein Griff zu dem Karabinerhaken über dem Helm, nicht vergessen, die mitrollende Sicherheit ist ein bisschen Unterstützung. Unten glitzert die Bode, oben ziehen sich

4 km Stahlseil von Baum zu Baum, über Fluss und Graben und verschwinden im Grün. Ganz weit hinten ragt ein Kopf aus den Blättern, schwarzer Parcours. Einer für Könner, 10 bis 12 m hoch. Mit dem blauen Parcours fängt man an. In 2 m Höhe turnen die Knirpse, Kinder ab fünf, die schon 1,10 m messen und acht Elemente bezwingen. Es gibt sogar einen Kleinkinderparcours. Aber dort müssen die Angehörigen selbst aufpassen. Großen wird geholfen, wenn der Mut nicht reicht. Zum Glück führen immer Leitern wieder abwärts.

↗ *Kletterwald Thale, Goetheweg, Thale, www.kletterwald-thale.de*

359

GOLFPLÄTZE MIT AUSSICHT

OBERSTDORF, BAYERN

»Was haben die, das andere nicht haben?«, fragt sich der erstaunte Golfer angesichts all der Lobeshymnen über die Golfplätze im Allgäu. Die Antwort ist so schlicht wie überzeugend: Panoramagolfen in sonniger Höhenlage mit herrlichem Fernblick. Das Golfzentrum Oberstaufen besitzt einen 18-Loch-Platz, einen 6-Loch-Kurzplatz sowie großzügige Übungseinrichtungen mit Driving Range, Putting Green, Chipping Green, Pitching Green und Übungsbunkern. Deutsch-

Bei einem Rundflug über Eisenach wird die Größe der Wartburg erst richtig deutlich

lands höchstgelegener Golfplatz, die 27-Loch-Anlage des Golfclubs Waldegg-Wiggensbach, liegt auf 1011 m. Der Golfpark Schlossgut Lenzfried verfügt über einen 9-Loch-Platz. Ob Anfänger oder Könner – den wunderbaren Ausblick schätzen und genießen hier alle.

↗ *Golfzentrum Oberstaufen,*
Buflings 1, Oberstaufen,
www.golfclub-oberstaufen.de;
Golfclub Waldegg-Wiggensbach,
Hof Waldegg, Wiggensbach,
www.golf-wiggensbach.com;
Golfpark Schlossgut Lenzfried,
Friedensweg 4, Kempten,
www.golf zentrumkempten.de

AUS DER VOGEL-PERSPEKTIVE
EISENACH-KINDEL, THÜRINGEN

Zwischen dem Nationalpark Hainich und dem Nordostrand des Thüringer Waldes gelegen, bietet sich vom kleinen Airport Eisenach-Kindel ein Rundflug an. 1934 eröffnet, diente der Flugplatz lange Zeit militärischen Aufgabene. Als Relikt aus militärischer Zeit misst die 55 m breite Landebahn komfortable 1720 m Länge, die Maschinen bis max. 20 t Bruttogewicht anfliegen dürfen. Heute rein zivil, wird der Verkehrslandeplatz v. a. für Rund-

und Geschäftsflüge, als Helikopterlandeplatz sowie von Sportfliegern und Fallschirmspringern genutzt. Kürzere Rundflüge besichtigen die Wartburg aus der Luft. Der Flug (z. B. mit einer Piper PA-28) zur Werraquelle könnte folgende Route nehmen: mit Südkurs auf den Großen Inselsberg (916 m), dann den Rennsteig entlang. Nun werden im Wintersportort Oberhof die Sprungschanzen, die Bobbahn und der neue Skitunnel erkennbar, östlich liegt

Der 43 m hohe Turm im Stuttgarter Höhenpark Killesberg bietet kostenlosen Weitblick

Ilmenau. Weiter über die höchsten Thüringer-Wald-Gipfel Schneekopf (978 m) und Großer Beerberg (982 m) über Schmiedefeld und die Talsperre Schönbrunn ist südlich des Kurortes Masserberg die Werraquelle am Eselsberg (841 m) erreicht. Von dort dem Flusslauf über Eisfeld, Hildburghausen, Themar (mit Kloster Veßra) folgend, geht es nun Richtung Westen, während sich durch die Frontscheibe (in ca. 30 km Entfernung) die höchste Erhebung der Rhön, die Wasserkuppe (950 m), erkennen lässt. Bei Meiningen, dessen Schloss Elisabethenburg, dessen Theater und quadratischer Marktplatz mit kleiner Kathedrale gut auszumachen sind, nimmt der Flug über die Werra nördlichen Kurs.

Schon bald zeigen sich Schmalkalden im Osten und geradeaus die Breitunger Seen. Die Werraroute über Bad Salzungens Gradierwerk verlassend, wird in der Ferne der Nordzipfel des Thüringer Waldes erkennbar, auf dem die Wartburg thront. Nach einem Blick auf die Luther- und Bachstadt Eisenach bietet sich noch ein Schlenker zur Werra an. Über den Hainich und den Baumwipfelpfad bei Craula schwebend, setzt der Rundflug nach gut einer Stunde zur Landung am Ausgangspunkt an.

↗ *Flugplatz Eisenach-Kindel,*
www.flugplatz-eisenach.de;
Rundflüge: Fly Point Flugservice,
www.fly-point.eu

HÖHENPARK AM KILLESBERG
STUTTGART, BADEN-WÜRTTEMBERG

Es war einmal im Jahr 1939. Da machten ein Hochbau- und ein Landschaftsarchitekt einen öden Steinbruch zum Reichsgartenschaugelände. Nach einer wechselvollen Geschichte und der Zerstörung im Krieg wurde der Park 1949 wiederaufgebaut und bereits 1950 vom damaligen Bundespräsidenten Theodor Heuss als »Höhenpark Killesberg« eröffnet. In den 1990er-Jahren sanierte man den Park grundlegend. Er dient heute als Beispiel für die Gartenbaukunst der 1930er- und 1950er Jahre. Diesem Charme kann man sich nur schwer entziehen: Die Wasserbecken mit ihren Fontänen, das »Tal der Rosen« und die »Milchbar« sind nach wie vor die Publikumsmagneten. Zum Spielen und Faulenzen lädt die große Wiese in der Mitte des Parks ein, neben dem großen Spielplatz befindet sich ein Kleintiergehege mit Ponys, Zwergeseln, Lamas und Ziegen. Schwindelfreie Besucher besteigen über 174 Stufen den 43 m hohen Aussichtsturm, eine geniale Stahlkonstruktion filigraner Art, die einen Blick von der Schwäbischen Alb bis zum Schwäbischen Wald bietet.

↗ *Höhenpark Killesberg,*
www.stuttgart.de/
hoehenpark-killesberg

IMMER IM AUFWIND
GERSFELD, HESSEN

Mit 950 m ist die Wasserkuppe zugleich höchster Punkt der Rhön wie auch Hessens. Wandern, Rad- und Skifahren bieten sich da als Aktivitäten an. Doch keine Sportart ist auf der Wasserkuppe so traditionsreich wie das Fliegen: Paragliding, Hängegleiten und ganz besonders die Segelfliegerei. Bereits 1910 wurden hier dank guter Thermik erste Segelflugversuche unternommen. Richtig Auftrieb erhielt die Sportart überraschenderweise nach dem Ersten Weltkrieg durch den Versailler Vertrag, da dieser in Deutschland das Motorfliegen extrem einschränkte. Ab 1920 vollbrachte der unorthodoxe Studentenclub »Akaflieg« auf der Wasserkuppe Pioniertaten (der Name steht für »Akademische Fliegergruppe «). Kein Wunder, dass die Segelflugschule auf der Wasserkuppe die älteste der Welt ist. Das Deutsche Segelflugmuseum gleich daneben dokumentiert die Entwicklung der Fliegerei im Aufwind. Pioniere werden ebenso vorgestellt wie über 50 Exponate (teils Nachbauten), die in zwei Hallen mit rund 4000 qm zu sehen sind – das größte Museum seiner Art auf der Welt. Wer auf den Geschmack gekommen ist, kann bei der Segelflugschule Wasserkuppe einen eintägigen Schnupperkurs buchen und sich zum Piloten ausbilden lassen.

Segelflugschule Wasserkuppe, Gersfeld, www.fliegerschule-wasserkuppe.de; Deutsches Segelflug-Museum, Wasserkuppe 2, Gersfeld, www.segelflugmuseum.de

363

IN LUFTIGEN HÖHEN

BAD HINDELANG, BAYERN

Der 1876 m hohe Iseler ist ein prächtiger Aussichtsgipfel über dem Oberjoch. Mit der Seilbahn ist er nach kurzem Aufstieg leicht erreichbar – man kann ihn aber auch sportlich über den Salewa Klettersteig erklimmen. Der Steig mittleren Schwierigkeitsgrads (B/C) weist einige ausgesetzte Passagen auf, ist aber mit Führung durch einen Profi ideal für all jene, die ausprobieren wollen, ob ihnen dieser Bergsport überhaupt Spaß macht. Im Gegensatz zu anderen Steigen ist er in drei Abschnitte unterteilt, nach denen man auf den Normalweg aussteigen kann. Vier bis sechs Stunden Gehzeit insgesamt sollte man veranschlagen.

Der Klettersteig wurde von der Bergschule Hindelang in Kooperation

ZU-HAUSE-TIPP

VOGELKONZERT AUS DER HÖHE

Etwa 20 Lerchenberge gibt es in Deutschland. Der bekannteste von ihnen dürfte der Mainzer Lerchenberg sein, auf dem unter anderem das ZDF residiert. Weniger bekannt ist, dass die 235 Meter hohe Erhebung in Frühjahr und Sommer ihrem Namen alle Ehre macht. Hier brüten unzählige Lerchen, die ihre Reviere durch vehementen Gesang markieren. Dazu steigen die Männchen in Spiralen bis zu 60 Meter hoch und trällern während des Fluges aus voller Kehle. Der Zuhörer am Boden 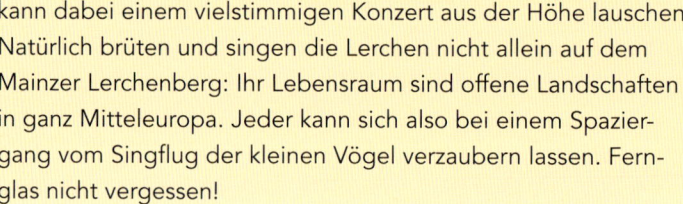 kann dabei einem vielstimmigen Konzert aus der Höhe lauschen. Natürlich brüten und singen die Lerchen nicht allein auf dem Mainzer Lerchenberg: Ihr Lebensraum sind offene Landschaften in ganz Mitteleuropa. Jeder kann sich also bei einem Spaziergang vom Singflug der kleinen Vögel verzaubern lassen. Fernglas nicht vergessen!

mit dem Bergsportartikelhersteller Salewa angelegt. Eine Begehung setzt neben Schwindelfreiheit und entsprechender Erfahrung die komplette Klettersteigausrüstung voraus, also knöchelhohe Bergschuhe, Gurt, Klettersteigset, Helm, Verpflegung und Bergbekleidung. Das Hindelanger Bergführerbüro bietet ab der Talstation der Seilbahn geführte Klettersteigbegehungen an, bei denen Anfänger lernen, wie man Klettersteige sicher und kraftsparend begeht. Für trittsichere und schwindelfreie Bergwanderer ist die Überschreitung des gesamten Iseler- und Kühgundkammes ab dem Gipfel eine überraschend schöne, mittelschwere, etwa vierstündige Tour – mit Aussicht vom feinsten.

↗ *Salewa Klettersteig auf den Iseler,*
Bad Hindelang-Oberjoch;
Bergschule Hindelang,
www.bergschulen.de

KÖNIGLICHER BLICK

SASSNITZ,
MECKLENBURG-VORPOMMERN

Der 12,5 km langen Hochuferweg Sassnitz-Lohme ist ohne Frage einzigartig unter den Wandertouren auf Rügen und eine der schönsten im ganzen Land. Hier folgt ein Ausblick auf die zerklüftete Steilküste auf den anderen.

Die Aussichtsplattform an der Viktoriasicht ragt frei über den Abgrund hinaus

Schon Caspar David Friedrich hat die beeindruckenden Kreidefelsen mit ihren alten Buchen in seinen Gemälden festgehalten. Das Highlight schlechhin ist die Große-Stubbenkammer mit dem 118 m hohen Königsstuhl. Den schönsten Blick auf den majestätischen Kreidefelsen eröffnet die Aussichtsplattform an der nahen Viktoriasicht, die spektakulär über den Abgrund hinausragt. Zwischen Viktoriasicht und Königsstuhl führt eine Treppe über 486 Stufen durch die Golchaschlucht hinab zum Strand – so erhält man einen Eindruck von den riesigen Felsen aus einer anderen Perspektive.

↗ *Hochuferweg Rügen,*
Saasnitz-Lohme, www.lohme.de

DER SCHIEFE TURM VON OBERSTDORF

OBERSTDORF, BAYERN

Irgendwo zwischen Spaziergang, Wanderung, Sport und Kultur verläuft die Erkundung der Umgebung von Oberstdorf. Nicht zu übesehen: Am Südufer des Freibergsees ragt der »schiefe Turm von Oberstdorf« hoch über die umgebenden Baumreihen empor: die Heini-Klopfer-Skiflugschanze. Der 139 m lange und 72 m hohe, frei auskragende Anlaufturm ist eine der größten Schanzenanlagen der Welt, ein Wunder der Statik und na-türlich das moderne Wahrzeichen des Orts. Wer den seit 2018 geltenden Schanzenrekord brechen möchte, sollte in der Lage sein, weiter als 238,5 m zu springen. 2016 wurde die bereits im Jahr 1973 errichtete Anlage umfassend modernisiert. Dank eines barrierefreien Schrägaufzugs vom Stadion entlang des Aufsprunghangs bis zum Schanzentisch und weiter bis zum Startbereich sind »Besteigungen« des Turms und der Genuss des schwindelerregenden Tiefblicks für jedermann möglich.

↗ *Heini-Klopfer-Skiflugschanze, Birgsautal, Oberstdorf, www.oberstdorf.de/skispringen*

Von der Skiflugschanze in Oberstdorf kann jeder einen Blick in die Tiefe werfen

REICHSTAG VON OBEN

BERLIN

Der ehemalige Reichstag vor dem Platz der Republik geht auf die Zeit der Gründung des Deutschen Reiches zurück, wurde jedoch erst 1894 durch Paul Wallot fertiggestellt. Wilhelm II. missfiel das Symbol der parlamentarischen Demokratie, er nannte den Reichstag eine »Quasselbude«. 1918 rief Philipp Scheidemann hier die Republik aus. 1933 ging es durch Brandstiftung in Flammen auf – die Nazis nahmen den Anschlag zum Anlass, gegen Andersdenkende vorzugehen und die Pressefreiheit einzuschränken. 1945 hisste die Rote Armee die sowjetische Flagge über der Kuppel. Während der Teilung beherbergte das auf Westberliner Seite stehende Gebäude ein Museum. Am 20. Dezember 1990 konstituierte sich hier das Parlament des wiedervereinten Deutschland.

Im Juni 1995 wurde der Reichstag von den Verhüllungskünstlern Christo und Jeanne-Claude zum Kunstwerk stilisiert. Danach setzte ihm der Londoner Architekt Sir Norman Foster eine 23 m hohe begehbare Glaskuppel auf – als moderne Antwort auf das verlorene Original. Nach umfangreicher Sanierung wurde der Bundestag 1999 eröffnet. Die Kuppel avancierte zum Wahrzeichen des neuen Berlin und zum Besuchermagneten.

↗ *Kuppel und Aussichtsterrasse des Reichstags, Platz der Republik 1, Berlin, zugänglich nur mit Anmeldung: www.bundestag.de/besuche*

AUSSICHTSPOSTEN AM MEER

FISCHLAND-DARSS-ZINGST, MECKLENBURG-VORPOMMERN

Der 1848 erbaute Leuchtturm Darßer Ort aus dunklem Backstein zählt zu den ältesten an der deutschen Ostseeküste. Er stand einmal direkt am Strand und versteckt sich heute etwas in den Dünen, die durch natürliche Versandung entstanden und mittlerweile von mit duftenden Kiefern bewachsen sind. Der 35 m hohe Turm wird zwar nicht mehr bewohnt, ist aber zu besichtigen und bietet neben einer Ausstellung zu seiner Geschichte einen phantastischen Rundblick über den Darß und die Ostsee, bis hinüber zur Nachbarinsel Hiddensee und zur Kreideküste der dänischen Insel Mön. Bevor sich der großartige Blick eröffnet, muss man die 134 Stufen zum Aussichtsrondell des Leuchtfeuers erklimmen. Auch den Besuch des zugehörigen Natureums sollte man sich nicht entgehen lassen – zumal es dort auch ein Café gibt.

↗ *Natureum, www.natureum-darss.de*

EINE RUNDE RIESENRAD

MÜNCHEN, BAYERN

Das knapp 80 m hohe Riesenrad Hi-Sky— im Guinness-Buch der Rekorde als größtes transportables der Welt eingetragen — bietet von seinen Gondeln fantastische Ausblicke auf die Bayerische Landeshaupstadt und bei Föhn bis zu den Alpen. Es wird mit Ökostrom betrieben und produziert bei der Fahrt sogar neue Energie. Eine Runde dauert etwa 30 Minuten, wer möchte, bucht zu der Fahrt ein Getränk, ein Weißwurstessen oder einen Picknickkorb dazu.

↗ *Hi-Sky, Atelierstr. 11, München, www.hi-sky.de*

BELVEDERE AUF DEM KLAUSBERG

POTSDAM, BRANDENBURG

Auf der Kuppe des Klausbergs steht das Belvedere, Potsdams ältestes Aussichtsbauwerk und das letzte Gebäude in Sanssouci, das Friedrich der Große 1769 bei Baumeister Georg Christian Unger in Auftrag gab. Die »Schöne Aussicht« des Rundbaus reicht vom Klausberg über den Park hinweg auf die hügelige und seenreiche Land-

schaft und die Stadt Potsdam. Der umgebende Garten wurde als Nutzgarten zum Anbau von Obst, Wein und Gemüse für die königliche Tafel angelegt. Vor ein paar Jahren begann man den historischen Weinberg am Klausberg und seine Pflanzungen zu rekonstruieren. Äpfel und Birnen werden bereits geerntet und die ersten Weine gekeltert. Während der letzten Kriegstage 1945 brannte der zweistöckige Rundbau aus und wurde danach lange vernachlässigt. 2003 erwachte die Ruine nach umfassender Restaurierung aus dem Dornröschenschlaf. Bei der Restaurierung wurde neben dem Äußeren auch das Innere des Belvedere weitgehend instand gesetzt. So erstrahlt der obere runde Festsaal mit seinem Stuckmarmor, dem nach historischen Fotografien rekonstruierten Deckenbild in der Kuppel und dem Eichenparkett heute wieder im alten Glanz.

↗ *Klausberg, Potsdam, www.spsg.de (schloesser-gaerten/objekt/belvedere-auf-dem-klausberg/)*

GIPFEL-ÜBERRASCHUNG

HERZBERG, NIEDERSACHSEN

Östlich von Herzberg erhebt sich der ehemalige Vulkan Großer Knollen, mit 687 m der höchste Gipfel des Südhar-

Dank einer Bundesgartenschau verläuft bei Koblenz eine Seilbahn über den Rhein

zes. Mancher Wanderer zieht ihn dem deutlich höheren Brocken vor und das hat seinen Grund. Ausgangspunkt für die etwas herausfordernde Bergtour ist die kleine Residenzstadt Herzberg. Am Gipfel angekommen kraxelt man weiter auf den 20 m hohen Aussichtsturm, dem Knollenturm. Von hier blickt man bei klarer Witterung genüsslich über die Bergwelt des Harzes, bis ins Weserbergland und den Thüringer Wald.

↗ *Großer Knollen, Herzberg,*
www.grosserknollen.de

MIT DER SEILBAHN ÜBER DEN RHEIN

KOBLENZ, RHEINLAND-PFALZ

Bei der Seilbahn-Fahrt über den Rhein hinauf zur Festung Ehrenbreitstein eröffnet sich aus den Panoramakabinen ein spektakulärer Blick ins UNESCO-Welterbe Oberes Mittelrheintal und auf die Stadt Koblenz am Zusammenfluss von Rhein und Mosel. Sie wurde anlässlich der Bundegartenschau 2011 in Betrieb genommen und befördert ihre Gäste mit relativ zügigen 16 km/h

Die Geierlay-Hängebrücke im Hunsrück ist ein Test für die Schwindelfreiheit

über den Rhein. Unten sieht man die Schiffe vorbeiziehen und oben wartet der Blick von der Festung aus.

↗ *www.koblenz-touristik.de*

TURM AUF STELZEN
ORSCHOLZ, SAARLAND

Eigentlich ist der Anblick der Saarschleife spektakulär genug. Vor allem von Cloef aus, wo man bei der Aussichtsterrasse 108 m über dem Ufer die Flusswindung direkt vor sich hat. Wer noch ein Stückchen höher hinaus möchte, der kann weiter klettern. 2016 wurde ein Baumwipfelpfad eröffnet, der in einen beeindruckenden hölzernen Aussichtsturm in 42 m Höhe mündet. Wie ein Spiegel greift seine

Form den Knick der Saar auf und überragt die Kronen der Bäume, über die entlang des 1250 m langen Weges an zahlreichen Stationen einiges zu erfahren ist. Von der 70 m² großen Aussichtsplattform schweift das Auge über den bewaldeten Bergrücken, den die Flussschleife umschließt und auf dem man die Ruinen der Burg Montclair und Reste der Klosteranlage um St. Gangolf entdeckt.

↗ *Baumwipfelpfad Saarschleife, Cloef-Atrium, Alfred-Becker-Str., Mettlach OT Orscholz, www. baumwipfelpfad-saarschleife.de*

ÜBER DER DONAU
DONAUSTAUF, BAYERN

Nach den Napoleonischen Kriegen ließ König Ludwig I. von seinem Hofbaumeister Leo von Klenze eine Ruhmeshalle als zentrale Gedenkstätte des neuen Deutschen Bundes schaffen. Nach Vorbild des Parthenon in Athen entstand zwischen 1830 und 1842 am Donauufer östlich von Regensburg die imposante Walhalla, in der mit Marmorbüsten und Gedenktafeln Persönlichkeiten »teutscher Zunge« geehrt werden. Derzeit erinnern 130 Büsten und 64 Gedenktafeln an große Deutsche. Zu den jüngsten gehören der Mathematiker und Astronom Carl

Friedrich Gauß, die Philosophin und Ordensschwester Edith Stein sowie der Schriftsteller Heinrich Heine. Alle fünf bis sieben Jahre entscheidet der Bayerische Ministerrat über Neuaufnahmen. Vorschläge kann jeder bei der Bayerischen Akademie der Wissenschaften einreichen, vorausgesetzt der zu Ehrende ist vor mindestens 20 Jahren verstorben, gehört der germanischen Sprachfamilie an und hat Bedeutendes geleistet. Noch mehr als die Ruhmeshalle lockt wohl die grandiose Aussicht.

↗ *Walhalla, Walhallastr. 48,*
  Donaustauf,
  www.walhalla-regensburg.de

374

LIEGE MIT AUSSICHT

TODTNAUBERG,
BADEN-WÜRTTEMBERG

Todtnauberg in Panoramalage in über 1000 m Höhe ist das Zentrum des Todtnauer Ferienlandes. Einen noch besseren Ausblick ins Tal verspricht eine Liege auf dem Stübenwasen oberhalb des Ortes. Hier laden mit Liegen und Tischen ausgestattete Baumstämme zum Ausruhen und Verweilen ein, ein Logenplatz schöner als der andere. Mit stattlichen 44 m Länge ist die Baumliege die bislang längste der Welt.

↗ *Todtnauberg, www.todtnauberg.de*

ZU-HAUSE-TIPP

NUR KEINE HÖHENANGST

Deutschlands höchste Brücke, die 185 Meter hohe Kochertalbrücke, ist Autofahrern vorbehalten. Nur für Fußgänger ist hingegen die Brücke Geierlay im Hunsrück: Das 360 Meter lange Bauwerk überspannt in einer Höhe von immerhin 100 Metern das Mörsbacher Tal und galt bei der Eröffnung 2015 als längste Hängeseilbrücke Deutschlands. Schon 2017 wurde sie von der 483 Meter langen Hängeseilbrücke Titan RT im Oberharz übertroffen, die in einer Höhe von ebenfalls 100 Metern das Tal der Rappbode überquert. Für Menschen mit Höhenangst lassen sich beide Brücken auch im Internet erleben: www.geierlay.de und www.titan-rt.de. Brückenfans aus aller Welt treffen sich übrigens auf www.brueckenweb.de, wo in einer Datenbank knapp 100 000 Bauwerke vorgestellt werden – darunter bestimmt auch die Brücke(n) in Ihrer Region.

Wohlriechendes, Geschmackvolles, nie Gehörtes,
Sehenswertes und Unfassbares – Verführungen für alle
Sinne liegen direkt vor der Haustür!

Rechts: Ein Strauß Sonnenblumen verbreitet gute Laune

Mit allen Sinnen

375

GEGEN ALLES IST EIN KRAUT GEWACHSEN

ALTENAU, NIEDERSACHSEN

Nichts ist verloren, nichts vom weltweiten Wissen um die Heilkräfte der Natur. Wer daran zweifelt, kann sich bei einem Besuch im Kräuterpark Altenau überzeugen lassen. Von Schmetterlingen umschwärmt und Bienen umsummt, an Berg- und Sumpfwiesen vorbei, an Salbei, Minze,

Thymian, Melisse, Ysop und Kornblume, geraten Spaziergänger an Exoten wie Indianernessel, sehen am Wasserfall Farne und Dost, und überall gibt es Tafeln, die Herkunft und Heilkraft verraten. In der Gewürz-Pagode erst einmal die Augen schließen und schnuppern: Indien oder eher Thailand? Tibet? Malaysia? Es ist unmöglich, einen einzigen, ganz speziellen Duft auszumachen. 1500 Gewürze und Kräuter verströmen das Aroma der ganzen Welt. Manche Mischungen sind selbst hergestellt. Teemischungen gibt es, Räucherwerk und Harze, Honig, Gewürzöle und Essig und Anregungen für die Naturkosmetik.

↗ *Kräuterpark Altenau,*
Schultal 11, Altenau,
www.kraeuterpark-altenau.de

ZU-HAUSE-TIPP

KOCHEN FÜR DIE SEELE

Der Duft von frischen Kräutern, die Farben von knackigem Gemüse, verschiedene Geschmäcker und Aromen schon beim Probieren – kochen ist ein Erlebnis für alle Sinne. Nehmen Sie sich mal wieder viel Zeit dafür und probieren Sie neue Rezepte und kreative Kombinationen aus. Inspiration finden Sie hier: www.kuechengoetter.de.

376

TISCHKULTUR IM WANDEL DER ZEITEN

METTLACH, SAARLAND

Hinter der imposanten Barockfassade der Alten Abtei in Mettlach, dem Firmensitz des Keramikherstellers Villeroy & Boch, lassen sich 260 Jahre Firmengeschichte hautnah miterleben. Das in der Abtei untergebrachte Museum dokumentiert den Werdegang eines Unternehmens, das mit seinen künstlerisch anspruchsvollen Produk-

Im Kräuterpark Altenau ist auch das »Kraut der Unsterblichkeit« zu finden

ten Weltruf erlangt hat. Ihre Anfänge nahm die Erfolgsgeschichte in einer kleinen Töpferei der Familie Boch im lothringischen Audun-le-Tiche. Hier entstanden um 1748 die ersten Töpfe und Schüsseln für den Hausgebrauch. Durch Fleiß, Ideenreichtum und auch dank der Weiterentwicklungen in der Produktionstechnik gelang dem einstigen Familienunternehmen im 19. Jh. der Durchbruch an die Weltspitze. Das Museum hält Ausstellungsstücke bereit, anhand derer die Besucher jede Stilepoche nachempfinden können. Vom königlichen Nachttopf bis zum hippen Designerbadezimmer wird gehobene Wohnkultur im Wandel der Zeit dargestellt. Auf einem Rundgang durch die Ausstellung »Erlebniswelt Tischkultur« laden raffinierte Arran-

gements rund ums Geschirr zum Verweilen ein. Im Park der Abtei steht das älteste sakrale Bauwerk des Saarlandes, der Alte Turm. Das Oktogon wurde im 10. Jh. errichtet und vor einigen Jahren aufwendig renoviert. Zwei zeitgenössische Kunstwerke flankieren das historische Bauwerk. Ein riesiges Keramikpuzzle, in Form einer Weltkarte aus 137 000 Mosaiksteinen, die auf zwölf Wandbilder verteilt sind, stellt die Welt in den Augen des Künstlers Stefan Szcesny dar. Überragt wird die »Weltkarte des Lebens« von einem mit Efeu bewachsenen »Erdgeist«. Mit 14 m Höhe ist der mehr als ausgewachsene Erdbewohner ein Kunstobjekt des österreichischen Aktionskünstlers André Heller. Beide Objekte waren Teil des WWF-Pavillons zur EXPO-2000 in

Hannover. Das Café des Museums ist ganz im Stil des Dresdner Milchladens gehalten. Ein Hauch Dekadenz durchströmt den wohl schönsten Laden seiner Art. Allein die Betrachtung der 15 000 von Hand dekorierten Fliesen ist einen Tagesausflug wert.

↗ *Erlebniszentrum Villeroy & Boch, Alte Abtei in Mettlach, Saaruferstraße, Mettlach, www.villeroy-boch.com/erlebniszentrum*

VIEL RAUM FÜR PHANTASIE

BERNRIED, BAYERN

Es ist ein Genuss für Kunstfreunde, und noch mehr: Das Museum der Phantasie, direkt am Ufer des Starnberger Sees vereint Gemälde, Aquarelle, Zeichnungen und Druckgrafik der Expressionisten sowie Volks- und Völkerkundliches wie Kult- und Gebrauchsgegenstände aus Afrika und Asien, Arbeiten von Autodidakten und Kunsthandwerk aus aller Welt. Bei dieser Sammlung handelt es sich um das Lebenswerk von Lothar Günther Buchheim. Mit seinem später verfilmten Roman »Das Boot« war er zu Weltruhm gekommen. Ein manischer Sammler aus Leidenschaft war er, und schon frühzeitig erkannte er die Bedeutung expressionistischer Künstler.

So trug er eine der bedeutendsten Privatsammlungen für diese Epoche zusammen. Kontrovers und durchsetzungsstark war er. Er wollte seine Sammlung der Öffentlichkeit zugänglich machen, aber dafür sollte ein Seegrundstück her, und die Museumsarchitektur sollte auch genau so sein, wie er es sich vorstellte. Die Gemeinde Bernried ließ sich auf seine Forderungen ein. Die Buchheimschen Sammlungen fügen sich heute in eine mehrgliedrige und abwechslungsreiche Architektur. Das lang gestreckte Gebäude ragt zum Teil in den Hang hinein und endet in einem 12 m hoch über dem See schwebenden Steg. Im zugehörigen Park bezaubern alte Baumgruppen, verwunschen wirkende Teiche, Pagoden, Skulpturen und andere Kunstwerke die Besucher.

↗ *Buchheim Museum der Phantasie, Am Hirschgarten 1, Bernried, www.buchheimmuseum.de*

ABTAUCHEN INS BLÜTENMEER

SANGERHAUSEN, SACHSEN-ANHALT

Der betörende Duft von Millionen Rosen empfängt Besucher in Sangerhausen. An keinem Ort der Welt gibt es eine so große und bedeutende Rosensammlung, die klare Schönheit der

Wildrosen konkurriert mit robusten Park- und üppigen Kletterrosenpyramiden. Alte Moosrosen und die kleinsten Rosen der Welt sind im Europa-Rosarium in der alten Bergstadt zu entdecken, darunter verblüffende Züchtungen und Attraktionen wie die Schwarze Rose und die Grüne Rose und Rosen aus Goethes Garten, 8300 Sorten insgesamt auf einer Fläche von 12,5 ha. Wer hat schon gewusst, dass Rosen Moden unterliegen, manche historische gar vom Aussterben bedroht sind? Hier werden sie alle gepflegt und erhalten.

↗ *Europa-Rosarium,*
   Steinberger Weg 3, Sangerhausen,
   www.europa-rosarium.de

Fantasievolles aus aller Welt versammelt das Buchheim Museum am Starnberger See

TEXTILIEN AUS ALLER WELT
HEIDELBERG, BADEN-WÜRTTEMBERG

Textilfabrikant Max Berk, Vater der Modelinien Betty Barclay, Vera Mont und Gil Bret, machte seinen Beruf zum Hobby: Er sammelte Kleider. Das Ergebnis ist eine ungewöhnliche Kollektion von Textilien aller Art, die den Wandel der Mode im Lauf der Zeit zeigt. Ein Genuss für alle, die Spaß an Mode und aus der Mode Gekommenem haben. Wegen ihrer großen Empfindlichkeit können nicht alle Kostbarkeiten ständig präsentiert werden, daher werden sie nur ab und zu aus den Depots geholt. Neben den Wechselausstellungen sind europäische Stickereien sowie Spitzen zu sehen, ebenso Textilien aus Java, Bali und Peru sowie verschiedene Geräte der Textilherstellung und Verarbeitung, darunter Spinnrad, Webstuhl, Handdruckmodel und Nähmaschinen. Von internationalem Rang ist die Sammlung von historischen Patchwork-Quilts aus England und den USA, flämischen Gobelins des 17. Jhs. sowie Tapisserien des 20. Jhs., darunter ein Wandteppich von Marc Chagall und Yvette Cauquil-Prince.

↗ *Textilsammlung Max Berk,*
   Brahmsstr. 8, Heidelberg
   OT Ziegelhausen, www.museum-
   heidelberg.de (> Museum)

EIN GENUSS NICHT NUR FÜR DIE OHREN
HAMBURG

Weithin sichtbar erhebt sich die imposante Elbphilharmonie auf dem Sockel des ehemaligen Kaispeichers an der Westspitze der HafenCity. Spektakulär ist nicht nur der Klang in ihren zwei Konzertsälen (mit 2100/550 Plätzen), sondern auch der kühn geschwungene gläserne Bau und sein reiches Innenleben: ein Konzerthaus der Superlative, außerdem das Luxushotel The Westin Hamburg, 45 Wohnungen, Restaurants, Parkhaus sowie die für jedermann zugängliche Aussichtsplattform Plaza auf 37 m Höhe. Die 82 m lange Rolltreppe Tube befördert Besucher vom Haupteingang zum Panoramafenster, von dort führt eine kürzere Rolltreppe zur Plaza und weiter zu den Konzertsälen.

↗ *Elbphilharmonie Besucherzentrum, Am Kaiserkai 60–62, Hamburg, www.elbphilharmonie.de*

KUNST IN DER NATUR
GRATTERSDORF, BAYERN

»Zuschauen, Entspannen, Nachdenken« – so hieß eine TV-Serie, die 15 Jahre lang im Bayerischen Fernsehen lief. Die kurzen Sendungen gibt es

ZU-HAUSE-TIPP

EIN WOHNZIMMERKONZERT ORGANISIEREN

Musik ist live besser als von der Konserve – aber teure Tickets, langes Anstehen und überteuerte Getränke sind nicht so cool. Die Lösung? Ein Wohnzimmerkonzert. Wenn Sie einen Musiker kennen, fragen Sie ihn, ob er bei Ihnen spielen mag, oder suchen Sie im Internet nach Angeboten. Laden Sie die Familie, ein paar Freunde und Nachbarn dazu ein, machen Sie es sich auf Kissen, Sesseln, Sofas gemütlich, sorgen Sie für passende Getränke … und schon kann's losgehen.

Kleiner Tipp: Geben Sie den Nachbarn Bescheid, falls es etwas lauter wird.

nicht mehr, dafür aber seit 2005 den Skulpturengarten in Grattersdorf. Ein Besuch dort ist ohnehin viel besser als Fernsehen. Auf einem rund 14 000 m² großen Areal erleben die Gäste mehr als 50, teils übergroße Exponate von Künstlern aus ganz Europa. Dank der wunderbar in die Gartenanlage integrierten Inszenierungen können sie herrlich entspannen – und in Ruhe über die pfiffigen und vielfältigen Werke aus Bronze, Stahl, Wolle, Traktorschläuchen etc. nachdenken. Das geht auch sehr gut bei den Sonderausstellungen, die in regelmäßigen Abständen in der angegliederten Kunstscheune veranstaltet werden.

↗ *Skulpturengarten Sonnenwald, Hatzenberg 7, Grattersdorf, www. skulpturengarten-sonnenwald.de*

382
DIE ENTDECKUNG DER LANGSAMKEIT
HALBERSTADT, SACHSEN-ANHALT

1361 wurde in Halberstadt die erste Großorgel der Welt gebaut. 639 Jahre später, 2000, beschloss man, hier ein Werk von John Cage (1922–1992) aufzuführen, das der Komponist und Philosoph 1985 mithilfe eines Zufallsprogramms komponiert hatte: Organ²/ ASLSP. Dessen wichtigste Spielanweisung verbirgt sich bereits im Titel: »As

SLow aS Possible« (ASLSP), so langsam wie möglich. Dass am längsten währt, was ewig währt, weiß man auch in Halberstadt, aber ganz so weit wollte man dann doch nicht gehen. Ehrgeizig sind die hiesigen Pläne aber durchaus: Ganze 639 Jahre lang soll die Halberstädter Aufführung dauern, für die in der Burchardikirche eigens eine Orgel entsteht – Ton für Ton. Der kürzeste Ton wird einen Monat lang, der längste 58 Jahre und elf Monate zu hören sein, bis das Werk dann im Jahr 2640 verklingt.

↗ *Burchardikirche, Am Kloster 1, Halberstadt, www.aslsp.org/de*

383
GEHEIMNIS AUS DER BRONZEZEIT
HALLE (SAALE), SACHSEN-ANHALT

Im Juli 1999 schlug der Metalldetektor zweier Schatzsucher auf dem Mittelberg bei Nebra aus. Sie suchten Metalle, um sie zu verkaufen, und fanden neben zwei Bronzeschwertern eine dunkelgrüne Scheibe mit hellen Punkten, die sie für den Teil eines Schildes hielten. Diesen Fund boten sie einem Kölner Händler für damals noch 31 000 Deutsche Mark an. Danach wechselte die Scheibe noch mehrfach den Besitzer, zuletzt für 200 000 Deutsche Mark, bis der Landesarchäologe

Harald Meller sich 2002 in Basel als vermeintlicher Käufer mit den Hehlern traf, in Polizeibegleitung. Heute weiß man, welcher Schatz da ausgegraben wurde: die erste uns bekannte Himmelsdarstellung in der Menschheitsgeschichte, rund 3600 Jahre alt. Ihr Wert: unschätzbar. Archäologen und Astronomen messen, untersuchen, forschen, vermuten und verwerfen seitdem Erkenntnisse. Sie tauschen sich über frühbronzezeitliche Metallverarbeitung aus und haben die Herkunft der Rohstoffe – Malachit, eine zinnarme Bronze – und des Goldes der 32 Sterne, der Sonne, der Mondsichel und der gefiederten Sonnenbarke (oder Milchstraße) herausgefunden, die viel über vergangene Kultur- und Handelsbeziehungen verraten. Deutungsvorschläge gingen nach Bekanntwerden des Fundes im Wochenrhythmus ein. Gesichert scheint z. B., dass die Scheibe Sonnenwendpunkte markiert, also nach Norden ausgerichtet zum Brocken zeigt, wo die Sonne zur Sonnenwende am 21. Juni verschwindet. Und dass eine Aschewolke nach einem Vulkanausbruch auf der Mittelmeerinsel Thera (Santorin) den Himmel in der Bronzezeit bis nach Mitteleuropa verfinsterte und die Himmelsscheibe so wertlos machte. Sie wurde vergraben und mit einem Ringwall umgeben, der vermutlich 1000 Jahre jünger ist. Die Himmelsscheibe ist jetzt in Halle im Landesmuseum für Vorgeschichte zu sehen.

Die Himmelsscheibe von Nebra stand im Zentrum eines Archäologie-Krimis

In Nebra wurde ein multimediales Besucherzentrum, die Arche Nebra, in Form einer Himmelsbarke eröffnet. Auf dem Mittelberg, 3,5 km entfernt, steht ein 30 m hoher Turm, Zeiger einer überdimensionalen Sonnenuhr, und ein Himmelsauge aus poliertem Edelstahl am exakten Fundort verbindet Himmel und Erde.

↗ *Original: Landesmuseum für Vorgeschichte, Richard-Wagner-Str. 9, Halle; Besucherzentrum Arche Nebra, An der Steinklöbe 16, Nebra OT Kleinwangen, www.himmels scheibe-erleben.de*

384

DEUTSCHLANDS KLEINSTES THEATER
FREINSHEIM, RHEINLAND-PFALZ

Gerade mal einundzwanzig Plätze bietet Anja Kleinhans' »Theader« im mittelalterlichen Casinoturm der südlichen Stadtmauer von Freinsheim. Die Gründerin und Hauptakteurin inszeniert gerne Solostücke oder solche mit wenigen Mitwirkenden – hautnah und von intensiver Unmittelbarkeit. Das Team ist professionell und das Repertoire interessant; auf dem Spielplan stehen z. B. das konfliktgeladene Dreipersonenstück »Messer in Hennen« von David Harrower oder »Das kunstseidene Mädchen« von Irmgard Keun.

Im Sommer wird im Freien auf der Wiese vor dem Turm inszeniert, Kinderstücke kommen regelmäßig nachmittags zur Aufführung. Vor oder nach dem Kulturereignis sollte man sich auf keinen Fall den historischen Ortskern des hübschen Winzerörtchens Freinsheim entgehen lassen. Ein Rundgang führt an oder innerhalb der Stadtmauer entlang und in den vielen kleinen Gassen gibt es einiges zu entdecken. In den Winzerstuben kann man köstliche Weine aus den Reben probieren, die rund um das Örtchen in Reih und Glied Spalier stehen.

↗ *Theader, Casinoturm in der südlichen Stadtmauer, Freinsheim, www.theader.de*

FEUER, WASSER, LUFT UND ERDE

VÖLKLINGEN, SAARLAND

Am eindrucksvollsten ist die Völklinger Hütte während der Abenddämmerung. Die imposante Kulisse des ehemaligen Eisenwerkes in der schrillbunten Illumination zu betrachten, ist Auftakt oder auch Abschluss eines imposanten Schauspiels – ein in Eisen gegossener Gigant des Industriezeitalters, dessen stählerne Gliedmaßen dem Zeitgeist trotzen. Im ausgehenden 19. Jh. lief die Völklinger Hütte auf Hochtouren. Sie zählte zu den größten Eisen- und Stahlwerken in Deutschland. Damals pustete das Ungetüm aus allen Schloten und die Qualität des Völklinger Stahls erlangte Weltruf. Noch in den 1960er-Jahren arbeiteten bis zu 17 000 Menschen in der gigantischen Anlage. Seit 1994 zählt der mittlerweile stillgelegte Betrieb zum UNESCO-Weltkulturerbe und hat sich in den letzten zehn Jahren mit insgesamt 2 Mio. Besuchern zu einem der bedeutendsten Kulturdenkmäler Deutschlands entwickelt. Das begehbare Industrieareal bietet eine erlebnisreiche Rundreise durch die einzelnen Stationen der Eisenerzeugung. Da wäre z. B. die beeindruckende Möllerhalle, in der bis zu 12 000 Tonnen Erz Platz fanden. Hier ist auch das »Science Center Ferrodrom« untergebracht, in dem die Besucher selbst im Labor stehen und nach Lust und Laune experimentieren dürfen. In den drei Elementetunneln zeigt sich, wer das Zeug zum wahren Hüttenmann hat! Feuer, Wasser, Luft – die drei Elemente, die neben Erz (Erde) zum Eisenschmelzen nötig sind – toben sich dort aus und bringen selbst Hartgesottene ins Schwitzen. Und wer noch nicht genug hat, kann sich an der riesigen Windmaschine im Roheisenkanal abkühlen. Für Schwindelfreie bietet sich der Aufstieg zur Aussichtsplattform an. In 45 m Höhe fühlt man sich wie ein ganzer (Hütten-) Mann, bevor man nach Schichtende den Staub abschüttelt und mit einem kühlen Erfrischungsgetränk im »Café Umwalzer« den Durst löscht.

↗ *Weltkulturerbe Völklinger Hütte, Rathausstr. 75–79, Völklingen, www.voelklinger-huette.org*

MITTEN IM GESCHEHEN

LEIPZIG, SACHSEN

Je nach Thema versetzt das Panometer Leipzig den Besucher z. B. in den Dschungel Brasiliens oder in das Leipzig zur Zeit der Völkerschlacht. Die beiden runden Ziegelhüllen an der Richard-Lehmann-Straße dienten bis in die 1970er-Jahre als Gasometer.

Eines nutzt jetzt der Künstler und Architekt Yadegar Asisi, um darin faszinierende 360-Grad-Panoramen zu entrollen, die bislang größten weltweit. Die Bilder messen bis zu 110 × 32 m, setzen sich aus unendlich vielen Einzelmotiven zusammen und entfalten im Spiel von Licht, Dunkelheit und Musik ihren einzigartigen Zauber. Da bricht ein Gewitter über Amazonien herein, über dem Everest geht die Sonne auf, und in »Carolas Garten – eine Rückkehr ins Paradies« fasziniert die ungemein vielfältige Natur aus einer ungewöhnlichen Perspektive – ein einmaliges Erlebnis.

↗ *Panometer Leipzig, Richard-Lehmann-Str. 114, www.panometer.de*

HARMONISCH UND HEITER
POTSDAM, BRANDENBURG

Noch als Kronprinz erhielt Friedrich Wilhelm das südlich des Parkes Sanssouci gelegene Landgut, benannt nach seiner Besitzerin Marie Charlotte von Gentzkow, von seinem Vater als Geschenk und machte sich im selbem Jahr 1826 gemeinsam mit seinem Lieblingsbaumeister Karl Friedrich Schinkel an die Umgestaltung. Die schlicht und teilweise biedermeierlich eingerichteten Innenräume des Schlosses Charlottenhof waren die Privatgemächer des Kronprinzenpaares. Sehenswert sind hier das von Schinkel

In die unbekannte Welt des Mikrokosmos versetzt das Panometer Leipzig

entworfene Mobiliar, kunstgewerbliche Gegenstände, die farbintensiven Wanddekorationen und die Kunstsammlung mit Werken nach Raffael und Michelangelo. Das originelle Zeltzimmer – Schlafzimmer für Gäste und Hofdamen – mit blau-weiß gestreiften Tapeten und Baldachinen über den Bettgestellen entsprach der damaligen orientalischen Mode. Das Schlösschen liegt im stilleren Parkteil von Sanssouci, der auch Park Charlottenhof genannt wird. Friedrich Wilhelm IV. verwirklichte hier seinen Traum von Arkadien. Die umgebende großzügige Parklandschaft gestaltete der berühmte preußische Gartenarchitekt Peter Joseph Lenné. Westlich des Schlosses schließt sich der Dichterhain mit Büsten italienischer und deutscher Klassiker unter Kastanienbäumen an. Weiter westlich verbirgt sich hinter Gehölzgruppen das Hippodrom, ein romantischer Gartenbereich in der Form antiker römischer Reitanlagen. Unmittelbar östlich des Schlosses liegt der Rosengarten, 1835 von Peter Joseph Lenné geschaffen und in den 1990er-Jahren mit viel Aufwand rekonstruiert. Hier stehen Gloire de France, Isphahan und viele andere Rosen-Schönheiten im Juni in voller Blüte und verströmen ihren betörenden Duft.

↗ *Schloss Charlottenhof, Geschwister-Scholl-Straße 34 a, Potsdam, www.spsg.de (> Schlösser & Gärten > Schloss Charlottenhof)*

WALD AUS GLAS
REGEN, BAYERN

Espe, Buche, Fichte, Kiefer und unterschiedlichste Tannen. Besser könnte ein Wald kaum gemischt sein, als der direkt am Fuß der Burg Weißenstein in Regen. Keinesfalls aber kunstvoller. Was hier seit 2000 wächst, ist der Gläserne Wald, der zu den größten Attraktionen entlang der Glasstraße zählt, vielfach Kulisse für Fernsehaufnahmen war und schon viele prominente Besucher anzog. Seine Blätter rascheln nicht, die Äste treiben nicht aus: Bis zu 7 m hohe Bäume aus 1 cm dickem, speziell gehärtetem Glas pflanzte Rudi Schmid auf dem 2000 m² großen Areal. Scherzhaft bezeichnet sich der Glaskünstler als »ersten Förster der Welt, der einen Borkenkäferresistenten Wald hat«. Seine Bäume sind allesamt Unikate, mal rund, mal eckig, schlicht angeordnet oder kunstvoll verzwirbelt. Besonders schön ist es, wenn sich die Sonne im Glas bricht oder Bodenfluter die Bäume abends von unten beleuchten. Der Ort für diesen ungewöhnlichen Wald ist nicht von ungefähr gewählt. Im Hintergrund erhebt sich die Burgruine Weißenstein. Die Degenberger, ihre einstigen Burgherren, waren die ersten Glashüttenbesitzer im Bayerischen Wald.

↗ *Gläserner Wald, Weißenstein 16, Regen, www.glaeserner-wald.de*

389

»FARBE IST STÄRKE«
NEUKIRCHEN, SCHLESWIG-HOLSTEIN

Es sind vor allem die intensiven Farben, die Betrachter in den Bann von Emil Noldes Bildern ziehen. Viele Gemälde des berühmten Expressionisten entstanden auf der Warft Seebüll, wo er 1927 mit seiner Frau Ada Wohnhaus und Atelier nach eigenen Plänen errichten ließ. Nolde wird heute mit anderen Augen gesehen: Die Rolle des Künstlers im Nationalsozialismus ist umstritten – nicht aber die Qualität seiner Werke. Nach Noldes Tod 1956 wurde das eigenwillige Gebäude zur Stiftung. Im dazugehörigen Museum wird jedes Jahr eine neue Ausstellung gezeigt. Der zauberhafte Garten, der wie auch das Haus nach Emil Noldes Entwürfen gestaltet ist, regten den Maler und Meister der Farben zu seinen leuchtenden (Nordsee-)Gemälden und Blumenaquarellen an. Mittendrin das reetgedeckte Gartenhaus Seebüllchen, in dem die Noldes mit Blick aufs Blumenmeer Tee tranken und Ada die Autobiografie ihres Mannes abtippte. Bis heute folgt man im Garten den als »A« und »E« angelegten Wegen. Für das Gartengefühl zu Hause nimmt man sich Samentütchen, Kräuter oder ein kleines Apfelbäumchen der Sorte Renette von Seebüll mit.

↗ *Emil Nolde Museum, Seebüll 31,*
Neukirchen, www.nolde-stiftung.de

ZU-HAUSE-TIPP

DUFTENDER KRÄUTERGARTEN

Blumen auf dem Balkon sind hübsch – aber Kräuter können mehr: Sie blühen vielleicht nicht ganz so bunt, duften aber dafür umso intensiver und peppen jedes Gericht auf.
Für den Kräutergarten auf dem Balkon eignen sich mediterrane Klassiker wie Strauchbasilikum mit seinem exotischen Duft und violetten Blüten, aromatischer Rosmarin und der wunderschön blühende Salbei. Alle drei lieben Sonne und Wärme. Für den Halbschatten eignet

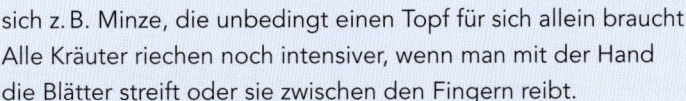

sich z. B. Minze, die unbedingt einen Topf für sich allein braucht. Alle Kräuter riechen noch intensiver, wenn man mit der Hand die Blätter streift oder sie zwischen den Fingern reibt.

Sie wollen mehr Action? Eine rasante Eiskanal-Fahrt,
Nahkontakt mit Greifvögeln oder House Running
sorgen für den ultimativen Kick.

Rechts: Das Gefühl grenzenloser Freiheit erlebt man beim Paragliding

Für alle, die Adrenalin lieben

390 VOLLES PROGRAMM AN DER HÜNDLEBAHN

OBERSTAUFEN, BAYERN

Rasante Fahrten mit der 850 m langen Sommerrodelbahn mit 16 Kurven und zwei Jumps, eine herrliche Aussicht vom Hündlekopf (1122 m), einen Erlebniswanderweg sowie ein Spielparadies mit Kleintiergehege, Minigolf, Kletterturm, Schaukelrondell, Bungee-Trampolin, Hängegleiter, mehreren Rutschen und elektrischen Kinderautos und -baggern – all das bietet ein Tagesausflug zur Hündlebahn bei Oberstaufen. Hier kommen Groß und Klein auf ihre Kosten. Kindern stellt man die Fahrt mit der Sommerrodelbahn am besten als Höhepunkt für den Nachmittag in Aussicht und fährt zunächst zur Bergstation Hündlekopf mit einem kleinen Spielplatz in bester Panoramalage. Dann geht's in östlicher Richtung hinauf zur Hündle-Sennalpe und nach kurzem Aufstieg zum Aussichtsgipfel Hündlekopf. Es folgt der Erlebniswanderweg zur Schwandalpe mit 22 Info-Stationen. Wie sind die Allgäuer Alpen entstanden, was ist die Nagelfluh, wie war das in der Eiszeit und welche Heilpflanzen, Kräuter und Tiere kann man am Hündle entdecken? All dies erfährt man hier, dazu kann man ausprobieren, wie verschiedene Hölzer klingen oder wie sich der Waldboden barfuß anfühlt. Auf einem Waldweg geht's zurück zur Bergstation, wo man sich erfrischen kann, bevor man mit der Sesselbahn hinabfährt. An der Talstation können sich die Kids nach Herzenslust im Spielparadies austoben, während die Eltern im Biergarten sitzen und zuschauen. Für den Rundweg sollte man etwa drei Stunden Gehzeit einplanen.

↗ *Hündlebahn, Oberstaufen OT Thalkirchdorf, www.huendle.de*

391 MONTE KAOLINO – DER WEISSE BERG

HIRSCHAU, BAYERN

Wenn man 35 Millionen Tonnen kaolinhaltigen Quarzsand, ein Abfallprodukt aus jahrzehntelanger Kaolinherstellung, aufhaldet, kommt einiges zusammen. Konkret: ein 150 m hoher weißer Berg. Ein solches Gebilde hebt aber nicht nur die Landschaft, sondern auch die Laune. Der 2 km südlich von Hirschau gelegene und auf den Namen »Monte Kaolino« getaufte Kunsthügel hat sich nämlich zum Spaß-Dorado erster Klasse entwickelt. Die größte Attraktion stellt nach wie vor die per Cabrio-Standseilbahn erreichbare, 200 m lange und rund 35 Grad steile Ski- und Sandboardabfahrt dar. Auf ihr finden sogar alljährlich internationale Meisterschaften im Sandskifahren statt, aber in erster Linie ziehen hier

Im Freestyle einen Hindernisparcours zu bewältigen, erfordert im Sand viel Geschick

junge Hobbyfahrer ihre Spuren in den weichen, hellen Untergrund.

Von der Piste in den Pool? Kein Problem. Das »Dünenbad« befindet sich samt 50 m Wasserrutsche und Erlebnisbecken gleich am Zielhang. Oder wie wäre es mit einer Fahrt mit dem »Monte Coaster«? Wie bei einer Rodelbahn auf Schienen geht es mit dem schlittenähnlichen Gefährt rasant bergab, wobei auf der knapp 800 m langen Talstrecke Panoramakreisel, Wellen und Jumps für zusätzliches Bauchkribbeln sorgen. Auch wenn der Puls steigt: Einen größeren Fitnesseffekt beschert die im nördlichen Bereich des Monte Kaolino eröffnete 3,5 km lange Skaterstrecke, die je nach Jahreszeit mit Rollski oder Inlineskates bzw. Langlaufski oder zu Fuß benutzbar ist.

In die Senkrechte geht es schließlich bei den sechs bis zu 12 m über dem Boden befindlichen Parcours im Waldhochseilgarten. Weder auf Seilen, Ästen oder Brettern, dafür auf Quarzsand, und somit wirklich anstrengend, geht es für Bergsteiger hinauf zum Gipfel des Monte Kaolino. Wer ihn erklommen hat, genießt zur Belohnung eine Prachtaussicht. Oder möchten Sie lieber eine Runde Golf spielen oder mit dem Segway um den »Monte« kurven? Bei allen Bergattraktionen wird immer der Bezug zum einst größten Kaolinabbaugebiet Deutschlands hergestellt.

↗ *Monte Kaolino, Wolfgang-Droß-bach-Str. 114, Hirschau in der Oberpfalz, www.montekaolino.eu*

Selbst gut gesichert wird in der Höhe so manchem ein wenig mulmig

der Kraxelei kann sich ein unglaubliches Hochgefühl einstellen. Zur rasanten Rückkehr auf den sicheren Boden kommt der »Skyfox« zu Zuge. An dem gut 200 m langen Stahlseil rauscht man mit 80 Sachen 70 Höhenmeter hinab – nicht ohne Grund heißt die Anlage »Action Forest«.

 *Action Forest, Neustädter Str. 41, Titisee-Neustadt OT Titisee, www.action-forest.de*

392
IM ACTION FOREST
TITISEE, BADEN-WÜRTTEMBERG

Im Hirschbühl, einem Wäldchen bei Titisee, bereitet der Hochseilgarten »Action Forest« Nervenkitzel. Balancegefühl und das Bekämpfen von Höhenangst lassen sich hier ideal trainieren – also wie man trotz Karabinersicherung den inneren Schweinehund überwindet. Nahrung bekommt er dennoch genug. Sechs unterschiedlich schwere Kletter-Parcours bietet die Anlage und zwei zum Üben. In 6 m Höhe über schmale Bretter oder gar nur Seile zu balancieren, gehört hier zu den leichteren Übungen. Noch 23 m höher, auf schwankenden Planken und kaum einen Halt mehr für die Hände, sieht die Sache schon anders aus. Ein wenig Kondition ist nicht von Nachteil. Bei

393
ABENTEUER OHNE ENDE
WERTACH, BAYERN

»Allgäulino« heißt das Zauberwort, das für strahlende Augen sorgt – und zwar nicht nur bei bewegungsfreudigen Kindern zwischen zwei und zwölf Jahren, sondern auch bei deren Eltern. Der über 3000 m² große Hallenspielplatz in Wertach besitzt ein Piratenschiff, eine beinahe zehn Meter hohe Drachenburg und viele Geräte zum Klettern, Toben, Rutschen und Hangeln. Man kann auch Karussell, Elektroauto oder Polizeimotorrad fahren und auf einem riesigen Trampolin hüpfen. So mancher jung gebliebene Erwachsene würden da am liebsten selbst mitmachen. Während die Kinder begeistert und vollauf beschäftigt sind, spielen die Eltern Billard, Kicker oder Airhockey. Wem das noch nicht reicht, der steigt mit dem Allgäulino-Heißluftballon auf zu einer ganz besonderen Fahrt.

↗ *Allgäulino, Alpenstr. 20, Wertach, www.allgaeulino.de*

HIER GEHT ES WILD ZU

OBERRIED, BADEN-WÜRTTEMBERG

Wilde Tiere und wilder Spaß verheißt der Steinwasenpark bei Oberried im Schwarzwald. In mehreren Gehegen in dem steilen Gelände lassen sich heimische Tiere wie Steinböcke, Gämsen, Luchse, Mufflons, Wildschweine, Murmeltiere und Waschbären bestens beobachten. Auf halber Höhe des Parks überquert eine 218 m lange und 30 m hohe Hängebrücke die Gehege, nur für Schwindelfreie! Eine rasante Attraktion ist die 800 m lange Sommerrodelbahn, zu deren Start ein Sessellift führt wie auch der »Alpine Coaster«, mit dem man über 1 km kurvenreich hinuntersausen kann. Nicht weniger rasant sind der »River Splash«, hinter dem sich eine Bootsfahrt durch einen Wildwasserkanal verbirgt, die Bobbahn namens »Spacerunner« oder die Achterbahn »Gletscherblitz« über der Eiswelt.

↗ *Steinwasenpark, Steinwasen 1, Oberried, www.steinwasen-park.de*

ZU-HAUSE-TIPP

KRIMI-DINNER ZUHAUSE

Möchten Sie einmal in die Rolle des Kommissars schlüpfen und ein Verbrechen aufklären? Oder lieber als Täter die Verfolger abschütteln? Dann organisieren Sie am besten ein Krimidinner zu Hause mit Freunden oder der Familie. Suchen Sie je nach Anzahl der Mitspieler und deren Interessen ein Spiel aus, online oder in der Buchhandlung. Es enthält alle wichtigen Infos zum Spielablauf und zu den einzelnen Rollen, dazu Tipps für die passende Verkleidung und die Deko sowie Rezepte fürs Essen. Dann kann es losgehen mit der Suche nach dem Übeltäter. Vergessen Sie vor lauter Spannung das Essen nicht!

395

SPIELPLATZ FÜR MÄNNER

GROSSALMERODE, HESSEN

Auf dem »Männerspielplatz« in Groß-almerode (nahe dem Hohen Meißner) kann man das innere Kind im Manne suchen – und vielleicht sogar finden. Hier stehen auf einem 7 ha großen Ge-lände Gerätschaften wie Schaufel- und Kettenbagger, Verladekran, Planier-raupe oder Unimog zur Erfüllung lang unterdrückter Träume aus dem Sand-kastenalter parat. Gruben ausheben, kubikmeterweise Kies verlagern und tonnenschweres Material umladen ist hier ohne Spezialausbildung möglich. Führerscheinklasse B bzw. 3 genügt.

Einen zusätzlichen Adrenalinschub verspricht, mit Geländewagen (Quads, Kart, Buggy) offroad über unwegsame Pfade zu brettern, weit entfernt von je-der Straßenverkehrsordnung. Frauen, auch wenn ihnen die aktive Teilnahme keineswegs versagt ist, schauen meist nur zu und staunen. Während man-cher Mann sich wundern mag, diesem Spieltrieb so lange nicht gehuldigt zu haben … Geschweige denn im Maß-stab 1 : 1. »Nachwuchsmänner« sind ebenfalls versorgt und können zwi-schen Elektroautos und kleinen Carts mit Benzinmotor wählen.

↗ *Erlebnispark Männerspielplatz,*
  Großalmerode,
  www.maennerspielplatz.eu

Ein Kindertraum wird wahr, wenn Mann mit viel PS durch den Matsch brettern kann

DEUTSCHLANDS GRÖSSTER FREIZEITPARK

RUST, BADEN-WÜRTTEMBERG

Gellende Schreie aus der Nachbarschaft ist man in Rust gewohnt. Kein Wunder, seit 1975 sorgt Deutschlands größter Freizeitpark für viel Rummel – und sprudelnde Gewerbesteuereinnahmen. Rund 5,7 Millionen Gäste besuchen den Europapark pro Jahr, so mancher bleibt über Nacht. Das Familienunternehmen Mack baut die 95 ha große Anlage stetig aus, viele Fahrgeschäfte stammen vom Waldkircher Firmenzweig »Mack Rides«. Die aberwitzigen Achterbahnen (insgesamt 13) könnte die NASA als Belastungstests für potenzielle Astronauten nutzen: Bei fünf von ihnen wird eine 4-fache Erdbeschleunigung erreicht, was einer ins All startenden Rakete entspricht. Mehrere Fahrgeschäfte haben zudem »Airtime-Hügel«, bei denen sich kurzfristig Schwerelosigkeit einstellt. Am rasantesten sind der »Silver Star«, dessen »Lifthill« 73 m hoch ist und dem u. a. ein »First Drop« mit 69 Grad Gefälle und fast 130 Sachen folgt, sowie der »Blue Fire Megacoaster« mit vier Loopings. In den ersten katapultiert ein Linearmotor die Wagen von 0 auf 100 km/h in 2,5 Sekunden. Mehr als 100 Attraktionen zählt der Park, nicht alle loten physikalische Grenzen aus. Manches Karussell, die Einschienenbahn oder der Euro-Tower (eine sich drehende Aussichtsplattform, die einen 75 m hohen Mast hinauffährt) eignet sich auch für Kinder, die für Achterbahnen noch zu klein sind. Der Park, den die Alte Elz durchfließt, die auch ein Wasserkraftwerk für den Strom einiger Fahrgeschäfte speist, hat 16 Themenbereiche. 13 davon zitieren Architektur aus Ländern wie Holland, Spanien oder Italien. Einziges historisches Gebäude ist das Renaissanceschloss Balthasar, das sich die Straßburger Adelsfamilie Boecklin von Boecklinsau im 15. Jh. errichten ließ.

↗ *Europapark Rust, Rust, www.europapark.de; Tipp: An regnerischen Tagen sind die Warteschlangen vor den Achterbahnen (sonst bis zu 1,5 Stunden) wesentlich kürzer.*

IN DER EISARENA

OBERHOF, THÜRINGEN

Von Dezember bis April mangelt es in Oberhof selten an Schnee. Langlauf, Biathlon, Nordische Kombination, Skispringen, Bobfahren, Rodeln: In Thüringens Wintersportort Nr. 1 trainiert die Elite dieser Disziplinen, hier werden internationale Wettkämpfe ausgetragen. Einmal als Gast Bobfahren wie ein Weltmeister? Die Thüringen Eisarena Oberhof machts möglich,

Nervenkitzel inklusive. Mit einem Profipilot sausen Sie im im 4er-Bob durch den 1354 m langen Eiskanal, dabei werden 15 Kurven bei einem Höhenunterschied von fast 100 m Metern passiert. Mit bis zu 75 Sachen ist die Fahrt in kaum 50 Sekunden vorbei. Kein billiger Spaß, doch ein Erlebnis, das bleibt. Eine Variante ist das Ice-Rafting in einer Art Schlauchboot. Beim Ice-Tubing rutscht man zu Zweit oder Viert mit einem Reifen die Bobbahn hinunter, hier werden auch noch Geschwindigkeiten von bis zu 50 km/h erreicht.

↗ *Eisarena Oberhof, Tambacher Str., Oberhof, www.bob-icerafting.de, www.oberhof-skihalle.de*

TAUCHEN IM TURM
**DENKENDORF,
BADEN-WÜRTTEMBERG**

Blub, blub, blub … kleine und größere Luftblasen steigen nach oben, wenn die ersten Kursteilnehmer unter der Wasseroberfläche verschwunden sind. Von erfahrenen Tauchlehrern begleitet, begeben sie sich in Richtung Grund. 5,60 m ist die Wassersäule im Tauchturm tief. Unten angekommen, genießt man das Gefühl der Schwerelosigkeit – manch ein Kursteilnehmer schlägt dabei bereits kleine Kapriolen. Auf ein Zeichen des Tauchlehrers geht es nach etwa 25 Minuten unter Anleitung wieder nach oben. Die Begeisterung ist

ZU-HAUSE-TIPP

WANDERUNG IM DUNKELN

Ist eine sternenklare Nacht angesagt, dazu vielleicht noch Vollmond? Warum nicht einmal die Natur bei Dunkelheit entdecken! Eine Nachtwanderung birgt etwas Spannendes, mit den Augen kann man sich dann nur beschränkt orientieren: hier ein unbekanntes Geräusch, dort ein merkwürdiger Duft. Was bei Tageslicht gar nicht auffällt, erscheint in der Nacht als unheimlich und lässt den Atem stocken. Dafür entschädigen ganz neue Eindrücke: Sternenbilder am Himmel, Glühwürmchen im Gebüsch, fliegende Fledermäuse oder zirpende Grillen. Und vielleicht entdecken Sie sogar die ISS, die wie ein heller Stern am Himmel ihre Bahnen zieht.

groß. Vier bis fünf Kursteilnehmer sind mit zwei Tauchlehrern im Turm auf Tauchkurs. Bevor jedoch abgetaucht wird, findet eine theoretische Einweisung statt: Wie handhabe ich die Geräte richtig und wie verhalte ich mich unter Wasser? Alle Kursteilnehmer machen sich mit der gestellten Tauchausrüstung vertraut: einem Kurzanzug (Shorty), der Pressluftflasche, der Tauchmaske und den Flossen. Das richtige Atmen unter Wasser will ebenfalls gelernt sein. Ist die erste Hemmschwelle aber überwunden und der Druckausgleich mit einem »Plopp« im Ohr erreicht, steht dem Vergnügen unter Wasser nichts mehr im Weg. Das Einzige, was im Tauchturm fehlt, sind die Fische. Aber die kann man später im offenen Gewässer beobachten.

Ein letzter Check, ob auch alles sitzt, dann geht's runter in die blaue Tiefe

↗ *Tauchsportcenter Esslingen,
Marie-Curie-Str. 5, Denkendorf,
www.tsc-esslingen.de*

BOBBAHNFAHREN AUF DER ALB

**DONNSTETTEN,
BADEN-WÜRTTEMBERG**

Bei der Bobbahn in Donnstetten ist genau richtig, wer Abenteuer in der Natur genießen möchte! Die Ganzjahresbahn bietet nicht nur Fahrvergnügen für alle Altersklassen, sondern

Sicherheit und Komfort obendrein. Die Bobs laufen auf spurgeführten Edelstahlrohren und sind direkt mit der Bahn verbunden. Entgleisungssicher meistern sie so Höchstgeschwindigkeiten von bis zu 40 km/h. Keine Angst, mit zwei Bremsen kann die Geschwindigkeit gesteuert werden. Die Bobs können einzeln oder zu zweit gefahren, Kinder ab drei Jahren also problemlos mitgenommen werden. Der Schlitten samt Besatzung wird von der Talstation aus nach oben gezogen, dort klinkt der Bob automatisch aus – und los geht's! Die gut 1 km lange Abfahrt überwindet einen Höhenunterschied von rund 50 m. Steilkurven und Wellen entlocken den Fahrern dabei so manchen Jauchzer. Einziger Nachteil der Bobbahn: Aufhören fällt schwer!

↗ *Bobbahn Donnstetten,
Böhringer Straße 18, Römerstein,
www.bobbahn-donnstetten.de*

INDOORKLETTERN

SENDEN, NORDRHEIN-WESTFALEN

Klettern in der Halle ist seit einigen Jahren die Trendsportart schlechthin, zumindest in der kalten Jahreszeit. Schwindelfrei sollte man schon sein, bevor man sich in die luftigen Höhen der künstlichen Bergwände begibt. Bis zu 15 m hoch sind die Routen im Big-Wall in Senden. Hierfür braucht man ein wenig Mut und Kraft, doch auch Untrainierte schaffen es nach einiger Zeit, sich am Indoor-Berg von Vorsprung zu Vorsprung zu hangeln. Der Trick: Man sollte sich nicht mit den Armen nach oben ziehen, sondern aus den Beinen nach oben drücken, und ein bisschen überlegen, wie man seine Route wählt. Den Körper gut ausbalancierend klettert man dann, durch Seile gut abgesichert, einen Parcours an der Wand entlang – der Weg ist das Ziel. Angeboten werden Schnupper-, Anfänger- und Technikkurse, auch Eltern mit Kindern erhalten das notwendige Know-how, um später selbstständig an der Wand kraxeln zu können. Die Kletterhalle in Senden punktet außerdem mit einem Sauna- und Extra-Fitnessbereich.

↗ *BigWall Senden, Im Südfeld 2, Senden OT Bösensell, www.bigwall.de*

Beim Klettern zählen neben Kraft und Ausdauer vor allem Technik – das kann man lernen

MIT GREIFVÖGELN AUF DU UND DU

NEUNKIRCHEN, SAARLAND

Rasante Unterhaltung ist geboten, wenn bei der Flugshow der Greifvögel im Zoo Neunkirchen Adler, Falken und Bussarde auf Jagd gehen. Als Manege dient eine kleine Waldlichtung auf einem Hochplateau. Ein kundiger Falkner begleitet die Vorführungen und erläutert das Verhalten der Tiere in freier Wildbahn. Und bei schönem Wetter kann auf einem Kunsthorst sogar dem Nachwuchs bei den ersten Flugversuchen zugeschaut werden. Am Ende der Vorführung wartet eine besondere Attraktion – nicht nur für Kinder. Dann nämlich dürfen die Besucher auf Tuchfühlung mit den Tieren gehen. Wo sonst kann man – tagsüber – die Bekanntschaft eines Uhus machen, und – gegenseitiges Wohlwollen vorausgesetzt – dem Kauz gar übers Gefieder streichen? Besonders beeindruckend: eines der stolzen Tieren auf einem Falknerhandschuh halten. Etwas Vorsicht ist allerdings geboten, denn die Raubvögel haben spitze Krallen und gewetzte Schnäbel durch die Lüfte. So darf man sich auch nicht wundern, wenn die ein oder andere Frisur beim Anflug der eleganten Himmelsakrobaten in Unordnung gerät. Doch weitere Gefahren für Leib und Leben der Besucher drohen nicht. Die beeindruckende Vorführung dauert ungefähr 45 Minuten und ist im Eintrittspreis für den Zoo inbegriffen.

↗ *Zoo Neunkirchen,*
Zoostraße 25, Neunkirchen,
www.zoo-neunkirchen.de

SCHWINDELNDE HÖHEN

POTSDAM, BRANDENBURG

Wer zum ersten Mal einen Parcours im Hochseilgarten bewältigt hat, wird staunen, wie gut man sich fühlt, wenn man Schritt für Schritt seine Angst überwunden und alle Herausforderungen gemeistert hat. Im Kletterwald Potsdam auf dem Telegrafenberg verteilen sich 170 Kletterelemente auf sieben Parcours mit einer Gesamtlänge von 1,7 km, von kinderleicht bis »nur für Experten«. In Höhen bis zu 12 m kann man Seile und Strickleitern erklimmen, durch schwebende Tonnen robben, sich von Baum zu Baum schwingen, über schwankende Hängebrücken balancieren – und dies stets gut gesichert an Seil und Karabiner. Rasanter Höhepunkt ist eine 200 m lange Seilrutsche durch die Baumwipfel – nur Fliegen ist schöner!

↗ *Kletterwald Potsdam,*
Albert-Einstein-Str. Potsdam,
www.abenteuerpark.de

HOUSERUNNING

BRÜHL, NORDRHEIN-WESTFALEN

Am Kletterturm Brühl besteht die Herausforderung nicht unbedingt im Auf-, sondern im Abstieg. Beim Houserunning läuft man, mit Gurten und Helm gesichert, mit dem Gesicht nach unten senkrechte Hauswände hinunter – im Fall des Brühler Kletterturms 50 Höhenmeter. Man steht oben an der Hauskante, die Sicht wandert langsam Richtung Boden, dann beugt man sich vor bis in die Waagerechte. Im Klettergurt hängend heißt es nun: Laufen. Nach ein paar Schritten wagt man vielleicht einen kleinen Sprung und genießt die ungewohnte Perspektive. Unten angekommen, kann man es vor lauter Freude gleich gar nicht fassen, dass man es geschafft hat.

↗ *Kletterturm Brühl,*
Kurfürstenstraße 58-60, Brühl,
www.kletterturm-bruehl.de

EINMAL PILOT SEIN

MEMMINGERBERG, BAYERN

Am kleinen Allgäuer Flughafen bei Memmingen betreibt die Firma Tacs-Simulatorwelten einen Flugsimulator, der exakt dem Cockpit des zweimotorigen Flugzeugs »Diamond DA 42«

entspricht. Der Nachbau dient in erster Linie der Ausbildung von Flugschülern. Aber nach kurzer Einweisung durch einen Profi können sich hier auch Technikfans und Flugbegeisterte wie Piloten fühlen. Durch den Panoramafilm vor dem Cockpit mit regennassen oder vernebelten Start- und Landebahnen, Flugbewegungen, Geräuschen und Luftlöchern wirkt der Simulatorflug mitunter so realistisch, dass sogar der Adrenalinspiegel steigt.

↗ *Flugsimulator im Allgäu-Airport,*
ACS-GmbH, Am Flughafen 44,
Memmingerberg,
www.ftd-consulting.com

HUCKEPACK IM GLEITSCHIRM

BAD HARZBURG, NIEDERSACHSEN

Ein Tandemflug kann Sucht auslösen. Gemeinsam mit einem Piloten am Rücken geht es in die Luft. Am Airfield Stapelburg wird nicht am Berg gestartet, sondern auf der flachen Wiese an der Winde. Ein paar Schritte über den Boden, und schon geht es auf 250 m Höhe, ein kurzer Zug an der Schleppklinke, das Seil löst sich und der Vogelflug beginnt. Adrenalin gibt es gratis, die Dauer des Flugs bestimmt die Thermik. Mit dem Motorschirmtrike geht's auch: Reinsetzen hinter dem Piloten, Gas geben und nach ein paar Metern weht der Wind ins Gesicht … Ein Highlight ist ein Flug über den Brocken zum Sonnenaufgang.

↗ *Harzer Gleitschirmschule, Am Horn 9, Bad Harzburg, www.paracenter.de*

STURZ VOM KRAN

HAMBURG, HAMBURG

Wer hat sich schon einmal getraut? Bungee Jumping bedeutet, gegen den inneren Schweinehund und die Höhenangst anzukämpfen. Ist der Ab-sprung dann geschafft, stellt sich ein absolutes Hochgefühl ein. Man muss nicht gleich den höchsten Sprung wagen, auch die Umgebung spielt eine Rolle, wie z. B. in Hamburg. Hier springt man zwar nur 50 m in die Tiefe, doch die Location ist außergewöhnlich: Über 163 Stufen geht es hinauf auf einen Hafenkran mit einem umwerfenden Rundumblick über die Hafenanlagen, die Elbe und die Schiffe. Dann geht es hinab in die Tiefe, ganz Mutige wagen den Sprung kopfüber. Wer sich nicht alleine traut, kann das Abenteuer auch zu zweit genießen.

↗ *Bungee Jumping Hamburg, Australiastr. 50b, Hamburg, www.bungee.de/hamburg*

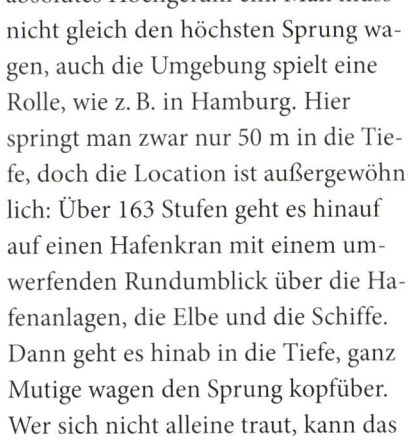

Schon das Hinaufsteigen auf den alten Hafenkran in Hamburg ist nichts für Angsthasen

Register

A

Aalen 26, 272
Abela Heilstollen 297
Action Forest 336
Adelindis Therme 49
Akademie am Meer 196
Alemannische Fasnet 171
Allgäulino 336
Almabtrieb über den Königssee 177
Alpaka-Trekking 73
Alphorn 241
Alte Bäderstraße 127
Alte Elz 85
Altenau 320
Alte Weihnachtsfabrik 252
Altmühl 103
Altomünster 42
Andernach 105
Andernach-Geysir 105
Anklam 132
Annaberg-Buchholz 250
Arboretum 117
Archäologischer Park Cambodunum 263
Ars Natura Kunstwanderweg 67
Asbach 272
Auer Dult 178
Auf den Spuren des Blauen Reiters 19

B

Baabe 126
Bad Aibling 43
Bad Birnbach 145
Bad Buchau 49
Badenweiler 45
Baden-Württemberg 10, 21, 22, 24, 26, 34, 45, 48, 49, 52, 69, 71, 85, 89, 97, 99, 106, 110, 116, 121, 140, 153, 154, 169, 171, 182, 202, 206, 213, 217, 224, 226, 232, 239, 241, 242, 248, 250, 253, 265, 268, 271, 272, 274, 276, 277, 288, 289, 301, 304, 309, 317, 323, 336, 337, 339, 340, 341
Bäderarchitektur 224
Badeschiff Berlin 103
Bad Füssing 41
Bad Gögging 17
Bad Grund 117, 197
Bad Harzburg 114, 344
Bad Herrenalb 52
Bad Hersfeld 168
Bad Hersfelder Festspiele 168
Bad Hindelang 310
Badische Staatsbrauerei Rothaus 154
Bad Neuenahr 50
Bad Salzungen 47
Bad Schandau 53, 135
Bad Tölz 223
Bad Wörishofen 38
Bad Wurzach 24, 110
Bahlsen 138
Ballontrekking 300
Baltrum 74
Bamberg 149
Bärenwald 130
Barfußgang Stift Tilbeck 65
BaseCamp Hostel 191
Bauernhofmuseum 262
Bauhaus 259
Baumblütenfest 180
Baumhaushotel Seemühle 203
Baumkuchen 161
Baumwipfelpfad 300
Bayern 10, 12, 16, 17, 18, 19, 20, 24, 35, 38, 40, 41, 42, 43, 44, 52, 56, 57, 59, 63, 64, 65, 82, 84, 88, 91, 93, 96, 99, 101, 102, 107, 110, 112, 115, 118, 122, 123, 124, 138, 139, 143, 145, 147, 149, 151, 152, 159, 160, 164, 165, 168, 177, 178, 180, 181, 186, 187, 203, 206, 208, 223, 225, 230, 232, 234, 236, 238, 240, 241, 242, 245, 246, 249, 251, 252, 255, 256, 257, 259, 262, 263, 264, 284, 291, 293, 297, 300, 303, 306, 310, 312, 314, 322, 324, 330, 334, 336, 344
Bayreuth 225
Beckingen 296
Bedburg 79
Beelitz 157
Benediktinerabtei Plankstetten 238
Berching 238
Berchtesgaden 284
Bergehalde Ensdorf 70
Bergen 28
Bergleute-Essen 150
Bergwerk Rammelsberg 265
Berlin 29, 51, 103, 227, 280, 292, 313
Berliner Mauer 280
Berliner Unterwelten 292
Bernried 322
Biber 132
Bienenkundemuseum 242
Bier 149, 159
BigWall Senden 342
Bikepark Geisskopf 18
Bikepark Lenggries 21
Binz 224
Biohotel Helvetia 198
Biohotel Kenners LandLust 201
Biologische Station Zwillbrock 17
Biosphärenreservat Bliesgau 28
Bischofsmais 18
Blankenburg 61
Blaubeuren 99
Blaustrümpflerweg 69
Blautopf 99
Bliesgau 28
Blieskastel 218
BMW Welt 256
Bobbahn Donnstetten 341
Bodensee 10
Bodetal 62
Bogenschießen 230
Bolsterlang 64
Bonn 173, 191, 220, 279
Borkum 11, 39
Borkumer Kleinbahn 11
Born 134
Brandenburg 33, 34, 74, 100, 132, 153, 157, 179, 180, 193, 252, 253, 314, 329, 343
Brannenburg 35
Brauereimuseum 149
Brauhaustour 159
Breitachklamm 112
Bremen 156
Brockenbahn 23
Brühl 344
Brühlsche Terrasse 222
Buchen im Odenwald 289
Buchheim Museum der Phantasie 322

Buchmesse Leipzig 174
Bug (Halbinsel) 75
Bundesbank-Bunker Cochem
    285
Bungee Jumping 345
Burg auf Fehmarn 104
Burghausen 206
Büsum 153

C

Camping auf dem Wasser 192
Cassiopeia Therme 45
Castrop-Rauxel 73
ChocolART 153
Clausthal-Zellerfeld 91, 294
Coburg 168
Cochem 285
Colbitz 131
Confiserie Burg Lauenstein 152
Cospudener See 98
Cuxhaven 31, 257

D

Dahner Felsenpfad 72
Dallmayr 159
Dangast 194
Darß 134
Darßer Ort 76
Das Kubatzki 195
Das Sonnenhaus 195
Denkendorf 340
»Der Meistertrunk« 164
Dessau 259
destinature Dorf 203
Deutsche Grill- und BBQ-Schule
    158
Deutsches Schuhmuseum 278
Deutsches Verpackungsmuseum
    268
Dinkelsbühl 16, 232
Ditzingen 248
Donaudurchbruch 88
Donaueschingen 34
Donaustauf 316
Donnstetten 341
Doos bei Waischenfeld 93
Drachenboot »Grisu« 84
Drachenfliegen 302
Draisinentour Kanonenbahn 26
Dranske 75
Dresden 33, 102, 175, 222
Dülmen 128

E

Eberstadter Tropfsteinhöhle 289
Edelsteine schürfen 231
Eichstätt 102

Eilsbrunn 143
Ein Bett im Stroh 193
Eisarena Oberhof 339
Eisenach 269
Eisenach-Kindel 307
Eistobel 110
Eistobel-Schlucht 63
Elbingerode 92, 150
Elbphilharmonie 324
Emden 86
Emder Grachten 86
Emil Nolde Museum 331
Ensdorf 70
Erding 99
Erfahrungsfeld der Sinne 251
Erfurt 158
Erlbach 44
Erlebnisbergwerk Merkers 289
Erlebnis BocksBerg 22
Eschbach 304
Essen 281
Esslingen 48, 274
Europäischer Kulturweg »Natur
    und Literatur im Hafenlohrtal«
    57
Europapark Rust 339
Europa-Rosarium 322, 323
experimenta Science Center 232

F

Fallschirmspringen 305
Faßberg 79
Festung Königstein 295
Filmpark Babelsberg 252
Fladungen 57
Fledermäuse 243
Fliegenfischen 101
Floßbau-Events 86
Floßfahrt auf dem Altmain 91
Flugsimulator 344
Fossiliensuche 263
Fotofestival Horizonte 180
Frauenau 257
Freiberg 294
Freiburg 21, 22, 23, 89, 206, 226
Freinsheim 327
Freisen 231
Freyburg 160
Füchtorf 167
Fürstlicher Park 49
Furth im Wald 122

G

Garmisch-Partenkirchen 241
Gaststätte Röhrl 143
Gedenkstätte Berliner Mauer
    280

Geigenbaumuseum 242
Geisa 68
Gemünden am Main 96
Geocaching 221
Gernrode 215
Gersfeld 309
Gezeitenland 39
Gezeitenpfad 74
Giengen 276
Gimmeldingen 182
Gimmeldinger Mandelblütenfest
    182
Gläserner Wald 330
Gleitschirmfliegen 302, 344
Glonn 160
Goethewanderweg Ilmenau 77
Goetheweg zum Brocken 61
Göhrde 200
Goldbergbaumuseum 255
Goldkronach 255
Goldwäsche 255
Gomadingen 169
Goslar 60, 147, 265
Gräfendorf 203
Grafenhausen 154
Grattersdorf 324
Grenzmuseum Schifflersgrund
    272
Grimm-Dich-Pfad 72
Gronau 14, 237
Großalmerode 338
Großer Knollen 314
Grub 118
Gundelsheim 140
Gunzenhausen 124
GutsMuths Rennsteiglauf 167

H

Hafenlohr 56
Halberstadt 325
Halle (Saale) 157, 325
Hallig Süderoog 76
Halloren 157
Hamam Berlin 51
Hamburg 98, 175, 191, 220,
    324, 345
Hannover 138
Hanse Sail 177
Harzadrenalin 20
Harzer Förstersteig 60
Harzer Klosterwanderweg 46
Hasselfelde 267
Hauenstein 66, 278
Hausbootferien 100, 190
Haus der Geschichte der
    Bundesrepublik Deutschland
    279

Haus der Nachhaltigkeit 245
Haus der Stille 39
Havelaue 132
Havixbeck 65
Heidelberg 224, 268, 323
Heidschnuckenhof Niederohe 79
Heilbronn 232
Helgoland 133
Hengstparade 169
Heringen 247
Herzberg 314
Hessen 12, 46, 57, 67, 72, 82,
   168, 170, 201, 209, 211, 247,
   272, 309, 338
Heusweiler 275
Hidden Instaspots Cycling Tour
   221
Himmelsscheibe von Nebra 325
Hinterzarten 265
Hirschau 334
Historisches Kupferbergwerk
   Düppenweiler 296
Histotainmentpark Adventon
   268
Hitzacker 203
Hofgut Hopfenburg 203
Höhenpark Killesberg 309
Höhlenwohnungen Langenstein
   286
Holzhausen 46
Homburg 293
Hotel Camp Reinsehlen 201
Hotel Hohenhaus 46
Hotel Paris Syndrom 186
Houserunning 344
Hundertwasser, Friedensreich
   217
Hündlebahn 334
Husum 165

I

Ibbenbüren 88
Iglu bauen 186
Ilmenau 77, 215
Inzigkofen 48

J

Jabel 131
Jagdfalkenhof 123
J. F. Schreiber-Museum 274

K

Kaffee 145, 156, 159
Kamelreiten 118
Kandel 21
Kappeln 107
Kargow 111

Karneval 173
Kartoffelmuseum 155
Käseschule 245
Kassel 67, 209
Kaufungen 201
Keltendorf Gabreta 264
Kempten 263
Keramik-Erlebniszentrum Villeroy
   & Boch 320
Kinder- und Jugendfarm 234
Kirschblüte 220
Kiten 255
Klausberg 314
Klein-Zicker 255
Kletterturm Brühl 344
Kletterwald Potsdam 343
Kletterwald Thale 305
Klöppeln 250
Kloster 140
Kloster Arenberg 199
Kloster Wöltingerode 147
Koblenz 199, 315
Kochel am See 249
Kocher-Jagst-Radweg 26
Kocherlball 180
Köhlerei 267
Kohlosseum 151
Köln 158, 159
Königstein 295
Konstanz 288
Krabben 153, 165
Kranichrast 111
Kräuterpark Altenau 320
Kristalltherme Schwangau 40
Kronburg 262
Künzelsau 271
Kupferbergwerk Grube
   Wilhelmine 291
Kutterfahrt auf der Ostsee 104

L

Lachter-Stollen 294
Landshuter Hochzeit 165
Langenstein 286
Lauenbrück 94
Laupheim 97
Leberkäse 160
Lebkuchen 138, 154
Leinfelden-Echterdingen 69
Leipzig 98, 172, 174, 186, 219,
   328
Lengenfeld 26
Lenggries 20
Leuchtturm Darßer Ort 313
Liebethal 77
Limesmuseum 272
Limes-Therme 17

Linden 147
Lindenwald 131
List 196
Lloyd Caffee 156
Luchsgehege 114
Lucky Horse Ranch 250
Ludwigstadt 152
LWL-Museum für Naturkunde
   240

M

Maierhöfen-Riedholz 110
Mainhardt 250
Mainschifffahrt 84
Maislabyrinth 248
Malerweg 77
Männerspielplatz 338
Mannheim 239
Marburg 72
Marktschellenberg 115
Marmorkugelmühle 115
Mauer-Radweg Berlin 29
Mecklenburgische Schweiz 123
Mecklenburg-Vorpommern 28,
   41, 75, 76, 83, 87, 95, 100, 104,
   111, 113, 123, 126, 127, 129,
   130, 131, 132, 134, 140, 155,
   176, 177, 182, 191, 221, 223,
   224, 239, 255, 280, 311, 313
Meißen 235
Memmingerberg 344
Merfelder Bruch 128
Merkel'sches Bad 48
Merkers 289
Merzig 119
Mettlach 320
Mitteltalhof 201
Mittenwald 242
Monte Kaolino 334
Mühlenmuseum 280
Müller'sches Volksbad 52
München 10, 52, 59, 159, 178,
   180, 181, 240, 246, 256, 303,
   314
Münsingen 202
Münster 15, 58, 240
Münstertal 242
Murnau 19
Museum 3. Dimension 232
Museum am Meer 153
Museums-Pferdebahn 32
Museumsschiff Cap San Diego
   191
Musikfestspiele Potsdam
   Sanssouci 33
Mustang Museum für die Zukunft
   271

N

Nachtskaten 33
Nachtwächterführung 208
Nalbach 125
Nationalparkhaus Sankt
  Andreasberg 243
Nationalpark Jasmund 113
Nationalpark Kellerwald-Edersee
  83
Nationalpark Sächsische Schweiz
  135
Nationalpark Vorpommersche
  Boddenlandschaft 134
NaturaGart-Park Ibbenbüren 88
Naturkost-Hotel Harz 197
Naturpark Mecklenburgische
  Schweiz 123
Naturpark Obere Donau 121
Naturpark Pfälzerwald 246
Neukirchen 331
Neu Lübbenau 193
Neumarkt (Oberpfalz) 139
Neunkirchen 70, 343
Neunkircher Hüttenweg 70
Neuschönau 300
Neustadt 252
Niedersachsen 11, 22, 31, 32,
  39, 46, 60, 61, 74, 79, 86, 90,
  91, 94, 114, 117, 138, 147, 156,
  194, 197, 200, 201, 203, 243,
  256, 257, 265, 294, 320, 344
Nohfelden 35
Norden 156
Nordic-Walking-Park Hohe Mark
  62
Nordrhein-Westfalen 13, 14, 15,
  17, 50, 62, 65, 73, 78, 79, 81,
  88, 128, 158, 159, 167, 173,
  191, 220, 237, 240, 279, 281,
  297, 342, 344
Nordsee-Bernsteinmuseum 233
Nürnberg 138, 251

O

Oberammergau 101
Oberharzer Wasserwirtschaft 91
Oberhof 339
Obernwohlde 195
Oberpfälzer Seenland 24
Oberried 337
Oberstaufen 245, 334
Oberstdorf 112, 186, 306, 312
Öhe 140
Okertalsperre 90
Ölmühle Berschweiler 275
Open Flair Festival 170
Organ2/ASLSP 325

Orscholz 316
Osterburken 268
Ostfriesisches Teemuseum 156
Ostseebad Zinnowitz 100

P

Pähl 259
Pälzer Keschdeweg 66
Panometer Leipzig 328
Panoramagolfen 306
Panoramaweg Werderobst 74
Papenburg 256
Papiermühle 237
Papierwerkstatt 259
Pellworm 76
Pfronten 82, 186, 230
Philosophenweg 116
Pilzwanderungen 59
Plochingen 217
Poeler Kogge 104
Point-Alpha-Wanderweg 68
Porzellan-Manufaktur 235
Postkutschenfahrten 33
Potsdam 33, 100, 179, 252, 314,
  329, 343
Pottenstein 293
Prerower Ostseeschwimmen 83
Pulsnitz 154
Pumpernickel 158
Putbus 129, 223

Q

Quedlinburg 211

R

Radfernweg »Rhönradweg« 13
Radfornweg »Vom Main an die
  Rhön« 13
Radweg Lindau–Meersburg 10
Rappbodetalsperre 92
Regen 330
Reichersbeuern 236
Reichstag 313
Reken 62
Rennrad-Tour 35
Rettenberg 230
Rheine 84
Rheinland-Pfalz 28, 50, 66, 72,
  105, 182, 199, 245, 246, 278,
  285, 315, 327
Rhön 12
Riedholz 63
Riegel 85
Riesenrad Hi-Sky 314
Ringelai 264
Robbenwatching 126
Rock'n'popmuseum 237

Roetgen 78
Roseburg 39
Rostock 177
Rothaus 154
Rothenburg ob der Tauber 164
Rotkäppchen-Sekt 160
Rottweil 171
Rügen 41, 127, 176, 182
Rundwanderweg Darßer Ort 76
Rust 339

S

Saale 96
Saarbrücken 86
Saarland 35, 70, 86, 119, 125,
  189, 218, 231, 275, 276, 293,
  296, 316, 320, 328, 343
Sachsen 26, 33, 53, 77, 98, 102,
  135, 154, 172, 174, 175, 186,
  198, 219, 222, 235, 250, 294,
  295, 328
Sachsen-Anhalt 20, 23, 46, 61,
  62, 92, 131, 150, 157, 160, 161,
  208, 211, 215, 237, 259, 267,
  286, 305, 322, 325
Sächsische Dampfschifffahrt 102
Salewa Klettersteig 310
Salzbergwerk Berchtesgaden
  284
Salztangente 14
Salzwedel 161
Samba-Festival »Sambaco« 168
Sanddorn-Garten Petzow 153
Sangerhausen 322
Sassnitz 113, 311
Sauschwänzlebahn 34
Schaprode 140
Schauhöhle Heimkehle 284
Scheidemann, Philipp 313
Scheunenherberge 193
Schiffweiler 276
Schlafstrandkorb 194
Schlei 107
Schleswig-Holstein 31, 39, 53,
  76, 104, 107, 129, 133, 151,
  153, 165, 179, 194, 195, 196,
  233, 331
Schlickschlittenmeisterschaften
  179
Schlittenhunde-Touren 257
Schlossberghöhlen Homburg
  293
Schloss Charlottenhof 329
Schloss Sigmaringen 277
Schmalkalden 144
Schmallenberg 297
Schmiedefeld 167

Schmilka 198
Schneverdingen 201
Schokolade 140, 152, 153, 157, 158
Schönau 177
Schulenburg im Oberharz 90
Schwäbisches Bauernhofmuseum 262
Schwangau 40
Schwarzes Moor 57
Schwarzwälder Skimuseum 265
Schwerin 221
Schwimmender Christkindlmarkt Vilshofen 107
SeaLife Konstanz 288
Seeg 300
Segelfliegen 309
Senden 342
Sennalpe Ornach 64
Siebenmühlental 69
Siebentäler Therme 52
Sigmaringen 121, 277
Silberbergwerk Freiberg 294
Skimuseum 265
Skulpturengarten 325
Skulptur-Projekte 15
Soest 158
Solewelt 48
Solnhofen 263
Sommerach 151
Sommerkahl 291
Sonthofen 56
Spargel 147, 157
Spiegelau 187
Spiekeroog 32
Spinnen 239
Stadt- und Pfefferkuchenmuseum 154
St. Andreasberg 243
Starkbierzeit 181
Starzlachklamm 56
Steiff Museum 276
Steinwasenpark 337
Stein-Wein-Pfad 65
Sternenpark 132
Stocherkahnfahrt 106
Störtebeker Festspiele 176
St. Peter-Ording 31, 194, 233
Strandsauna Hörnum 53
Strandsegeln 31
Streetfishing 98
Striezelmarkt 175
Struffeltroute 78
Stuer 130
Stuibenfälle 82
Stuttgart 69, 182, 213, 253, 309
Südharz 284

SUP 255
SUP-Yoga 95
Surfen 255
Sylt 53

T

Tauchgondel Zinnowitz 100
Tauchsportcenter Esslingen 340
Technoseum 239
Templin 34
Tettnanger Hopfenpfad 71
Teufelshöhle Pottenstein 293
Teufelsmauer-Stieg 61
Textilsammlung Max Berk 323
Thale 62, 305
Theader Freinsheim 327
Themar 94
Therme Eins 41
Therme Bad Aibling 43
Therme Bad Wörishofen 38
Therme Erding 99
Thüringen 12, 47, 57, 68, 77, 94, 144, 158, 167, 215, 269, 284, 289, 307, 339
Titisee 336
Todtnauberg 116, 317
Tölpel 133
Tönning 129
Top Instaspots Walking Tour 221
Torfhaus 98
Toskana Therme 53
Trabitouren 29
Tractor Pulling 167
Tribsees 155
Trippstadt 245
Trottellummeln 133
Tscherperessen 150
Tübingen 106, 153
Tunisee 89

U

Upleward 179
Urzeitpark Gondwana 276, 277

V

Valley 118
Viba Nougat-Welt 144
Viktoriasicht 311
Villa Hügel 281
Vilm 129
Vilshofen an der Donau 107
Vipperow 191
Vitra Design Museum 241
Vitte (Insel Hiddensee) 95
Volkach 91
Völklinger Hütte 328
Volkstanz 240

W

Walchensee-Kraftwerk 249
Waldeck 82
Waldkirch 301
Waldseilgarten Höllschlucht 187
Walhalla 316
Wanderweg InSichGehen 43
Warmensteinach 303
Wartburg 269
Wasserburg am Inn 297
Wasserkiosk 87
Wassersport 255
Wattenmeer 129
Wattwagentouren 31
Wave-Gotik-Treffen 172
Weddersleben 237
Weil am Rhein 241
Weinlese 151
Weißwurst 139
Weitramsdorf–Tambach 123
Weltenburg 88
Werder 74, 153, 180
Wernigerode 23, 208
Werra-Kalibergbau-Museum 247
Werratal 94
Wertach 336
Werwolf-Wanderweg 79
Wesselburen 151
Wiesent 93
Wildgarten 122
Wildniscamps 187
Wildpark Schloss Tambach 123
Wildpferde 128
Wisentreservat 131
Wismar 104
Witzenhausen 211
Wohnungstausch 192
Woldegk 280
Wolfspark 119
Wrack- und Fischereimuseum 257
Wümmewiesen 94
Wurzacher Ried 24, 110
Würzburg 65, 84, 208, 234
Wustrow 87

Y

Yogaretreat 194

Z

Zahnradbahn Wendelstein 35
Zehdenick 253
Zen-Zentrum Eisenbuch 45
Ziegeleipark 253
Zingst 239
Ziplinepark Ochsenkopf 303
Zwillbrock 17

Bild- und Textnachweis

Bildnachweis (Seitenzahlen)
Coverfoto: Bannwaldsee, Allgäu, Bayern © Getty Images/Westend61
Foto Umschlagrückseite: Schmitz, Walter
Alamy/ALLTRAVEL: 141; Alamy/Panther Media GmbH: 345; Andre, Björn: 90; Bikepark Lenggries: 21; dpa/Kalaene, Jens: 160; dpa/Rehder, Carsten: 151; dpa/REUTERS: 167; dpa/Schamberger, Timm: 164; dpa/Stein, Silas: 182; dpa/Süddeutsche Zeitung/Filser, Wolfgang: 163; epd-bild/Schumann, Matthias: 155; GARP/Hänel, Gerald: 137; Getty Images/AFP/Fassbender, Ina: 279; Getty Images/AFP/MCHUGH D John: 276; Getty Images/Bongarts/Baron, Lars: 335; Getty Images/Cavan Images RF: 149; Getty Images/Lohnes, Thomas: 291; Getty Images/Policanti, Tais: 93; Getty Images/Westend61: 312; Getty/imageBROKER/Schickert, Peter: 47; Histotainmentpark: 269; Huber Images/Bäck, Christian: 115; Huber Images/Saffo, Alessandro: 29, 261; Huber Images/Schmid, Reinhard: 170, 191, 205, 226, 262, 273, 285; imago images/Becker&Bredel: 274; imago images/Hanke, Gabriele: 235; imago images/Leo: 329; imago images/Lueger, Ralph: 236; imago images/Schellhorn, Steffen: 326; imago images/Zeppo: 242; imago/HOFER: 144; imago/imageBROKER/Wenzel-Orf, Harald: 196; imago/Preußer, Volker: 19; imago/Wölk, Rüdiger: 14; Jacob, Andreas: 296; Jalag/Einwanger, Klaus-Maria: 139; Jalag/GourmetPictureGuide: 159; Jalag/Pacini, Isabela: 283; Jalag/Schmitz, Walter: 77, 240, 271; laif/Eisermann, Dirk: 251; laif/GAFF/Maecke, Yorck: 254; laif/Hirth, Peter: 173; laif/Kirchner, Martin: 11, 34, 181; laif/Knoll, Georg: 169; Look/Grundner, Thomas: 81; Look/Merz, Brigitte: 189; Look/Spaces Images: 229; mauritius images/Alamy/Bildarchiv Monheim GmbH: 199; mauritius images/Alamy/Germany Images David Crossland: 292; mauritius images/Alamy/Manfredxy: 16; mauritius images/Alamy/Weiss, Walter: 25; mauritius images/hwo: 174; mauritius images/Novarc Images: 287; plainpicture/AWL/Bottigelli, Marco: 9; SEA LIFE Aquarium Hannover/Eisermann, Dirk: 288; Shutterstock/alionabirukova: 195; Shutterstock/Altenburger, Andreas: 129; Shutterstock/ArTono: 216, 218; Shutterstock/Bashkatov, Vitalii: 185; Shutterstock/Bjuty, Roman: 133; Shutterstock/Brocreative: 89; Shutterstock/Buxbaum Conradi, Bjoern: 213; Shutterstock/Damke, Henner: 178; Shutterstock/Darkdiamond67: 333; Shutterstock/Drobot, Dean: 44; Shutterstock/Dubadzel, Andrei: 59; Shutterstock/ER_09: 336; Shutterstock/Evans, Claudia: 57; Shutterstock/Fischbach, Frank: 117; Shutterstock/Gaertner, Frank: 106; Shutterstock/Galitckaia, Elitaveta: 341; Shutterstock/German Globetrotter: 134; Shutterstock/Grote, Sebastian: 63; Shutterstock/Hawlan, Dieter: 71; Shutterstock/Jedzura, Daniel: 253; Shutterstock/jo.pix: 265; Shutterstock/JohannesS: 78; Shutterstock/JR Fotografie: 118; Shutterstock/Lucas97: 307; Shutterstock/marekusz: 103; Shutterstock/mese.berg: 73; Shutterstock/MN84: 109; Shutterstock/Monkey Business Images: 55; Shutterstock/Mueller, Christian: 311; Shutterstock/Nejron Photo: 342; Shutterstock/Nikanovich, Olga: 67; Shutterstock/panoglobe: 32, 68; Shutterstock/petrdt: 127; Shutterstock/Petrov, Plam: 316; Shutterstock/Pixel-Shot: 146; Shutterstock/powell'sPoint: 221; Shutterstock/precinbe: 301; Shutterstock/Pusteflower9024: 233; Shutterstock/Rauscher, Dietmar: 214; Shutterstock/Redan, Chris: 323; Shutterstock/Reitz-Hofmann, Birgit: 82; Shutterstock/Rigg, Johannes: 111; Shutterstock/Rohde, Angela: 209; Shutterstock/s a i l photography: 37; Shutterstock/Santi, Massimo: 64; Shutterstock/Schmitz, Susan: 230; Shutterstock/S-F: 60; Shutterstock/Sjale: 319; Shutterstock/stockphoto mania: 338; Shutterstock/struvictory: 308; Shutterstock/Takashi Images: 266; Shutterstock/The World in HDR: 315; Shutterstock/Thoermer, Val: 225; Shutterstock/tokar: 207; Shutterstock/trabantos: 305; Shutterstock/travelview: 101; Shutterstock/Uellue: 303; Shutterstock/Umomos: 299; Shutterstock/Valebnaya, Elena: 192; Shutterstock/Venema, Marc: 210; Shutterstock/WalterWeiss: 39; Shutterstock/Yakoniuk, Oleksandr: 245; Shutterstock/Zen S Prarom: 85; Shutterstock/Zyankarlo: 98; stock.adobe.com/Adam, Jutta: 123; stock.adobe.com/Comofoto: 50; stock.adobe.com/Dirk70: 31; stock.adobe.com/Dozey: 112; stock.adobe.com/Durst, Otto: 239; stock.adobe.com/fotograupner: 321; stock.adobe.com/Franko, Leonardo: 249; stock.adobe.com/Ilmberger, Andi: 53; stock.adobe.com/juhumbert: 247; stock.adobe.com/Kay: 124; stock.adobe.com/Loche, Volker: 49; stock.adobe.com/Mariola: 258; stock.adobe.com/nordenfan: 86; stock.adobe.com/ondrejprosicky: 120; stock.adobe.com/Philipp: 96; stock.adobe.com/Ralf: 22; stock.adobe.com/teksomolika: 95; stock.adobe.com/VRD: 130; stock.adobe.com/Wolf, Eckehard: 294; stock.adobe.com/ZoneCreative: 187; Teemuseum Ostfriesland: 156; Therme Eins: 41; Tiemann, Markus: 200.

Textnachweis allgemein (Nummern):
Baedeker, Karin: 54, 215, 292, 305, 368; Bauer, Heidi: 04, 08, 59, 60, 70, 97, 106, 109, 113, 144, 146, 161, 173, 175, 194, 247, 271, 272, 274, 298, 300, 304, 313, 340, 342, 355; Bech, Anja: 23, 80, 290, 329, 384; Blisse, Manuela: 53, 124, 268, 331, 343, 366; Buddée, Gisela: 13, 16, 18, 25, 63, 64, 65, 66, 105, 107, 108, 136, 139, 170, 172, 248, 250, 253, 278, 288, 316, 317, 335, 337, 358, 375, 378, 382, 383, 405; Chlupacek, Birgit: 171, 199; Egelkraut, Ortrun: 29, 84, 178, 214, 216, 299, 369, 387, 402; Frey, Elke: 03, 26, 27, 37, 83, 86, 116, 158, 177, 207, 213, 228, 259, 306, 307, 380, 389; Funk, Gaby: 01, 19, 36, 39, 58, 68, 69, 93, 131, 132, 134, 222, 224, 269, 289, 311, 312, 338, 353, 359, 363, 390, 393, 404; Götz, Rolf: 32, 55, 180; Haas, Christian: 10, 11, 20, 40, 103, 130, 143, 163, 166, 168, 169, 196, 225, 279, 304, 308, 314, 352, 381, 391; Haser, Raimund: 50, 51, 79, 114, 142, 328, 339; Höh, Peter: 24, 41, 85, 87, 126, 135, 148, 149, 151, 156, 159, 205, 209, 211, 262, 264, 281, 303, 364; Kern, Dorothee: 35, 38, 242, 243, 244, 403, 406; Kispál, Gergely: 133, 145, 229, 260, 332, 374; Klemm, Wilhelm: 265, 266, 267, 295, 333, 345; Klemmer, Axel: 34, 263, 365; Köthe, Friedrich & Schetar, Daniela: 115, 204, 206, 223, 257, 386; Lehmann, Uwe: 53, 124, 268, 331, 343, 366; Lehner, Anja: 89, 90, 91, 94, 95, 100, 112, 117, 119, 120, 125, 127, 129, 336; Lendt, Christine: 28, 56, 88, 101, 123, 234, 235, 237, 239, 240, 241, 273, 351, 367, 371, 377; Lenoire, Emil: 77, 78, 141, 147, 226, 256, 270, 325, 327, 376, 385, 401; Müller, Sabine: 05, 06, 07, 09, 61, 67, 71, 96, 102, 197, 277, 283, 400; Münch, Christoph: 30, 31, 57, 122, 160, 208, 261, 296, 346; Nowack, Axel: 162, 179, 181-192, 195, 212, 218, 219, 220, 221, 229, 320; Pierrot, Peer: 15, 17, 21, 45, 47, 48, 49, 73, 74, 98, 104, 110, 138, 198, 200, 202, 246, 249, 251, 254, 284, 286, 293, 315, 320, 323, 341, 354, 357, 360, 362, 392, 394, 395, 396, 397; Rettenrath, Ingrid: 52, 205, 227, 258, 330; Sagenschneider, Elke: 150, 152, 153, 154, 155, 157, 167, 174, 210; Scheiter, Anne-Katrin: 02, 230, 231; Schmidt, Heidi: 12, 14, 42, 43, 44, 62, 121, 123, 137, 140, 245, 276, 282, 285, 287, 309, 334, 366; Siefert, Heidi: 33, 81, 82, 92, 99, 111, 193, 221, 232, 275, 302, 310, 344, 347, 348, 349, 350, 370, 372, 373, 388, 389; Stroner, Suse: 22, 75, 76, 118, 128, 176, 201, 203, 252, 255, 294, 297, 301, 321, 322, 324, 326, 361, 398, 300; von Imhof, Brigitte: 171, 199; Weber, Claudia: 72, 164, 280, 291, 318, 319, 379; Zeller, Anja: 04, 59, 60, 97, 106, 113, 173, 194, 247, 271, 272, 274, 340

Textnachweis Tipp-Kästen (Seitenzahlen):
Kania, Caro S. 38, 40, 42, 45, 46, 51, 320, 327; Kern, Dorothee S. 92, 105, 166, 171, 172, 176, 179, 263, 267, 270, 275, 281, 337, 340; Rudershausen, Viola S. 56, 58, 62, 66, 75, 76, 83, 91, 97, 102, 113, 116, 119, 121, 122, 125, 128, 131, 135; Sagenschneider, Elke S. 142, 145, 148, 152, 157, 208, 212, 217, 222, 231, 232, 238, 244, 248, 257, 324, 331; Scheiter, Anne-Katrin S. 52; Schulz, Tim S. 12, 18, 20, 23, 27, 30, 87, 188, 190, 193, 197, 202, 286, 290, 293, 295, 302, 304, 307, 310, 317

Impressum

Liebe Leserinnen und Leser,

hat Ihnen unser Buch gefallen? Falls ja, freuen wir uns, wenn Sie es weiterempfehlen – Ihren Freunden, Verwandten, Kollegen, Nachbarn, dem Buchhändler Ihres Vertrauens und allen, die auf der Suche nach einem Reisebuch-Tipp sind, zum Beispiel bei Online-Händlern. Wenn Sie Kritik oder Korrekturen haben, schreiben Sie uns gerne an leserservice@graefe-und-unzer.de – und natürlich auch, wenn Sie uns Ihr Lob auf direktem Weg zukommen lassen möchten.

Sie erreichen unseren Leserservice telefonisch unter:
Tel. 0 800/72 37 33 33 (gebührenfrei in D, A, CH), Mo–Do 9–17 Uhr, Fr 9–16 Uhr

Zum Zeitpunkt der Drucklegung waren die Auswirkungen von Sars-CoV-2 auf das Hotel- und Gaststättengewerbe vor Ort noch nicht vollständig abzusehen. Bitte informieren Sie sich über die jeweiligen Internetadressen.

Verlagsleitung Reise: Grit Müller
Redaktion: Caro Kania, Viola Rudershausen, Anne-Katrin Scheiter
Lektorat: Dorothee Kern, Anja Lehner, Elke Sagenschneider
Bildredaktion: Caro Kania, Dr. Nafsika Mylona, Viola Rudershausen, Anne-Katrin Scheiter
Layout & Umschlaggestaltung: independent Medien-Design, Horst Moser (Artdirektion); Sabine Krohberger
Illustrationen: Tanja Burmeister
Herstellung: Gloria Schlayer
Satz: Tim Schulz, Mainz
Repro: Repro Ludwig, Zell am See
Druck & Bindung: Drukarnia Dimograf Sp zo.o. (Polen)

Dieses Buch ist auf PEFC-zertifiziertem Papier aus nachhaltiger Waldwirtschaft gedruckt.

PEFC/32-31-076

B2B-Editionen schneidern wir nach Ihren Wünschen. Bei Interesse:
Roswitha.Riedel@graefe-und-unzer.de
GRÄFE UND UNZER VERLAG
Postfach 86 03 66
81630 München
Tel. 0 89/41 98 19 00
holiday@graefe-und-unzer.de
www.holiday-reisebuecher.de

GRÄFE UND UNZER

Ein Unternehmen der
GANSKE VERLAGSGRUPPE